科研活动权益保护
案例汇编

中国科协学会服务中心
北 京 科 技 大 学
编著

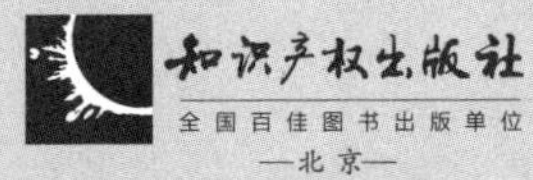

图书在版编目（CIP）数据

科研活动权益保护案例汇编/中国科协学会服务中心，北京科技大学编著. —北京：知识产权出版社，2022.8

ISBN 978－7－5130－8235－8

Ⅰ.①科…　Ⅱ.①中…　②北…　Ⅲ.①科研活动—权益保护—案例—中国　Ⅳ.①D923.05

中国版本图书馆 CIP 数据核字（2022）第 120816 号

内容提要

本书将科研人员在实际工作中可能遇到的知识产权问题以案例形式讲述出来，其中不乏影响较大的案例，具有很强的现实教育意义。每个案例在给出法院的判决后，以律师视角将其中的法理详尽地剖析出来，并提供了稳妥的实践操作规范，对科研人员开展工作大有裨益。

责任编辑：王瑞璞　　**责任校对**：潘凤越
封面设计：北京乾达文化艺术有限公司　　**责任印制**：刘译文

科研活动权益保护案例汇编

中国科协学会服务中心
北京科技大学　编著

出版发行：知识产权出版社有限责任公司	**网　　址**：http://www.ipph.cn
社　　址：北京市海淀区气象路 50 号院	**邮　　编**：100081
责编电话：010－82000860 转 8116	**责编邮箱**：wangruipu@cnipr.com
发行电话：010－82000860 转 8101/8102	**发行传真**：010－82000893/82005070/82000270
印　　刷：三河市国英印务有限公司	**经　　销**：新华书店、各大网上书店及相关专业书店
开　　本：720mm×1000mm　1/16	**印　　张**：22.5
版　　次：2022 年 8 月第 1 版	**印　　次**：2022 年 8 月第 1 次印刷
字　　数：410 千字	**定　　价**：118.00 元

ISBN 978－7－5130－8235－8

编 委 会

编写说明

一、科研活动涉及的主要法律问题

本书主要读者为科研人员及科研管理人员，使其通过学习案例及其与科研活动相关的法律与政策，了解自己的权益与行为界限，对工作行为进行规范，规避涉及财产及人身的法律风险。

科研人员及科研管理人员通过阅读以下小故事，直视自己在科研工作中遇到的法律问题。

某A大学的张教授获得国家项目经费2000万元，研究航天汽车项目。项目完成后发现结余400万元，应如何处理？

张教授实验室的博士后李博士参与了该项目，他的哪些工作成果可以通过什么类型的知识产权进行保护？在这些知识产权成果中，李博士应享有什么权利？

和李博士一同工作的还有张教授的毕业生——某B大学的黄教授。李博士产生的知识产权成果中，黄教授自己和他所在的某B大学都分别享有什么权利？

黄教授在张教授实验室独立完成的知识产权成果中，黄教授自己、某B大学、张教授、某A大学都分别享有哪些权利？

最终，李博士关于该项目只获得了2000元的奖金酬劳。于是他决定离职，加入张教授校外开设的个人公司的竞争对手——萝卜公司。张教授是否可以阻止他加入萝卜公司？

李博士加入萝卜公司后，发现该公司正在攻坚的控制系统优化恰好可以用到之前在航天汽车项目中的部分智慧成果，李博士是否可以将自己在张教授实验室学习到的知识应用在萝卜公司的科研项目中？

为实现该控制系统的优化，李博士开始了新一轮科研工作。在技术检索与适用时，他应该规避哪些知识产权类法律风险？

李博士研究发现，控制人脑是实现新控制系统优化的最佳途径。他可以就这个研究思路继续展开并推广吗？

二、如何使用本书

本书针对科研人员对经费的合法使用、所生成科研成果的有效知识产权保护、科研人员的权益及义务范围、开展前沿科研活动涉及的知识产权与其他法律风险进行展开与说明。主要围绕科研人员在科研企事业单位工作中遇到的实际问题，针对如上领域中共七个专题的每一项具有代表性、最重要的法律问题都精选一个案例，进行详述与解析。

每个专题都在基本概述部分为读者提炼出最重要的法律问题，并根据这些问题，以虚拟情境的形式，引导读者学习专题中感兴趣的现实法律问题。

在专题的每一节下，第一部分是对涉及的实际问题的详细阐述。第二部分，摘选出回应该问题的案例中所引用的相关法条与司法解释，若相关法条有所修改与调整，则附上最新版法条与法律变动说明。第三部分，建立虚拟情境，为引入典型案例进行铺垫。第四部分是典型案例。

每个典型案例都包括案件摘要、裁判要点、争议焦点、基本案情、犯罪指控或诉讼请求、裁判经过与结果、法院裁判理由、案例注释与解析八个部分。

在**案件摘要**中，读者可以简要了解该案例所涉及的法律问题以及法院的裁判观点与理由。

在**裁判要点**中，读者可以了解到法院对所涉及法律问题的基本观点，以及现有法律法规与司法解释中不够明确的内容在司法实践中是如何被法院建议落实的。其中尽可能地保留了裁判文书中的原文，以确保对法律本身认识与表达的准确性。

在**争议焦点**中，读者可以明确在有关法律问题下，所涉及的具体争议问题。

在**基本案情**中，读者可以了解所选案例的基本事实背景与情况。这部分尽可能地保留了裁判文书的原文，所呈现出的案件事实并不皆是当事人眼中的事实，而多是法院在裁判过程中所认定的事实。在部分所选案例中，针对法院认定事实存有争议的，还会添加当事人用以证明自己所主张事实的证据，这可能会与法院在裁判理由中所讨论与适用的事实不一致。也恰恰是这样的不一致，希望读者予以注意：法院裁判时所依据的事实，是当事人提供的证据中所反映出、带有法院价值判断的事实，因此，时有当事人对法院认定的事实存有争议或不满继而上诉，或法院由于原告一方缺乏证据而无法支持其主张的案件。通过这些案例，尤其希望引起读者的思考，在日常工作与生活中证据的留存与保存非常重要，而且也会成为一把“双刃剑”，既会在某些情况下支持自己的主张，也可能会成为日后对自己不利的把柄。

在**犯罪指控**或**诉讼请求**中，读者可以清晰了解到原告的主张。这部分可以与争议焦点对应阅读。虽然在一项案例中，原告认为的争议内容或事项有很多，但只有经过法院梳理后，最有争议的部分才会被提炼为争议焦点。关于不构成争议焦点的其他民事诉讼请求，因相关法律规定基本都相对明确，读者在工作或生活中遇到相关问题时是可以通过依据法律谈判的方式来保障自己的权利或规避相关法律风险的，所以一定非要通过诉讼才能实现。

判决书中的其他重要内容也经过编纂后被保留，主要包括裁判经过与结果、法院裁判理由这两大部分。本着尊重司法与法律本身以及最大程度确保逻辑严谨与准确的目的，这部分的编纂以使用裁判文书原句为原则，通过调整裁判文书具体内容的语序与结构的方式，删除与本书关注的争议焦点无关的内容，最大程度简化阅读与学习难度。

在**裁判经过与结果**中，读者可以线性脉络的方式了解到所选案例的发展与推进进程，其中包括诉讼前的行政处理阶段或仲裁阶段、一审诉讼的裁判阶段、上诉后的二审裁判阶段、再审阶段等的裁判结果。此处，没有法律知识背景的读者需要注意的问题有三点。首先，劳动关系的纠纷要经过仲裁才可以进行民事诉讼。其次，如果对一审裁判的结果不满意，一审的原告或被告可以上诉，提出上诉的一方无论在一审过程中的地位是原告还是被告，在上诉中都被称为上诉人，所提出的主张都被称为上诉主张。最后，针对已经生效的判决，无论是否经过上诉阶段，如果当事人有新事实、新证据或其他可以证明法院之前的裁判存有错误的情况，都可以申请审判监督程序，再进行一至两次的案件裁判，这个过程被称为再审。

在**法院裁判理由**中，读者可以充分了解到对节选后法院所涉及争议焦点的分析过程与观点。这部分内容尽可能地保留了裁判文书的原文，但为方便读者理解，在结构上进行了重新编排，即内容紧密围绕争议焦点，作了一定的删减。因此这部分全面呈现出在各阶段裁判过程中，各方当事人以及法院对争议焦点的论理思路、对所涉及法条的理解与运用。此外，这部分中最核心、最具有创造性价值的法律解释内容被摘选为裁判要点。

在**案例注释与解析**中，读者可以对所选案例及涉及的法律问题进行一次全面的回顾以及思考。首先，解释为何有必要讨论与注重相关法律问题，以及为何选取该案例。其次，对所选取案例的裁判理由进行综合凝练，使读者了解相关法律问题处理思路的全过程。再次，纳入我国法院对类似问题的裁判情况说明或美国的相关法律规定，继而使得读者了解相关问题在实践中的发展脉络，以及可能存在的不确定性或不同的解决模式与方案。然后，若相关法律规定即使通过案例解析，依然就实践中的适用存有很强的不确定性，以致读者难以根据一项案例继以与自己的情况对照后进行准确判断的，会给出提示与初步解决方案。最后，提供前面部分未涉及的补充性或最为重要的法律建议。

对案例内容学习有困难的读者，可以针对感兴趣的法律问题，仅阅读案情的基本介绍与裁判要点，直接通过案例注释与解析部分了解相关法律问题的实践处理模式。在对相关问题处理的整体脉络有所认识后，再详细阅读与学习。

对案件深入学习有需求的读者，可以详细阅读“与案例相关的其他重要内容”，结合案例注释与解析，学习与思考相关法律问题的规定与普遍处理的合理性。

需要注意的是，本书所选取的案例虽然具有代表性，但由于事实情况不同，法院对事实的判断不同，法院对既有法条或司法解释的解析存在差异，读者就日常工作或生活中所涉及的问题可能无法实现一一对应，或寻找到唯一或完美的解决方案。因此，除了阅读案情部分，请读者通过案例注释与解析，进一步探寻符合自己问题的潜在可能性答案与处理方案。

编委会

2022 年 8 月

目 录

专题一　科研经费使用与管理的不当行为

一、基本概述

经济基础决定上层建筑，科学研究离不开物质的投入，而科研经费作为最直接的物质支撑，贯穿了每一个科研项目的始末。在我国，无论是法律法规、各部委规章、地方性政策文件还是科研机构的内部规定，都对科研经费的申请与使用有相应的规定。但是考虑到科研工作的特殊性，科研经费在申请和使用上如果规定得过于简单和随便，则容易造成管理上的不透明，进而产生贪腐的可能性；而一旦对科研经费的申请和适用规定得过于烦琐和严苛，则又会严重影响科研工作的效率。因此，如何在减少潜在犯罪可能性和提高经费使用效率之间寻求平衡也成为立法机构和相关主管部门近些年的工作重点之一。

在进入本专题的阅读之前，读者可以通过每部分的情境片段的想象和假设，“先入为主”地对情境中涉及的问题作出初步判断，然后带着这个初步判断再来阅读与学习本专题的后续内容。

带着每部分的情境假设，希望读者能通过对本专题的3个典型案例的分析与横向对比，了解法律法规是如何规定科研经费的使用的，以及在司法实践中检察院、法院是通过哪些关键行为或关键认知来评判犯罪嫌疑人罪与非罪的核心焦点。在此，也希望读者在科研工作中能时刻注意言行，避免因为一些不当的操作而带来不必要的麻烦。

二、报销规范

实际问题：科研人员在何种情况下可能会触犯贪污罪？

科研人员在展开科研活动时，难免需涉及各类财务活动。能否将结余的科研经费通过虚开发票的方式套现？这种行为是否有可能构成贪污罪？

贪污罪是身份犯罪，只有国家工作人员才会构成此罪。那么，科研人员在科研活动中从事的工作性质是否一定是国家工作人员呢？如果一个科研人员被认定为具有国家工作人员的身份，在套取科研经费之后，款项的实际用途是否会影响贪污罪的认定？

◎涉及法条

《中华人民共和国刑法》（2020 年修正）第二十五条、第二十六条、第二十七条、第六十七条、第九十三条、第三百八十二条及第三百八十三条

《最高人民检察院关于人民检察院直接受理立案侦查案件立案标准的规定（试行）》（高检发释字〔1999〕2 号）关于“贪污贿赂犯罪案件立案标准”的规定

《最高人民法院、最高人民检察院关于办理贪污贿赂刑事案件适用法律若干问题的解释》（法释〔2016〕9 号）第二条、第十六条、第十八条及第十九条

◎虚拟情境

A 教授是某高校科研团队的负责人，在工作中兢兢业业，非常无私。近日，其团队主攻的科研项目进入了瓶颈期，急需购置一台新设备用于科研材料的提纯和加工。但是，因为财务审批流程较为烦琐，如果向学校财务部门提交申请，再以学校名义对外采购，将会耗费大量时间，可能会直接影响最终的项目完结时间。因此，A 教授考虑到该项目时间紧迫，决定先自行垫付这笔资金购买设备给团队使用，然后再向学校财务部门申请款项。请问，A 教授的行为是否妥当，是否可能构成犯罪？

典型案例

陈某贪污案

（2017）鲁 01 刑终 14 号

裁判法院：山东省济南市中级人民法院

裁判时间：2018 年 1 月 25 日

关键词：刑事/贪污/虚开发票/胁迫犯

案件摘要

被告人陈某系某大学下辖某研究所所长，其余三被告人均为该大学工作人员。2011 年，四名被告人通过虚开发票套取科研经费的方式套取科研经费若干。2012 年，四名被告人将部分套取的经费作为注册资本金成立公司，向研究所供应试剂。2015 年，四名被告人注销了前述公司后，瓜分了公司所有注册资金。法院认为，四名被告人虚开发票套取科研经费并非法占为己有，依据《中华人民共和国刑法》第三百八十二条之规定，四名被告人的行为均构成贪污罪。

裁判要点

国有事业单位中从事公务的人，对研究所科研经费具有监督、管理的职责，在套取科研经费中的行为符合国家工作人员从事公务的认定标准。

争议焦点

（1）四名被告人是否属于国家工作人员。

（2）涉案资金是否可以归属为合法收入，且未达到犯罪程度。

（3）四名被告人虚开发票骗取科研经费并占为己有的行为是否构成贪污罪。

（4）被告人是否真实受到胁迫，进而其行为是否构成胁迫犯。

基本案情

1. 被告身份

被告人陈某，原系 S 大学研究生院副院长、S 大学医学院神经生物学系主任，于 2005 年 12 月被 S 大学聘为教授，2006 年 10 月 23 日担任研究所所长。被告人王某，系S大学医学院神经生物学系副主任。被告人黄某某，系S大学医学院神经生物学系副教授。被告人耿某，原系S大学医学院神经生物学系实验师。

2. S大学科研经费管理规定

S大学于2006年9月29日印发的某大财字（2006）46号《S大学科研经费管理办法》规定：以S大学名义取得的科研经费分为纵向科研经费和横向科研经费，其中纵向科研经费是指学校开展科研活动取得的各级财政拨款。科研经费均为学校收入，全部纳入学校财务部门统一管理、集中核算，并确保科研经费专款专用，任何单位和个人无权截留、挪用。科研经费实行项目负责人负责制，项目负责人“一支笔”审批开支，合理安排人员经费、业务费的支出，并对科研经费使用的真实性、有效性承担经济和法律责任。

S大学于2008年7月8日印发的某大财字（2008）37号《S大学纵向科研经费管理实施细则》规定：纵向科研项目中“863”计划、“973”计划以及“国家支撑计划”等项目不得编制人员经费支出预算；使用科研经费购置固定资产应当按照学校固定资产采购和管理办法执行；科研经费可支出人工费等，开支范围、开支标准应当据实列支，拨款单位没有管理办法或规定比例的，可按照20%的比例执行，人工费包括支付给直接参加项目研究的没有工资性收入人员的劳务费、给临时聘请的咨询专家的专家咨询费以及给项目组成员的加班费；纵向科研经费的结余资金，执行上级有关结余资金管理办法，“863”计划、“973”计划以及“国家支撑计划”等项目需将全部净结余按原拨款渠道上缴，不上缴的结余资金，项目负责人填制《S大学科研经费结余分配单》，经科技处和计划财务处共同审批，转入项目负责人“科研发展基金”账户。“科研发展基金”可用于科研仪器设备运转的维护、人才培养及其他研究发展项目的预研和启动等，也可适当用于劳务费、专家费和本课题组人员的加班费、保健津贴、业务招待费等开支。

S大学于2013年12月19日印发、2014年1月1日实施的某大财字（2013）55号《S大学科研经费管理办法》规定：科研项目负责人是科研经费使用的直接责任人，应当根据科研项目进度，按照相应的经费管理办法据实开支、合理支出，严禁以任何方式挪用、侵占、骗取科研经费；“863”计划、“973”计划等国家科技计划类项目需将全部净结余按原拨款渠道上缴，其他科研项目结余经费纳入学校统一管理分配，用于科研项目的续研、预研及科研绩效奖励等。原某大财字（2006）46号《S大学科研经费管理办法》同时废止。

S大学于2013年12月19日印发、2014年1月1日执行的某大财字（2013）58号《S大学科研项目结题结账及结余分配管理暂行办法》规定：科研项目结题、结账后，二级科研单位对结题项目进行全面考核并出具考核意见，经学校科研管理部门批准后作为结余资金分配的依据，项目负责人填写《S大学科研项目结余经费分配表》，经科研部门批准后，考核结果合格的，结余经费可分配不超过55%入“项目负责人科研绩效费”账户，同时分配5%入“二级单位科研基金”账户，其余部分入“项目负责人科研发展基金”账户；结余经费不分配绩效费时，全部入“项目负责人科研发展基金”账户；项目负责人科研绩效费用用于发放课题组研究人员的绩效奖励及助研津贴；项目负责人科研发展基金用于科研项目的续研和预研，并按照科研经费管理办法的有关规定开支使用。

3. 被告的经费使用情况与问题

陈某在担任研究所所长和科研项目负责人期间，利用审批科研项目经费的职务便利，于2011年上半年，安排研究所负责经费报销和试剂采购工作的被告人耿某虚开发票套取科研经费。

2011年1月至6月，耿某通过公司一、公司二开具发票共计63.384万元，并在S大学财务部门从陈某负责的“长江学者”特聘教授学科建设经费项目、单核苷酸多态性与抑郁症的防治研究项目、细胞神经生物学项目中报销。

耿某虚开发票套取科研经费60.274万元存入其个人建设银行账户，后耿某将其中的52.3万元存入卡号为62237××××××的其个人齐鲁银行账户。

2011年底至2012年初，被告人陈某决定使用套取的科研经费，以被告人耿某和黄某某的名义成立公司，耿某、王某及黄某某均表示同意，陈某遂安排耿某办理公司成立事宜。2012年6月26日，耿某从其个人名下的上述齐鲁银行账户中取款50.03万元，其中50万元作为注册资本金，用于成立公司三。

公司三于2012年6月26日登记成立，注册资本50万元，股东为耿某、黄某某，2015年2月25日注销登记。其间，被告人约定陈某实际占有该公司52%的股份，其他三被告人各占16%的股份。陈某安排耿某负责公司的运营，向研究所供应试剂等。2015年2月25日，公司三注销登记。经陈某提议，耿某、王某、黄某某同意后，四人于2015年7月将50万元注册资金瓜分，其中陈某分得30万元，耿某分得4万元，王某、黄某某各分得8万元。

2015年，审计部门在审计中发现，耿某涉嫌虚开发票套取科研经费，将该线索交由检察机关侦查。检察机关立案后，于2015年10月28日通过S大学医学院党委通知陈某、耿某、王某、黄某某到检察机关接受调查。耿某到案后主动交代了检察机关尚不掌握的伙同陈某、王某、黄某某套取科研经费后用于个人注册公司，公司注销后私分注册资本金的事实，王某、黄某某到案后如实供述了上述事实。案发后，赃款已全部追回。

犯罪指控

山东省济南市天桥区人民检察院指控被告人陈某、耿某、王某、黄某某犯贪污罪。

与案例相关的其他重要内容

裁判经过与结果

案件经过济南市天桥区人民法院、山东省济南市中级人民法院二级法院终审结案。

一审山东省济南市天桥区人民法院于 2016 年 12 月 8 日作出［(2016) 鲁 0105 刑初 25 号刑事判决］，判决确认被告人陈某、耿某、王某、黄某某的行为均构成贪污罪。

原审被告人耿某服判不上诉。原审被告人陈某、王某、黄某某均不服判决，分别提出上诉。

二审山东省济南市中级人民法院判决确认：

一、维持济南市天桥区人民法院［(2016) 鲁 0105 刑初 25 号刑事判决］第一项中对原审被告人陈某、耿某、王某、黄某某的定罪部分。

二、撤销济南市天桥区人民法院［(2016) 鲁 0105 刑初 25 号刑事判决］第一项中对原审被告人陈某、耿某、王某、黄某某的量刑部分及第二项对涉案款项的处置部分。

三、上诉人陈某犯贪污罪，判处有期徒刑 2 年 6 个月，并处罚金 20 万元；

上诉人王某犯贪污罪，判处有期徒刑9个月，缓刑1年，并处罚金10万元；

上诉人黄某某犯贪污罪，判处有期徒刑9个月，缓刑1年，并处罚金10万元；

原审被告人耿某犯贪污罪，判处有期徒刑1年，缓刑2年，并处罚金11万元。

四、扣押于济南市天桥区人民检察院的贪污赃款50万元，发还S大学。

法院裁判理由

◎一审法院观点

一审法院认为，被告人陈某、耿某、王某、黄某某的行为均构成贪污罪。陈某系主犯，耿某、王某、黄某某均系从犯，耿某在共同犯罪过程中的作用大于王某、黄某某。鉴于该案赃款均已追回，耿某、王某、黄某某均具有自首、从犯的法定情节，依照《刑法》有关规定，被告人陈某犯贪污罪，判处有期徒刑4年，并处罚金25万元；被告人耿某犯贪污罪，判处有期徒刑2年6个月，缓刑3年，并处罚金16万元；被告人王某犯贪污罪，判处有期徒刑2年，缓刑2年，并处罚金15万元；被告人黄某某犯贪污罪，判处有期徒刑2年，缓刑2年，并处罚金15万元。扣押在济南市天桥区人民检察院的赃款50万元予以没收，上缴国库。

◎上诉人（被告人）陈某及其辩护人观点

（1）原审判决认定事实错误，用于注册公司的50万元并非来自“长江学者”特聘教授学科建设经费、单核苷酸多态性与抑郁症的防治研究项目和细胞神经生物学项目3个项目。

（2）根据S大学的规定，项目组成员可以领取科研经费总额的20%作为加班费和结余经费的55%作为绩效支出，而陈某并未领取；S大学未发放其应当享受的“长江学者”津贴，其还曾为实验室垫资100余万元。上述款项应当从其贪污数额中扣除，由于该款远远超出50万元，因此，涉案的50万元系其应得的合法收入，其行为仅仅违反S大学的财经管理规定，并不构成犯罪。

（3）原判适用法律错误，其在科研活动中从事的是劳务而非公务，并非国家工作人员。

（4）公司三的注册资本金与该公司经营利润均由耿某保管，两部分资金相互交叉，陈某等人私分的50万元中有该公司的利润，该利润并非公款，原判认定该50万元全部系公款不当。

（5）该案发生的背景是，过去我国科研经费管理制度不完善，相关管理规定不能充分激发科研人员使用科研经费的积极性。近年来，国家不断完善科研经费管理制度，加大了对科研人员的绩效激励力度，陈某作为优秀的科研人员，其在科研团队中分配50万元酬劳的方式不合规范，但尚未达到刑事违法的程度，不宜以犯罪处理。

（6）即便认定陈某构成贪污犯罪，其在接到S大学有关部门通知后，自动到检察机关接受调查，并如实供述了虚开发票套取科研经费用于注册公司，后共同瓜分50万元的事实，应当认定为自首。虽然在原审宣判前提出了该款系其应得的合法收入及该50万元并非公司注册资本金等辩解，但均系对行为性质的辩解，并不影响自首的成立。

（7）陈某主观恶性不深，案发后已退缴全部赃款，具有从轻的情节，原判量刑重。

◎上诉人（被告人）王某及其辩护人观点

（1）原审判决认定王某涉案数额有误。套取科研经费注册公司的行为系陈某安排耿某办理的，王某未参与，公司成立后，耿某又将注册资本金50万元与其他科研经费混同；多年后，陈某个人决定私分钱款并给其一个内装钱款的袋子，回家后才知道内有8万元，并不知道其他人是否分钱、分钱的具体数额，与其他被告人没有共同贪污的故意，因此，其仅应对明知的8万元即全部涉案金额50万元的16%负责。同时，由于50万元中包含公司三未分配的利润和陈某垫资为单位购买试剂的费用，应当将上述利润、费用扣除后的数额乘以16%的比例，计算其涉案数额。

（2）陈某作为王某直接领导，在日常工作中对其工作考核、职称晋升、基金申报等多个方面具有实质影响，在审计部门已经介入的情况下，陈某分给8万元，其迫于无奈被动接受，具有被胁迫的性质，应当认定为胁从犯，其主观恶性不深，社会危害性较小，请求对其免予刑事处罚。

◎上诉人（被告人）黄某某及其辩护人观点

与王某及其辩护人提出的理由相同。

◎二审法院针对上诉人、辩护人意见，根据事实和证据的评判意见

针对上诉人提出的辩解、辩护意见，济南市中级人民法院评判如下：

1. 对用于注册公司的50万元的事实认定

钱款系种类物，且耿某将套取的科研经费在其多个银行账户中保管，相互交叉，用于成立公司的注册资本金50万元无论出自哪个银行账户、套取自陈某负责的哪个科研项目，均不影响该款系套取的科研经费这一事实的认定，而根据S大学有关规定，科研经费为学校收入，全部纳入学校财务部门统一管理、集中核算，系公共财产。

2. 陈某是否属于国家工作人员

上诉人陈某作为在国有事业单位中从事公务的研究所所长兼项目负责人，对研究所科研经费具有监督、管理的职责，在该案套取科研经费中的行为符合国家工作人员从事公务的认定标准。因此，上诉人陈某及其辩护人提出的相应辩解、辩护意见不能成立，不予采纳。

3. 关于贪污数额的认定

第一，根据S大学某大财字（2008）37号《S大学纵向科研经费管理实施细则》的规定，陈某在长达数年的时间内从未向S大学财务部门提出过其科研团队存有加班事实、需要领取加班费的申请，其在案发后提出有加班费尚未领取的辩解既无事实依据，亦不符合S大学的管理规定。将科研经费总额的20%减去已经实际支出的劳务费、专家咨询费后的余额作为其加班费的理由不足。

第二，截至2015年11月，陈某已办理结题结账手续、存有结余经费的项目共4个：其中3项办理于2014年1月1日前，依照当时实行的某大财字（2008）37号文，并未规定纵向科研经费可以提取绩效费或其他名义的个人酬劳；另外1项于2014年1月1日以后依照某大财字（2013）55号、58号文办理的项目，陈某已经按照S大学的规定将个人应得的绩效费25446元转入其名下绩效费账户。因此，陈某在案发后提出的其尚有绩效费未领取的辩解无事实依据，理由不足。

第三，陈某先后两次被S大学聘为“泰山学者”特聘教授，总聘期自2006年1月至2016年3月。在此期间，陈某于2010年3月至2013年2月入选教育部“长江学者”奖励计划项目，二者聘期重合，S大学依照同时享有两项以上荣誉、仅就高发放一项荣誉津贴待遇的原则，为陈某发放了待遇较高的“泰山学者”聘期内应享受的津贴待遇，“长江学者”的津贴不再发放，陈某在案发前数年时间内并未就此问题向S大学提出异议。现陈某提出S大学应当向其发放“长江学者”津贴的辩解，与S大学对该问题的意见相悖，其要求将“长江学者”津贴从其侵吞钱款中扣除的理由不足。

第四，陈某及其辩护人在原审庭审中提供了证人证言，证明陈某曾为研究所提供了部分仪器、设备，还从国外购买过试剂耗材，但没有提供购买上述物品的发票或收据等书面凭证，无法证明其来源、价格。原审被告人耿某供述陈某个人购买的物品已经全部报销完毕，耿某个人记录账目显示曾用所套取的科研经费为陈某报销从国外购买试剂等物品的费用，陈某提出的此条辩解与在案证据相悖。即便陈某确曾购买部分仪器、设备用于研究所使用，但在案发前长达数年的时间里没有要求S大学对相关花费予以报销，亦没有从耿某保管的所套取的多达数百万元余额的科研经费中要求报销，现要求将该部分花费从涉案数额中扣除的理由不足。

第五，上诉人陈某安排耿某套取科研经费50万元用于经营公司三，该款与公司三产生的利润均由耿某保管于多个银行账户，相互交叉。但审计部门介入调查后，陈某为掩盖套取科研经费50万元用于个人经营公司的事实，伙同另外3名被告人将有关公司三股权说明材料销毁后非法瓜分该款，制造公司三系个人出资的假象，其行为直接指向公司三注册资本金，与该公司的利润无关。综上，上诉人陈某及其辩护人提出的相应辩解、辩护意见均不能成立，不予采纳。

4. 关于刑事违法的程度

上诉人陈某作为S大学科研人员，在为国家科研事业作出工作的同时，也享受了国家为科研人员提供的科研经费等支持。同时，其亦须遵守学校乃至国家制定的现行有效的管理制度，现行制度处于不断完善过程的事实并不能成为其违法犯罪行为的理由。陈某身为国有事业单位中从事公务的人员，违反规定，伙同他人骗取科研经费，非法占为己有，其行为符合贪污罪的构成要件，具有明显的刑事违法性、社会危害性、应受刑罚惩罚性，理应承担相应的刑事责任。其辩护人提出的相关辩护意见不能成立，不予采纳。

5. 关于王某与黄某某二人共同贪污的情节

经查，2012 年，陈某提议由耿某套取科研经费 50 万元用于成立公司时，王某、黄某某均表示同意，4 人均签署了有关公司三股权的说明材料；审计部门介入调查后，陈某向王某、黄某某、耿某明确表示将公司注册资本金瓜分，并在销毁相关股权说明材料后当场分配钱款，并各自占为己有。因此，上诉人王某、黄某某对于 4 人共同占有公司注册资本金 50 万元的事实是明知的，应当对 50 万元总数负责。在作案过程中，陈某没有对二人进行任何身体或精神上的强制，二人均系出于自由意志参与涉案行为，二人的行为不符合胁从犯的法定要件。据此，二上诉人及其各自辩护人提出的相关辩解、辩护意见不能成立，不予采纳。

6. 关于陈某的行为是否构成自首

经查，侦查机关接审计部门转来的耿某涉嫌其他犯罪线索后，侦查人员到 S 大学医学院，由 S 大学有关人员电话通知陈某、耿某、王某、黄某某自行前来接受检察机关调查，后侦查人员将四人分别带至侦查机关，四人的行为均可视为自动投案。上诉人陈某在归案后如实供述了该案事实，虽然在侦查阶段后期至原审宣判前提出了其应得的合法收入远远超过私分的 50 万元以及分钱时公司总资产超过 50 万元，所私分的钱无法分清是公司利润还是公司注册资本金等辩解，但对于指使耿某虚开发票套取科研经费 50 万元用于个人成立公司进行经营，后四人将 50 万元瓜分的主要事实予以供认，符合《刑法》对自首情节要求的自动投案，并如实供述主要犯罪事实这一核心要件，应当以自首论。其所提辩解系对行为性质的辩解，并不影响对其自首情节的认定。据此，上诉人陈某的辩护人提出的相关辩护意见成立，予以采纳。

案例注释与解析

1. 对于选取案例的说明

该案能够给科研人员带来一定的警示。在实践中，可能会出现申请的科研经费大于实际使用科研经费的情况，此时很多科研小组可能会通过虚构开销、虚开发票的形式套取科研经费，作为内部补贴或其他作用。这样往往很容易就会触犯《刑法》，被司法机关认定为贪污。

2. 如何判定科研人员的身份是否属于国家工作人员？

根据法律规定，贪污罪是指国家工作人员利用职务上的便利，侵吞、窃取、骗取或者以其他手段非法占有公共财物。虽然许多科研人员与所在高校、研究机构签订了劳动合同，但由于很多高校和研究机构本质上属于国家事业单位，《刑法》又规定了在事业单位中从事公务的人员，以国家工作人员论，部分科研人员会因为其在事业单位中的工作性质而被认定为国家工作人员。

3. 在实践中，遇到上司“胁迫”一同违法犯罪活动的，如何判定是否构成刑法意义上的“胁迫”？

在面对上司无理要求时，大多时候下属并没有太多拒绝或者回避的空间。而对于上司要求下属共同参与或者协助其违法活动，我国刑法司法实践中的判断往往是下属对于犯罪事实是否“明知”，以及上司是否对下属实施了身体或精神上的“强制”。

对于“明知”的判断，一般来说是指下属是否清楚知晓其实施的行为属于违法犯罪，如果其能证明上司交办的任务属于正常工作内容，而且存在工作合理性，即使该任务属于违法犯罪的一部分，往往也能极大影响下属犯罪行为的认定。

对于“强制”的判断，在司法实践中的判断标准往往较为严苛，需要行为人证明其在上司的胁迫下达到“不得不做”的程度。上司如果只是进行了普通程度上的要求，往往无法被认定为属于实施了身体或精神上的“强制”。

4. 国内其他案件的裁判思路

在实践中，对于国家工作人员的理解并不会局限于与机关单位、事业单位签订了劳动合同的工作人员。

例如，在刘某贪污一案［（2017）京刑终 242 号］中，北京市高级人民法院就以被告刘某在退休后被科研团队聘任，继续从事团队的财务报销等工作，认定了刘某属于受国有事业单位委托管理国有财产的人员。因此，即使与科研单位的劳动关系结束后，被科研团队所聘用继续从事工作，但是工作内容上涉及管理国有财产的，也一样会被认定为贪污罪的适格主体。

另外，科研人员在利用其他手段套取经费之后，即使没有占为己有，而是以奖金的方式发放给了科研团队的其他人的，则可能会触犯私分国有资产罪。

例如，在卢某和曹某私分国有资产罪、贪污罪一案［（2016）鄂01刑终215号］中，被告卢某称其所在的基因工程研究室决定以单位发放奖金的名义将45万元科研经费在内部予以私分，而其本人并没有实际分到款项。在这种情况下，法院最终认定其侵犯了国有资产的所有权，造成数额较大的国有资产流失，构成私分国有资产罪。

5. 启示与建议

根据该案与这类案件在我国不同地区法院的处理情况，实践中，即使科研经费被冠以合法的名义在科研团队内部分配，而决策者甚至没有实际分得款项，也会因为不符合规定的程序而触犯私分国有资产罪。因此，科研人员在使用经费问题上应恪守道德底线，不要有钻法律空子的侥幸心理。

三、非法目的与用途

实际问题：科研工作人员在何种情况下会涉及触犯挪用公款罪？

科研活动中经常存在经费不够的问题。为了解决科研经费与职工福利问题，科研单位提出的解决办法层出不穷，其中包含以科研单位外自然人之名成立以营利为目的、单位内大部分职工入股的公司，那么该公司与科研单位之间有资金来往的行为将如何认定？科研单位领导班子为解决该公司工商登记以外的问题以个人名义将单位内经费外借给公司，是否属于内部资金周转？领导个人是否会构成“挪用公款罪”？

◎涉及法条

《中华人民共和国刑法》（2020年修正）第九十三条、第二百七十二条和第三百八十四条

《最高人民检察院关于人民检察院直接受理立案侦查案件立案标准的规定（试行）》（高检发释字〔1999〕2号）中有关“挪用公款罪”的规定

《最高人民法院、最高人民检察院关于办理贪污贿赂刑事案件适用法律若干问题的解释》（法释〔2016〕9号）第五条和第六条

◎虚拟情境

假设学校财务部门因其他原因未能批准A教授针对其垫付资金的报销申请，A教授决定以其他合法名目向学校财务部门申请经费，之后在申请到的经费中再抽出部分款项返还自己垫付的资金。请问，A教授的行为是否妥当，是否可能构成犯罪？

典型案例

孙某挪用公款案

（2017）冀08刑终225号

裁判法院：河北省承德市中级人民法院

裁判时间：2017年9月15日

关键词：刑事/挪用公款罪/内部资金周转

案件摘要

A农科所系国有单位，B公司系由农科所职工出资入股设立的工商企业法人。被告人孙某系该农科所副所长，其将农科所公款共计120万元借给该公司，用于公司工商登记经营范围以外的经营活动，并且所得的收益被用于公司的股东分红。此外，农科所入股前述公司的几位员工赵某某、袁某某、杨某某、邢某某、孙某某、王某乙等人对孙某挪用公款的行为并不知情。最终法院认为，孙某身为国家工作人员，利用职务上的便利，挪用公款归个人使用，数额较大，进行营利活动，其行为已构成挪用公款罪。

裁判要点

国有单位与依法登记的工商企业法人之间的资金挪用不是内部资金周转。将公款给企业使用，不属于为了本单位利益将公款给个人使用。挪用国有单位资金用于企业经营，所得收益用于企业股东分红，国有单位并非实际的利益获得者，不影响挪用公款罪的犯罪构成。

争议焦点

（1）被告人将涉案资金拨付给B公司是否为内部资金周转。

（2）进而，被告人将涉案资金外借给B公司用于其工商登记经营范围以外的经营活动的行为是否构成挪用公款罪。

基本案情

孙某系A市农业科学研究所（以下简称“A农科所”）副所长，主持工作。A农科所是A市政府管理的全额事业单位，机构规格正处级，主要负责农作物的育种、科研、病虫害的防治、农业技术咨询和开发等，工作职责按照国家机关事业单位法人证书规定的职责工作。B公司系有限责任公司，经销杂交玉米、油葵等种子。

在孙某负责A农科所全面工作期间，由于A农科所只有立项的研究课题有经费，未能立项的课题没有经费。而财政拨付A农科所的公用经费少，没钱给职工发放福利。为解决问题，A农科所召开职工代表大会，大部分职工同意成立公司，讨论决定由A农科所职工自愿投资入股，入股资金5000元至5万元不等，共集资了115万元。在注册公司的时候，注册资金是100万元。根据A农科所职工代表大会商量的结果，新成立的公司独立于A农科所之外，经营过程中产生的权利义务不能和A农科所有牵连，但是又不能脱离A农科所掌控。即以自然人出资方式成立公司，股东由A农科所职工亲属担任，公司经营和财务工作还要由A农科所职工负责监管。

2009年4月2日，A农科所大部分职工入股以本所外自然人之名成立B公司。B公司从成立到注销，公司的事情都是由孙某决策，其他职工具体执行。

2010年10月至11月，孙某将A农科所公款共计120万元借给B公司，用于该公司工商登记经营范围以外的经营活动，向良种站付款回收玉米种子。

后B公司于2010年12月22日、2011年4月19日、2013年4月28日分三次将120万元归还A农科所。

2009年4月成立至2014年7月注销期间，B公司共分红3次。B公司注销后，集资款均退还给了集资入股的A农科所的职工。

犯罪指控

被告人孙某身为国家工作人员，利用职务上的便利，挪用公款归个人使用，数额较大，进行营利活动，其行为已构成挪用公款罪。但被告人孙某在案发前主动归还了全部公款，犯罪情节轻微，不需要判处刑罚，可以免予刑事处罚。

与案例相关的其他重要内容

裁判经过与结果

案件经过河北省兴隆县人民法院、河北省承德市中级人民法院二级法院终审结案。

一审河北省兴隆县人民法院于 2017 年 1 月 23 日作出［(2016) 冀 0822 刑初 189 号］刑事判决，判决确认被告人孙某犯挪用公款罪，免予刑事处罚。孙某不服，提起上诉。

二审河北省承德市中级人民法院于 2017 年 4 月 17 日作出［(2017) 冀 08 刑终 65 号］刑事裁定，撤销原判，发回重审。

河北省兴隆县人民法院重审后，于 2017 年 6 月 18 日作出［(2017) 冀 0822 刑初 57 号］刑事判决。原审被告人孙某仍不服，再次向该院提出上诉。

二审河北省承德市中级人民法院于 2017 年 9 月 15 日作出［(2017) 冀 08 刑终 225 号］判决驳回上诉，维持原判。

部分证人证言

(1) 赵某某的证言证实：……2009 年，为弥补 A 农科所科研经费不足，解决职工福利待遇，由孙某所长牵头，召开全所职工大会动员职工自愿集资入股，每股 5000 元，最多每人可集资 5 万元。最终集资了 100 万元注册成立了 B 公司。B 公司的经营范围杂交种子以外的农作物种子，具体范围以营业执照为准。在实际经营过程中 B 公司经营杂交玉米、油葵等种子。……2016 年 9 月，A 农科所的职工高某某找过我，让我在两份证明上签名，其中一份是 A 农科所 2010 年在职职工签名的证明，另一份是 2010 年 A 农科所职代会代表签名的证明，我听高某某说，这两份证明的内容主要是 B 公司成立的过程与经营情况等。当高某某将这两份证明拿给我签字时，我看见大部分职工都签完名字了，我也就签字了，具体内容我没看。我签完名字高某某就拿走了。

（2）袁某某的证言证实：……2009 年春天，当时为弥补 A 农科所科研经费不足，解决职工福利待遇问题，由孙某所长牵头，……注册成立了 B 公司。在实际经营过程中 B 公司经销杂交玉米、油葵等种子。……当时孙某副所长召集全体 A 农科所职工开会成立 B 公司，在大会上选举我和赵某某、邢某某、杨某某、孙某某共计 5 人一起管理 B 公司，过了几个月，孙某指定赵某某任 B 公司董事长，邢某某任总经理，我、杨某某和孙某某负责 B 公司的具体管理工作，我们 A 农科所的许某某任 B 公司出纳。到 2009 年底，孙某召集 B 公司会议，在会上宣布孙某自己任 B 公司董事长，我们 5 人负责 B 公司具体管理工作。孙某甲协助邢某某在新疆育过种子，A 农科所的其他人没有在 B 公司工作过。我负责 B 公司在河北地区销售的杂交玉米和油葵。B 公司注册的股东都是挂名的，董事长……其他三名股东……，这几个人和 B 公司没有任何关系，只是挂名股东。2016 年 9 月份左右，A 农科所的职工高某某找过我，让我在两份材料上签名，其中一份是 A 农科所 2010 年在职职工签名的材料，另一份是 2010 年 A 农科所职代会代表签名的材料，这两份材料的内容主要是 B 公司成立的过程等，我签字时材料上已经有 20 多人签名了。我签完名字高某某就拿走了。

（3）杨某某的证言证实：……当时为弥补 A 农科所科研经费不足，解决职工福利待遇问题，由孙某所长牵头，……注册成立了 B 公司。……B 公司当时孙某副所长召集我和赵某某、邢某某、袁某某、孙某某共计 6 人一起开了个会，最后定的是赵某某任 B 公司董事长，邢某某任总经理，孙某、我、袁某某和孙某某负责 B 公司的具体管理工作，许某某任 B 公司出纳。孙某甲协助邢某某在新疆育过种子，A 农科所的其他人没有在 B 公司工作过。2010 年 B 公司在新疆和承德县有育种基地，我负责承德县育种基地的杂交玉米生产工作……2010 年初，我代表 B 公司与 C 公司签订了玉米种子生产合同，由 D 公司生产玉米种子，后来由于生产玉米种子质量不达标，无法作为种子使用，最后 B 公司没有收购，由 B 公司给生产种子的基地农民补偿了 30 万元。补偿款是由 B 公司转给 D 公司账户后，由 D 公司向基地农民发放补偿款。

（4）邢某某的证言证实：……2009 年左右，我们 A 农科所职工个人集资成立了 B 公司，具体成立时间按营业执照为准。当时 A 农科所情况比较特殊，办公经费和科研经费短缺，当时的 A 农科所负责人孙某说为了解决办公经费和科研经费问题，为了 A 农科所生存，决定成立了 B 公司。B 公司只能以私营股份公司形式注册，不能以 A 农科所名义注册。2014 年左右 B 公司注销了。孙某当时召开 A 农科所全体职工大会，动员并要求全体职工出资入股，公司收益后按照入股比例分工。当时一共集资了 100 万元左右。工商手续是以 A 农科所职工以外的 4 个自然人出资作为股东进行注册的。A 公司成立后的第一年，孙某安排我和赵某某负责相关票据的审核签字，第二年到公司注销都是由孙某负责相关票据的审核签字。

公司从成立到注销，事情都是由孙某决策，我们其他人具体执行。B 公司我入股了 5 万元。当时孙某安排我、孙某某、杨某某、赵某某、袁某某 5 人在 B 公司干活，以后公司按股份比例给分红，孙某要求我们这 5 人每人必须入股 5 万元，他通过这种方式强化我们在 B 公司工作的责任心，让我们在 B 公司好好干活。许某某在 B 公司成立的时候就被派到 B 公司当会计。B 公司的营业执照允许的经营范围是杂交玉米种子以外的农作物，也就是常规种子。2010 年春季，孙某安排我去新疆为 B 公司繁育玉米杂交种子，种子成熟后需要收购时，我在新疆给孙某打电话让赶快给汇款。之后，A 农科所会计王某某给我打电话，问我银行卡号，说孙某安排他给我打钱。我就把我的一个农行卡号告诉了王某某，王某某先是往我的这张卡上打了 80 万元，是分 4 次打的，过了不久又往这张卡上打了 40 万元，是分两次打的。2011 年 4 月，A 农科所的会计王某某找到我，说我欠 A 农科所 20 万元，问我什么时候还钱，我问怎么回事，他说 B 公司在 A

农科所借了120万元，当时他直接打到了我的那张农行卡上，他说只差20万元没还上了。之后孙某安排B公司会计许某某把剩余的20万元还上了。通过这件事，我才知道这120万元是孙某安排从A农科所借给B公司的钱，是王某某经手直接给我的农行卡打的款。2010年1月30日，记账凭证记载2009年B公司股东分红3000元，是我本人领取的；2011年1月20日，记账凭证记载2009年油葵红利，分红2300元，是我本人领取的；2013年2月1日，记账凭证记载2012年股东分红1.5万元，B公司2012年度创收奖200元，这两笔钱是我对象石某某帮我领取的。2016年8月底或9月初，A农科所的职工高某某找到我，让我在两份材料上签名，其中一份是A农科所2010年在职职工签名的材料，另一份是2010年A农科所职代会代表签名的材料，这两份材料的内容主要是B公司成立的过程与经营情况等，我看了一下就签名了。我签完名字高某某就拿走了。

（5）王某乙的证言证实：……B公司是我们A农科所职工集资成立的有限公司，当时成立的目的是弥补A农科所的办公经费不足，给职工搞点福利。我入了5万元的股份。B公司的利润我只知道给我们集资的职工分红了，具体分红多少我不清楚。当时会议提到B公司向A农科所借钱这件事，我们没有表决程序。2016年9月下旬，A农科所的职工高某某找过我，让我在一份人名单上签名，这份人名单的内容主要是B公司成立的过程与经营情况等，我看过后就签名了。我签完名字，高某某就拿走了。

法院裁判理由

◎重审后一审法院观点

兴隆县人民法院认为，被告人孙某身为国家工作人员，利用职务上的便利，挪用公款归个人使用，数额较大，进行营利活动，其行为已构成挪用公款罪。被告人孙某在案发前主动归还了全部公款，犯罪情节轻微，不需要判处刑罚，可以免予刑事处罚。

◎上诉人观点

孙某上诉主要提出三项观点。

（1）B 公司是 A 农科所设立的，A 农科所将资金拨付给 B 公司使用，属于内部资金周转，不构成挪用。

（2）A 农科所为了单位利益将资金拨付给 B 公司使用，A 农科所是实际的利益获得者，不属于挪用公款罪。

（3）认定上诉人个人决定与事实不符，实际是单位集体决定。A 农科所当时的班子只有孙某一人，但在使用这笔款时是集体研究决定的。

◎重审后二审法院观点

1. 关于涉案资金属于内部资金周转的说法

A 农科所大部分职工入股以本所外自然人之名成立以营利为目的的 B 公司，与 A 农科所是独立单位，A 农科所系国有单位，B 公司是依法登记的工商企业法人，二者资金挪用不是内部资金周转，故其理由本院不予支持。

2. 关于 A 农科所是实际利益获得者对认定挪用公款罪的影响

经查，上诉人挪用 A 农科所资金用于 B 公司企业经营，所得收益用于 B 公司股东分红，A 农科所并非实际的利益获得者，不影响挪用公款罪的犯罪构成，故其理由本院不予支持。

3. 关于集体作出挪用资金决定的说法

经查，孙某供述，赵某某、袁某某、杨某某、邢某某、孙某某、王某乙等人证言，孙某将 A 农科所公款共计 120 万元借给 B 公司，用于该公司工商登记经营范围以外的经营活动，赵某某、袁某某、杨某某、邢某某、孙某某、王某乙等人并不知情，且 B 公司系依法登记的企业法人，将公款给 B 公司使用，不属于为了该单位利益将公款给个人使用，故其理由该院不予支持。

综上，二审法院认为，上诉人孙某身为国家工作人员，利用职务上的便利，挪用公款归个人使用，数额较大，进行营利活动，其行为已构成挪用公款罪。原判认定事实和适用法律正确，量刑适当，审判程序合法。最终裁定驳回上诉，维持原判。

案例注释与解析

1. 对于选取案例的说明

在实践中，有科研项目存在经费无法按期拨付、落实的情况。而在公用经费有限的情况下，科研人员的薪酬或福利待遇往往与企业（公司）的收入存在较大差距。

事实上，一旦科研单位或科研课题组将单位资金暂时用于外部经营以赚取“外快”，即使最终将所借资金全额返还，也可能触犯《刑法》，构成刑事犯罪。

该案给科研人员，尤其是单位负责人或科研课题组负责人一个很好的警示。

2. 如何评价“内部资金周转”对类案的影响

对于科研单位而言，在实践中往往很难认定款项的使用属于“内部资金周转”。针对类似案件而言，本身资金的使用就是为了经营活动赚取利润，即使所赚取的利润最终会被用于科研单位本身或者科研单位员工福利，但从根本上还是违反了科研单位的资金运用的相关规定。

因此，随着企业工商信息联网的公示，以科研单位本体作为股东设立子公司进行经营活动的可能性已经几乎不会存在。一旦脱离科研单位的股权关系所架构的新公司，资金的使用就无法被认定为“内部资金周转”。

3. 如何评价“集体决定”对类案的影响

由于挪用公款罪并不存在单位犯罪的可能，在司法实践中，如果科研单位负责人能够证明资金的使用已经经过科研单位内部决策层集体同意，则对于本罪的认定，必然有一定影响。

4. 该案一审的裁判结果为“免于刑事处罚”，为何被告人仍坚持上诉

该案的一审裁判结果为“被告人孙某犯挪用公款罪，免予刑事处罚”，在性质上仍然属于有罪判决。有罪判决会在被告人的个人档案中留存，对于被告人日后的生活必然会带来许多不便。

5. 其他类案与法律建议

在实践中，许多年长的科研人员对于政策、法规并不熟悉，无法正确区分经费和报酬的区别，往往一不留神就触犯了《刑法》的规定。

例如，在黄某贪污罪一案［（2017）粤 03 刑终 232 号］中，被告的辩护人提出了如下辩护意见：鉴于“通过微信公证号办理公证业务”系统的研发属于科技创新，而在此过程中黄某并未申请专项科研经费，根据最高人民检察院《关

于充分发挥检察职能依法保障和促进科技创新的意见》，恳请二审对黄某在科技创新中的不当及违反财经行为能宽严相济，予以判处缓刑。但深圳市中级人民法院最终仍然以被告的贪污犯罪事实清楚、与科研经费没有关系为由不予适用最高检察院的相关规定。

因此，科研人员在潜心钻研科学技术问题的同时，应当及时学习并了解最新法律法规及各类政策文件的变化，在使用科研经费时按照规定予以申请或申报，切勿图一时之便最终触犯《刑法》的规定。

四、国有资产使用的特殊问题

实际问题：科研人员在何种情况下会涉及触犯贪污罪？

科研活动的顺利开展建立在经费充足的基础之上，科研项目负责人应对科研经费使用的相关性、真实性承担相应责任。然而，在经费有所结余的情况下，不当的处理方式可能构成“贪污罪”。那么，科研人员在何种情况下对课题经费的使用可能会构成“贪污罪”？什么程度构成法律上的“数额特别巨大”？帮助课题领导或导师，为他们将经费从单位挪用出来的行为是否也构成犯罪？

◎涉及法条

《中华人民共和国刑法》（2020 年修正）第二十五条、第二十六条、第二十七条、第九十三条、第三百八十二条和第三百八十三条

《最高人民法院、最高人民检察院关于办理贪污贿赂刑事案件适用法律若干问题的解释》（法释〔2016〕9 号）第一条、第三条、第十八条和第十九条

◎虚拟情境

A 教授的团队最终顺利完成了前述项目的结题，在后续整理项目的过程中发现该项目中的某种贵重科研材料仍有部分结余，A 教授决定，将该部分科研材料直接用于后续新项目的使用。请问，A 教授的行为是否妥当，是否可能构成犯罪？之后 A 教授发现新的科研项目其实并不需要该材料，于是决定将该材料在市场上予以出售，并将获取的款项用于团队补贴。请问，A 教授的行为是否妥当，是否可能构成犯罪？

典型案例

李某、张某贪污案

（2015）松刑初字第 00015 号

裁判法院： 吉林省松原市中级人民法院

裁判时间： 2020 年 1 月 2 日

关键词： 刑事/贪污罪/共同犯罪

案件摘要

被告人李某系某大学教授，担任该大学重点实验室主任、某课题组负责人，还担任国家科技重大专项课题等多项课题负责人。另一被告人张某系该大学重点实验室特聘副研究员，与该大学重点实验室、某课题组的其他组成人员也分别担任了多项部级课题负责人。另外，由两被告人分别担任总经理、副总经理的 2 家企业作为其中某些课题的协作单位，也承担某些课题。自 2008 年 7 月至 2012 年 12 月，两被告人利用管理课题经费的职务便利，采取虚开发票、虚列劳务支出等手段，截留人民币 3756.6488 万元的结余课题经费。他们的行为系利用国家工作人员职务上的便利，侵吞、骗取国有财产，且数额特别巨大。法院认为，依照《刑法》第三百八十二条之规定，两被告人的行为均已构成贪污罪。

裁判要点

2014 年《国务院关于改进加强中央财政科研项目和资金管理的若干意见》、2016 年《最高人民检察院关于充分发挥检察职能依法保障和促进科技创新的意见》都是更有利于科研、更有利于对科研经费的监督管理。虽然政策规定年度资金可以结转下一年度继续使用，项目结题后符合条件的，可以由单位统筹安排用于科研活动的直接支出，不再收回；但同时也规定要加大对违法行为的惩处力度，加强对科研项目和资金的监管，严肃处理违规行为，涉及违法犯罪的移交司法机关处理。对于以科技创新为名骗取、套取国家科研项目投资，严重危害创新发展的犯罪，应当依法打击。

争议焦点

（1）涉案款项是否按照正当程序运用于科学研究中。

（2）被告人李某伙同张某，利用其管理课题经费的职务便利，将结余科研经费占为己有的行为是否构成贪污罪。

基本案情

被告人李某系N大学教授，担任N大学农业生物技术国家重点实验室（以下简称“某重点实验室”）主任、N大学生物学院李某课题组（以下简称“李某课题组”）负责人，还担任国家科技重大专项课题等多项课题负责人。被告人张某系某重点实验室特聘副研究员、科技部多项课题负责人。另外，由李某、张某分别担任总经理、副总经理的公司一、公司二作为其中某些课题的协作单位，也承担某些课题。

自2008年7月至2012年2月，相关课题在研究过程中利用科研经费购买了实验所需的猪、牛，对出售课题研究过程中淘汰的实验受体猪、牛、牛奶所得款项，被告人张某向李某请示如何处理。李某指使张某将该款项交给报账员欧某、谢某账外单独保管，不要上交。欧某、谢某遂将该款存入个人银行卡中。经司法会计鉴定，截留猪、牛、牛奶销售款累计金额为人民币1017.9201万元。

2008年8月，被告人张某因课题经费有结余向被告人李某提出是否可以将这些资金套取出来，李某表示同意并要求联系可靠、熟悉的大公司进行运作。张某遂联系K公司等共四家单位，李某亦联系J公司、R公司，商谈虚开发票事宜。在上述公司同意并将虚开的发票交给张某后，张某指使报账员欧某、谢某从结余的科研经费中予以报销。截至2011年12月，套取课题结余科研经费共计人民币2559.1919万元。

2009年7月，被告人张某及报账员欧某分别向被告人李某请示如何处理课题经费中的劳务费结余，李某表示将多余的劳务费报销出来，不要上交。截至2012年2月，被告人张某指使欧某、谢某采取提高个人劳务费额度和虚列劳务人员的方法，共计虚报劳务费人民币621.2248万元。

自2008年7月至2012年12月，被告人李某伙同张某利用管理课题经费的职务便利，采取虚开发票、虚列劳务支出等手段，截留人民币3756.6488万元的结余课题经费。

犯罪指控

吉林省松原市人民检察院认为，被告人李某伙同张某，利用职务上的便利，侵吞、骗取国有财产3756.6488万元，其行为均触犯了《刑法》第三百八十二条、第三百八十三条第一款第（一）项之规定，应当以贪污罪追究其刑事责任。在共同犯罪中，被告人李某起主要作用，系主犯；被告人张某起次要作用，系从犯，应分别依据《刑法》第二十六条、第二十七条之规定予以处罚。

与案例相关的其他重要内容

裁判经过与结果

吉林省松原市中级人民法院于2020年1月2日作出［（2015）松刑初字第00015号］一审判决：

一、被告人李某犯贪污罪，判处有期徒刑12年，并处罚金人民币300万元。

二、被告人张某犯贪污罪，判处有期徒刑5年8个月，并处罚金人民币20万元。

三、扣押的赃款依法予以没收，上缴国库，不足部分继续追缴。

法院裁判理由

◎被告人李某的辩护人意见

（1）涉案牛场、猪场、牛、猪、资金都不是N大学的，而是公司一、公司二所有。两公司成立就是为了科研，没有其他经营，就是在扶持科研任务；猪、牛不断淘汰，收入都用在了科研上，而且普通猪牛和重大专项没有关系，故不存在截留淘汰牛、猪及牛奶钱款的事实。

（2）张某向几个公司虚开发票套取课题经费，李某并不知情，李某联系的两个公司并没有虚开发票，是正常的科研任务，李某称，审计部门的工作人员认为其行为造成了科研经费的监管风险，但未达到构罪标准。

（3）张某没有向李某请示结余劳务费如何处理，虽然欧某说过这个问题，但李某仅说劳务费要掌握一个原则，不要吃“大锅饭”，不是李某指使虚报劳务费，也不存在虚报劳务费的情况。

（4）公司一、公司二是根据与N大学签订技术开发合同取得的科研经费，经费应归公司所有。

（5）提供被告人李某与证人李某甲、汤某，被告人张某之间手机短信，李某的日记《蛇年第一篇》《马年第一篇》《李某思考再思考的心灵告诫》和《四风问题自我剖析及整改材料》《N大学科技研究院关于李某科研工作及成果情况的说明》及李某20××年3月18日发给审计署郭处长的邮件和张某的检讨、公司一关于罢免张某副总经理的决定，证明李某对指控的犯罪事实并不知情。

（6）该案的发生与当时科研经费管理制度不完善密切相关，并且根据2014年《国务院关于改进加强中央财政科研项目和资金管理的若干意见》、2016年《最高人民检察院关于充分发挥检察职能依法保障和促进科技创新的意见》的规定，被告人李某的行为不构成犯罪。

◎被告人张某的辩护人意见

李某、张某构成共同贪污犯罪，张某在共同犯罪中起次要作用，应认定为从犯。

李某、张某均未将涉案钱款拿回家，应酌情从轻处罚。

张某完全是为了老师李某的利益而实施的行为，并没有自己的私人利益；张某认罪认罚，有悔罪表现，结合其前述从轻、减轻处罚情节，请求对张某减轻处罚。

◎法院针对辩护人意见，根据事实和证据的评判意见

1. 关于涉案牛场、猪场、牛、猪、资金的所有与用途

经查，欧某、谢某等多名证人均证明涉案猪、牛、牛奶均系用课题经费购买，实验后变卖钱款应上交原拨款单位，与被告人张某的供述相互印证，足以认定。

欧某证言证明是李某指使将淘汰的猪、牛及出售牛奶钱款交给其二人账外单独保管，不要上交。

被告人张某供述亦能证明相同内容，并有证人谢某等证言和相关书证、鉴定意见予以佐证，足以认定截留淘汰猪、牛及牛奶钱款的事实。李某及其辩护人的此点辩解、辩护意见不成立，法院不予采纳。

2. 关于虚开发票不知情

经查，被告人张某供述是张某向李某请示能否将结余的课题经费套取出来，李某表示同意并要求联系可靠的、熟悉的大公司进行运作，李某本人亦联系了 J 公司与 R 公司商谈虚开发票事宜。

证人欧某证言亦证明其曾向李某请示剩余课题经费如何处理，李某让其将这些钱款预付出去，具体如何处理找张某，后又让张某将这些钱款拿了回来。这些钱款的来源与去向其都向李某汇报过，套取经费的事李某都知道。

张某供述与欧某证言能够相互印证，并有向张某、李某虚开发票的相关人员的证人证言及书证予以佐证，足以认定，李某及其辩护人的此点辩解、辩护意见不成立，法院不予采纳。

3. 关于虚报劳务费

经查，证人欧某证言与被告人张某供述一致，证明二人向李某请示结余劳务费如何处理，李某让将结余的劳务费都报出来，不要上交，足以认定，李某及其辩护人的此点辩解、辩护意见不成立，法院不予支持。

4. 关于通过技术开发合同取得的科研经费的所有

经查，根据相关课题经费的管理使用规定，被告人张某的供述和 N 大学的领导、科研人员、报账员的证言均一致证明，科研经费必须按规定使用，按真实发生的费用到 N 大学财务部门实报实销，故课题经费并非归公司所有，李某及其辩护人的此点辩解、辩护意见不成立，法院不予支持。

5. 关于对指控的犯罪事实不知情

经查，辩护人提供的相关材料均系 2012 年李某被审计署审计后所写及根据审计出的问题对张某所作的处理，并不能证明李某对指控的事实不知情，李某及其辩护人的此点辩解、辩护意见不成立，法院不予支持。

6. 关于当时科研经费管理制度不合理与政策适用

经查，李某伙同张某经共同预谋后，利用李某职务上的便利截留、虚报科研经费存入李某控制的个人银行卡，并由李某个人支配，其中大部分用于李某个人或其控股的公司再投资设立其他公司，还有少部分作为公司一、公司二的营业收入，或滞留在为李某、张某虚开发票的人或公司及欧某、谢某等个人银行卡中，并未结转下一年继续使用或由单位统筹安排用于科研活动。且上述钱款在N大学已平账，N大学已失去对钱款的控制，已成为李某控股或控制公司的法人财产，即已将国有财产非法占为己有，其行为已构成贪污罪。2014年之后国家政策虽然不断在进行调整，但都是为了更有利于科研、更有利于对科研经费的监督管理。相关国务院意见和最高人民检察院的文件（2014年《国务院关于改进加强中央财政科研项目和资金管理的若干意见》、2016年《最高人民检察院关于充分发挥检察职能，依法保障和促进科技创新的意见》），虽然规定年度资金可以结转下一年度继续使用，项目结题后符合条件的，可以由单位统筹安排用于科研活动的直接支出，不再收回；但同时也规定要加大对违法行为的惩处力度，加强对科研项目和资金的监管，严肃处理违规行为，涉及违法犯罪的移交司法机关处理。对于以科技创新为名骗取、套取国家科研项目投资，严重危害创新发展的犯罪，应当依法打击。故无论是当时还是之后的法律、法规、规章、国家政策和司法解释，李某的行为都构成贪污罪。李某及其辩护人的此点辩解、辩护意见不成立，法院不予支持。

7. 关于张某的处罚

经查，张某在共同犯罪中起次要作用，属从犯，同时未分得赃款，到案后主动交代大部分办案机关未掌握的同种犯罪事实，认罪悔罪，故张某的辩护人所提辩护意见予以采纳。

法院认为，被告人李某伙同张某利用李某国家工作人员职务上的便利，侵吞、骗取国有财产3756.6488万元，且数额特别巨大，其行为已构成贪污罪。公诉机关指控事实清楚，证据确实、充分，罪名成立。鉴于近年来国家对科研经费管理制度的不断调整，按照最新科研经费管理办法的相关规定，结合刑法的谦抑性原则，依据李某、张某名下间接费用可支配的最高比例进行核减，对核减的345.6555万元可不再作犯罪评价，但该数额仍应认定为违法所得，故被告人李某、张某贪污数额为人民币3410.9933万元。

在共同犯罪中，李某起主要作用，系主犯，应依法惩处，鉴于其贪污赃款已部分追缴，可酌情从轻处罚。

张某起次要作用，系从犯，到案后主动交代办案机关不掌握的大部分同种犯罪事实，具有坦白情节，且认罪悔罪，可依法对其减轻处罚。

案例注释与解析

1. 对于选取案例的说明

该案能够对科研人员起到很好的警示作用。在实践中，很多科研项目在申请获得国家经费的支持之后，课题组对于经费的使用有较大的灵活性。但很多时候，科研人员一旦未能严格按照法律规定的流程使用科研经费，就可能触犯《刑法》，构成刑事犯罪。

2. 如何认定对科研经费的使用属于《刑法》中的“利用职务上的便利侵吞、窃取、骗取或者以其他手段非法占有公共财物”?

通过本案可以清楚地了解到，被告人通过其职务上的便利，以截留款项不予上报、虚开发票伪造开销、虚列劳务人员增加劳务开销的方式将科研经费存入其个人控制的银行账户，并由个人支配，其中大部分用于被告人个人或其控股的公司再投资设立其他公司，还有少部分作为前述公司的营业收入，或滞留在为被告虚开发票的人或公司及其他个人的银行卡中，并未结转下一年继续使用或由单位统筹安排用于科研活动。在此种情况下，作为课题经费的所有人——N 大学已经将前述款项予以平账。也就是说，N 大学已失去对前述款项的控制，前述款项已成为被告控股或控制公司的法人财产，已不再是国有资产。

因此，在判断科研人员是否存在“贪污”行为时，可以国有资产是否已脱离单位、集体、国家的控制，转而成为科研人员的个人或公司资产作为核心判断标准之一。

3. 启示与建议

2014 年国务院发布了《国务院关于改进加强中央财政科研项目和资金管理的若干意见》，2016 年最高人民检察院发布了《最高人民法院关于充分发挥检察职能依法保障和促进科技创新的意见》。虽然前述文件均规定了年度资金可以结转下一年度继续使用，项目结题后符合条件的，可以由单位统筹安排用于科研活动的直接支出，不再收回；但对于科研单位的信用评级以及科研经费的结转流程都有严格的规定。因此，虽然国家政策在近几年针对科研经费的使用和管理上已进行大幅度的调整和优化，但其宗旨都是更有利于对科研经费的监督管理。

鉴于以上讨论，建议科研人员在使用科研经费时，应严格按照法律流程及内部流程的规定做好书面文件记录，并及时向主管部门汇报和沟通，在符合法律规定的情况下合法合理地使用科研经费，避免因为操作不当而触犯《刑法》。

专题二　研发成果的去向：建立知识产权保护

一、基本概述

随着我国知识产权制度的加强与人们保护知识产权意识的提升，科研人员与科研单位普遍注重对自己研发成果的保护与独占权主张。虽然研发的过程很艰辛，取得成果也非常不易，即使相关单位与发明创造者有意愿将研发出的成果通过独占权获取一定的经济补偿与收益，但在我国现行知识产权制度下一定能支持相关成果形成专利权、著作权、商业秘密等权利吗？

该专题选取代表性案例介绍专利权、著作权、商业秘密等知识产权类型构建的基本法律要件，用以说明通常申请获得这些类型知识产权时科研人员与单位最容易遇到的问题与陷入的困境。

二、专利申请

（一）是否属于专利保护范围

实际问题：科研单位的植物与育种成果如何进行综合保护？

《中华人民共和国专利法》第二十五条明确将植物品种排除在专利可保护的主题外。那么，科研单位对于其培育的植物或育种成果如何进行有效保护，尤其对那些在植物新品种保护名录之外的植物育种成果？

◎涉及法条

《中华人民共和国专利法》（2008 年修正）第二十五条

《中华人民共和国专利法》（2020 年修正）第二十五条第一款第（五）项现已被修正为“（五）原子核变换方法以及用原子核变换方法获得的物质”。

《中华人民共和国植物新品种保护条例》（2014 年修订）第六条、第十三条至第十七条

《中华人民共和国种子法》（2015 年修订）第十九条、第二十三条和第二十五条

◎虚拟情境

Q 大学某团队研发出新植物品种，转化过程中与合作伙伴 J 公司发生纠纷。Q 大学是否可以通过主张对植物新品种的独占权而限制 J 公司继续对相关植物研发成果的使用？

典型案例

M 大学诉公司一侵害植物新品种权纠纷

（2019）最高法知民终 585 号

裁判法院：最高人民法院

裁判时间：2019 年 12 月 13 日

关键词：植物新品种权/植物品种保护名录/发明专利权/实质性派生品种

案件摘要

原告兼上诉人的科研团队研究出人工培育和种植的蕨麻品种。上诉人认为，被告兼被上诉人播种该蕨麻品种的行为侵犯其植物新品种权。法院认为，申请品种权的植物新品种应当属于国家植物品种保护名录中列举的植物的属或者种。品种审定制度作为市场准入的行政管理措施，不同于植物新品种保护制度，属于行政许可而非民事权利，不能以获得品种审定的事实认定取得了植物新品种的授权，并由此享有对所涉品种繁殖材料进行生产、销售的独占权。上诉人未取得植物新品种权，不具备提起侵权之诉的权利基础，属于不符合起诉的条件，应当裁定驳回起诉。

裁判要点

申请品种权的植物新品种应当属于国家植物品种保护名录中列举植物的属或

者种。品种审定制度作为市场准入的行政管理措施，不同于植物新品种保护制度，属于行政许可而非民事权利，不能以获得品种审定的事实认定取得了植物新品种的授权，并由此享有对所涉品种繁殖材料进行生产、销售的独占权。

争议焦点

涉案“青海蕨麻 1 号”是否具有植物新品种权。

基本案情

“青海蕨麻 1 号”系 M 大学培育的蕨麻品种。

2009 年 11 月 10 日通过青海省农作物品种审定委员会审定，审定编号为青审蕨麻 2009001 号，审定意见为：“蕨麻青海蕨麻 1 号品种，经审定合格，可在我省中、高位山旱地及青南、环湖农业区地区推广种植。特向品种育成（引进）单位及主要育（引）种人颁发《品种合格证》。”

2013 年 6 月 6 日，M 大学与公司一签订了《蕨麻种植合作协议》，协议约定了双方的合作范围、合作方式及条件。公司二向 M 大学支付 100 万元作为前期研究投入费用，在合同履行前期，公司二在门源回族自治县承租当地农民的土地进行蕨麻种植。

2014 年 3 月 11 日，公司二的股东为便利生产销售“青海蕨麻 1 号”注册登记了公司一。M 大学在 2014 年提供了蕨麻原种并进行了相应的技术指导。

2015 年 7 ~ 8 月，有关领导在实地考察了公司一蕨麻种植基地时，M 大学教授李某就蕨麻的生物特性、科学研究和成果转化等进行了专门汇报。

2015 年 9 月后，双方因经营账目以及现场技术指导等问题引发纠纷。

诉讼请求

一审中 M 大学申请被告公司一立即停止播种“青海蕨麻 1 号”品种的侵权行为，现种植在门源回族自治县北山乡的 2229 亩“青海蕨麻 1 号”品种全部就地销毁，赔偿 M 大学经济损失共计人民币 517.1343 万元，并由公司一承担诉讼费用。上诉时，M 大学请求撤销原审判决，改判支持 M 大学的原审诉讼请求，并由公司一承担一审、二审诉讼费用。

与案例相关的其他重要内容

裁判经过与结果

案件经过青海省西宁市中级人民法院、最高人民法院两级法院终审结案。

一审青海省西宁市中级人民法院于 2019 年 8 月 28 日作出［(2018) 青 01 民初 332 号］民事判决，判决驳回 M 大学诉讼请求。M 大学不服，向最高人民法院提起上诉。

二审法院最高人民法院于 2019 年 12 月 13 日作出［(2019) 最高法知民终 585 号］判决，判决撤销原判，驳回起诉。

法院裁判理由

◎一审法院对法条的援引、解释与适用

原审法院认为，关于公司一是否侵犯 M 大学“青海蕨麻 1 号”植物品种权的问题。M 大学主张本案诉讼权利时认为其拥有“青海蕨麻 1 号”的专利权和知识产权。根据《专利法》第二十五条的规定，动物和植物的品种是不授予专利的。根据《民法总则》[1] 第一百二十三条的规定，民事主体对植物享有的知识产权仅为植物新品种权。现 M 大学认为其享有权利的依据为《品种合格证》，该《品种合格证》由青海省农作物品种审定委员会颁发，属品种审定范畴。品种审定和植物新品种保护是两个不同的概念。品种审定的本质特征是保障农民利益，对申请品种审定人生产程序化限制的管理，是市场准入的范畴，主要强调该品种的推广价值；品种审定证书是一种推广许可证书，授予的是某品牌可以进入市场（推广应用）的准入证，是一种行政管理措施。而植物新品种保护的本质特征是针对申请人知识产权、财产权的保护，植物新品种保护强调品种的特异性和新颖性。品种保护证书授予的是一种法律保护的智力成果的权利证书，是

[1] 本书中的法律文件均为裁判当时有效的版本，特此说明。

授予育种者的一种财产独占权。根据《植物新品种保护条例》第六条的规定，完成育种的单位或者个人对其授权品种享有排他的独占权，任何单位或者个人未经品种权所有人许可不得为商业目的生产或者销售该授权品种的繁殖材料，不得为商业目的将该授权品种的繁殖材料重复使用于生产另一品种的繁殖材料。该案中，M 大学只持有青海省农作物品种审定委员会颁发的《品种合格证》，未获得植物新品种权，故 M 大学对“青海蕨麻 1 号”不享有排他的独占权。在该品种审定区域内，任何单位和个人都可以生产该品种，所以 M 大学认为公司一侵犯其“青海蕨麻 1 号”植物新品种权无法律依据，原审法院认为其该项诉讼请求不成立，应予驳回。

◎原告（上诉人）的上诉理由

M 大学认为，其对“青海蕨麻 1 号”依法享有知识产权，应受到法律保护。M 大学以教授李某为首的科研团队研究出人工培育和种植的蕨麻品种“青海蕨麻 1 号”，并经青海省农作物品种审定委员会审定合格。农业农村部至今未将蕨麻列入目录，无法为“青海蕨麻 1 号”授予植物新品种权，公司一非法取得“青海蕨麻 1 号”原种，冒名接受 M 大学技术指导，其行为已构成侵权。公司一种植和销售“青海蕨麻 1 号”获利巨大。原审判决驳回 M 大学的起诉极大挫伤科研积极性，不利于科研工作者开展科研工作。

◎被告（被上诉人）的辩解

公司一认为，M 大学没有取得“青海蕨麻 1 号”的植物新品种权；原审判决驳回 M 大学的起诉维持了植物新品种权保护制度的严谨性，判决公正合法。公司一是代公司二履行合同义务，M 大学对此是知情并表示认可的。M 大学无证据证明案涉土地种植的作物系“青海蕨麻 1 号”，且其提供的损失计算依据不充分。

◎二审法院对法条的援引、解释与适用

二审法院审理查明，“青海蕨麻 1 号”未被授予植物新品种，M 大学曾向农业农村部申请植物新品种权，但农业农村部以蕨麻属小宗（众）农作物为由，未对“青海蕨麻 1 号”授予植物新品种。

二审法院认为，我国实行植物新品种保护制度，对国家植物品种保护名录内经过人工选育或者发现的野生植物加以改良，具备新颖性、特异性、一致性、稳定性并适当命名的植物品种，由国务院农业、林业主管部门授予植物新品种权，保护植物新品种权所有人的合法权益。

《种子法》第二十八条规定："完成育种的单位或者个人对其授权品种，享有排他的独占权。任何单位或者个人未经植物新品种权所有人许可，不得生产、繁殖或者销售该授权品种的繁殖材料，不得为商业目的将该授权品种的繁殖材料重复使用于生产另一品种的繁殖材料；但是本法、有关法律、行政法规另有规定的除外。"《植物新品种保护条例》第六条规定："完成育种的单位或者个人对其授权品种，享有排他的独占权。任何单位或者个人未经品种权所有人许可，不得为商业目的生产或者销售该授权品种的繁殖材料，不得为商业目的将该授权品种的繁殖材料重复使用于生产另一品种的繁殖材料；但是，本条例另有规定的除外。"可见，植物新品种权属于民事权利，植物新品种权的所有人享有对该品种繁殖材料的独占权。

植物新品种权的内容和归属、授予条件、申请和受理、审查与批准，以及期限、终止和无效等依照《种子法》《植物新品种保护条例》及其有关行政法规规定执行。

对于可以申请品种权保护的品种，《植物新品种保护条例》第十三条规定："申请品种权的植物新品种应当属于国家植物品种保护名录中列举的植物的属或者种。植物品种保护名录由审批机关确定和公布。"根据该案审理查明的事实，蕨麻品种目前尚未被列入国家植物品种保护名录中，不属于可以申请植物新品种保护的品种，M 大学不具备申请"青海蕨麻 1 号"植物新品种保护的前提条件。因此，M 大学不具备提起侵害植物新品种权的请求权基础。

M 大学在原审法院提交了有关"青海蕨麻 1 号"的青海省品种审定证书。品种审定制度作为市场准入的行政管理措施，不同于植物新品种保护制度，其属于行政许可而非民事权利，主要由《主要农作物品种审定办法》《主要林木品种审定办法》规范，目的是加强作物品种的管理，加速育种新成果的推广利用，确保有经济推广价值的品种进入市场，防止盲目推广不适合本地区种植的劣质品种给农林业生产和农民利益造成损失。通过品种审定的品种并非获得植物新品种权的品种，即便“青海蕨麻 1 号”品种获得了品种审定，也不能认定“青海蕨麻 1 号”品种取得了植物新品种的授权，并由此享有对所涉品种繁殖材料进行生产、销售的独占权。

综上，M 大学提起该案侵害植物新品种之诉，但其所涉“青海蕨麻 1 号”并非目前申请植物新品种权目录内的品种，M 大学提起该案侵权之诉并无权利基础，不符合《民事诉讼法》第一百一十九条规定的起诉的条件，应当裁定驳回起诉。

案例注释与解析

1. 对于选取案例的说明

植物品种是我国《专利法》明确排除不给予专利权保护的主题，但植物品种的育种方法仍是可授予专利保护的主题。我国通过《种子法》和《植物新品种保护条例》对植物新品种提供知识产权方面的保护，同时又根据《主要农作物品种审定办法》通过对植物品种颁发品种审定证书这种行政许可措施来促进优良品种的选育和推广。一方面，多部法律法规给植物新品种提供了综合性保护，使得科研单位能多途径、全面地保护其育种成果；另一方面，各部法律法规所赋予保护权利内容并不相同，这就要求科研单位能根据其育种成果的特点进行合适的选择。

该案恰好反映了 M 大学对于植物新品种权与品种审定证书存在的混淆和误认，对于不在植物品种保护名录中的品种，也没有尝试依据《专利法》寻求育种方法的保护，从而实现延及植物品种的保护。M 大学的这一经历值得涉及植物品种的科研单位借鉴。

2. 植物的品种审定证书、新品种权和专利权之间权利范围的区分

（1）品种审定证书

根据《主要农作物品种审定办法》（2016 年修订）第四条以及《种子法》（2015 年修订）第十九条和第二十三条的规定，农作物品种审定的目的是促进优良品种的选育和推广，主要是用来保护农业发展和农民的利益。农作物品种审定通过并不代表具备排他的独占权，获得《品种合格证》只表示获得了市场准入

资格，类似 FDA 审批通过，药品可以上市一样。此时，品种获得行政许可准入市场，但这绝不代表该品种由此获得相应知识产权。

（2）植物新品种权

根据《植物新品种保护条例》（2014 年修订）第六条的规定，完成育种的单位或者个人对其授权品种，享有排他的独占权。任何单位或者个人未经品种权所有人许可，不得为商业目的生产或者销售该授权品种的繁殖材料，不得为商业目的将该授权品种的繁殖材料重复使用于生产另一品种的繁殖材料。

由此可见，植物新品种权是法律赋予育种单位或育种人的一项民事私权，也是一种知识产权。只有植物新品种，才能像专利一样享有排他的独占权，从而阻止他人未经许可，为商业目的生产或销售繁殖材料。但是，根据《植物新品种保护条例》（2014 年修订）第十三条的规定，蕨麻等众多植物不在国家植物品种保护名录中，因此无法通过植物新品种权来寻求知识产权保护。

（3）专利权

根据《专利法》（2008 年修正）第二十五条的规定，针对植物育种，《专利法》不保护植物品种，但能保护植物育种方法（植物的生产方法）。而按照《专利法》第十一条的规定，对于植物育种方法专利，专利权人享有禁止他人未经其许可，为生产经营目的使用专利育种方法以及使用、许诺销售、销售、进口依照该专利育种方法直接获得的产品的权利。因此，育种单位仍能通过获得育种方法的专利权间接保护其植物品种。也就是说，M 大学如果能够针对蕨麻育种方法申请专利并获得“青海蕨麻 1 号”育种方法的专利权，仍可以通过专利权来维权。

3. 植物新品种权与专利权的保护要求对比

关于实用性，《植物新品种保护条例》要求一个品种在世代内具有一致性、在世代间具有稳定性，其实质是要求一个品种各个性状的组合能够重复实现。这与《专利法》中“实用性”要求技术方案必须具有可重复性一致。

关于新颖性，《植物新品种保护条例》第十四条规定，一个新品种销售不超过 1 年或其他时间，都不丧失新颖性。《专利法》第二十二条规定，除了满足宽限期的几种情形之外，新颖性需要严格地没有被公开。

关于创造性与特异性，《专利法》主要用它来衡量育种方法的技术贡献，即与现有技术相比，该育种方法具有突出的实质性特点和显著的进步。《植物新品种保护条例》主要用特异性来衡量所培育品种的技术贡献，即要求一个品种与所有其他已知品种相比具备稳定表达的差别的性状。

一项可以申请专利的育种方法，所育品种往往适合申请植物新品种权保护。当一种植物育种方法具备专利法意义上的创造性时，这就表明该育种方法没有被现有技术公开和启示，是该领域技术人员不容易想到的，并且所育品种具有技术上的进步之处。该可重复的育种方法的实施必然体现在所育品种的遗传物质变化当中，所育品种的进步之处也必然体现为遗传物质的改良，而植物的表型是由基因型决定的。因此，具备创造性的育种方法所育品种一般都会有差别的性状，符合植物品种权要求的特异性。

但是，符合植物新品种权保护的植物的育种方法不一定能够符合《专利法》的创造性要求。《种子法》和《植物新品种保护条例》只要求所育品种具备与所有其他已知品种相比稳定表达的差别的性状，而并不要求该差别必须具有产业价值，更不要求具备特异性的性状相对于已知品种具备产业上的进步。比如，某油料作物的叶片形状与已知品种有稳定表达的差异。此时，虽然具备授予植物新品种权的基本要求特异性，但是其未必符合《专利法》上要求的技术进步，因此培育该品种的方法未必具备创造性。

4. 现实中的困惑与思考

我国至今没有对实质性派生品种（Essentially Derived Variety，EDV）保护进行相应的立法。按照《国际植物新品种保护联盟公约（1991 年文本）》（*1991 Act of International Union for the Protection of New Varieties of Plants Convention*，UPOV 1991）第五章第十四条的规定，实质性派生品种是指：“直接从原始品种选出或者从该原始品种的派生品种中选出的品种，能够表达由原始品种基因型或基因型组合控制的基本种特性；与原始品种有明显区别；除派生性状有差别外，由原始品种基因型或基因型组合控制的基本种特性的表示与原始品种相同的植物新品种。”对于商业实施实质性派生品种，需要得到原始品种权人的授权。

我国目前的《植物新品种保护条例》是按照 UPOV 1978 年文本架构制定的，只要相对于原始品种满足特异性等要求，实质性派生品种就可以独立授权，并且其品种权人可以独立行使植物新品种权，进行商业生产和销售都不需要征得原始品种育种人的许可。

因此，我国无法保护实质性派生品种的原始植物品种权人的合法权益，也不保护繁殖材料之外的生物材料，从而限制了一些育种单位申请植物新品种保护的积极性。这是因为有价值的植物育种需要大量人力、物力、财力、智力投入，而实质性派生品种往往只需通过系统选育、辐射育种、转基因、连续回交等手段培育，投入小、时间快、容易成功。我国对植物的原始品种和实质性派生品种均可授予新品种权，“搭便车”育种情况不可避免。这种机制导致大量育种单位不愿意对原始育种进行大量投资。

5. 启示与建议

针对植物品种保护名录内的植物种属，既可以申请方法专利，又可以申请植物新品种权，此时就需要根据育种情况和目的来进行选择。在植物领域知识产权的布局方面，如下为相关领域科研人员提供了进一步建议。

如果已经存在使用公开等情况而导致相应技术方案公开，还可以在不丧失新颖性（植物新品种）的1年时限内，建议申请植物新品种权。

如果植物杂交品种的某性状处于两个亲本之间，比如高植株品种与矮植株品种杂交产生了中等高度的新种质，在不考虑其他性状和因素的情况下，植株高度是有可能符合特异性要求的，从而可申请植物新品种权。但是，在专利法意义上，子代高度处于两个亲本的中间值是容易想到的，在没有其他性状具有突出的实质性特点的情况下，即使中等高度的植株有产业上的意义，也会因为容易想到、容易实现或可以预期而很难争取到创造性。这种情形也不适合申请专利。

（二）是否符合专利保护要求

实际问题：如何判断一项专利是否具有新颖性?

新颖性是专利申请的核心要求之一。一项发明只有具备专利法意义上的新颖性，才有机会被授予专利权。那么，什么是专利法意义上的新颖性呢?判断新颖性的标准有哪些呢?哪些行为会导致一项新发明丧失新颖性呢?

◎涉及法条

《中华人民共和国专利法》（2000年修正）第二十二条

《中华人民共和国专利法》自该案引用的2000年修正版至今已修改过两次，分别为2008年修正版与2020年修正版，2008年修正版对2000年修正版中的第二十二条进行了修改，2020年修正版相对于2008年修正版的第二十二条没有变化。修改后的第二十二条第二款重点变化在于：引入了“现有技术”的称谓，并在第五款对其进行了概念性解释；删除了“在申请日以前没有同样的发明或者实用新型在国内外出版物上公开发表过、在国内公开使用过或者以其他方式为公众所知”的描述。

《中华人民共和国专利法》（2020 年修正）第二十二条

◎**虚拟情境**

X 公司提交了一项实用新型专利申请，并获得了授权，但事后又被专利复审委员会宣告无效。那么，是怎样的事由引发了这项无效决定？这种情况该如何事先避免？

典型案例

X 公司与国家知识产权局专利复审委员会
实用新型专利权无效行政纠纷上诉案

（2012）高行终字第 1091 号

裁判法院：北京市高级人民法院

裁判时间：2012 年 9 月 6 日

关键词：新颖性/现有技术/专利申请日/专利复审

案件摘要

专利权人因其一项实用新型专利被专利复审委员会以不符合新颖性要求为由宣告无效，不服该决定，请求法院撤销。法院认为，根据《专利法》第二十二条第二款的规定，涉案专利权利要求的内容已被现有技术所公开，不具备新颖性，因此确认专利复审委员会宣告专利无效的决定。

裁判要点

新颖性采用单独对比的原则。属于相同的技术领域，能够解决相同的技术问题并达到相同的预期效果，该专利权利要求相对于现有技术不具备《专利法》第二十二条第二款规定的新颖性。专利从属权利要求的附加技术特征已经被现有技术公开，在其引用的主权利要求不具备新颖性的前提下，该从属权利要求也不具备新颖性。

争议焦点

涉案专利的部分权利要求（1、2、8）与涉案专利申请日前公开的某专利文献（附件 1－1）相比是否具有新颖性。

基本案情

1. 专利发明人

X公司于2005年7月4日向国家知识产权局提出名为“金属增强塑料带材及由其制造的金属增强塑料排水管”的实用新型专利申请，国家知识产权局于2007年3月28日作出授权公告，该实用新型专利的专利号为ZL200520112528.4，专利人为X公司。

2. 涉案专利权利要求

专利授权公告的权利要求：

1. 一种金属增强塑料带材，其特征在于包括塑料带材基层和与带材基层成一体的加强肋，加强肋内复含有金属增强带。

2. 根据权利要求1所述的金属增强塑料带材，其特征在于加强肋与基层垂直。

3. 根据权利要求1所述的金属增强塑料带材，其特征在于金属增强带为钢带，其上加工孔，孔的形状是圆形、矩形。

4. 根据权利要求1所述的金属增强塑料带材，其特征在于加强肋的塑料外沿为半球状。

5. 根据权利要求1所述的金属增强塑料带材，其特征在于加强肋之间的塑料基层具有凸起的形状。

6. 根据权利要求1或3所述的金属增强塑料带材，其特征在于厚度大于或等于2.5mm的金属增强带的至少一侧开有凹槽。

7. 根据权利要求1所述的金属增强塑料带材，其特征在于所用塑料是PE、PP、PVC。

8. 根据权利要求1所述的金属增强塑料带材制造的金属增强塑料排水管，其特征在于包括一个塑料管体和与管体成一体的加强肋，加强肋内复含有金属增强带。

9. 根据权利要求8所述的金属增强塑料排水管，其特征在于其端部具有一个连接用的插口套管。

10. 根据权利要求8或9所述的金属增强塑料排水管，其特征在于其端部具有密封胶或橡胶圈。

3. 行政复议

R公司分别于2010年11月5日和2011年1月5日两次向被上诉人国家知识

产权局专利复审委员会提出宣告X公司上述实用新型专利无效的申请，并提交了一系列证据。

专利复审委员会根据R公司提交的证据认定该专利的技术要求已被现有技术公开，因此不具备《专利法》第二十二条第二款所要求的新颖性。专利复审委员会于2011年10月13日作出第17368号无效宣告请求审查决定（以下简称"第17368号决定"），该专利权全部无效。

X公司不服该决定，遂向法院提起诉讼。

涉案证据

R公司于2010年11月15日向专利复审委员会提出无效宣告请求，同时提交如下证据：

附件1－1：公开日为2003年10月30日、公开号为WO03/089226A1的PCT国际专利申请文件，共34页。

R公司于2011年1月5日再次提出无效宣告请求，同时提交了如下附件：

附件2－1：公开日为2003年10月30日、公开号为WO03/089226A1的PCT国际专利申请文件（同附件1－1），以及公开日为2005年7月27日、公开号为CN1646298A的中国发明专利申请公开说明书作为WO03/089226A1的中文译本。

诉讼请求

一审中，X公司请求撤销国家知识产权局专利复审委员会的宣告无效决定。上诉中，上诉人X公司请求撤销一审判决，依法改判撤销专利复审委员会宣告无效的决定。

与案例相关的其他重要内容

裁判经过与结果

案件经过北京市第一中级人民法院、北京市高级人民法院两审终审结案。

一审北京市第一中级人民法院作出［(2012) 一中行初字第601号］行政判决，维持国家知识产权局专利复审委员会宣告无效的决定。X公司不服，提起上诉。

二审北京市高级人民法院［(2012) 高行终字第1091号］行政判决驳回上诉，维持原判。

法院裁判理由

◎R公司提出专利无效的范围与理由

对于2010年11月15日提出的无效宣告请求，R公司明确其无效宣告请求的范围，理由如下：……权利要求1、2、4、7、8相对于附件1-1不符合《专利法》第二十二条第二款的规定。

对于2011年1月5日提出的无效宣告请求，R公司明确其无效宣告请求的范围，理由如下：……权利要求1、2、4、8相对于附件2-1不符合《专利法》第二十二条第二款的规定。

◎X公司对专利新颖性的解释

X公司主张，该专利权利要求1的塑料带材是搭接式，而非机械锁，搭接面可熔焊或黏结成一体，此点与附件1-1不同。

X公司认为，权利要求1中的"一体的加强肋"是熔融塑料与金属增强带的直接融合，是通过一步法成型制造的，附件1-1中的加强肋是组合式加强肋，是通过两步法复合而成的，附件1-1并没有公开"一体的加强肋"，因此权利要求1-10具备新颖性。

◎专利复审委员会的第17368号决定

1. 法律适用

该专利属于根据申请日在2009年10月1日前的专利申请授予的专利权，根据《施行修改后的专利法的过渡办法》，适用2020年修改前的《专利法》。

2. 关于证据

R公司请求使用附件1-1至1-7作为证据，X公司对上述附件的真实性没有异议，经审查认可上述附件的真实性，同时由于上述附件的公开日期均在该专利的申请日之前，因此可以作为该专利的现有技术使用。

X 公司对附件 1－1 中文译文的准确性没有异议，因此附件 1－1 所公开的内容以其中文译文为准。

3. 关于《专利法》第二十二条第二款

该专利权利要求 1 请求保护一种金属增强塑料带材。附件 1－1 公开了一种可卷绕形成螺旋管的复合带……在其第二实施例中，复合带包括一个伸长的塑料带和一个伸长的金属强化带（相当于该专利的金属增强带），塑料带具有一个底部（相当于该专利的塑料带基层），多个纵向延伸的肋部从底部向上凸出（相当于该专利的加强肋），复合带由 PVC 挤压而成，复合带的制造不需要添加密封圆筋，而是十字头的挤压密封强化带。

根据附件 1－1 的上述记载及附图 7 可以确定，塑料带的底部与其肋部是一体的。可见，权利要求 1 的技术方案已被附件 1－1 公开，二者属于相同的技术领域，能够解决相同的技术问题并达到相同的预期效果，因此权利要求 1 相对于附件 1－1 不具备《专利法》第二十二条第二款规定的新颖性。

该专利权利要求 1 中限定的是“与带材基层成一体的加强肋”，这显然是指加强肋与带材基层是成一体的，与金属增强带和塑料带材由几步复合无关，而附件 1－1 的带材底部与加强肋也是成一体的；即使考虑金属增强带与塑料带材的复合，附件 1－1 的第二实施例也已经明确公开复合带的制造不需要添加密封圆筋，而是十字头的挤压密封强化带，即其金属强化带与塑料带是通过十字头挤压方式一体成型的。因此 X 公司的主张不能成立。

权利要求 2 进一步限定了加强肋与基层垂直……附件 1－1 中塑料带底部与其肋部也是垂直的，因此权利要求 2 的附加技术特征已经被附件 1－1 公开，在其引用的权利要求 1 不具备新颖性的前提下，权利要求 2 也不具备新颖性。

权利要求 8 请求保护一种由权利要求 1 的带材制造的排水管。附件 1－1 公开了上述复合带可卷绕成螺旋管，则其包括塑料管体和与管体成一体的肋部，肋部内复合有金属增强带。可见，权利要求 8 的技术方案已经被附件 1－1 公开，权利要求 8 不具备新颖性。

由于该专利的权利要求1—10不符合《专利法》第二十二条第二款的规定，应予全部无效，对于R公司提出的其他无效理由和证据组合方式，不再评述。

综上，专利复审委员会宣告该专利权全部无效。

◎X公司对专利复审结果的意见

X公司主张，专利复审委员会用两个实施例结合使用来否定权利要求1的新颖性，显然法律适用有误。

◎一审法院对法条的援引、解释与适用

1. 结合证据对权利要求1的认定

该专利权利要求请求保护一种金属增强塑料带材。附件1-1公开了一种可卷绕形成螺旋管的复合带，在其第二实施例中，复合带中的金属强化带相当于该专利的金属增强带，底部相当于该专利的塑料带基层，从底部向上凸出的多个纵向延伸的肋部相当于该专利的加强肋，另外根据附件1-1中记载……可以确定，其带材底部与肋部也是成一体的，与权利要求1中限定的“与带材基层成一体的加强肋”相同。而且即使考虑金属增强带与塑料带材的复合方式，附件1-1第二实施例中复合带的制造不需要添加密封圆筋，而是十字头的挤压密封强化带，即金属强化带与塑料带也是一体成型的。

可见，权利要求1的技术方案已被附件1-1的第二实施例公开。

2. 结合证据对权利要求2的认定

该专利权利要求2进一步限定了加强肋与基层垂直……附件1-1塑料带底部与其肋部也是垂直的，因此权利要求2的附件技术特征已经被附件1-1公开，在其引用的权利要求1不具备新颖性的前提下，权利要求2也不具备新颖性。

3. 结合证据对权利要求8的认定

该专利权利要求8请求保护一种由权利要求1带材制造的排水管。附件1-1公开了上述复合带可卷绕成螺旋管，则其包括塑料管体和与管体成一体的肋部，肋部内复合有金属增强带。

可见，权利要求8的技术方案已经被附件1-1公开，权利要求8不具备新颖性。

4. 关于专利复审委员会的决定

首先，第17368号决定在此评判的是该专利的新颖性问题，当然应当适用《专利法》第二十二条第二款进行审查，法律适用无误；其次，由附件1－1中文译文倒数第1～3段可知，其第二实施例是第一实施例的改进技术方案，即第二实施例是在第一实施例（包括中文译文第7页倒数第3～4段和图1、图2）的基础上又附加了某些技术特征。

因此专利复审委员会实际上仍是以第二实施例来否定该专利权利要求1的新颖性，被告的认定并无违法之处。

另外，X公司主张的该专利权利要求1与附件1－1的不同点不属于该专利权利要求1所限定的技术方案，不能作为判断权利要求1是否具有新颖性的依据。

至于附件1－1第二实施例中可以将“一个薄层结合到带的底部中”，只是第二实施例的附加技术特征，与该专利权利要求1中的塑料带材基层并不构成实质性区别。

因此，权利要求1的全部技术方案已被附件1－1公开，二者属于相同的技术领域，能够解决相同的技术问题并达到相同的预期效果，权利要求1相对于附件1－1不具备《专利法》第二十二条第二款规定的新颖性。

◎X公司的上诉理由

X公司的主要上诉理由是：专利复审委员会使用附件1－1的第一实施例和第二实施例的组合评价该专利权利要求的新颖性，属于适用法律错误。而且，无论第一实施例还是第二实施例，都不能公开该专利权利要求的全部技术特征。

第一实施例与该专利权利要求的区别在于该专利权利要求采用无圆筋一体成型。

第二实施例与该专利权利要求的区别在于该专利权利要求的塑料带材基层搭接式需通过熔融连接而非机械锁，该专利权利要求的基层是一体式的，而第二实施例公开的基层是塑料带底部加薄层的组合式。

◎二审法院对法条的援引、解释与适用

1. 新颖性的法律规定

《专利法》第二十二条第二款规定：新颖性，是指在申请日以前没有同样的发明或者实用新型在国内外出版物上公开发表过、在国内公开使用过或者以其他方式为公众所知，也没有同样的发明或者实用新型由他人向国务院专利行政部门提出过申请并且记载在申请日以后公布的专利申请文件中。新颖性采用单独对比的原则。

2. 判断新颖性的事实依据

该案中，从附件 1－1 的说明书记载也可以看出，第二实施例具有复合带、塑料带、强化带以及底部和向上凸起的肋部，这些技术内容是第一实施例和第二实施例共有的。因此，附件 1－1 的第二实施例是在第一实施例技术内容的基础上进行的改变。

虽然专利复审委员会在第 17368 号决定中表明，参见第一实施例中关于上述第一实施例和第二实施例共有的技术内容的文字描述和附图，但专利复审委员会实质上仅使用附件 1－1 第二实施例的技术方案进行对比，X 公司关于第 17368 号决定使用两个技术方案判断新颖性，因而适用法律错误的上诉理由不能成立，法院不予支持。

3. 对新颖性的判断

（1）关于专利主权利要求的新颖性

该专利权利要求 1 未限定一体的加强肋的合成方式。而附件 1－1 第二实施例记载多个纵向延伸的肋从底部凸出、复合带十字头的挤压密封强化带……，可以确定附件 1－1 第二实施例公开了肋部与底部是一体的技术特征，因此，附件 1－1 公开了该专利权利要求 1 的这一技术方案。

X 公司主张该专利采用熔融塑料连接的方法实现搭接与附件 1－1 第二实施例的搭接方式不同，但因其所主张的熔融塑料的搭接方式未记载在该专利权利要求 1 中，故在判断该专利权利要求 1 是否具有新颖性时不予考虑。

关于附件 1－1 第二实施例公开的薄层，因专利复审委员会在第 17368 号决定中并未使用该技术内容进行对比，X 公司关于附件 1－1 薄层与底部的结合不同于该专利权利要求 1 的一体合成，进而权利要求 1 具有新颖性的上诉理由不能成立。

第 17368 号决定及原审判决认定该专利权利要求 1 不具有新颖性正确，X 公司的此项上诉理由不能成立，法院不予支持。

（2）关于专利从属权利要求的新颖性

权利要求 2 和权利要求 8 是权利要求 1 的从属权利要求，在该专利权利要求 1 不具有新颖性的前提下，第 17368 号决定及原审判决认定该专利权利要求 2 和权利要求 8 不具有新颖性正确。

X 公司在该案二审诉讼过程中虽主张该专利权利要求 2 和权利要求 8 具有新颖性，但并未对此提供事实及法律依据，故此项上诉理由不能成立，法院不予支持。

案例注释与解析

1. 选取案例的说明

具备新颖性是一项发明获得专利保护的法律要件之一。除了专利申请，在对授权专利的有效性进行质疑与判定时，专利复审委员会以及法院在审理（实用新型）专利无效的案件中，同样需要考虑专利技术的新颖性。当该专利所涉及的技术内容在申请日前已经被国内外的出版物公开发表过，可能属于专利法所规定的现有技术。通过该案，可以了解国家有关部门对新颖性这一法律概念的解释以及判定。

2. 我国审查人员通常采用怎样的方式判断技术的新颖性？

根据国家知识产权局颁布的《专利审查指南 2010》[1]，对于专利新颖性的审查可分为申请材料形式上的初步审查与申请内容上的实质审查。与上述案例联系紧密的则主要是内容上的审查。

根据《专利审查指南 2010》第二部分第三章“新颖性”的规定，《专利法》第二十二条第二款中的“新颖性”是指该发明或实用新型不属于现有技术；也没有任何单位或者个人就同样的发明或者实用新型在申请日以前向专利局提出过申请，并记载在申请日以后（含申请日）公布的专利申请文件或者公告的专利文件中。

《专利法》第二十二条规定，现有技术是指申请日以前在国内外为公众所知的技术。现有技术应当是在申请日以前公众能够得知的技术内容，包括在申请日

---

[1] 国家知识产权局．专利审查指南（2010）［M］．北京：知识产权出版社，2019：128.

（有优先权的，指优先权日）以前在国内外出版物上公开发表、在国内外公开使用或者以其他方式为公众所知的技术。换句话说，现有技术应当在申请日以前处于能够为公众获得的状态，并包含有能够使公众从中得知实质性技术知识的内容。应当注意，处于保密状态的技术内容不属于现有技术。所谓保密状态，不仅包括受保密规定或协议约束的情形，还包括社会观念或者商业习惯上被认为应当承担保密义务的情形，即默契保密的情形。然而，如果负有保密义务的人违反规定、协议或者默契泄露秘密，导致技术内容公开，使公众能够得知这些技术，这些技术也就构成了现有技术的一部分。

现有技术公开方式包括出版物公开、使用公开和以其他方式公开三种，均无地域限制。

首先，专利法意义上的出版物是指记载有技术或设计内容的独立存在的传播载体，并且应当表明或者有其他证据证明其公开发表或出版的时间。出版物的印刷日视为公开日，有其他证据证明其公开日的除外。

其次，使用而导致技术方案的公开，或者导致技术方案处于公众可以得知的状态，这种公开方式称为使用公开。使用公开的公开日是以公众能够得知该产品或者方法之日。

最后，为公众所知的其他方式，主要是指口头公开等。例如，口头交谈、报告、讨论会发言、广播、电视、电影等能够使公众得知技术内容的方式。口头交谈、报告、讨论会发言以其发生之日为公开日；公众可接收的广播、电视或电影的报道，以其播放日为公开日。

根据《专利法》第二十二条第二款的规定，在发明或者实用新型新颖性的判断中，由任何单位或者个人就同样的发明或者实用新型在申请日以前向专利局提出并且在申请日以后（含申请日）公布的专利申请文件或者公告的专利文件，损害该申请日提出的专利申请的新颖性。这种损害新颖性的专利申请，称为抵触申请。审查员在检索时会查阅在先专利或专利申请的权利要求书，而且要查阅其说明书（包括附图），应当以其全文内容为准。

审查新颖性需要对比文件。由于在实质审查阶段审查员一般无法得知在国内外公开使用或者以其他方式为公众所知的技术，在实质审查程序中所引用的对比文件主要是公开出版物。引用的对比文件可以是一份，也可以是数份；所引用的内容可以是每份对比文件的全部内容，也可以是其中的部分内容。

用来作对比的对比文件是客观存在的技术资料。在引用对比文件判断发明或者实用新型的新颖性和创造性等时，应当以对比文件公开的技术内容为准。该技术内容不仅包括明确记载在对比文件中的内容，而且包括对于所属技术领域的技术人员来说，隐含的且可直接、毫无疑义地确定的技术内容。审查员不得随意将对比文件的内容扩大或缩小。另外，对比文件中包括附图的，也可以引用附图。但是，审查员在引用附图时应注意，只有能够从附图中直接、毫无疑义地确定的技术特征才属于公开的内容，由附图中推测的内容，或者无文字说明、仅仅是从附图中测量得出的尺寸及其关系，不应当作为已公开的内容。

3. 美国专利法对技术新颖性的要求与判断标准

若申请美国专利的话，专利申请人应参考美国专利法第 102 条对专利新颖性的要求。美国专利法第 102（a）（1）条规定，“在有效申请日之前已经获得专利，或在出版物中有描述，或公开使用，或销售，或以其他形式为公众所知”为现有技术。第 102（a）（2）条规定，“在有效申请日之前由他人有效递交的专利或已公开或已视为公开的专利申请”为现有技术。❶

通常情况下，美国专利审查员只使用一个文献将专利申请与现有技术进行对比。但是在以下集中例外情况下，允许他们使用多个文献进行对比：①证明参考文献具有公开的充分性；❷ ②解释主要参考文献中使用术语的含义；❸③表明参考文献中未公开的特征是固有的。❹

对于美国专利法第 102 条中所说的现有技术，司法实践关注的标准在于“预测性”（Anticipation）：当某一专利申请可以被某一现有技术所预测出时，该专利申请就失去新颖性，不能获得专利授权。其中，现有技术中的细节必须如权利要求中所包含得那样完整详细。❺ 作为参照的现有技术必须在其最广泛的合理解释下包括专利申请的每一个要素。当在单个现有技术参考文献中明确地或隐含地描述了权利要求中提出的每个要素时，该现有技术才可预测专利申请中的权利要求。❻ 当权利要求涵盖若干结构或组合物时，无论是一般性还是替代性的，如果权利要求范围内的任何结构或组合物在现有技术中是已知的，则认为该权利要求

❶ 35U. S. Code §102（a）（1），（2）（2012）.

❷ *In re Samour*，571 F. 2d 559，（C. C. P. A. 1978）.

❸ *In re Baxter TravenolLabs.*，952 F. 2d 388（Fed. Cir. 1991）.

❹ *Continental Can Co. USA v. Monsanto Co.*，948 F. 2d 1264，1268（Fed. Cir. 1991）.

❺ *Richardson v. Suzuki Motor Co.*，868 F. 2d 1226，1236（Fed. Cir. 1989）.

❻ *Verdegaal Bros. v. Union Oil Co. of California*，814 F. 2d 628，631（Fed. Cir. 1987）.

是可预测的。❶

当现有技术公开了与所要求保护的范围相接触或重叠的范围，但没有公开落入所要求保护范围的具体例子时，必须根据具体情况进行判断。为了预测权利要求，要求保护的权利主张必须在参考文献中公开，并具有“足够的特征”以构成预测。对“足够的特征”的判定需取决于具体情况。如果权利要求表达了一个较窄的范围，而参考文献阐明了一个更广泛的范围，则在确定该较窄范围是否具有“足够的特征”以构成对权利要求的预测时，必须考虑案件的其他事实。❷

当专利申请非常接近现有技术，但不与现有技术的值或范围形成重叠或接触时，现有技术不预测专利申请的权利要求。只有当参考文献准确地公开了专利申请要求保护的内容，并且所公开的内容与权利要求之间存在差异时，参考文献才能预测专利申请。❸

4. 启示与建议

在申请专利前，发明人与申请人应对技术方案进行检索，不仅是针对国内的学术文献与专利，还需要在全球范围内查找是否已经有相同或类似的技术。同时，发明人与申请人应预期到，专利复审委员会可能就授权专利的新颖性进行再审查，有可能会基于他人提交的现有技术材料对专利作出无效的决定。

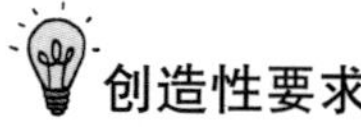

实际问题：专利创造性如何确定？

一项发明创造完成之后申请专利，通过国家知识产权局审查，符合《专利法》的相关规定，才能被授予专利权；其中最重要的一项法律规定就是创造性。在无效程序中，有没有能挑战新颖性和创造性的证据，更是决定了无效能否成功。那么，专利的创造性如何确定呢？

◎涉及法条

《中华人民共和国专利法》（2008 年修正，2020 年修正）第二条第三款、第二十二条第三款和第六十四条第一款

◎虚拟情境

多家单位联合申请并获得了一项实用新型专利，但 S 公司认为这项实用新型

---

❶ *Brown v. 3M*, 265 F. 3d 1349, 1351, 60 USPQ2d 1375, 1376 (Fed. Cir. 2001).

❷ *ClearValue Inc. v. Pearl River Polymers Inc.*, 668 F. 3d 1340 (Fed. Cir. 2012).

❸ *Titanium Metals Corp. of America v. Banner*, 778 F. 2d 775 (1985).

专利创新度不够，要求国家知识产权局撤销该项实用新型专利。该专利发明的创新程度要达到怎样的水平，才能在这样的挑战下继续维持有效性？

典型案例

S公司、国家知识产权局、F大学、W公司、
A公司、B公司实用新型专利权无效行政纠纷
（2020）最高法知行终104号

裁判法院：最高人民法院

裁判时间：2020年8月27日

关键词：行政/组合发明/实用新型/创造性

案件摘要

原告兼上诉人S公司持有某项实用新型专利。然而，被告兼被上诉人国家知识产权局认为，涉案专利不符合《专利法》所规定的创造性要求，其技术方案中的区别技术特征或为原告提交的证据所公开或为公知常识，因此涉案专利不具有创造性，请求法院判定涉案专利无效。法院认为，涉案专利的区别技术特征在该专利中所能达到的技术效果是两个区别技术特征共同发挥作用，彼此在功能上支持配合的结果，现有技术并未给出将这两个区别技术特征应用到最接近现有技术中的技术启示。因此，涉案实用新型专利具有创造性。

裁判要点

判断组合发明或者实用新型是否具备专利法意义上的创造性，关键不在于组合发明或者实用新型技术方案的所有技术特征是否已经分别被各现有技术公开，而在于将这些技术特征组合起来以形成发明或者实用新型技术方案是否显而易见。如果要求保护的发明或者实用新型仅仅是将某些已知产品或方法进行简单叠加，组合后的各技术特征之间在功能上无相互作用关系，各自仍以其常规的方式工作，则这种组合发明或者实用新型不具备创造性。如果组合的各技术特征在功能上彼此支持，并取得了新的技术效果，且并不属于该领域技术人员的合理预期范围，则这种组合具有（突出的）实质性特点和（显著的）进步，因此（发明）实用新型具备创造性。

争议焦点

被诉决定关于涉案专利具有创造性的认定是否正确。

基本案情

涉案专利是名称为“一种冻存管”、专利号为ZL201320634056.3的实用新型专利：申请日为2013年10月14日，授权公告日为2014年4月2日，专利权人为A公司、F大学、B公司、W公司。

1. 涉案专利的原权利要求

该专利授权公告的权利要求书如下：

1. 一种冻存管，包括管身（1）和与所述管身（1）可拆卸连接的管盖（2），其特征在于，还包括卡扣（3），所述管身（1）的底部设置有凹槽，所述卡扣（3）与所述管身（1）底部的凹槽配合固定，所述卡扣（3）上设置有条形码。

2. 根据权利要求1所述的冻存管，其特征在于，所述卡扣（3）与所述管身（1）底部的凹槽通过超声波焊接技术连接在一起。

3. 根据权利要求1所述的冻存管，其特征在于，所述条形码为二维码。

4. 根据权利要求3所述的冻存管，其特征在于，所述二维码通过激光蚀刻技术刻印在所述卡扣（3）上。

5. 根据权利要求1所述的冻存管，其特征在于，所述管身（1）的底部设置有与所述管身（1）同轴的卡扣结合部，所述卡扣结合部为六棱柱形，其端部中心处上凹形成所述凹槽。

6. 根据权利要求1所述的冻存管，其特征在于，所述管盖（2）顶部中心处下凸形成柱形凸起，所述柱形凸起的外侧壁与所述管盖（2）的内侧壁形成环形槽，所述管身（1）的管口嵌装于所述环形槽内。

7. 根据权利要求1所述的冻存管，其特征在于，所述管身（1）上设置有分隔筋（13），所述分隔筋（13）将所述管身（1）分为结合部（11）和储藏部（12），所述结合部（11）与所述管盖（2）配合连接。

8. 根据权利要求1所述的冻存管，其特征在于，所述卡扣（3）的横截面为正方形，对应地，所述管身（1）底部的凹槽的横截面为正方形。

9. 根据权利要求1所述的冻存管，其特征在于，所述冻存管采用耐低温的塑料材料制成。

10. 根据权利要求1所述的冻存管，其特征在于，所述管盖（2）的外侧壁上设置有若干条均匀分布的竖条纹。

2. 专利不具有创造性的证据

原告S公司认为，涉案专利不具有创造性，故于2016年6月7日向国家知识产权局提出无效宣告请求，并提交如下证据：

……

证据2：公开日为2012年3月1日，公开号为US20120048827A1的美国专利文献及其部分中文译文，共13页。

证据2涉及一种冷冻管，具体公开了（参见中文译文以及附图1）冷冻管和管盖组成的装配体10包括管身12和管盖40，结合附图1可知二者之间靠螺纹连接，即可拆卸连接。管身12具有开口端16和闭口端18之间延伸的管状体14，管身12的闭端18形成锥形的直径缩小部19，从管状体14延伸至锥形的闭端18的边沿20，延伸至凹槽24（即本专利的凹槽）的边沿开口处，边沿开口超过管状体14的锥形的闭端18。标识体60（即本专利的卡扣）包括具有一个端面64和一个连接壁66的主体62，主体62配合固定在所述管身12的凹槽24内，所述端面64上设有识别标记63，可以是例如二维码或者其他的标识形式。

证据3：授权公告日为2013年4月3日，授权公告号为CN202842220U，申请号为CN201220494619.9的中国实用新型专利说明书，共8页。

证据4：《激光焊接技术的研究现状与展望》，游德勇等，《焊接技术》，2008年8月第37卷第4期，复印件，共6页。

证据5：《超声波塑料焊接应用技术》，张泽琦，《中国塑料》，1995年5月第9卷第3期，共5页。证据5涉及超声波塑料焊接应用技术，其在第51页记载了超声波塑料焊接用途广泛，对各种热塑性塑料均可使用。

证据6：《利用激光进行高速雕刻》，彭竹山，《激光与光电子学进展》，1984年第3期，共1页。证据6涉及利用激光进行高速雕刻，具体公开了计算机数控激光雕刻装置能够在各种硬、软性塑料上进行雕刻，适合精细零件和部件，也能用于无菌包装内的商标雕刻。

国家知识产权局于2016年7月4日受理了上述无效宣告请求。

3. 对涉案专利权利要求的调整

A公司、F大学、B公司、W公司针对上述无效宣告请求于2016年8月19

日提交了意见陈述书，并修改了权利要求书。具体修改方式为将授权公告的权利要求2和权利要求4合并为新的权利要求1，删除原权利要求1，并对其他权利要求的编号进行适应性修改。修改后的权利要求共7项，其中权利要求1为：

1. 一种冻存管，包括管身（1）和与所述管身（1）可拆卸连接的管盖（2），其特征在于，还包括卡扣（3），所述管身（1）的底部设置有凹槽，所述卡扣（3）与所述管身（1）底部的凹槽配合固定，所述卡扣（3）上设置有条形码；

所述卡扣（3）与所述管身（1）底部的凹槽通过超声波焊接技术连接在一起；

所述条形码为二维码；

所述二维码通过激光蚀刻技术刻印在所述卡扣（3）上。

4. 针对修改后权利要求的补充证据

针对上述修改，S公司于2016年10月8日提交了补充意见陈述以及证据7~17如下（编号续前）：

证据7：授权公告日为2011年5月25日，授权公告号为CN201841672U，申请号为CN201020561831.3的中国实用新型专利说明书，共9页。

证据8：申请公布日为2010年4月28日，申请公布号为CN101698353A，申请号为CN200910179685.X的中国发明专利申请公布说明书，共6页。

证据9：申请公布日为2013年8月14日，申请公布号为CN103239917A，申请号为CN201310098213.8的中国发明专利申请公布说明书，共29页。

证据9的权利要求7公开了对高分子真空过滤漏斗采用超声波焊接。

证据10：申请公布日为2012年9月5日，申请公布号为CN102652883A，申请号为CN201210002285.3的中国发明专利申请公布说明书，共13页。

证据11：授权公告日为2010年11月10日，授权公告号为CN101221616B，申请号为CN200710173477.X的中国发明专利说明书，共13页。

证据12：授权公告日为2012年9月19日，授权公告号为CN102184676B，申请号为CN201110119805.4的中国发明专利说明书，共10页。证据12具体公开了（参见第［0013］段）将激光蚀刻区背景图案中的镀铝层利用激光蚀刻掉。

证据13：授权公告日为2013年8月28日，授权公告号为CN203152709U，申请号为CN201220700472.4的中国实用新型专利说明书，共8页。

证据14：《超声波焊接技术及其应用研究》，《现代表面贴装资讯》，刘哲等，2010年3/4月第2期，复印件，共4页。

证据 15：《超声波焊接原理及其工艺研究》，《科技创业家》，王叶等，2013 年 04 月（上），复印件，共 1 页。

……

诉讼请求

请求撤销国家知识产权局第 30716 号无效宣告请求审查决定（以下简称“被诉决定”），依法宣判涉案专利权全部无效。

与案例相关的其他重要内容

裁判经过与结果

该案经过北京知识产权法院一审、最高人民法院知识产权庭二审审理结案。

一审北京知识产权法院于 2019 年 9 月 26 日作出［（2017）京 73 行初 838 号］行政判决，判决驳回原告 S 公司的诉讼请求。S 公司不服，提起上诉。

最高人民法院于 2020 年 8 月 27 日作出［（2020）最高法知行终 104 号］行政判决，判决驳回上诉，维持原判。

法院裁判理由

◎一审法院对法条的援引、解释与适用

一审法院认为：根据《专利法》第二十二条第三款的规定，创造性，是指与现有技术相比，该发明具有突出的实质性特点和显著的进步，该实用新型具有实质性特点和进步。

证据 2 涉及一种冷冻管，具体公开了冷冻管和管盖组成的装配体 10 包括管身 12 和管盖 40，二者之间靠螺纹连接，即可拆卸连接。管身 12 具有开口端 16 和闭口端 18 之间延伸的管状体 14，管身 12 的闭端 18 形成锥形的直径缩小部 19，从管状体 14 延伸至锥形的闭端 18 的边沿 20，延伸至凹槽 24 的边沿开口处，边沿开口超过管状体 14 的锥形的闭端 18。标识体 60 包括具有一个端面 64 和一个连接壁 66 的主体 62，主体 62 配合固定在所述管身 12 的凹槽 24 内，所述端面 64 上设有识别标记 63，可以是例如二维码或者其他的标识形式。涉案专利权利要求 1 与证据 2 之间的区别在于：二维码通过激光蚀刻技术刻印在卡扣上，且卡扣与管身底部凹槽之间通过超声波技术连接在一起。基于上述区别技术特征可知，权利要求 1 实际解决的技术问题是冻存管上二维码标识容易脱落。

为了避免二维码容易从冻存管上脱落，该专利将二维码直接通过激光蚀刻技术刻印在卡扣上，同时将卡扣与管身部凹槽之间通过超声波技术连接在一起，使二维码、卡扣和冻存管管身三者基本实现一体连接，使上述两个区别技术手段共同作用实现了二维码不容易从冻存管上脱落的技术效果。因此，该专利权利要求 1 采用了上述两个技术手段的结合解决了冻存管上二维码标识容易脱落的技术问题，在判断要求保护的发明对本领域的技术人员是否显而易见时，应当整体考虑上述两个技术手段而不是拆分后分别进行考虑。

证据 7、证据 8、证据 9 或证据 10 仅分别公开了超声波焊接相关技术，证据 11、证据 12 或证据 13 仅分别公开了激光蚀刻相关技术，上述证据都仅公开了上述区别技术特征中的一部分技术手段，且上述分别公开的部分技术手段各自也不能解决该发明实际解决的技术问题。因此，上述证据中没有任何一篇现有技术公开了上述区别技术特征，也没有给出将上述区别技术特征应用到证据 2 以解决发明实际解决的技术问题的启示。因此，S 公司认为权利要求 1 不具备创造性的无效理由不能成立。对于证据 3、证据 4、证据 14 和证据 15，S 公司主张证据 4 可以证明将卡扣与凹槽通过超声波焊接技术连接在一起是本领域的常规技术手段，证据 3 用来证明其公开了从属权利要求 3 的附加技术特征，证据 14 和证据 15 也是涉及超声波焊接技术在塑料焊接领域的应用，均不能使得 S 公司的无效理由成立。基于同样的理由，S 公司认为，从属权利要求 2—7 不具备创造性的无效理由也不能成立。从属权利要求 2—7 具备《专利法》第二十二条第三款规定的创造性。

被诉决定相关认定正确，法院依法予以确认。

◎原告（上诉人）的上诉理由

S公司上诉的事实和理由：①被诉决定关于该专利的创造性认定错误。证据8以及证据13分别给出了将卡扣与凹槽的连接方式采用超声波焊接形成一体式结构、二维码通过激光蚀刻刻印在卡扣上这两项区别技术特征应用于最接近的现有技术，以解决该专利实际要解决技术问题的技术启示。②被诉决定关于证据12未公开激光蚀刻塑料的相关内容，没有给出用于冻存管上蚀刻二维码的技术启示的认定，属于认定事实错误。③被诉决定关于证据5、证据9、证据6、证据12或证据13只分别公开了激光蚀刻二维码和超声波焊接，并未给出将两个区别技术特征共同作用于冻存管，从而解决该专利实际要解决的技术问题的技术启示的认定错误。④被诉决定关于证据4中记载的超声波焊接工艺对于结构复杂、加工精度高或有严格洁净要求的医疗设备领域难以达到高质量的要求，从而难以得到对冻存管采用超声波焊接的技术启示的认定错误。

◎被告（被上诉人）的辩解

国家知识产权局辩称，在判断要求保护的发明对于本领域的技术人员而言是否显而易见时，应当对技术特征构成的技术方案进行整体考虑，而不是将技术特征拆分后孤立地分别进行考虑。原审判决认定事实清楚，适用法律法规正确，审理程序合法，请求驳回S公司的上诉请求，维持原判。

◎二审新查明的事实

S公司关于该专利不具备创造性的具体理由及证据使用方式为：以证据2作为最接近的现有技术，相对于证据2、证据5和证据6的结合或证据2、证据9与证据12或证据13的结合，权利要求1不具备创造性。权利要求2的附加技术特征被证据2与公知常识的结合公开，权利要求3的附加技术特征被证据3公开，权利要求4和权利要求6的附加技术特征被证据2公开，权利要求5的附加技术特征为公知常识，权利要求7的附加技术特征被证据2或证据3公开，由此，从属权利要求2—7也不具备创造性。

证据5涉及超声波塑料焊接应用技术，其在第51页记载了超声波塑料焊接用途广泛，对各种热塑性塑料均可使用。证据 6 涉及利用激光进行高速雕刻，具体公开了计算机数控激光雕刻装置能够在各种硬、软性塑料上进行雕刻，适合精细零件和部件，也能用于无菌包装内的商标雕刻。证据 8 公开了一种全自动移液管超声波焊接设备，该设备可以同时对管头和管嘴进行超声波焊。证据 9 的权利要求 7 公开了对高分子真空过滤漏斗采用超声波焊接。证据 12 公开了（参见说明书第［0013］段）将激光蚀刻区背景图案中的镀铝层利用激光蚀刻掉。证据 13 公开了在钥匙牌上蚀刻二维码。

◎二审法院对法条的援引、解释与适用

二审法院认为，判断组合发明或者实用新型是否具备专利法意义上的创造性，关键不在于组合发明或者实用新型技术方案的所有技术特征是否已经分别被各项现有技术公开，而是在于将这些技术特征组合起来以形成发明或者实用新型技术方案是否显而易见。如果要求保护的发明或者实用新型仅仅是将某些已知产品或方法进行简单叠加，组合后的各技术特征之间在功能上无相互作用关系，各自仍以其常规的方式工作，则这种组合发明不具备创造性。如果组合的各技术特征在功能上彼此支持，并取得了新的技术效果，且并不属于本领域技术人员的合理预期范围，则这种组合具有（突出的）实质性特点和（显著的）进步，（发明）实用新型具备创造性。

涉案专利权利要求 1 与最接近的现有技术（证据 2）相比，区别技术特征为：①二维码通过激光蚀刻技术刻印在卡扣上；②卡扣与管身底部凹槽之间通过超声波技术连接在一起。上述区别技术特征在该专利要求保护的技术方案中所能达到的技术效果是在两者的共同作用下实现了冻存管上的二维码不易脱落。

首先，虽然上述区别技术特征①被证据 6、证据 12 和证据 13 的结合所公开；区别技术特征②被证据 5、证据 8、证据 9 各自公开，但现有技术并未给出将上述区别技术特征与证据 2 相结合，以形成该专利要求保护的技术方案的技术启示。

其次，该专利权利要求 1 的两个区别技术特征在该专利权利要求 1 的技术方案中在功能上彼此支持配合，共同实现了冻存管上的二维码标识不易容易脱落的新的技术效果，而不是在各自原有功能的范围内单独发挥作用。具体而言，该专利是将二维码蚀刻技术和超声波焊接技术同时引入最接近的现有技术（证据 2）而形成的技术方案：将二维码蚀刻在卡扣上，解决了低温下二维码容易从卡扣上脱落的问题，但为了防止卡扣脱落，又采用超声波焊接技术，将卡扣焊接在冻存管管身底部。因此，对于解决二维码易脱落的技术问题，二维码蚀刻和超声波焊接这两个特征是共同发挥了作用，符合在功能上彼此支持配合的情形。

最后，并无证据显示上述技术特征的组合属于本领域技术人员的合理预期范围或者该领域的公知常识。

综上可以认定，该专利技术方案并不是证据 2 与证据 5、证据 6、证据 8、证据 9、证据 12、证据 13 所公开的技术特征的简单组合，具有非显而易见性，该专利权利要求 1 在整体上具有创造性。该专利权利要求 2—7 为权利要求 1 的从属权利要求，在权利要求 1 具有创造性的情况下，权利要求 2—7 亦具有创造性。S 公司关于被诉决定就该案是否存在技术启示问题作出错误认定的主张，法院不予支持。

案例注释与解析

1. 对于选取案例的说明

创造性是一个发明创造能否获得专利权的根本。大多数情况下，科研人员都会基于检索调研结果，对现有技术进行一定改进，从而获得新的发明创造。新的发明创造往往会与现有技术存在不同，因此满足新颖性的要求。但这种不同是否能够使得新的发明创造达到创造性要求的高度，则经常是科研人员把握不了的问题。

该案例正好诠释了如何判断组合发明的创造性，而组合发明又是科研人员非常常见的一类发明创造。其中组合发明是指将某些技术方案进行组合，构成一项新的技术方案，以解决现有技术客观存在的技术问题。

该案例还是专利无效决定的行政诉讼案，其中国家知识产权局在决定是否要宣告某个专利无效时，最依赖的证据是无效请求人提交的否定专利新颖性或创造性的现有技术证据。

2. 如何判断专利有无创造性?

判断一项发明创造是否具有创造性，即判断该发明创造与现有技术的差别对于本领域技术人员而言是否是显而易见的，其中本领域技术人员指一种假设的“人”，假定他知晓申请日或者优先权日之前发明创造所属技术领域所有的普通技术知识，能够获知该领域中所有的现有技术，并且具有应用该日期之前常规实验手段的能力，但他不具有创造能力。

创造性的判断通常按照三个步骤进行：第一，通过检索确定最接近的现有技术。例如，与要求保护的发明技术领域相同，所要解决的技术问题、技术效果或者用途最接近和/或公开了发明的技术特征最多的现有技术，或者虽然与要求保护的发明技术领域不同，但能够实现发明的功能，并且公开发明的技术特征最多的现有技术。第二，确定发明与最接近的现有技术的区别特征和发明实际解决的技术问题。第三，判断要求保护的发明对本领域技术人员来说是否显而易见，即判断现有技术中是否给出将上述区别特征应用到该最接近的现有技术以解决其存在的技术问题（发明实际解决的技术问题）的启示。[1]

对于组合发明而言，在创造性的判断时通常需要考虑组合后的各技术特征在功能上是否彼此相互支持、组合的难易程度、现有技术中是否存在组合的启示以及组合后的技术效果等。[2]

3. 美国的情况

在美国，创造性被称为非显而易见性。美国现行专利法第 103 条规定：有关的发明，尽管与该法第 102 条所说方式加以披露或描述的技术不同，但如果申请专利的客体与现有技术之间的不同是这样一种程度，即在该客体所处的技术领域中一般技术水平的人员看来，该客体作为一个整体，在有效的申请日以前是显而易见的，则不能获得专利。按照这个规定，判定非显而易见性的要素主要有四个，即现有技术的范围、现有技术与申请专利之客体的区别、一般技术人员的水平、其他辅助性判断因素（例如，市场反应）。

在 *Graham v. John Deere Co.*，（383 U. S. 1（1966））一案中，美国最高法院解释了如何确定非显而易见性中的“一般技术人员的水平”。“一般技术水平的人员”，是一个法律上假定的人。这个假定的一般技术水平的人员，不同于实际的发明人或技术人员。“他”虽然只具有一般的技术水平，但“他”却通晓所有相

[1][2] 中华人民共和国知识产权局. 专利审查指南（2010）[M]. 北京：知识产权出版社，2019.

关的现有技术，而实际的发明人或技术人员并不如此。在这个假想的技术人员看来，申请案中的发明与一般技术水平之间的区别，在于是否达到了非显而易见的程度。

法庭在审理案件的过程中会要求技术专家出具证明，但这只是为了帮助法庭确定现有技术的范围和一般技术水平人员的技术水平，并非以这些专家作为一般技术水平的人员。[1]

4. 启示与建议

组合发明的发明点经常仅在于将现有技术已公开的多个技术特征结合在一起使用，从而整体产生“1 +1 >2”的技术效果。对于组合发明而言，证明最终方案的整体效果大于各已知技术特征的简单组合至关重要，直接决定了该组合发明能否被授予专利权。因此，在专利申请文件的撰写中，要有意识提供发明效果的描述，尽量用实施例证明组合发明产生了意料不到的技术效果。这一点对于生化类发明尤为重要。

另外，专利创造性的判断相对专业，科研人员对于自己所作出的发明创造的创造性很难准确把握，实务中经常是只要发明创造与现有技术有区别，就认为有创造性。建议科研人员在决定申请专利前，一定要与专利代理师反复沟通技术方案的改进部分，让专利代理师预先在专利申请文件中写上将来答复审查意见能用到的支持内容。

三、软件著作权的产生

实际问题：著作权是何时产生的？

一项作品自创作完成之日起即产生著作权，不论该作品是否被发表或登记。那么，谁是这项著作权的权利人呢？计算机软件是否可以被视为著作权法意义上的“作品”，获得著作权保护呢？如果可以，应当如何判断一项计算机软件著作权的建立及权利归属呢？

◎**涉及法条**

《中华人民共和国著作权法》（2010 年修正）第十六条

---

[1] 李明德．美国知识产权法［M］．2 版．北京：法律出版社，2014.

《中华人民共和国著作权法》（2010年修正）已于2020年进行修正，该修正案已于2021年6月1日实施，其中上述原第十六条改为了第十八条，涉及该案的部分没有实质性变化。

《中华人民共和国著作权法》（2020年修正）第十八条

《中华人民共和国计算机软件保护条例》（2013年修订）第二条、第三条和第十四条

◎虚拟情境

软件工程师W先生在D公司工作多年，签署多项合约约定工作期间的智慧成果归属于D公司。D公司将其获得的W工程师在职期间的一项研发成果（部分内容）的软件著作权登记在D公司名下，但D公司所述该成果的获得方式，途径与W工程师所述不一致，且W工程师从未向D公司交付过该软件的完整代码。W先生这样的行为合法吗？对D公司存在违约责任吗？D公司能否获得涉案软件的著作权？

典型案例

D公司、R公司与被上诉人王某计算机软件著作权权属纠纷

（2013）沪一中民五（知）终字第164号

裁判法院：上海市第一中级人民法院

裁判时间：2014年2月25日

关键词：计算机软件/著作权/源代码/权属

案件摘要

原告兼上诉人D公司先后多年连续与被告兼被上诉人王某签订《劳动合同》《保密协议》《项目开发承包服务协议》及相关补充协议，主要约定由被上诉人担任软件项目开发工作，并约定其工作期间的相关智力成果、知识产权归属于上诉人，由上诉人每月向被告支付工资及有关费用。被上诉人辞职后，上诉人持被上诉人工作期间完成的软件设计说明书与源代码进行了著作权登记，将上诉人登记为著作权人，但并未实际运行过该软件。上诉人诉请法院确认其为著作权人，由被上诉人向其交付该软件完整代码和相关文件并支付违约金。法院认为，由于国家版权局在版权登记时仅作形式审查，上诉人缺乏证据证明该软件已实际开发

完成，不能证实被上诉人存在违反项目承包合同约定的违约事实，不支持其主张。

裁判要点

对于只作形式审查的计算机软件著作权登记，不能证明该登记的计算机软件已实际开发完成。单位认为员工已完成双方约定的计算机软件开发任务，并要求员工交付完整的计算机软件源代码及其文档，应当对于该部分源代码及其文档的存在提供相应证据。

争议焦点

系争计算机软件“Website 业务流应用信息管理系统”是否已开发完成并已产生相应的著作权；王某是否应当向 D 公司交付系争计算机软件“Website 业务流应用信息管理系统”相应的源代码及其相关文档。

基本案情

D 公司成立于 2006 年 5 月 24 日，R 公司成立于 2006 年 8 月 10 日，两公司法定代表人均为张某。

2005 年 10 月 30 日，张某投资的另一公司招聘王某进入该公司工作。

2007 年 2 月 1 日，D 公司与王某签订《劳动合同》，有效期自 2007 年 2 月 1 日至 2009 年 2 月 1 日，约定 D 公司聘用王某在软件部门担任软件（网站）工作，双方应另行签订《保密协议》作为合同附件。

该合同第 8.2 条约定，王某在 D 公司工作时期，所作的劳动成果如研究成果、评估报告、审计报告、网站、程序、软件、流程图、电子版权等所有权归 D 公司所有。该合同第 8.3 条约定，该合同的履行将产生与 D 公司业务运营有关的发明、发现、创新等智力成果，包括产品、方法或其改进，产品外观设计，技术或经营信息，文学、科学、艺术作品，比如网站设计、程序、软件、流程图、电子版权以及有关的研究成果、评估报告、审计报告等，知识产权权利归属全部归 D 公司所有；王某在聘用期间所产生、构思、知晓或实施的任何与 D 公司的业务运营有关的智力成果，不论是独自还是合作完成，王某都应及时全面地向 D 公司公开或让 D 公司知悉，除了履行此合同，王某不得使用上述智力成果；双方确认，除非另有书面约定，王某在 D 公司聘用期间，上述智力成果是王某履行职务或者主要是利用D公司的物质技术条件、业务信息等产生，其中包含的发明创造、作品、计算机软件、技术秘密或其他商业秘密信息等有关知识产权均归属于D公司；王某应当依D公司的要求，提供必要的信息和实施必要的行为，包括申请、注册、登记等，以协助D公司取得、行使和保护有关的知识产权；造成D公司损失的，王某应全额赔偿D公司的损失，并处以3倍于王某在D公司所有所得金额的罚金。

2007年3月15日，D公司与王某签订《项目开发承包服务协议》，约定王某根据D公司签发的项目工作任务单完成D公司指派的相关任务，王某享有开发承包收入，报酬待遇约定按D公司开出项目开发任务单进行结算，D公司确保王某每年2万元的任务指标。该协议第五条内容同《劳动合同》第8.3条。协议第七条约定，该协议有效期为1年，届时合同期满，若双方对合同条款均无异议，合同自动延长；若部分条款需调整，经双方协商同意后，签订补充条款作为该协议的补充。

2009年1月23日，D公司与王某签订《劳动合同》，有效期自2009年2月1日至2010年2月1日，约定D公司聘用王某在计算机部门担任计算机软件项目开发工作，每月工资3800元，双方应另行签订《保密协议》作为合同附件。2009年《劳动合同》第8.2条和第8.3条同2007年《劳动合同》相应条款。

2010年1月31日，张某出具《劳动合同补充》一份，称“我公司与王某签订的2009年劳动合同同意按合同条款延长一年”。

2010年5月31日，张某出具《项目承包协议补充》一份，称“我公司与王某签订2009年度项目承包协议，同意按合同约定延长一年，在原有的基础上最低增长1万元整”。

2011年1月29日，R公司与王某签订《劳动合同》，有效期为2005年10月30日至无固定期限，约定R公司聘用王某在软件部门担任网站、程序、软件、流程图开发工作，每月工资3800元，双方应另行签订《保密协议》作为合同附件。2011年《劳动合同》第8.2条同2007年《劳动合同》相应条款。2011年《劳动合同》第8.3条在2007年《劳动合同》相应条款内容基础上，另增加内容——“王某独自完成与R公司业务运营无关的智力成果，作为R公司的员工，王某必须告知R公司，R公司同意或不同意共同开发的，可与王某书面约定，未进行书面约定的智力成果视作R公司享有的智力成果”“对王某的智力成果R公司应给予奖金奖励”。

同日，R 公司与王某签订《项目开发承包服务协议》，约定王某根据 R 公司签发的项目工作任务单完成 R 公司指派的相关任务，王某享有开发承包收入，报酬待遇约定按 R 公司开出项目开发任务单进行结算，R 公司确保王某每年 3 万元的任务指标。同日，R 公司与王某签订《保密协议》。同日，R 公司与王某订立《软件专利开发费用支付说明及相关说明》，称“2010 年年度公司承诺已支付 2 万元整，剩余 2 万元整公司承诺在 2011 年 6 月 30 日前支付完毕。王某承诺在与公司 5 年期间开发的软件专利，在未完成申请专利前，保证其个人开发的软件版权在 2011 年 12 月 31 日前不进行申请，公司可以优先收购软件版权。王某承诺个人开发的软件与公司申请的软件专利没有相关性”。

自 2007 年 3 月至 2010 年 12 月（共计 46 个月），D 公司与 R 公司每月支付王某工资。D 公司与 R 公司在聘用王某期间从未向王某签发过项目工作任务单。

2012 年 3 月起，双方发生劳动争议，王某辞职。

D 公司与 R 公司于 2012 年 5 月就“Website 业务流应用信息管理系统”（以下简称“系争软件”）进行了著作权登记，著作权人为 D 公司与 R 公司。

诉讼请求

一审中 D 公司、R 公司提出诉讼请求：①确认两原审原告是系争软件的共有著作权人；②王某向两原审原告交付系争软件的完整源代码和相关文档；③王某赔偿两原审原告违约金 229200 元。审理期间，两原审原告增加诉讼请求，要求判令王某赔偿系争软件著作权金额 205 万元。二审中，D 公司、R 公司要求撤销原审判决，改判支持其原审全部诉讼请求。

与案例相关的其他重要内容

裁判经过与结果

案件经过上海市徐汇区人民法院、上海市第一中级人民法院终审结案。

一审上海市徐汇区人民法院［（2012）徐民三（知）初字第 344 号］民事判决驳回 D 公司、R 公司的诉讼请求。D 公司与 R 公司不服，提起上诉。

二审上海市第一中级人民法院［（2013）沪一中民五（知）终字第 164 号］判决书驳回上诉，维持原判。

法院裁判理由

◎原告观点

D 公司与 R 公司认为，D 公司与 R 公司与王某签订了劳动合同及相关协议，约定了由王某进行业务相关的软件开发，知识产权归属于 D 公司与 R 公司，并向其支付了工资及相关费用。D 公司与 R 公司已得到系争软件的部分源代码及相关文档，而王某拒绝交付软件的完整源代码和文档资料，应确认 D 公司与 R 公司为系争软件的著作权人，且王某应向其交付完整的系争软件源代码和文档资料。

D 公司与 R 公司表示，系争软件的著作权登记审查仅要求提交设计说明书及 60 页源代码，并未实际运行系争软件。

D 公司与 R 公司提供了系争软件设计说明书、前 30 页源代码、后 30 页源代码，证明王某于 2010 年 10 月 18 日仅向 D 公司与 R 公司交付了上述不完整的材料。

D 公司与 R 公司还提供了“我的首页”软件平台，“D 公司”网上服务平台的部分操作界面、D 公司与 R 公司信息平台，“会员通用管理系统”说明文档（部分），“系统业务分析”“通用业务服务处理系统”模块功能逻辑说明及流程示意图描述文档（部分），“商业数据保护系统”开发说明文档（部分），“模板单元描述”，旨在证明上述软件和文档均是王某在 D 公司与 R 公司处的工作成果，是系争软件的雏形。

◎被告观点

王某称，D 公司与 R 公司提供的相关材料系王某在 2010 年 10 月期间以学习为目的在家写的文章，部分源代码是临时拼凑的；在双方协商签订 2011 年《劳动合同》等协议之前，王某曾将上述材料复制在 U 盘上在张某的电脑上打开给张某看，张某借故支开王某后非法复制并取得了上述材料。

王某认可“我的首页”软件平台，“D 公司”网上服务平台的部分操作界面、D 公司与 R 公司信息平台，“会员通用管理系统”说明文档（部分），“系统业务分析”“通用业务服务处理系统”模块功能逻辑说明及流程示意图描述文档（部分），“商业数据保护系统”开发说明文档（部分），“模板单元描述”均是王某在 D 公司与 R 公司处工作期间完成的工作成果。上述软件和文档也是基于 Website 的业务流应用，在功能上与王某交于 D 公司与 R 公司的系争软件设计说明书、前 30 页源代码和后 30 页源代码相关。但王某不认可这些是系争软件的雏形。

◎一审法院对法条的援引、解释与适用

1. 关于系争软件的著作权归属

D 公司与 R 公司与王某之间曾经存在劳动合同关系，王某在 D 公司与 R 公司处工作期间从事软件的开发设计工作。

根据双方所签订的一系列合同约定，王某在 D 公司与 R 公司处工作时期所作的劳动成果所有权归 D 公司与 R 公司所有；产生于 D 公司与 R 公司业务运营有关的智力成果的知识产权全部归 D 公司与 R 公司所有；王某独自完成与 D 公司与 R 公司业务运营无关的智力成果，王某必须告知 D 公司与 R 公司，D 公司与 R 公司同意或不同意共同开发的，可与王某书面约定，未进行书面约定的智力成果视作 D 公司与 R 公司享有的智力成果。

根据查明的事实，在 2011 年 1 月 29 日签订《软件专利开发费用支付说明及相关说明》之前，王某已将系争软件设计说明书、前 30 页源代码和后 30 页源代码交于 D 公司与 R 公司。根据该份协议的约定可以看出，若王某个人开发的软件与上述设计说明书、前 30 页源代码和后 30 页源代码没有相关性，则 D 公司与 R 公司享有软件版权的优先购买权，即该软件版权归属王某，反之则该软件版权归属 D 公司与 R 公司。

因此，若系争软件已开发完成，并且与王某已交付的设计说明书、前 30 页源代码和后 30 页源代码相关，则其著作权应归属于两原审原告。

2. 关于系争软件是否开发完成

计算机软件包括：①计算机程序，即为了得到某种结果而可以由计算机等具有信息处理能力的装置执行的代码化指令序列，或者可以被自动转换成代码化指令序列的符号化指令序列或者符号化语句序列；②有关文档，即用来描述程序的内容、组成、设计、功能规格、开发情况、测试结果及使用方法的文字资料和图表等。

关于系争软件，目前仅有设计说明书及60页源代码，没有任何证据证明系争软件已开发完成。

首先，D公司与R公司虽然将系争软件进行了著作权登记，但该登记审查仅要求提交设计说明书及60页源代码，并未实际运行系争软件，故D公司与R公司取得系争软件著作权登记证书并不能证明系争软件已开发完成。

其次，2010年12月以前，双方尚未产生劳动争议，D公司与R公司也按约向王某支付工资和软件开发报酬；假如系争软件已开发完成，D公司与R公司应当要求王某交付完整的智力成果；现D公司与R公司在收到系争软件设计说明书及60页源代码后，仍在2011年1月29日的《软件专利开发费用支付说明及相关说明》中承诺支付王某软件开发报酬，据此，也不能证明签订该份协议之时系争软件已开发完成。

最后，D公司与R公司称，王某将系争软件设计说明书及部分源代码交给D公司与R公司后继续对系争软件进一步完善，并于2011年12月将以系争软件为基础的网站进行了展示。对此，D公司与R公司并无相应证据予以证明。

因此，D公司与R公司关于系争软件已开发完成的主张，事实依据不足，不予采信。

3. 关于D公司与R公司的诉讼请求

计算机软件著作权自软件开发完成之日起产生，因系争软件尚未开发完成，故系争软件著作权尚未产生。另外，因系争软件尚未开发完成，也无从判断其与D公司与R公司业务运营是否有关。D公司与R公司关于确认系争软件的著作权归D公司与R公司所有并要求王某交付全部源代码和文档的诉讼请求，一审法院不予支持。

一审法院认为，依照《著作权法》第十六条第一款、第二款第（二）项，《计算机软件保护条例》第二条、第三条第（一）项和第（二）项、第十四条第一款，判决驳回D公司与R公司的诉讼请求。

◎原告（上诉人）的上诉理由

D 公司与 R 公司主要提出以下上诉理由。

（1）D 公司与 R 公司拥有国家版权局颁发的计算机软件著作权登记证书，并已向一审法院提交系争软件的设计说明书，包括系统概要设计书、系统详细设计书、数据库结构设计以及软件前后 30 页各 1500 条源代码，故系争软件无论是否开发完成，其著作权均应归上诉人所有。被上诉人王某应当向上诉人 D 公司与 R 公司交付系争软件完整的源代码和相关文档。

（2）上诉人 D 公司与 R 公司提供的与王某之间谈话的录像视频资料可以证实，王某曾经告知上诉人系争软件已经开发完成，故上诉人 D 公司与 R 公司对于系争软件开发完成的事实已经提供相应证据予以证实。

◎被告（被上诉人）的辩解

被上诉人王某辩称，被上诉人王某在上诉人 D 公司与 R 公司的工作任务不是开发系争软件，而是从事计算机专利技术的咨询工作。国家版权局登记的系争软件设计说明书文档和部分源代码是上诉人 D 公司与 R 公司法定代表人张某利用不正当手段获得，上述文档和源代码系被上诉人王某为个人学习和研究而撰写的，软件说明书中所称的系争软件实际并未开发完成，故上诉人 D 公司与 R 公司在该案中诉请要求交付的完整源代码和相关文档客观上并不存在。

原审事实清楚，法律适用正确，请求驳回上诉，维持原判。

◎二审法院对法条的援引、解释与适用

同样依据一审法院适用的法律法规，二审法院分析如下。

1. 系争软件是否已开发完成并已产生相应的著作权

根据 D 公司与 R 公司在一审及二审庭审期间的陈述，D 公司与 R 公司诉请所要求确认其享有著作权的是系争软件。根据该软件说明书的描述，系争软件是一套适合任意行业的基于 Web 站点的业务流系统，提供唯一公用空间和不受限制个数专用空间的创建、管理，提供业务流程的自主定制、管理等功能，且具有如下定制项目：业务用户组、业务处理规则、业务处理内容、业务操作界面、业务角色、业务输出模块、数据模块等。可见，上诉人D公司与R公司所要求确认著作权的是一套能够基于Website技术采用动态定制的数据模板对系统中各种数据进行备份及处理的信息处理系统。由于国家版权局在版权登记时仅作形式审查，上诉人D公司与R公司在该案中也确认上述系统软件未曾实际运行，故上诉人D公司与R公司主张该系统软件已实际开发完成，缺乏相应证据予以证实。一审法院对D公司与R公司要求确认系争软件的软件著作权归其所有的诉讼请求予以驳回，并无不当。

2. 被上诉人王某是否应当向D公司与R公司交付系争软件相应的源代码及相关文档

当事人对自己的诉讼主张，有责任提供证据予以证实。上诉人D公司与R公司要求王某向其交付系争软件相应的源代码及其相关文档，应当对于该部分源代码及其文档的存在提供相应证据。目前，没有证据证实被上诉人王某已完成系争软件的全部源代码和文档，一审法院对上诉人D公司与R公司该项诉讼请求予以驳回，并无不妥，法院予以维持。

案例注释与解析

1. 对于选取案例的说明

实践中，很多科研人员没有及时意识到自己的研发成果可能只属于自己，而并不属于单位。这是因为，通常负责软件开发的技术人员会按照与单位之间的约定，完成研究开发任务，并及时向单位提交成果。如该案中，单位得到了雇佣的技术人员多年来依工作任务所开发软件的部分源代码和文档，并依此作为权利人在国家版权局作了著作权登记，单位自然地认为该登记的软件著作权属于单位自身，技术人员应将整套软件程序交于单位。但是单位忽略了一些事实：单位与技术人员没有约定完成软件开发的时间要求，没有了解技术人员开发软件各阶段的进度情况，并且没有实际得到完整的软件源代码，而国家版权局的著作权登记不进行实质审查。这些事实都使得单位难以成为著作权人。

2. 如何认定计算机软件作品的完成及其权利归属？

首先，一项著作权法意义上的作品是否完成，一般情况下由创作者依据自身思想或构思进行确认，或依作者创作作品的现有草稿、图纸、文档等能够显示作品表达现状的资料、材料由他人进行经验性判断。如果作者不认可完成了作品，又无证据显示作品表达的完整度，则法律上难以认定作者完成了作品。

如果有信息处理能力的计算机装置，运行计算机软件的全部源程序而能够得到“目标结果”，则一般认为该源程序可以构成一个完整的计算机软件作品，即软件开发者基于某目标完成了计算机软件作品。

其次，权利人在国家版权局进行了作品著作权登记。但该登记只是从形式上证明所登记权利人拥有著作权，而如果所登记作品并未完成（不是一个完整的作品），则在法律上无法认定登记的权利人享有登记作品名称所对应的作品内容的著作权。

通常在国家版权局登记计算机软件，并不要求将全部源代码进行登记备案，也无须现场进行代码的运行测试，而仅要求将部分代码及相关说明性文档进行登记备案。因此，在国家版权局登记计算机软件获得的权利证书，是计算机软件权利人享有著作权的初步证明文件。如果有相反证据或无法证明计算机软件已完成，则该登记的权利人并不享有与其所登记作品名称对应的作品内容的著作权。实际上，享有作品的著作权，并不以登记作为判断标准，而是由依据设定的目标结果而开发完成软件的开发者或依法认定的其他权利人（如相关法人或非法人组织）享有该计算机软件的著作权。

3. 美国关于著作权建立与争议的相关规定

美国著作权法第 102 条规定，受著作权法保护的作品具有三个要件：①属于著作权保护的客体；②具有原创性；③已固定在有形的表达媒介上。[1] 在美国的司法实践中，对于作品是否完成的认定属于事实问题，未完成的作品不属于著作权保护的客体。

认定作品完成最重要的证据是著作权登记证书。美国在司法程序中采取“法定推定原则”（automatic statutory presumption）[2]，赋予著作权登记证书很强的证明力。也就是说，若无相反证据证明，法院则直接推定著作权登记证书所记载的作品具有有效的著作权且其他记载内容均为事实[3]，但是该推定只限于作品公开前取得或者作品公开后五年内取得的登记证书。[4] 对于超出该限制的登记证书，

---

[1] 17 USCS § 102 (2021).

[2][3] 17 USCS § 410 (c) (2021).

[4] 43 Op. Att'y Gen. 1 (1974).

法院拥有裁量权决定其证明力。❶

与国内《著作权法》规定类似，美国著作权法上对作品著作权的保护同样也自动产生。登记仅为提起著作权侵权诉讼的前提条件。❷ 不同的是，在美国著作权保护的实践中，针对申请人的著作权登记申请，美国著作权登记部门需要依据美国著作权法的规定，审查申请人提交的作品是否有可著作权性且是否符合著作权法规定的其他法律和形式要件。如果符合，登记部门就应当对该作品予以著作权登记并发放加盖版权局印章的登记证书。证书中包含申请人提供的信息，以及登记编号和生效日期。❸

也就是说，在美国的司法实践中，著作权登记部门对作品的审查属于实质审查。审查的核心标准是该作品是否具有“最低程度的创造性”（minimal degree of creativity）。❹当然，由于是否有权获得著作权登记证书是一个事实问题❺，著作权登记部门的决定需要接受司法的审查。❻ 著作权登记部门拒绝向申请人发放著作权登记证书，应书面通知申请人并说明拒绝的理由，接到通知以后，申请人可以依据《美国行政诉讼法》（*Administrative Procedure Act*）向美国联邦地区法院上诉。

软件作品属于美国著作权法第 101 条规定中的计算机程序，适用上述规定。但是对于未公开的软件作品，法定推定原则不适用，法院可自由裁量决定登记证书的证明力。❼计算机软件的进一步完善和修改并不一定导致著作权的重新登记，只要仍是相同的程序，并且与原版本软件的用途相同，就无须重新登记。❽由于美国著作权登记采取实质审查制，未完成的软件作品很难进入法院，因此在美国几乎没有因软件未完成而未产生著作权的判决。如果确实出现难以认定是否完成的情形，美国司法实践通常会传唤专家证人作证，并由陪审团认定该作品是否已完成。

---

❶ *Johnson v. Tuff N Rumble Mgmt.*, *Inc.*, No. 99 - 1374, 2000 U. S. Dist. LEXIS 7055, at 187 (E. D. La. May 15, 2000).

❷ 17 USCS § 411 & § 412 (2021).

❸ 17 USCS § 410 (a) (2021).

❹ *Atari Games Corp. v. Oman*, 888 F. 2d 878, 878 (D. C. Cir. 1989).

❺ *United States ex rel. Twentieth Century - Fox Film Corp. v. Bouve*, 33 F. Supp. 462, 463 (D. D. C. 1940).

❻ *Bailie v. Fisher*, 258 F. 2d 425, 426 (D. C. Cir. 1958).

❼ *Logicom Inclusive*, *Inc. v. W. P. Stewart Co.*, No. 04 Civ. 0604, 2004 U. S. Dist. LEXIS 15668, at 8 (S. D. N. Y. Aug. 9, 2004).

❽ *Logicom Inclusive*, *Inc.*, 2004 U. S. Dist. LEXIS 15668, at 9.

在实践中就软件作品而言，美国国际商业机器公司（IBM）认为，软件开发分成五步，并以这五个步骤为一个生命周期循环发展。[1]若要证明软件开发已经完成，至少需要完成一个生命周期。还有一种说法认为，当软件实现其目标时，软件开发便已完成。[2] 也有人认为，当客户决定停止开发软件的时候，软件开发就算完成了。[3]

该案中，原告仅提交了设计说明书和部分源代码，无论采用哪种定义，在美国实践中都很难认定为软件已开发完成。

4. 启示与建议

首先，根据以上对计算机软件作品是否完成的判断方式及著作权归属的分析可以看到，设定计算机软件运行的目标结果或目标任务，是软件开发人员首先要明确的，这涉及是否有明确的作品完成的外在判断标准。

其次，软件开发人员要注意单位或委托人对完成软件开发的时间是否有限制性要求，这也涉及软件开发技术人员后期是否需要承担单位内部责任或违约责任的问题。

再次，软件开发人员需要关注是否存在向单位或委托人随时或按约定提交阶段性成果的义务，此点涉及判断技术人员是否履行了义务及他人是否具有判断作品完成程度的证据。

最后，软件开发人员依法确认自身对作品享有哪些法定权利。

掌握上述几点，可以在履行工作任务或合同义务时，很大程度上保障软件开发人员应有的合法权益。

四、商业秘密的形成

实际问题：技术秘密是怎样形成的？

商业秘密是知识产权的一种重要类型。法律对商业秘密的定义是，不为公众所知悉、具有商业价值并经权利人采取相应保密措施的技术信息、经营信息等商业

---

[1] 五个步骤分别为：Requirements analysis and specification、Design and development、Testing、Deployment、Maintenance and support。

[2][3] *Jason Garber*：*Why can't we tell when software is done*? Promptworks Thoughts（Aug. 22，2016），https：//www. promptworks. com/blog/why - cant - we - tell - when - software - is - done.

信息。其中，技术秘密是商业秘密中一种重要种类。形成一项技术秘密，根据商业秘密的定义，首先需要有形成一项有经济价值的技术，其次要符合法律对商业秘密保护中“秘密”的要求，即“不为公众所知”，最后要采用一定的保密措施。

公知技术是不能形成商业秘密的，即便初期在符合条件的情况下形成了商业秘密，如果此后技术变为公知技术，也就失去了秘密性。这里的公知技术是指什么？该如何判断？与判断专利新颖性所考虑的公知技术是否一致？

◎涉及法条

《最高人民法院关于审理不正当竞争民事案件应用法律若干问题的解释》（法释〔2007〕2号）第九条

该解释在2020年修正时，相关内容未产生变动。其中上述第九条中提到的“反不正当竞争法第十条第三款规定的‘不为公众所知悉’”对应《中华人民共和国反不正当竞争法》（1993年实施）第十条第三款，位于现行《中华人民共和国反不正当竞争法》（2019年修正）第九条，内容一致。

◎虚拟情境

X公司多名员工的研发成果在内部技术评审中被认为不符合发明专利的申请条件，但事后被部分评审专家将技术以论文形式在行业杂志中予以发表，并被个别随后离职的评审专家以自己新设立的L公司的名义申请了专利。这样的做法是否合法？X公司是否能获得任何救济？

典型案例

M公司与L公司专利权纠纷再审案

（2016）沪民再11号

裁判法院：上海市高级人民法院

裁判时间：2016年11月14日

关键词：专利申请权/商业秘密/公知技术/新颖性

案件摘要

原告兼上诉人M公司的员工完成职务技术成果，被单位内部认为不符合发明专利申请条件。随后，该技术被数位上诉人员工在相关期刊中公开发表。此后有部分参与技术评审的上诉人员工离职成立或加入了被告兼被上诉人L公司，该被上诉人向国家知识产权局对涉案技术提起了专利申请。原告起诉要求确认该专利申请权归其所有。法院认为，被上诉人在涉案论文公开发表后向国家知识产权局提出专利申请，涉案论文的公开发表，使得涉案技术成为所属领域技术人员普遍知悉和容易获得的技术方案。对于已被公开的涉案技术，上诉人既不享有专有的知识产权，亦不具有禁止他人使用的权利。因此，上诉人关于该案专利申请的申请权归其所有的主张依法不能成立。

裁判要点

对于已被公开的技术，该技术原权利主体既不享有专有的知识产权，亦不具有禁止他人使用的权利。

争议焦点

（1）涉案技术方案是否系公知技术，原告是否享有技术专有权。

（2）被告的专利申请行为是否对原告造成侵害。

基本案情

M公司员工余某、李某、陈某，于2008年12月26日完成其工作领域内的发明——无线槽技术发明报告。该报告称，该发明涉及用于降低加工难度及加工量的新型集成线圈骨架结构，它还能够给出更多空间用于将所述线圈与所述集成线圈骨架之间的相互作用设计优化。这种优化的线圈骨架－线圈相互作用可减少磁体锻炼升降场过程中的失超率并且提高超导磁体的成品率。该报告中，涉案结构图为当前技术集成线圈骨架结构，内线圈4绕制在内线圈骨架1中，而外线圈3绕制在外线圈骨架2中。所述外部和内部结构装配在一起由连接板5支撑。所有内部及外部线圈骨架在低温容器6上焊接成型。所述内线圈4及所述外线圈3环绕线圈骨架表面固定在线槽中。涉案实施例图为发明的一项实施例管状线圈骨架结构，使用额外工具绕制并灌注内线圈4，并随后将其粘接在内线圈骨架1上；使用另一额外工具绕制并灌注外线圈3，并随后将其粘接在外线圈骨架2上。所述外部和内部组件装配在一起由连接板5支撑。所有线圈骨架焊接在低温容器6上。

根据M公司的规定，员工须将发表文章、透露技术信息等均需向M公司知识产权委员会申请，并通过评审。

2009年6月8日，M公司知识产权委员会针对涉案无线槽技术出具《专利申请批准表》。该批准表称："为了提高公司专利申请质量，以下 SMMR 知识产权委员会成员需对提交的申请进行审核。经知识产权委员会审核，此专利申请不具备作为发明提交的条件。"该批准表下方有 M 公司知识产权委员会主席的签字。该批准表显示，倪某、潘某、任某作为 M 公司知识产权委员会委员参与了上述无线槽技术专利申请的审核。该批准表中，对于 M 公司无线槽技术是否具备作为发明提交的条件，倪某、任某持否定意见，并分别给予 2.8 分、3 分的评价，潘某则持肯定意见，给予 3.2 分的评价。在该批准表中，对于无线槽技术的评价包括：该发明未发表或计划发表；竞争者可规避该发明保护范围的多数技术特征；该发明存在不同并列的替代技术；对竞争者吸引中称该发明技术范围属于渐进式改进，该发明的竞争优势属于中等，该发明技术所处阶段、工艺可行性属于构想或构思；等等。

2009 年，经 M 公司的同意，倪某作为 M 公司员工参加了合肥召开的 IEEE 会议，并在会议中发表了共同署名的论文，论文的署名人包括 M 公司及其关联公司的员工，例如余某。

2010 年 6 月出版的《电气电子工程师学会应用超导会刊》第 20 卷第 3 期中刊登了由余某、王某、Thomas A、任某、倪某署名的论文（以下称"涉案论文"），文中称为 3T 全身成像磁共振系统提出了一种具有非受力面集成线圈骨架的 3T 磁共振超导磁体的概念设计。传统集成线圈骨架有数个线槽，围绕在线圈骨架的外表面。而附图 2 显示的概念，没有设计精确线槽来定位线圈。线圈设计是由分立的模具来绕制和灌胶的，然后黏接到集成线圈骨架的外表面。涉案论文中附图 2 是 3T 磁共振超导磁体中集成线圈骨架结构的三维立体图，图中显示了集成线圈骨架中各个元素的位置关系，其中在基本呈长方体的空间内，主线圈位于主线圈骨架之上，屏蔽线圈位于屏蔽线圈骨架之上，主线圈骨架和屏蔽线圈骨架由侧壁相连接，屏蔽线圈骨架之间由连接板相连接，屏蔽线圈骨架与侧壁之间由连接板相连接。主线圈与主线圈骨架之间、屏蔽线圈与屏蔽线圈骨架之间均不具有用于定位线圈的线槽。

M 公司前员工张某于 2010 年 5 月从 M 公司离职后，创办了 L 公司。张某从未接触过 M 公司无线槽技术的发明报告。

2010 年 6 月，倪某从 M 公司离职。2011 年初，倪某加入 L 公司，负责 L 公司的相关成立筹备工作。倪某与 M 公司之间约定，倪某从 M 公司离职后 5 年内均不得从事任何有关磁体技术的商业性使用工作。

2010 年 10 月，余某从 M 公司离职，2013 年进入 L 公司工作。

2011 年 12 月 28 日，宋某某与 L 公司知识产权部门的同志合作，经张某批准向国家知产局以被告 L 公司的名义申报了 45 号案专利申请。45 号案专利申请摘要载明："本发明公开了一种磁共振超导磁体集成线圈，包括线圈、线圈骨架；所述线圈的内表面通过黏结材料固结在所述线圈骨架的外表面上。本发明还公开了一种磁共振超导磁体集成线圈的制作方法。本发明改进现有技术中用线槽固定线圈的方式，避免使用加工成本较高的线槽，既降低成本，又减少磁体失超现象，增加磁体的稳定性。"45 号案专利申请共有 9 项权利要求，其中权利要求 1、权利要求 8、权利要求 9 是独立权利要求，权利要求 1 保护了一种磁共振超导磁体集成线圈结构，权利要求 8、权利要求 9 保护了一种磁共振超导磁体集成线圈的制作方法。45 号案专利申请所体现的技术方案系以涉案论文为基础完成。

M 公司认为，L 公司提出的 45 号专利申请所涉及技术的专利申请权应归 M 公司所有，并要求 L 公司赔偿其合理损失。

诉讼请求

M 公司向一审法院起诉请求：①确认 45 号案发明专利申请权归 M 公司所有；②L 公司向 M 公司赔偿包括调查费、公证费、翻译费、律师费在内的合理费用人民币 10 万元（以下币种同）。

M 公司不服一审判决，上诉请求：撤销一审判决，发回重审或者依法改判支持其一审全部诉讼请求，由 L 公司承担本案一审、二审诉讼费和鉴定费。

M 公司再审请求撤销原一审、二审判决，再审判决将该案发回重审或支持 M 公司的全部诉讼请求。

与案例相关的其他重要内容

裁判经过与结果

案件经过上海市第二中级人民法院、上海市高级人民法院两级法院，并最终由上海市高级人民法院再审结案。

一审上海市第二中级人民法院作出［（2014）沪二中民五（知）初字第46号］民事判决，判决驳回原告M公司的诉讼请求；

二审上海市高级人民法院［（2015）沪高民三（知）终字第26号］民事判决，判决驳回上诉、维持原判。二审案件受理费2300元，由M公司负担。

再审上海市高级人民法院作出［（2016）沪民再11号］民事判决，判决维持上海市高级人民法院［（2015）沪高民三（知）终字第26号］民事判决。原一审案件受理费人民币2300元、鉴定费人民币5万元，原二审案件受理费人民币2300元，均由再审申请人M公司负担。

法院裁判理由

◎被告L公司观点

M公司的无线槽技术已被涉案论文公开，属于公知技术。

◎一审中的技术鉴定

关于45号案专利申请文件中所体现的技术方案是否来源于公知技术，鉴定专家组认为，涉案论文公开了一种具有非受力面的集成线圈骨架的磁共振超导磁体，是与45号案专利申请所体现的技术方案最密切的技术方案。鉴定专家组认为，45号案专利申请文件中所体现的技术方案属于公知技术。

◎一审法院对法条的解释与适用

一审法院认为，在涉案论文披露后，涉案专利文件所体现的技术方案，对于所属领域技术人员而言是显而易见的，属于所属领域技术人员普遍知悉和容易获得的技术方案。原告并未证明其所称的无线槽技术的技术成果权属于原告专有的某项知识产权，被告涉案专利所体现的技术方案具有合法来源。

◎原告（上诉人）M公司的上诉理由

M公司上诉称，一审判决适用法律错误，不当判断45号案专利申请所体现技术方案的新颖性、创造性；一审鉴定程序错误；一审判决关于45号案专利申请权利要求3、权利要求7、权利要求9以及说明书中技术方案1、技术方案2、技术方案5不具备创造性的判断错误；一审判决关于L公司对45号案专利申请技术方案具有合法来源的认定错误。

◎二审法院对法条的援引、解释与适用

1. 是否该判断45号案专利申请所体现技术方案的新颖性、创造性?

二审法院认为，L公司于一审中辩称M公司的无线槽技术已被涉案论文公开，属于公知技术，而L公司的45号案专利申请所体现的技术方案系以涉案论文为基础完成。

该案中，一审法院对45号案专利申请所体现的技术方案是否属于公知技术进行了判断，而并非对45号案专利申请所体现技术方案的新颖性、创造性进行判断。由于《专利法》中并无公知技术的相关规定，故一审法院参考《最高人民法院关于审理不正当竞争民事案件应用法律若干问题的解释》第九条中关于有关信息“为公众所知悉”的相关规定，对公知技术的范围进行界定，并无不当。

一审法院根据双方当事人的争议以及相关证据，所确定的判断45号案专利申请所体现的技术方案是否属于公知技术的方法，二审法院亦予以认同，故M公司的这一上诉理由不能成立，不予支持。

2. 一审鉴定程序是否有错误?

二审法院认为，首先，该案中一审法院委托涉案鉴定机构进行技术鉴定的内容是45号案专利申请文件中所体现的技术方案是否属于公知技术，鉴定专家组根据多年实践中掌握的理论知识和经验，并结合双方当事人提交的证据材料来分析和判断前述鉴定事项。在鉴定过程中，鉴定专家当然可以引入所属领域技术人员所熟知、掌握的公知技术资料作为对比文件，对上述鉴定事项加以判断，而参考文件1即属于鉴定专家根据自己掌握的理论知识和实践经验而引用的所属领域公知技术资料。鉴定专家引入参考文件1进行比对，并未违反鉴定程序，亦未超出该案的鉴定范围。

其次，《司法鉴定程序通则》第二十五条规定，司法鉴定机构在进行鉴定的过程中，遇有特别复杂、疑难、特殊技术问题的，可以向本机构以外的相关专业领域的专家进行咨询，但最终的鉴定意见应当由本机构的司法鉴定人出具。涉案鉴定机构根据该案所涉技术问题的具体情况，聘请所属领域的专家作为技术顾问参与鉴定，并无不当，故M公司的这一上诉理由亦不能成立，二审法院不予支持。

3. 一审判决关于45号案专利申请权利要求3、7、9以及说明书中技术方案1、2、5不具备创造性的判断是否有错误?

二审法院认为,鉴定报告对45号案专利申请所体现的技术方案是否属于公知技术进行了详细分析,理由充分,依据正确,一审法院对鉴定报告予以采纳,并无不当。

在涉案论文披露后,45号案专利申请所体现的技术方案,对于所属领域技术人员而言是显而易见的,属于所属领域技术人员普遍知悉和容易获得的技术方案。故M公司的这一上诉理由同样不能成立,二审法院不予支持。

4. 一审判决关于L公司对45号案专利申请技术方案具有合法来源的认定是否有错误?

该案中,在涉案论文披露后,45号案专利申请所体现的技术方案已属于所属领域技术人员普遍知悉和容易获得的技术方案。而45号案专利申请技术文件的撰写者宋某某的学习、工作经历表明其具有该案所属技术领域技术人员的知识和能力,故宋某某有能力以涉案论文为基础完成45号案专利申请所体现的技术方案。一审法院据此对L公司关于45号案专利申请所体现的技术方案具有合法来源的辩称意见予以采纳,并无不当。

退一步讲,即使45号案专利申请所体现的技术方案系来源于M公司无线槽技术发明报告的主张成立,但是,由于无线槽技术所体现的技术方案亦已因涉案论文的公开而成为公知技术,M公司亦不享有禁止他人使用的权利,故M公司的这一上诉理由也不能成立,二审法院不予支持。

◎再审申请人(原审原告、原审上诉人)M公司的再审理由

M公司共提出五项再审理由。

第一,原审判决在专利申请权权属纠纷案件中适用《最高人民法院关于审理不正当竞争民事案件应用法律若干问题的解释》,并对涉案技术方案的新颖性、创造性进行判断,系适用法律错误。

该案案由系专利申请权权属纠纷而非商业秘密侵权纠纷,原审法院仅以L公司辩称涉案技术属于公知技术,即认定可适用于专利申请权权属判断完全无关的不正当竞争案件司法解释来进行判断。按其审理逻辑,权属纠纷案件均可先适用商业秘密的秘密性判断规则来审查其是否属于公知技术，然后再依据《专利法》的相关规定来判定权利归属，这样的审理逻辑及适用法律明显不符合我国现有法律框架和规定。

实际上，原审判决又未依据《最高人民法院关于审理不正当竞争民事案件应用法律若干问题的解释》第九条第二款规定来判断涉案无线槽技术是否为公知技术，而是适用了《专利法》第二十二条以及《专利审查指南2010》关于新颖性、创造性的判断规则，错上加错。

专利申请权权属纠纷的核心在于专利申请权的归属，应依据《专利法》的相关规定依次判断原告对其主张的技术方案是否享有专利权、被告是否接触了涉案技术方案、被告专利中的技术方案是否与原告主张的技术方案实质相同，以及被告是否独立研发了涉案技术方案。在现行法律、法规和司法解释未明确授权的情况下，原审法院并不具有判断涉案专利申请新颖性和创造性的权利。

一审法院委托鉴定机构对涉案专利申请是否属于公知技术进行鉴定，鉴定结论明确评价该申请权利要求书和说明书公开内容的新颖性和创造性。原一审判决虽然在判决主文中回避使用新颖性和创造性字眼，但在公知技术的判断中则错误地使用了新颖性和创造性的判断方法，并被原二审判决加以确认。其错误在于在专利申请权权属纠纷中审理涉案技术是否可以依法被授予专利权之行政授权审查问题。

第二，原审判决关于涉案专利权利要求3、7、9，说明书中的技术方案1、2、5不具备创造性的判断错误。

第三，司法鉴定意见对涉案技术方案的新颖性、创造性进行判断超出了鉴定机构的技术条件和技术能力。即使司法鉴定机构有能力进行判断，也没有权限去评价涉案专利方案的新颖性和创造性这一法律问题，其鉴定范围应限于事实问题。

第四，原审判决认定L公司对涉案技术方案具有合法来源存在错误，不能仅因为涉案技术方案构成公知技术就认定L公司对涉案技术方案具有合法来源。

M公司提交的证据充分证明L公司实际接触了M公司的发明报告，L公司亦自认涉案技术方案与M公司的发明报告实质相同。涉案专利申请与M公司发明报告附图的高度一致性足以证明L公司确系依据M公司的发明报告完成了涉案技术方案。虽然原审法院认定L公司员工宋某某有能力完成涉案技术方案，但有能力完成并不表示其实际完成，更不能证明确属其独立发明。在L公司未提供任何证据证明其员工依据现有技术完成了涉案专利申请的情况下，L公司应当承担对其不利的举证责任。

第五，原审判决认定涉案技术为公知技术以及涉案专利申请的申请权归属L公司存在内在逻辑错误。

综上，请求撤销原一审、二审判决，再审判决将该案发回重审或支持M公司的全部诉讼请求。

◎被申请人（原审被告、原审被上诉人）L公司的再审辩解

L公司辩称，其关注到专利领域有一种申请容易无效难的情况，因此制定了专利防御政策。也就是说，如果发现技术方案具有一定价值，但未被其他公司实际采用，申请人就将从公开途径获得的技术方案申请专利，以换取专利公开来保护其不受专利流氓的骚扰。

原审判决适用法律正确，《专利法》确实可以规范专利权属问题，但并非所有专利权属纠纷均可以适用《专利法》解决，如无合同关系的单位间专利权属纠纷。本案即是这种情况，需要从知识产权法体系中寻找依据进行判断。

本案中，"M公司是否享有专有性权利""M公司、L公司的技术方案是否一致""L公司技术方案是否来源于M公司"这三个命题缺一，则M公司的主张不能成立。在M公司发明人完成其职务发明创造时，M公司不但依据《专利法》第六条的规定对职务发明享有专利申请权，而且对外享有技术专有权，但这种专有权的来源即是法律规定的技术秘密。当M公司主动将其技术方案公开后，M公司对其职务发明仍享有专利申请权，但对任何第三人则失去了该案的权利基础。在认定M公司对其主张的技术方案已经公开时，应当适用《最高人民法院关于审理不正当竞争民事案件应用法律若干问题的解释》来判断其是否失去商业秘密的秘密性。

◎再审法院对法条的援引、解释与适用

再审法院认为，双方当事人确认无线槽技术所体现的技术方案与45号案专利申请所体现的技术方案实质相同，且M公司明确就其无线槽技术不主张技术秘密。涉案论文的公开发表，使得涉案无线槽技术成为所属领域技术人员普遍知悉和容易获得的技术方案。据鉴定报告可以认定，45号案专利申请技术方案的来源系已被公开的技术方案。而对于已被公开的无线槽技术，M公司既不享有专有的知识产权，亦不具有禁止他人使用的权利。因此，M公司关于45号案专利申请的申请权归其所有的主张依法不能成立。

另外，涉案鉴定机构系就45号案专利申请权利要求、说明书中所体现的技术方案是否属于公知技术进行鉴定，并未超出鉴定范围。鉴于《专利法》中并无公知技术的相关规定，原审法院参考《最高人民法院关于审理不正当竞争民事案件应用法律若干问题的解释》第九条中关于有关信息“为公众所知悉”的相关规定，并对45号案专利申请所体现的技术方案是否属于公知技术进行判断，亦无不当。M公司申请再审的其余理由与其上诉理由基本相同，原二审法院已作出详细评述，该院予以认同，在此不再赘述。综上所述，原二审判决认定事实清楚，适用法律正确，应予维持。

案例注释与解析

1. 对于选取案例的说明

大多数科研工作者缺少对介于技术生成和专利申请之间的技术秘密状态属性及特点的清晰认知，可以通过该案详细了解M公司自发现技术秘密形成到丧失对技术秘密专有性有关权利的过程与影响。

2. 形成技术秘密后，通过各种方式使技术公开，成为公知技术，原权利主体对此是否还享有专利申请权？

公知技术是公众所知的技术。在新技术产生后，发表论文、公开使用等使技术公之于众的方式，将技术变为公知技术。就该案而言，此处讨论的是申请日以前在国内外为公众所知的技术，即《专利法》定义的“现有技术”。

根据我国《专利法》的规定，授予专利权的发明和实用新型，应当具备新颖性、创造性和实用性，失去其中之一便不符合被授予专利的要求，而新颖性便要求该发明或者实用新型不属于现有技术，也即不属于公知技术。由此，如果技术为公众所知，便属于现有技术，就丧失了新颖性，那么该技术便不符合被授予专利的要求。

根据《专利法》的规定，在以下四种情况下，即使技术被公开，但在6个月内提交专利申请，不丧失专利新颖性：①在国家出现紧急状态或者非常情况时，为公共利益目的首次公开的；②在中国政府主办或者承认的国际展览会上首次展出的；③在规定的学术会议或者技术会议上首次发表的；④他人未经申请人同意而泄露其内容的。出现如上行为的6个月后，若还未提交专利申请，原技术秘密不仅不再是秘密，且在专利法意义上也直接成为现有技术。

该案中，公开发表论文的行为使M公司员工开发出的无线槽技术直接成为公知技术，丧失新颖性，使得原权利人对技术失去专有权，原权利主体对该技术既不享有技术秘密的专有权，也不再享有专利申请权。

3. 对不具有新颖性的专利权的处理方案

2015年7月24日，L公司向二审法院出具《情况说明》称："我公司在实施专利防御战略中，已经申请了'一种磁共振超导磁体集成线圈及其制作方法'（××××××××××××.1）发明专利，公司相关战略目标已经实现。上述发明专利申请目前处于诉讼保全状态。我公司明确，在解除诉讼保全状态后将立即撤回上述发明专利申请。"

这里，L公司之所以出具《情况说明》，是因为L公司45号专利申请的技术来源于M公司员工所发表的论文，而该论文由于公开发表，所涉技术秘密已为公众所知。对于为公众所知的现有技术，不具备被授予专利的条件，不应该被某一主体申请专利成为权利人。但由于实践中专利审查行政部门也不可能穷尽所有手段、途径确认相关技术是否已为公众所知，这就有赖于申请人本着诚实信用原则去申请专利。

该案中，因L公司已明确其申请专利的技术来源于公开的信息，本不应对该技术提出专利申请，也不应该被授予专利权。为此，其出具了《情况说明》，以表明其会主动调整自身行为的适当性、合法性，避免法院或公众对其行为的负面评价。

4. 在美国建立商业秘密的情况

美国主要采取形成商业秘密和授予专利两种手段对初期的技术成果予以保护，这与中国是一致的。根据《美国统一商业秘密法》（*The Uniform Trade Secrets Act*）的规定，商业秘密具有以下要素：①是一种信息；②具有实际或潜在的独立经济价值；③能从该信息的公开或使用中获得经济利益的人并非普遍知道该信息并且通过正当手段无法轻易获得；④信息的所有者已采取合理措施保护该信息。[1]《美国统一商业秘密法》并未赋予权利人对世的排他性权利，但是却给予权利人更充分的保护，尤其是在技术形成初期尚未形成专利的阶段，故而受到美国很多公司和科研工作者的青睐。

当然，在符合美国专利法的要求以后，美国的科研工作者也可就技术成果寻求专利法的保护。同样，美国专利法上的一个基本问题也是，与现有技术相比，寻求保护的技术是否具有新颖性。现有技术是指公众可获得的知识和技术。[2] 根据美国专利法第102条的规定，现有技术包括：公开的发明信息；在印刷出版物中出版的信息；公开使用的信息；正在售卖的信息以及在关键日期之前[3]以其他方式向公众提供的信息。由此可以看出，目前美国专利法就现有技术的认定采取的是列举定义，缺乏一个统一的理论基础。因此在实践中，美国联邦法院之前就美国专利法102条之规定的适用就显得有些混乱。[4] 有些被纳入现有技术的情形并不符合一般理性人对公开的理解。比如，一位科学家在个人实验室里单独使用自己发明的离心机属于公开使用。[5] 但当一位发明者向老板和同事公开分享自己设计的魔方模型时，法院认为这不足以构成“公开使用”。[6]

相比较于美国专利法，《美国统一商业秘密法》对“秘密”和“公开”的界定标准就显得相对明确。在美国的司法实践中，虽然美国联邦法院没有明说，但其在专利案件的审理中已经使用《美国统一商业秘密法》的概念或者非常类似的概念来认定现有技术。美国发明法案甚至直接表示商业秘密法就公开的规定是目前解释“现有技术”内涵最好的方式。对现有技术适用商业秘密的认定标准解决了依据法定列举法下适用不一致的问题，同时，商业秘密认定中的“合理措施”标准也扩大了对专利权的保护。基于该标准，即使有关专利的信息已经泄露，只要采取了合理的保护措施，权利人仍有可能获得专利权的保护。在美国，目前使用《美国统一商业秘密法》就“公开”的认定标准认定现有技术的做法

---

[1] 18 U. S. C. § 1839 (3).

[2] Sean B. Seymore, Rethinking Novelty in Patent Law, 60 Duke L. J. 919, 922 (2011).

[3] The critical date for judging novelty depends on whether the America Invents Act of 2011 (AIA).

[4] Timothy Holbrook, Patent Prior Art and Possession, 60 William & Mary L. Rev. 123 (2018).

[5] *Baxter Int'l, Inc. v. COBE Labs., Inc.*, 88 F. 3d 1054, 1061 (Fed. Cir. 1996).

[6] *Moleculon Rsch. Corp. v. CBS, Inc.*, 793 F. 2d 1261, 1265 (Fed. Cir. 1986).

甚至是决定性的，除非存在公开性以外的考量，[1] 比如防止发明人在申请专利之前秘密地商业化技术成果的时间过长。

综上，在美国法律的规定之下，无论是采用商业秘密还是专利保护，《美国统一商业秘密法》对技术公开的认定标准都是重中之重。这也促使更多美国企业以及科研工作者对其技术成果采取合理的措施予以保护。

5. 法律提示

实务工作中，很多科研工作人员喜欢在完成技术成果后，马上着手对新成果撰写论文进行发表，想让同行或更多的人对新成果"先睹为快"。他们并没有过多考虑这一行为及随后所涉及的法律问题。

正如该案中 M 公司所遇情形，不论"无线槽技术"是否具备申请发明专利的条件，实际情况是 M 公司将该技术在有关期刊的论文中进行了披露，直接导致该技术在形成技术秘密后变为了公知技术，使其失去了对该技术的专有权，从而也失去了将该技术申请专利的权利。

这个案例很经典地反映了实践中部分科研工作人员的"常规"做法及其不利后果，值得大家注意。

6. 启示与建议

通常，科研工作人员在完成技术成果后根据不同的考量会有三个选择——申请专利、自行公开、作为技术秘密保护。该案可以启示我们，成为公知技术、丧失新颖性的技术便不具备法定申请专利、被授予专利的条件。因此，在决定申请专利或者未考虑好是否申请专利时，我们首先要确保该技术处于严格保密状态，不丧失专利法意义上的新颖性，唯一的选择就是避免公开该技术，先把该技术作为技术秘密进行保管。这是在将来决定申请专利时所需要的前置行为，不可在申请专利前盲目对外谈论、发表所涉技术，以免失去重要的、潜在的专利权。

五、反向工程形成的技术成果保护

实际问题：通过反向工程实现的技术，是否可以形成新的技术秘密？

---

[1] Camilla A. Hrdy & Sharon K. Sandeen, The Trade Secrecy Standard for Patent Prior Art, 70 *American L. Rev.* 1269 (2020).

已知一项公开的技术成果，却不知实现该技术成果的技术路径，通过该公开的技术成果来自行研发未公开技术路径的方式，称为反向工程。反向工程是科研单位在日常研究活动中经常涉及的一种研究手段。有的研究成果是通过反向工程直接获得的，有的研究成果是在反向工程的基础上加上自行研制的成果。若他人未公开的技术路径构成商业秘密，那么反向工程这样的行为是否可以形成新的技术秘密？

◎涉及法条

《中华人民共和国反不正当竞争法》（1993 年施行）第十条

《中华人民共和国反不正当竞争法》于 2017 年 11 月 4 日、2019 年 4 月 23 日进行了修改，修改后第十条改为第九条，获取对象扩大明确化，进一步明确侵犯商业秘密的情形，并完善了对商业秘密的定义与相关不当行为的定义。

《中华人民共和国反不正当竞争法》（2019 年修正）第九条

《最高人民法院关于审理不正当竞争民事案件应用法律若干问题的解释》（法释〔2007〕2 号）第九条、第十二条

《最高人民法院关于审理侵犯商业秘密民事案件适用法律若干问题的规定》（法释〔2020〕7 号）第四条、第十四条

◎虚拟情境

Y 公司通过与某海外企业合作，反向工程其产品，研发出了相关技术，并与自己的员工签署了保密协议。Y 公司的部分科研人员认为相关被反向工程的技术已不再具有秘密性，离职后创业，继续经营相关技术。这些离职员工的行为是被法律允许的吗？

典型案例

Q 公司、曹某等与 Y 公司侵害技术秘密纠纷

（2016）沪民终 470 号

裁判法院：上海市高级人民法院

裁判时间：2017 年 2 月 15 日

关键词：民事/技术秘密/独立开发/反向工程

案件摘要

原告单位Y公司的三名前员工与原告单位签订的劳动合同和保密合同中约定了保密义务，并在工作期间，接触并掌握了原告单位某项技术的相关技术秘密。后三人共同出资设立被告Q公司，生产某产品所采用的技术方案与原告单位一致。故原告单位以侵害商业秘密为由对三名前员工及被告单位提起诉讼。但被告单位认为，原告单位的技术系由反向工程获得，不具备秘密性，因此不构成技术秘密。法院认为，原告单位的具体工艺过程是一个完整、不为公众所知悉的技术方案，属于不为公众所知悉的技术信息。即使该技术信息是原告单位对海外相关产品进行反向工程仿制出的，只要仍被权利人和获得方采取保密措施而处于保密状态，就具有相对秘密性，符合不为所属领域的相关人员普遍知悉和容易获得的商业秘密之要件，技术秘密并不会因为被反向工程后就丧失秘密性。四被告的行为共同侵害了Y公司上述涉案商业秘密，应当共同承担停止侵权、赔偿损失的民事责任。

裁判要点

即使某项不为公众所知悉的技术信息是通过对他人的技术成果进行反向工程仿制出的，只要仍被权利人和获得方采取保密措施而处于保密状态，就具有相对秘密性，符合不为所属领域的相关人员普遍知悉和容易获得的商业秘密之要件，技术秘密并不会因为被反向工程后就丧失秘密性。

争议焦点

Y公司所主张的技术秘密是否成立。

基本案情

2007年5月11日，案外人W公司与S大学签订《电脑优选横截锯研发合同》，约定S大学根据W公司提供的样机为原型进行仿制，完成测绘、设计、试制、安装调试，并形成技术文件，达到批量生产的水平，包括机械（气动）设计、电控机软件设计、外形设计。W公司并与S大学约定，因履行上述合同所产生的专利申请权由双方共同所有；非专利技术成果的使用权、转让权中，技术成果双方共有，W公司无条件免费长期使用。但无W公司确认同意，S大学不得将技术泄露或转让给第三方。

Y公司于2007年11月1日成立。上述技术开发合同权利、义务转由Y公司概括承受。Y公司、W公司、N公司三方共同确认Y公司系电脑优选横截锯相关知识产权的权利人。

2007年10月15日、2009年11月6日，曹某分别与Y公司签订《劳动合同书》，约定曹某在Y公司担任销售经理。

2008年1月28日，李某与Y公司签订《劳动合同书》，约定李某在Y公司担任售后服务。

2008年7月17日、2011年8月5日，周某分别与Y公司签订《劳动合同书》，约定周某在Y公司担任电气工程师。上述Y公司（甲方）与曹某、李某、周某（乙方）的《劳动合同书》中约定了保密条款，曹某、李某、周某分别于2007年10月15日、2008年4月21日、2008年5月1日与Y公司（甲方）签订内容基本一致的《保密合同》。

曹某、李某、周某分别于2007年10月9日、2008年1月28日、2008年5月1日签署《确认函》，确认收到Y公司的《员工管理手册》。

2011年12月12日，曹某、李某、周某作为股东出资成立Q公司，而后Q公司在与客户进行交易的过程中，交易商品包括优选横截锯在内，且客户与Y公司的客户有重叠。

2012年4月5日，Y公司以曹某、李某、周某涉嫌侵犯商业秘密罪为由向上海市公安局奉贤分局报案。2012年4月24日，奉贤分局作出沪公（奉）立字〔2012〕第3001号立案决定书。之后，Y公司又以曹某、李某、周某和Q公司为被告起诉侵害商业秘密。

诉讼请求

一审中原告请求判令四被告立即停止对Y公司商业秘密的侵犯，包括停止披露、使用或允许他人使用Y公司的商业秘密。判令四被告赔偿经济损失及合理开支人民币300万元（以下币种均相同，上述合理开支包括律师费、公证费、专家出庭费、审计费共计13.65万元）。判令四被告在《木材工业》杂志和中国木业网www.wood365.cn首页就其侵权行为刊登声明，消除影响。

上诉时，曹某、李某、周某和Q公司共同上诉请求：撤销一审判决第一、二项，依法驳回Y公司全部一审诉讼请求。

与案例相关的其他重要内容

裁判经过与结果

案件经过上海知识产权法院、上海市高级人民法院两级法院审理结案。

一审法院上海知识产权法院作出［（2015）沪知民初字第275号］民事判决判令：

一、曹某、李某、周某、Q公司应立即停止对Y公司商业秘密的侵害，不得披露、使用、允许他人使用Y公司的商业秘密，直至Y公司的商业秘密已为公众知悉时为止；

二、曹某、李某、周某、Q公司应共同赔偿Y公司包括合理费用在内的经济损失145万元；

三、驳回Y公司的其余诉讼请求。

二审上海市高级人民法院［（2016）沪民终470号］民事判决判令驳回上诉，维持原判。

司法鉴定

2013年8月12日，M省科技咨询中心出具《M省科技咨询中心司法鉴定报告》即“M科2号报告”。鉴定结论为：

（1）Y公司以下三项技术信息是不为公众所知悉的技术信息：①边测量边锯切的设计（内容与“Y公司边测量边锯切的设计”相一致）；②基于Simotion控制系统开发的软件源程序（详见MAXCUTOC软件源程序）；③机械图纸中难以在产品上反映出来的公差配合、技术要求等工艺参数（详见MAXCUTOC机器的机械图纸）。

（2）Y公司有关Simotion系统硬件与软件程序的匹配、电控系统的组成方案、基于硬件电路开发的软件与硬件匹配并非不为公众所知悉的技术信息。

（3）鉴于送检材料和实物对比的欠缺，无法对被告Q公司优选横截锯Bestcut200技术信息与Y公司“MAXCUT系列电脑优选横截锯”中技术信息是否具有同一性进行比对。

2013 年 9 月 26 日，M 省科技咨询中心就其根据奉贤分局委托对被告 Q 公司制造并出售的优选横截锯 Bestcut200 机器的技术信息与浙科 2 号报告中 Y 公司“MAXCUT 系列电脑优选横截锯”中的不为公众所知悉的技术信息是否相同，进行比对的情况，出具《M 省科技咨询中心司法鉴定报告》即“M 科 2 -2 号报告”，鉴定结论为：

（1）被告 Q 公司制造并出售的优选横截锯 Bestcut200 测量锯切方法的设计与 Y 公司“MAXCUT 系列电脑优选横截锯”“边测量边锯切的设计”的技术信息相同；

（2）被告 Q 公司制造并出售的优选横截锯 Bestcut200 的 CF 卡中的可执行文件无法与 Y 公司“MAXCUT 系列电脑优选横截锯”基于 Simotion 控制系统开发的软件源程序进行比对；

（3）在机器上难以直接反映机械图纸中的公差配合、技术要求等工艺参数，无法在实物上进行比对。

法院裁判理由

◎一审法院对法条的援引、解释与适用

根据《最高人民法院关于审理不正当竞争民事案件应用法律若干问题的解释》第九条的规定，一审法院认为，Y 公司在该案一审中主张的涉案技术信息即“Y 公司边测量边锯切的设计”，并未包含“特殊的程序设计”“电控硬件选用”“相关机械结构”的具体内容，而是对通过上述设备所实现工艺的具体过程，进行了极为详尽的描述。而 M 科 2 号报告中的上述分析判断表明，在 2012 年 4 月 5 日之前，Y 公司涉案技术信息中的具体工艺过程，系为提高优选横截锯锯切效率、加工精度专门设计的专门技术方案。该种技术方案不能通过直接观察设备及生产应用过程而直接得出，又需配合专门设计的软件、电控硬件以及相关机械结构，并经本领域的技术人员研究、反复试验才能实现。

M 省科技咨询中心的分析意见，事实和法律依据充分，且符合不为公众所知悉的技术信息的判断标准，一审法院予以采纳。且鉴于，并无证据表明，在 2012 年 4 月 5 日之后，Y 公司涉案技术信息的具体内容已被公众所知悉，故一审法院认为，Y公司涉案技术信息属于不为公众所知悉的技术信息，Y公司涉案技术信息中的具体工艺过程作为一个完整、不为公众所知悉的技术方案，系Y公司涉案技术信息中的秘点所在。

对于四被告关于Y公司涉案技术秘密的秘点是测、控、机一体化，即由专门设计的软件、电控硬件以及相关机械结构等组合构成的技术秘密，其核心是软件源程序的辩称意见，与Y公司主张及M科2号报告的认定完全不符，一审法院不予采纳。

◎上诉人的上诉理由

一审法院宣判后，四被告不服，向法院提起上诉。四被告的上诉理由如下：

一审判决认定的“Y公司边测量边锯切的设计”技术信息不构成技术秘密，只有通过特殊的程序和设备，工艺才能构成技术秘密；而且一审中四上诉人已经提交相关证据证明“边测量边锯切的设计”技术信息已经公开，Y公司无证据证明“边测量边锯切的设计”是技术秘密，其仅是对案外专利“木材优选截断方法及其优选截断锯”和对德国优选锯产品进行反向工程的结合，不构成技术秘密。

◎被上诉人的辩解

被上诉人Y公司请求维持原判，驳回四上诉人的上诉请求。其所依据的事实和理由如下：

（1）Y公司的优选锯技术是在借鉴德国优选锯的基础上独立研发，采用不同电控系统、不同的电控柜排布、电路图设计和“边测量边锯切的设计”技术方案，具有自主知识产权。

（2）鉴定机构确认Y公司的“边测量边锯切的设计”、控制软件和机械图纸具有非公知性。

（3）“木材优选截断方法及其优选截断锯”的专利是“先测量再锯切”的技术方案，与Y公司的“边测量边锯切的设计”不同，且该专利并未披露优选锯的具体技术细节，因此不能作为Q公司的合法技术来源。

◎二审法院对法条的援引、解释与适用

法院认为，根据《最高人民法院关于审理不正当竞争民事案件应用法律若干问题的解释》第九条的规定，不为公众所知悉，是指有关信息不为其所属领域的相关人员普遍知悉和容易获得的，即秘密性。

1. 关于涉案技术信息是否具有秘密性

对此，该案一审中，奉贤分局曾经委托了M省科技咨询中心作为鉴定机构对Y公司“MAXCUT系列电脑优选横截锯”的技术信息进行鉴定，该鉴定机构对于Y公司明确主张的“边测量边锯切的设计”技术信息确认在2012年4月5日之前不为公众所知悉。

此外，M科2号报告显示的“Y公司边测量边锯切的设计”中的具体工艺过程是为了提高优选横截锯锯切效率、加工精度专门设计的，不同于常规的测量与锯切分开进行的方式。它不是一种简单的技术组合，不能通过直接观察设备及生产应用过程得出，需要配合专门设计的软件、电控硬件以及相关机械结构，并经本领域的技术人员研究反复试验才能实现。可见，“Y公司边测量边锯切的设计”技术信息不同于常规的测量与锯切分开进行的方式，是必须经过反复研究试验后所获得的独特的具体工艺过程，无法通过直接观察设备及生产应用过程而轻易获取，故符合《最高人民法院关于审理不正当竞争民事案件应用法律若干问题的解释》第九条对具有秘密性的规定。

因此，“Y公司边测量边锯切的设计”技术信息的秘密性并非由特殊程序或设备所产生，其本身并不为其所属领域的相关人员普遍知悉和容易获得，故该技术信息在无特殊程序和设备的情况下仍不为公众所知悉。

2. 关于涉案技术信息是否因案外公开的优选横截锯专利文献等资料而被公众所知悉

法院认为，案外公开资料中描述了横截锯的两种下料算法，以及一种木料优选横断方法，但是均未载明具体的技术方案，也没有翔实的工艺过程。

因此，上述公开资料虽描述了木材横截锯的优化方法，但不能因此就认为同一技术领域的独特工艺信息亦为公众所知，更何况现无任何证据表明这些资料载明与“Y公司边测量边锯切的设计”技术信息相同或者实质相同的具体计算分析和加工方案。

即使公开资料和涉案“Y公司边测量边锯切的设计”技术信息同属于木料优选测量和锯切技术领域，但正是由于“Y公司边测量边锯切的设计”技术信息是包含工艺、设备、目标功能的综合内容，是不同于常规方式的独特技术方案，对最终优选锯的横截效果产生特殊的效果，才具有一定的市场竞争力和商业价值。故四上诉人的相应上诉主张缺乏事实依据，法院不予采纳。

3. 关于涉案技术信息是否系由Y公司通过反向工程获得而丧失秘密性

法院认为，根据案外人W公司与S大学签订的《电脑优选横截锯研发合同》，约定由S大学根据W公司提供的样机为原型进行仿制，但是该合同中也要求研发方完成包括机械（气动）设计、电控机软件设计和外形设计在内的设计。在该技术开发合同的附件中，在机械（气动）设计部分对于标识台、进料传送带、测量站等处均提出了自己的设计要求，尤其是在标识台部分，附件中明确载明“a）画线部分有原装的带传送改为前端一部分带传送，后面改为人送料的惰轮机构”。

因此，上述证据表明“MAXCUT系列电脑优选横截锯”系由案外人以德国样机为原型进行仿制，并在具体研发时进行了相应的自主设计。

再结合该项技术的研发是在2008年3月31日以前，而该案鉴定机构作出的鉴定结论表明，在2012年4月5日之前“Y公司边测量边锯切的设计”技术信息不为公众所知悉，使得法院初步认定“Y公司边测量边锯切的设计”技术信息在2012年4月5日之前处于不为公众所知悉的事实状态。

现四上诉人无法提供相应证据证明，“边测量边锯切的设计”技术信息与德国样机所采用的技术信息相同或实质相同并已被该信息所属领域的相关人员普遍知悉和容易获得，故应由其承担举证不利的法律后果。

退而言之，即使Y公司对德国优选锯样机进行反向工程，并仿制出具有与该样机完全相同技术信息的“MAXCUT系列电脑优选横截锯”，根据《最高人民法院关于审理不正当竞争民事案件应用法律若干问题的解释》第十二条的规定，Y公司通过反向工程获得商业秘密亦不属于侵犯商业秘密行为。只要该技术信息被Y公司和德国优选锯公司采取保密措施而处于保密状态，仍具有相对秘密性，仍然符合不为所属领域的相关人员普遍知悉和容易获得的商业秘密之要件，不因此丧失其秘密性。

案例注释与解析

1. 对于选取案例的说明

反向工程是科研机构进行研究开发的一种常用手段。该案例明确了反向工程不属于侵犯商业秘密，并且通过反向工程获得的技术信息即使不包括自主原创的内容，在该技术信息的权利人和获得者都各自采取了保密措施的情形下，也能构成获得者的商业秘密，回应了技术秘密被反向工程后是否丧失秘密性的这一科研人员通常关注的问题。

2. 技术秘密被反向工程后是否丧失秘密性？

这个问题是没有统一答案的，取决于具体情形。

一般认为，如果一种技术秘密很容易被反向工程破解，那意味着很容易被相关领域的公众获得，也即不满足“不为公众所知悉”的要件，从而丧失了秘密性。

但也有一些技术秘密，不能通过直接观察、简单测绘等手段得出，为了将其破解，科研人员也需花费心血甚至创造性劳动，经本领域的技术人员研究反复试验才能实现。显然，这类性质的技术秘密本身“秘密性”就比较强，如果该技术秘密仍被原权利人和获得方采取保密措施而处于保密状态，就具有相对秘密性，符合不为所属领域的相关人员普遍知悉和容易获得的商业秘密之要件。这类型的技术秘密并不会因为被反向工程后就丧失秘密性。这一特点也反映出商业秘密作为一种知识产权，缺乏像专利权一样的绝对对世性。

3. 现实中的困惑与思考

反向工程可以认为是合法获得商业秘密的途径之一，但就知识产权保护而言，反向工程是以获取其他企业的关键技术为目标，是一种建立在别人劳动成果之上的“模仿”行为。因此，这一模仿行为的尺度应该把握住。有的商业秘密权利人在销售或许可包含其商业秘密的技术时，会要求合作方签署“不使用和公开协议”，其中约定从第三方合法获取的信息包含其保密信息内容，合作方在使用或披露该等信息之前，也必须获得权利人的书面同意，否则即视为违反保密协议。如果存在这种约定，则意味着反向工程的行为可能不受法律保护。

通过反向工程获得的技术秘密，法律上存在一定的不稳定性，其秘密性还依赖于该技术秘密的其他持有人是否对其采取了有效的保密措施：只要有一方无意泄密，就会导致该技术秘密彻底丧失秘密性，从而不能构成技术秘密。

这都是反向工程游走在知识产权保护边缘所显露出来的主要问题。

4. 启示与建议

他人对技术秘密实施反向工程后，有两种可能：一是使用该技术秘密，并予以保密；二是使用并公开该技术秘密。在第一种情况下，该技术秘密的原权利人和实施反向工程的人都作为技术秘密的权利人获得保护；在第二种情况下，该技术秘密就会失去秘密性，不再受到保护。因此，对于任何技术开发者，在对其技术作为技术秘密保护之前，必须对该技术被他人成功实施反向工程的可能性进行判断，以决定是用专利方式还是技术秘密的方式予以保护。对于容易被反向工程的技术，建议尽量采取专利方式来予以保护。

另外，反向工程要求针对的产品是从公开渠道获取的，此处“公开渠道”不应狭义地仅限于通过购买、赠予等合法手段取得产品，还应包括通过合法途径取得产品所有权的产品。如果是通过租赁、保管、借用等方式有权占有产品，此时占有人实施反向工程可能缺乏正当性。因此，科研人员在进行反向工程之前，还应注意到待反向工程的产品性质。

专题三　创新成果的分享：知识产权权益分配

一、基本概述

劳动者最光荣。这样的思想孕育了我国一辈又一辈的科研工作者，不畏艰辛、努力工作、为国奉献。然而，在知识产权年代，科研工作者也开始逐步反思，劳动成果带来的光荣到底是什么。仅仅是单位的荣誉吗？对于个人而言，又会产生怎样的荣誉与经济奖励或补偿呢？

实际上，对科研成果所带来收益的期待，也恰恰是知识产权制度用来激励个人与单位可持续创新的基础与核心。因此，该专题摘选出代表性案例，逐步展开讨论各种创新协作环境下知识产权权利与利益的归属与分配。

二、科研人员与单位各有哪些权利？

（一）研发成果与职务相关的情况

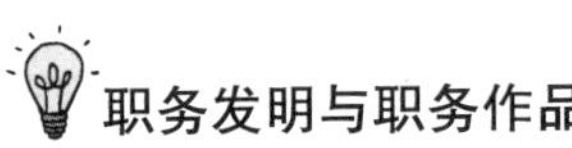

职务发明与职务作品

实际问题：什么是职务发明？

根据法律规定，职务发明创造申请专利的权利属于该单位。其中，职务发明是指单位员工在执行单位任务或者主要是利用其单位的物质技术条件所完成的发明创造。

那么在实践中，如何判定哪些发明创造会属于职务发明？科研人员在什么条件下完成的发明创造会被认定为“执行单位任务”？科研人员的某些发明活动行为会涉及对单位物质技术条件的利用，但究竟利用到了何种程度，相关发明成果会被认定为“主要利用”单位物质而产生的？

◎涉及法条

《中华人民共和国专利法》（2008 年修正）第六条

《中华人民共和国专利法》于 2020 年修正后，在第六条第一款后新增“该单位可以依法处置其职务发明创造申请专利的权利和专利权，促进相关发明创造的实施和运用”。新增条款对该案无实际影响。

《中华人民共和国专利法实施细则》（2010 年施行）第十二条

《最高人民法院关于审理技术合同纠纷案件适用法律若干问题的解释》（法释〔2004〕20 号）（常被简称为“《技术合同司法解释》”）第四条

《最高人民法院关于审理技术合同纠纷案件适用法律若干问题的解释》2020 年修正后，原条款中《中华人民共和国合同法》第三百二十六条第二款现已被挪至《中华人民共和国民法典》第八百四十七条第二款，内容一致。

◎虚拟情境

L 工程师认为某项技术前景斐然，多年来未得到领导的支持，一个人作为相关研发的核心主力，坚持完成了该项技术的研发，并形成了专利成果。L 工程师在这项成果中享有什么权利？

典型案例

罗某与 K 力学研究所实用新型专利权权属纠纷案

（2018）京民终 182 号

裁判法院：北京市高级人民法院

裁判时间：2018 年 9 月 25 日

关键词：专利/职务发明/工作任务/物质技术条件

案件摘要

被告兼被上诉人 K 力学研究所（以下简称“K 力学所”）认为原告兼上诉人罗某申请的实用新型专利的专利权是职务发明，应归该单位所有。理由为，涉案专利系罗某在职期间完成本单位交办的任务，属于职务发明创造，且涉案专利是罗某主要利用K力学所的物质条件所完成的。罗某则主张涉案专利专利权应归属其本人。法院认为，案外人深圳市某化学材料有限公司委托K力学所的项目在时间以及技术相关性等方面与涉案专利密切相关；罗某以K力学所的名义进行了加工、订购了大量设备，对实验室的部分设备和厂房进行了改造，在整个过程中均使用了K力学所课题组的经费。因此，法院判决涉案专利属于职务发明创造，权属应当归被上诉人所有。

裁判要点

《合同法》第三百二十六条第二款所称的“主要是利用法人或者其他组织的物质技术条件”，包括职工在技术成果的研究开发过程中，全部或者大部分利用了法人或者其他组织的资金、设备、器材或者原材料等物质条件，并且这些物质条件对形成该技术成果具有实质性的影响；还包括该技术成果实质性内容是在法人或者其他组织尚未公开的技术成果、阶段性技术成果基础上完成的情形。但下列情况除外：①对利用法人或者其他组织提供的物质技术条件，约定返还资金或者交纳使用费的；②在技术成果完成后利用法人或者其他组织的物质技术条件对技术方案进行验证、测试的，应当结合不同领域的具体特点确定相关技术方案的完成标准。

争议焦点

涉案专利是否为职务发明，进而权属应当归属K力学所还是罗某。

基本案情

罗某于1994年7月到K力学所工作，1997年12月被聘为工程师。在K力学所工作期间，罗某具体是在铝粉课题组工作，其本职工作为铝粉设备的设计、安装、调试。

1999年10月11日，案外人D公司拟购买可用氮气保护喷雾法生产微细锡铅及锡铅银合金粉末的设备，并来函向K力学所提出了相关材料的性能和设备需求，希望就相关技术、设备和报价等予以回复。

1999年11月16日，王某（系K力学所铝粉课题组组长）与罗某代表K力学所向D公司提供了《年产200吨微细球形锡合金粉生产工艺技术及设备》的技术报价。由于D公司向铝粉组提出的业务需求，铝粉课题组决定由罗某负责利用原实验室的铝粉生产实验装置进行改造后生产锡合金粉，检验其技术和产品是否满足市场需求。后由于生产出的锡合金粉不能满足用户需求，故未能与 D 公司进行合作。王某跟罗某说“这个放一放，先做国家项目的相关工作”。

2000 年 7 月 27 日，罗某向课题组提交了关于前述项目的《情况汇报与建议》，署名“建议人罗某”。主要内容包括各种生产工艺方案，并对主要生产流程、设备参数、工艺指标控制和改造实验室设备方案进行了详述。

2000 年 8 月 2 日，罗某手绘了《离心雾化锡合金粉拟采用的工艺方案》框架图并向王某进行了汇报。此后，还补交了该方案的电子绘制版。课题组认为，罗某提出的技术方案有较好的市场价值和前景，决定采用该技术方案并由罗某负责项目的具体工作。

2000 年 9 月至 2001 年 2 月，依据罗某提出的技术方案和专用设备图纸、通用设备的技术要求等，以 K 力学所的名义加工、订购了相关设备，并利用原实验室的部分铝粉装置设备和厂房进行了改造，使用了铝粉课题组的经费，包括项目启动、购买试验原材料等支出。

其中，2000 年 9 月至 10 月，供方 L 轴承研究所与需方 K 力学所签订了《工矿产品购销合同》，订购了电主轴、变频器，合计为 4.5 万元。2000 年 10 月 25 日，K 力学所与北京市海淀区八家综合加工厂签订了《机械产品订货合同》，订购了按照 2000 年 9 月 20 日在设计与校对处有罗某签名的相关图纸加工的设备。2000 年 12 月 11 日开具的 K 力学所报销单显示，领款人为罗某。2000 年 12 月 13 日，凭证号为 0012 -0598 的记账凭证显示“罗某购变频器”，金额为 4.5 万元。2000 年 12 月 14 日开具的 K 力学所设备出入库单显示，入库产品领用人为罗某。

2012 年 10 月 22 日，罗某向国家知识产权局申请了一项名称为“离心雾化法制备球形锡合金粉末的装置”的实用新型专利（即涉案专利），该专利的授权公告日为 2013 年 3 月 20 日，专利号为 ZL201220539967.3，授权公告号为 CN202804188U。

诉讼请求

一审中，K 力学所要求确认涉案专利的专利权归 K 力学所所有。

二审中，罗某上诉要求撤销一审判决并改判涉案专利的专利权归罗某所有。

与案例相关的其他重要内容

裁判经过与结果

案件经过北京知识产权法院、北京市高级人民法院、最高人民法院三级法院终审结案。❶

一审北京知识产权法院于2017年12月28日作出［（2016）京73民初281号］民事判决，判决确认涉案专利归属K力学所。罗某不服，提起上诉。

二审北京市高级人民法院于2018年9月25日作出［（2018）京民终182号］民事判决，判决驳回上诉，维持原判。

法院裁判理由

◎原告主张

原告K力学所主张涉案专利其为支持涉案技术成果的研发。课题组以D公司向铝粉组提出的业务需求为开端，开始关注球形锡合金粉的生产工艺技术和产品市场，因此，涉案项目应是K力学所铝粉课题组确定的职务研究开发任务。

罗某在K力学所工作期间，主要利用研究所铝粉课题组的科研经费、实验室设备、厂房、原材料等物质条件，与课题组其他人员通力合作，完成涉案技术成果。因此，该成果的专利权应归属K力学所，而不是罗某个人。

◎被告主张

被告罗某主张涉案技术成果为其个人发明。涉案专利的研发不是K力

---

❶ 罗某不服二审结果，提起再审申请，要求纠正原审中的法律适用错误。最高人民法院于2019年6月27日作出［（2019）最高法民申3180号］民事裁定，认定一审、二审事实和适用法律并无不当，裁定驳回罗某的再审申请。

学所下达的工作任务，而是自己利用业余时间，独立收集资料所研发的。

K 力学所出资购买的相关设备和原材料仅仅用于对其提出的技术方案的验证，在验证过程中该技术方案未经过任何修改，因此其应为涉案专利权人。

◎一审法院对法条的援引、解释与适用

1. 被告对涉案专利的研发是否属于基于原告的工作任务

案外人 D 公司关于购买锡合金粉设备需求的函件、K 力学所向 D 公司发送的报价等材料，以及证人铝粉课题组组长王某的证言，均可以证明涉案专利技术所涉及的技术成果“离心雾化法制备球形锡合金粉末的装置”的项目来源，且罗某对上述项目来源过程不持异议。

据此可以看出，罗某系接受 K 力学所铝粉组的指派开展与涉案技术成果相关的研发工作。罗某的主张依据不足，不予采信。

2. 被告是否“主要利用”了原告的物质技术条件

该案现有证据表明，在罗某就涉案技术成果的研发提出《离心雾化法制备球形锡合金粉末的装置》的相应技术方案，并向铝粉组课题组长王某汇报后，课题组决定采用该技术方案并由罗某负责项目的具体工作。课题组为此依据罗某提出的技术方案和专用设备图纸、通用设备的技术要求等，以 K 力学所的名义加工、订购了电主轴、变频器等相关设备，并利用原实验室的部分铝粉装置设备和厂房进行了改造，在此过程中均使用了 K 力学所铝粉课题组的经费。

据此，一审法院认定涉案技术成果系利用了 K 力学所的物质技术条件所完成的职务发明创造，涉案专利权应归属 K 力学所所有。

罗某的主张，缺乏事实和法律依据，不予采纳。

据此，一审法院根据《专利法》第六条之规定，确认涉案专利专利权归属 K 力学所。

◎上诉人（被告）观点

（1）涉案专利所涉技术方案与案外人 D 公司委托 K 力学所的项目完全无关，一审判决的相关认定属于事实认定错误。

（2）涉案专利由罗某个人完成后向K力学所相关领导进行的汇报，而非就研发过程进行的汇报。一审判决的相关认定属于事实认定错误。在此基础上，一审判决认定涉案专利的完成利用了K力学所的物质条件同样属于事实认定错误。

（3）根据《最高人民法院关于审理技术合同纠纷案件适用法律若干问题的解释》（以下简称《技术合同司法解释》）第四条的规定，该案中仅利用K力学所的部分物质条件对涉案专利的技术方案进行了测试、验证，不应认定为职务发明。

◎二审法院对法条的援引、解释与适用

1. “本职工作中作出”

《专利法》第六条第一款规定：“执行本单位的任务或者主要是利用本单位的物质技术条件所完成的发明创造为职务发明创造。职务发明创造申请专利的权利属于该单位；申请被批准后，该单位为专利权人。”

《专利法实施细则》第十二条第一款规定：“专利法第六条所称执行本单位的任务所完成的职务发明创造，是指：（一）在本职工作中作出的发明创造；（二）履行本单位交付的本职工作之外的任务所作出的发明创造；（三）退休、调离原单位后或者劳动、人事关系终止后1年内作出的，与其在原单位承担的本职工作或者原单位分配的任务有关的发明创造。”

考虑到涉案专利技术方案的产生与罗某在K力学所期间作为相关课题组成员在承担D公司委托K力学所开展的锡粉项目，具备时间上的先后以及技术方案的相关性等情形，且王某作为证人亦表示其要求罗某先“放一放”相关的锡粉项目，而非终止，可以认定涉案专利技术方案属于罗某在本职工作中所作的发明创造。

根据上述规定，涉案专利的权属应当归属于单位，即K力学所。

2. “主要利用法人或者非法人组织的物质技术条件”

（1）基本概念与排除“主要利用……物质技术条件”的特殊情况

《技术合同司法解释》第四条规定，《合同法》第三百二十六条第二款所称“主要是利用法人或者其他组织的物质技术条件”，包括职工在技术成果的研究开发过程中，全部或者大部分利用了法人或者其他组织的资金、设备、器材或者原材料等物质条件，并且这些物质条件对形成该技术成果具有实质性的影响；还包括该技术成果实质性内容是在法人或者其他组织尚未公开的技术成果、阶段性技术成果基础上完成的情形。但下列情况除外：①对利用法人或者其他组织提供的物质技术条件，约定返还资金或者交纳使用费的；②在技术成果完成后利用法人或者其他组织的物质技术条件对技术方案进行验证、测试的。

需要说明的是，排除的情况应当结合不同领域的具体特点确定相关技术方案的完成标准。在不同领域中，技术方案中相关设备的测试等可能属于上述条款规定的技术成果完成后对该成果进行的测试、验证，也可能属于该技术成果完成的必要的研发步骤。尤其是在类似化学、医药等实验科学领域，相关技术成果的测试通常为最终技术方案形成的必要步骤。

（2）罗某的情况

该案中，根据查明的事实可知，虽然各方当事人均认可涉案专利技术方案与2000年8月2日罗某提交的技术方案具有一致性，但考虑到涉案技术方案为利用离心雾化法制备球形锡合金粉末装置的产品专利，其技术图纸的完成仅能证明相关的技术方案已经形成，而只有在上述技术方案经过专业设备等必要的测试后，其技术方案方告完成。

又依据查明的事实可知，根据罗某提出的技术方案和专用设备图纸、通用设备的技术要求等，以K力学所的名义订购、加工了电主轴、变频器等相关设备，并利用原实验室的部分铝粉装置设备和厂房进行了改造，在此过程中均使用了K力学所铝粉课题组的经费，即涉案专利技术方案的完成属于利用了K力学所的物质技术条件所完成的发明。

根据上述《专利法》第六条第一款的规定以及《专利法实施细则》第十二条第二款“专利法第六条所称本单位，包括临时工作单位；专利法第六条所称本单位的物质技术条件，是指本单位的资金、设备、零部件、原材料或者不对外公开的技术资料等”，涉案专利亦属于职务发明创造，其权属应归单位所有，即K力学所所有。

案例注释与解析

1. 对于选取案例的说明

对于科研人员而言，其本身很难界定在工作中获得的灵感进而落地并实体化成果是否会被认定为职务发明。虽然法律明确规定了利用单位条件对技术方案的验证、测试的，不属于职务发明，但法院在定性“验证、测试”时还是存在一定的自由裁量权。因此，该案有一定的学习与参考价值。

2. 该案的后续——最高人民法院对该案的看法

根据罗某提出的再审请求，最高人民法院［(2019) 最高法民申 3180 号］认为：“根据 K 力学所提交的案外人对项目的需求函件、K 力学所向案外人发送的报价等材料，以及证人铝粉课题组组长王某的证言，均可以证明涉案专利技术所涉及的技术成果的研究开发，来源于案外人的商业需求，罗某所在工作组接受了与此相关的工作，罗某据此开展了研究开发工作，并向工作组提出技术方案。据此可以看出，涉案技术成果的研究开发与罗某在 K 力学所铝粉组的工作密切相关，与其在工作中所接触的工作任务密切相关。因此，罗某主张涉案专利技术的研发不是执行其在 K 力学所的工作任务，依据不足，本院不予采信。”

3. 如何确定一项发明是否属于职务发明？

在确定《专利法》(2020 年修正）第十二条所规定的“职务发明”时，需要从两点判断：第一，员工发明创造的内容是否是单位的“工作任务”；第二，是否构成“主要利用法人或者非法人组织的物质技术条件”。

通过该案可以了解到，“工作任务”可以从单位业务与具体给科研人员的任务来判断。“主要利用法人或者其他组织的物质技术条件”包括职工在技术成果的研究开发过程中，全部或者大部分利用了法人或者其他组织的资金、设备、器材或者原材料等物质条件，并且这些物质条件对形成该技术成果具有实质性的影响；还包括该技术成果实质性内容是在法人或者其他组织尚未公开的技术成果、阶段性技术成果基础上完成的情形。但排除后期返还资金的情况或仅使用单位资源对技术方案进行验证、测试的。

在最高人民法院发布的指导案例 158 号中，对于“判断是否属于《专利法实施细则》第十二条第一款第三项规定的“与其在原单位承担的本职工作或者原单位分配的任务有关的发明创造”又提供了进一步的判断标准：“应注重维护原单位、离职员工以及离职员工新任职单位之间的利益平衡，综合考虑以下因素作出认定：一是离职员工在原单位承担的本职工作或原单位分配的任务的具体内容；二是涉案专利的具体情况及其与本职工作或原单位分配的任务的相互关系；三是原单位是否开展了与涉案专利有关的技术研发活动，或者有关的技术是否具有其他合法来源；四是涉案专利（申请）的权利人、发明人能否对专利技术的研发过程或者来源作出合理解释。”

对于“职务发明”的完成时间，根据《专利法实施细则》的规定，如果一项发明是在发明人在其任职时间内完成的，或者是发明人退休、调离原单位后，又或者是劳动、人事关系终止后1年内作出的，一般会被认定为发明的完成时间上与工作任务具有相关性。

4. 国内其他案件的裁判思路

关于员工的发明创造是否属于单位分派的“任务”或与该“任务”相关的衍生工作，法院普遍会围绕发明的完成时间、本单位的认定范围、本职工作的认定标准，以及本职工作与单位任务的相关性等数个方面共同进行分析判断。关于“主要利用法人或者其他组织的物质技术条件”，法院一般不会单独评价某个物质要素，而是综合考虑前述所有要素对涉案发明是否具有实质性影响。

例如，在某精密机械有限公司与某智能科技有限公司、林某等专利权权属纠纷［（2015）浙杭知重字第3号］一案中，法院考虑了单位为涉案专利的研发提供了相应的资金、设备、技术等各方面的支持，或涉案专利属于员工是否为完成单位分配的工作任务所作出的发明创造。法院综合考虑了单位为涉案专利研发的投入是否与“主要利用了物质技术条件”有紧密的关联性。基于这些因素，判断一项发明创造是否属于“职务发明”。

另外，部分案例中涉及涉案专利对单位的“技术成果”进行利用的，则会着重分析该技术成果是否属于未公开的技术成果。从法律所保护的法益来看，一项未公开的技术成果或阶段性技术成果属于单位的“私有资源”，员工利用单位“私有资源”所完成的发明创造如果属于员工个人所有，那么对于单位而言显然不公平。例如，在广州市某喷涂设备有限公司、广州某科技有限公司、叶某专利权权属纠纷［（2020）最高法知民终103号］一案中，最高人民法院认为产品说明书、宣传册等资料属于随产品销售而公开的资料，不属于法律所规定的“不对外公开的技术资料”。此处，法院着重考量了科研人员所参考的单位“技术成果”是否属于已公开的技术成果。

5. 启示与建议

对于涉案发明与本职工作的相关性，法律法规没有明确的量化标准用以判断一项创造发明究竟要达到什么样的程度才算与员工的本职工作内容密切相关。在这一点上，主要应考虑涉案发明所涉及的技术领域与单位从事或交付的工作任务是否属于同一或相关联的技术领域。如属于同一领域，极有可能被判定为属于职务发明。

非职务发明与非职务作品

实际问题：员工的哪类发明创造不应归属于单位？

由于员工和所在单位之间存在特定的雇佣关系，法律对于员工在单位工作期间所作出的发明创造规定了职务发明创造的概念。那么，职务发明创造的认定标准是什么？员工就职前完成的发明创造，在就职后才申请专利，专利权应归属于单位还是该员工？

◎涉及法条

《中华人民共和国专利法》（2000 年修正）第六条

《中华人民共和国专利法》于 2020 年修改，第六条原有内容保留，但新增了单位可自由处置职务发明创造的归属的规定。

《中华人民共和国专利法实施细则》（2001 年实施）第十一条

《中华人民共和国专利法实施细则》（2010 年修正）将原第十一条重新编号为第十二条，并且修改了离职一年内做出发明创造的规定。

◎虚拟情境

Z 工程师退休后孜孜不倦，继续进行研发活动，并成立了 S 公司，作为 S 公司的法人代表。其间，Z 工程师继而以自己的名义申请了某专利并自掏腰包续费，该专利的归属是 Z 工程师本人，还是 S 公司呢？

张某与范某发明专利权权属纠纷上诉案

（2011）高民终字第 4318 号

裁判法院：北京市高级人民法院

裁判时间：2012 年 6 月 20 日

关键词：发明专利/职务发明/物质技术条件

案件摘要

被告范某作为股东在担任S公司法定代表人期间，以个人名义申请了一项发明专利。原告也系该公司股东，8年后主张涉案专利系利用该公司物质技术条件完成的职务发明。依照《专利法》第六条之规定，一审法院认定被告的发明专利是职务发明，但二审法院认定涉案技术方案是被告范某在入职公司前完成的，该公司没有为涉案专利的研发提供物质技术条件，因此该专利权属于被告范某所有。

裁判要点

单位主张其员工作出的发明创造属于职务发明，应当举证证明该发明创造属于执行本单位任务所完成的，或者主要利用单位的物质技术条件完成。

专利申请费和年费是否由单位交纳并不影响专利权利归属的判断。

争议焦点

张某的专利是否主要利用S公司的物质技术条件而完成，从而构成职务发明创造。

基本案情

张某于2000年5月退休，退休前在H工程研究所从事航天服设计工作。

2000年初，H工程研究所和N公司合作开发研制防弹头盔，张某担任研制任务组组长。在研制过程中，张某提出了无孔防弹头盔的结构方案，但N公司认为该方案穿绳复杂、绳扣易断、装修不便等，有研制风险，故放弃该方案。相关信息由声称为H工程研究所原总工程师杨某通过书面表示。

2001年11月，S公司成立，公司股东为范某及张某二人，法定代表人为张某。2002年5月20日，张某申请了名称为“全效防弹防护头盔”发明专利（涉案专利）。

该专利授权公告的权利要求如下：

1. 一种全效防弹防护头盔，是由盔壳、盔顶悬挂系统、下颏带组成，盔壳为结构完整的无孔盔壳，盔壳内部壁面上设有多个扣套，头盔悬挂系统和下颏带的连接带通过此扣套与盔壳连接；其特征是：当盔壳是全部为非金属材料或外面为金属材料里面为非金属材料复合制成时，所述扣套是一体成型在盔壳内壁上，该扣套由四根围成四方形的绳套组成。……

关于研发过程，S公司员工郭某与杨某表示："悬挂系统刚开始想用在盔壳上打孔固定的方法，但实际操作时普通钻头强度低，钻孔带丝、鼓包。张某提出用单面削刀，过后又无法实现，后来才决定采用盔壳缝绳的方法。经过试验，一根绳断了，其他的绳也会被带出，试验多次失败。后来经过大家探讨，在每根绳的两端打结，即使一根绳断了，也不会带出其他的绳扣，这才初步确定绳套的缝制方法。"

中国兵器工业防弹器材质量监督检测中心出具的《检测报告》显示，涉案专利中的头盔于2002年4月16日通过防弹性能的测试。

2007年5月2日，涉案专利获得授权，专利权人为张某。

2009年6月，S公司进行了工商变更登记，张某为公司的法定代表人，范某为公司监事。

2010年8月，范某起诉主张涉案专利权是利用S公司的物质技术条件完成的，该专利权应归S公司所有。

诉讼请求

一审中，原告范某请求判令专利号为ZL02828895.5，名称为"全效防弹防护头盔"发明专利（以下简称"涉案专利"）归S公司所有。

二审中，上诉人张某请求撤销原审判决，驳回范某原审诉讼请求。

与案例相关的其他重要内容

裁判经过与结果

案件经过北京市第一中级人民法院、北京市高级人民法院两级法院审理结案。

一审北京市第一中级人民法院［（2010）一中民初字第 14178 号］民事判决判令专利号为 ZL02828895.5、名称为“全效防弹防护头盔”的发明专利权归 S 公司所有。

二审北京市高级人民法院作出［（2011）高民终字第 4318 号］判决：

一、撤销北京市第一中级人民法院［（2010）一中民初字第 14178 号］民事判决；

二、驳回范某的全部诉讼请求。

法院裁判理由

◎原告主张

范某向法院提交了 S 公司的现金日记账、银行存款日记账、固定资产明细账、库存材料明细账以及 S 公司购置的液压机、织布机及原材料照片等证据，用以证明涉案专利主要是利用该单位的物质技术条件所完成的。

◎被告观点

张某提出抗辩，于 2000 年即提出了研制无孔防弹头盔的方案，在 S 公司成立前已研发成功涉案专利。

庭审中，张某最初认可涉案专利 2010 年以前的专利申请费和年费均由 S 公司支付，其后又主张其中很大一部分是由自己交纳的。

◎一审法院观点

涉案专利的申请日晚于范某与张某共同成立第三人 S 公司的时间。张某主张其于公司成立前的 2000 年即提出了研制无孔防弹头盔的方案仅有一份书面证言（杨某）。同时，张某也未对其为何于 2000 年即研发成功、却迟于 2002 年才申请涉案专利给出合理解释。而且，即便张某主张的前述事实确实存在，但一方面，由于张某并未提交任何可以证明前述技术方案内容的证据，法院无法确定前述方案与涉案专利确为同一技术方案；另一方面，张某提供的书面证言中也声称其 2000 年无孔防弹头盔方案在绳扣连接方面存在明显技术缺陷，该证言可以印证原告一方的证人（郭某与杨某）关于防弹头盔在研发期间，其最初的绳扣连接方案存在明显问题的证言。因此，张某关于其在 S 公司成立前即已研发成功涉案专利的抗辩理由明显不能成立。

张某称2010年以前的专利申请费和年费中很大一部分是由自己交纳的，但并未就此提交任何证据。原告提交的公司账簿、实物照片和证人证言等证据可以初步证实S公司为涉案专利的研发生产进行了资金和人员设备的投入，而被告并未提交任何证据证明其个人就涉案专利的研发支出过费用。法院认为，综合上述证据及当事人的相关陈述，可以确定涉案专利主要是张某利用S公司的物质技术条件所完成的发明创造，依法应被认定为职务发明创造，其专利权人依法应被确定为S公司。

◎上诉人（被告）的上诉理由

张某主要有两点上诉理由。

第一，张某早在2000年即已提出“无孔防弹头盔”的技术方案并获得专家的好评，2002年5月向国家知识产权局申报涉案专利是和范某一同前往的，而非私自决定以个人名义申报。

第二，张某在其原单位即已提出涉案专利的技术方案。2000年5月张某退休，2001年11月与范某成立S公司开始实施该技术方案，如果没有成熟的技术方案，就不可能在一年左右的时间里成立公司实施技术方案。范某一方提供的证人和证据均不能证明涉案专利的技术方案是利用S公司的物质技术条件完成的。

◎二审法院新查明的事实

法院查明，2001年11月S公司成立后至2002年7月涉案专利申请，S公司仅支出过一项科研或研发费用，而且还与涉案专利无关。

2008年12月11日，J国际会计师事务所有限公司对S公司进行审计后，出具了《专项审计报告》。该报告附有S公司编制且经张某签字确认的2005—2007年度研究开发费用结构明细表，其中2005—2006年为涉案专利投入研发费用21万元。

张某一方的证人陈某出庭。陈某作证称，张某退休前在H工程研究所从事航天服设计工作，2000年初曾受委派代表该研究所与N公司合作开发研制防弹头盔并担任研制任务组组长。在研制过程中，张某提出了无孔防弹头盔的结构方案，涉案专利的技术方案是在前述方案的基础上总结得出的。

◎二审法院对法条的援引、解释与适用

《专利法》第六条规定：执行本单位的任务或者主要是利用本单位的物质技术条件所完成的发明创造为职务发明创造。职务发明创造申请专利的权利属于该单位；申请被批准后，该单位为专利权人。

范某在该案中主张涉案专利系利用S公司物质技术条件完成的职务发明，应当对此主张承担相应的举证责任。从范某向法院提交的证据可以看出，2001年11月S公司成立后至2002年7月涉案专利申请后，S公司从未支出过科研或研发费用。

郭某和杨某的证言关于绳套的技术方案在涉案专利中并不存在。

《专项审计报告》中所列举涉案专利的研发费用发生在2005—2006年，而涉案专利是2002年5月提出申请的，不能根据《专项审计报告》证明涉案专利在研发过程中利用了S公司的物质技术条件。因此范某向法院提供的证据无法证明涉案专利为职务发明。

另外，涉案专利的申请费和年费是否由S公司交纳并不影响专利权利归属的判断。

涉案专利在申请时由范某和张某共同商定并最终以张某个人名义申请，陈某的证言称张某在2000年退休前已经完成涉案专利技术方案等情况，亦可佐证涉案专利并非职务发明。

原审法院认定涉案专利为职务发明属于认定事实错误，二审法院对此予以纠正。张某关于原审法院认定涉案专利系张某利用S公司物质技术条件完成的职务发明属于认定事实错误的上诉主张成立，二审法院予以支持。

案例注释与解析

1. 对于选取案例的说明

在专利权属纠纷案件中，大部分都涉及职务发明创造，尤以员工离职一年内作出的发明创造为甚。这类案件往往是该员工的原单位起诉其新单位，主张该离职员工为发明人的专利（申请）属于职务发明创造，因此权属应归于原单位。如果应用到该案，应该是张某的原单位H工程研究所起诉张某；但截至涉案专利的申请日，张某已经退休超过一年。该案的情形是新单位的股东起诉离职员工，主张离职员工的发明创造属于新单位的职务发明创造，并且是基于主要利用单位的物质技术条件完成的职务发明创造，具有一定的代表性。

另外，该案也给出了就如何认定“主要利用单位的物质技术条件”的一种判断标准，即主要涉及研发费用的使用。由此，科研单位或科研人员在经费使用和记录留档方面也能从该案中汲取经验。

2. 职务发明创造的认定标准是什么？

职务发明创造主要包括两类：一是执行本单位的任务所完成的发明创造，二是主要利用本单位的物质技术条件完成的发明创造。

其中第一类包括以下几种情况：①在本职工作中作出的发明创造，应当看工作职责范围、具体工作内容等是否与发明创造的研发存在关联；②履行本单位交付的本职工作之外任务作出的发明创造；③退休、调离原单位后或者劳动、人事关系终止后 1 年内作出的，与其在原单位承担的本职工作或者原单位分配的任务有关的发明创造。

对于第二类“主要利用本单位的物质技术条件”，需考虑员工在研发过程中，是否利用了本单位的资金、设备、零部件、原材料或不对外公开的技术资料等。其中，“主要”并没有量化的标准，而是基于对物质技术条件的利用是否是完成发明创造所不可缺少的或不可替代的来进行判断。

该案中法院认定不构成职务发明创造的主要原因是原告证据表明在涉案专利申请之前，S 公司研发费用只有一项，并且与涉案专利还无关。也就是说，该案主要是从使用单位资金的角度来确定是否主要利用了本单位的物质技术条件。当然，设备、零部件、原材料或不对外公开的技术资料也是重要的物质技术条件。但是，涉案专利的申请费和年费并不属于职务发明创造中需要考虑的物质技术条件。

3. 应该如何避免和应对员工与所在单位的发明权属纠纷？

为避免纠纷，现在大部分单位都会在员工入职时，通过劳动合同对员工在职期间所作出发明创造的归属作出约定。在此基础上，对于每个研发项目，从立项到中期汇报到终期结题，单位可以在 OA 管理软件中形成记录。对于将要离职的员工，单位可提前将其调离原来的研发岗位，避免其接触单位最新的研发项目，并在离职时要求返还所有相关技术文件，或者利用竞业限制条款禁止其利用单位的技术继续进行研发。

此外，职务发明创造定义中“单位”的含义也比较宽泛，除了惯常理解的与员工建立劳动关系的单位，还包括员工仅是退休返聘、借调、实习、兼职等情形下形成劳务关系的单位。这些所谓“非正式员工”在职作出的发明创造，也是职务发明创造。

《专利法》（2020 年修正）第六条新增加条款：该单位可以依法处置其职务发明创造申请专利的权利和专利权，促进相关发明创造的实施和运用。也就是说，即使是员工作出的职务发明创造，单位也可以决定是否将其权属归于员工，从而刺激员工将其专利产业化的积极性。而此处的“单位”立法目的本就是针对高校和研究机构这类科研单位的。

《专利法》（2020 年修正）第十五条进一步规定，国家鼓励被授予专利权的单位实行产权激励，采取股权、期权、分红等方式，使发明人或者设计人合理分享创新收益。因此，诸如科研人员之类的发明人虽然对已作出的职务发明创造不享有专利权，但法律仍赋予了职务发明人以各种方式获取创新收益的权利。

（二）委托合作开发

实际问题：委托开发时，签署技术服务合同的受托科研单位享有哪些权利？

科研单位在以技术知识为其他单位解决特定技术问题时，通常会与委托单位签订《技术服务合同》。在履行这类合同中，科研工作者所在的科研单位作为技术服务合同受托人，对所产生的技术成果享有哪些权利？

◎涉及法条

《中华人民共和国合同法》（1999 年施行）第三百三十条第一款、第三百三十九条第一款和第三百五十六条第二款

《中华人民共和国合同法》第三百三十条第一款、第三百三十九条第一款和第三百五十六条第二款现均已失效，已被收入《中华人民共和国民法典》第八百五十一条第一款、第八百五十九条第一款和第八百七十八条第二款，内容均基本一致。

◎虚拟情境

H 公司与 E 大学进行研发合作。合作开展后，主要由 H 公司的研发工作贡献出了某项专利成果。此时，合作双方谁对于这项专利成果可以主张权利？

H公司与D大学专利申请权纠纷

（2002）沪高民三（知）终字第16号

裁判法院：上海市高级人民法院

裁判时间：2002年3月6日

关键词：委托开发/专利申请权/技术服务合同

案件摘要

原告H公司与被告D大学签订了一份《技术服务合同》，委托被告对某技术方案进行可行性研究。原告将在该《技术服务合同》履行过程中产生的技术成果向国家知识产权局申请了发明专利。原告主张涉案专利的技术方案是其独自开发，因此专利申请权归其独有。法院认为，所述《技术服务合同》的性质属于委托开发合同，其中双方没有约定技术成果的归属，依照《合同法》第三百三十九条第一款之规定，申请专利的权利属于研究开发人，因此被告对涉案专利申请享有专利申请权。

裁判要点

当技术合同的名称与合同约定的权利义务关系不一致时，应当按照合同约定的权利义务内容来确定合同的性质。委托开发中，委托开发完成的发明创造，除当事人另有约定的以外，申请专利的权利属于研究开发人。

争议焦点

原告与被告之间的《技术服务合同》是技术服务合同还是委托开发合同。

基本案情

1999年10月28日，原告H公司为委托方（甲方）与被告D大学为服务方（乙方）签订了一份《技术服务合同》，在服务内容、方式和要求项下约定："本合同主要对以造纸废浆为填充料在塑料中的利用的可行性进行研究。主要内容：（一）以造纸废浆为填充料选用有关适宜的树脂品种（热塑性树脂、热固性树脂)；（二）研究出有关聚合物材料的配方；（三）开发出聚合物成材（型）加工工艺；（四）评价研究开发出聚合物材料性能（力学、电学、化学等性能）。合同完成后提供可行性报告，内容主要有：（一）以造纸废浆为填充料，所选用的聚合物成材可行性；（二）提供有关热塑性和热固性聚合物成材的配方；（三）提供有关热塑性和热固性聚合物材料成型加工工艺及工艺参数；（四）提供热塑性热固性聚合物材料性能的测试报告。”在工作条件和协议事项一栏内约定：“（1）甲方出资试验，提供造纸废浆，配合协助外协工作；（2）乙方负责技术开发，材料加工成型研究，并向甲方提供可行性报告……”该合同的履行期限自 1999 年 11 月 1 日至 2000 年 6 月 30 日，约定的项目服务费为人民币 8 万元。

2000 年 7 月，被告向原告交付了名为《造纸废浆在塑料中利用的研究》的报告。《技术服务合同》约定的服务费人民币 8 万元，H 公司也已如数付清。

2000 年 8 月 22 日，被告向国家知识产权局申请名为“造纸废浆污泥纤维复合填充剂及其在塑料制备中的应用”的发明专利，申请号为 CN00119681. 2。该申请于 2001 年 2 月 7 日公开，其权利要求 1 的内容为：“一种造纸废浆污泥纤维复合填充剂，其特征在于是这样制备的（1）干燥：在干燥器对造纸废浆污泥进行干燥，干燥器进风温度为 600℃—800℃，出风温度在 70℃—120℃，干燥后造纸废浆污泥含水量以重量百分比计为 7%—16%；（2）细化：将步骤（1）所获得的造纸废浆污泥干燥物粉碎，将其细化成 50－300 目的纤维细粉，即得纤维复合填充剂。”权利要求 2 的表述为：“如权利要求 1 所述的造纸废浆污泥再生纤维填充剂，其特征在于，将步骤（2）所得的纤维细粉与处理剂均匀混合，即得经过表面改性处理纤维复合填充剂。”该发明专利申请的摘要中写道：“本发明提供了一种造纸废浆污泥纤维复合填充剂及其在塑料制备中的应用。本发明将造纸废浆污泥通过干燥、细化、表面改性等预处理过程，使之成为干燥的有一定细度的有机和无机复合的、纤维与粉状复合的复合填充剂，该复合填充剂可以作为塑料的填料，使废物资源得到充分的利用，且消除了造纸污泥对环境的污染。”

原告认为，该专利申请的技术方案是其独自研究发明的，遂于 2001 年 7 月 18 日提起诉讼，请求确认诉争专利申请权归原告独有。

诉讼请求

一审中，原告 H 公司请求确认系争发明的专利申请权归其独有，并由被告承担原告因诉讼所花费的合理费用。

二审中，上诉人 H 公司请求撤销原判，重新审理，确认系争专利申请权归上诉人独有，一审、二审诉讼费及因诉讼产生的合理费用由 D 大学承担。

与案例相关的其他重要内容

裁判经过与结果

案件经过上海市第一中级人民法院和上海市高级人民法院两级法院终审结案。

一审上海市第一中级人民法院作出［（2001）沪一中知初字第 116 号］民事判决，判决驳回 H 公司的诉讼请求。H 公司不服，向上海市高级人民法院上诉。

二审上海市高级人民法院作出［（2002）沪高民三（知）终字第 16 号］判决，判决驳回上诉，维持原判。

法院裁判理由

◎一审法院的观点

原告、被告双方于 1999 年 9 月 28 日签订的《技术服务合同》的性质属于委托开发合同，委托人为原告，研究开发人为被告。依照《合同法》第三百三十条、第三百五十六条、第三百三十九条，由于该合同中没有约定发明创造的权利归属，故申请专利的权利属于研究开发人，被告对研究开发的成果享有申请专利的权利。[1] 原告对要求确认系争发明专利的申请权归其独有的主张没有提供充分的依据。

◎原告（上诉人）上诉理由

H 公司不服一审判决提起上诉。其上诉的主要理由是：①系争申请专

[1] 从原告、被告双方签订的《技术服务合同》内容来看，其是针对造纸废浆为填充料在塑料中的利用进行综合研究开发，是涉及塑料填充料的一种新材料研究开发所订立的合同，合同性质属于委托开发。合同签订后，被告交付了研究开发报告，并以研究开发的技术成果申请专利，因此该合同性质不是以传递技术知识为特征的技术服务合同。由于该合同中没有约定发明创造的权利归属，故申请专利的权利属于研究开发人，被告对研究开发的成果享有申请专利的权利。参见上海市第一中级人民法院（2001）沪一中知初字第 116 号判决书。

利的技术方案是造纸废浆污泥纤维复合填充剂的制备方法，包括干燥和细化两步工艺，这是H公司独自研究发明的；②在被上诉人交付研究报告之前上诉人已完成该技术方案并用于塑料中；③《技术服务合同》的内容与系争申请专利的技术方案是完全不同的，两者毫不相干；④原审判决采用证据以偏概全，引用合同法的有关规定不当。

为此，请求撤销原判，重新审理，确认系争专利申请权归上诉人独有。

◎被告（被上诉人）答辩

被上诉人D大学答辩称，原审判决认定事实清楚，适用法律正确，应维持原审判决。

◎二审法院的观点

二审法院认为，当事人对自己提出的主张，应提供充分的证据予以证明。上诉人虽称该案系争申请专利的申请权归其独有，但未能提供充分的证据予以证明。

1. 回应上诉理由①和②

上诉人始终未能提供自己研究开发的有关原始资料、相关数据等充分证据。从上诉人所称确认系争专利申请权属关键的三份证据来看，这些证据均是其他单位出具的证明，内容也仅说明上诉人单位的有关人员进行过相关的实验并得到这些单位提供的技术参数等帮助，并不能反映上诉人独自研究开发完成了系争技术方案的确切情况。

且上诉人认为研究报告中的有关内容与系争申请专利的内容是一致的。但该研究报告封面明确注有D大学材料工程学院以及项目完成人为被上诉人单位3名职工的姓名等内容。上诉人接受该研究报告后并未提出异议。上诉人提供的其他证据也不能充分证明系争技术为上诉人独自研究开发完成的事实。因此，上诉人的这一上诉理由缺乏事实依据，不能成立。

2. 回应上诉理由③

经查，该合同中未将造纸废浆污泥纤维复合填充剂的制备方法与填充剂在塑料中的应用两者严格区分开来。被上诉人交付的研究报告中也包含干燥、粉碎等与系争申请专利相同的技术内容。且上诉人一再称自己按照该合同向被上诉人提供了有关技术资料，而被上诉人擅自将这些技术申请了专利。因此，该合同的内容与系争申请专利的技术方案有一定联系。上诉人这一上诉理由与事实不符，不能成立。

3. 回应上诉理由④

经查，一审判决采用证据并无不当，有关证据的认定也未违反最高人民法院的有关规定。该案纠纷的前提是技术权益的归属问题，原审判决适用《合同法》的有关条款也无不当。上诉人的这一上诉理由也不能成立。

案例注释与解析

1. 对于选取案例的说明

该案中涉及的问题对于科研单位或科研工作者应该非常常见，因为横向课题是科研工作者经费来源的重要组成部分；而在今天倡导“产学研”的大环境下，与外部企业合作的情形更加普遍。这类合作开始的第一步便是签署合同，科研工作者有时会自己起草合同，有时在网上下载合同模板的基础上稍作修改即用。这类合同往往缺乏设计周全的条款约定，因此一旦发生纠纷，由于缺乏事先约定，便不得不按法律规定进行解释。而且，有些合作事项可能是包括技术开发、技术咨询和技术服务在内的综合型事项，合同名称确定为其中任一类型都概括不全。该案正是这种情形。

另外，即使合同已明确为委托开发合同，就该合同项下产生的发明创造的权利归属纠纷也普遍存在。

2. 委托开发中申请专利的权利如何确定？

委托开发完成的发明创造，除法律另有规定或者当事人另有约定外，申请专利的权利属于研究开发人。研究开发人取得专利权的，委托人可以依法实施该专利。

3. 技术合同的性质如何确定？

按照《民法典》的规定，技术合同按类型包括技术开发（委托开发和合作开发）、技术转让、技术许可、技术咨询和技术服务的合同。科学技术部曾专门出台《技术合同认定规则》，其中罗列了这些类型的技术合同各自包括的情形。比如第二十一条规定了技术开发合同的认定条件，第二十三条和第二十四条分别规定了属于和不属于技术开发合同的情形；第四十条规定了技术服务合同的认定条件，第四十一条和第四十二条分别规定了属于和不属于技术服务合同的情形。

虽然《技术合同认定规则》为科研工作者签订合同类型提供了参考，但如上所述，有时与企业技术合作的情形比较综合，可能同时涉及开发、咨询和服务。此时，不妨将合同称为“技术合作合同”，而在具体的合同条款中一定要明确具体的合作事项、双方各自的工作内容或权责分配。如果有可能，最好也事先约定该合同项下作出科研成果的归属。

从该案的经验来看，“确定规范一个技术合同应当适用的法律，首先要判断该合同的性质。而判断技术合同的性质不仅要看合同的名称，更重要的是看合同约定的权利义务内容。当技术合同的名称与合同约定的权利义务关系不一致时，应当按照合同约定的权利义务内容来确定合同的性质。”❶

4. 国内类案对比分析

最近，最高人民法院的判决依旧遵循该案的审判思路，即先根据技术合同约定的权利义务内容来确定合同类型，例如F科技有限公司、H电子科技有限公司专利权权属纠纷案［(2020）最高法知民终1008号］。这是因为最高人民法院《关于审理技术合同纠纷案件适用法律若干问题的解释》第四十二条第一款和第二款规定：“当事人将技术合同和其他合同内容或者将不同类型的技术合同内容订立在一个合同中的，应当根据当事人争议的权利义务内容，确定案件的性质和案由。技术合同名称与约定的权利义务关系不一致的，应当按照约定的权利义务内容，确定合同的类型和案由。”这主要是法院确定案件性质和案由的需要。合同类型一旦被确定，的确方便了判断相应技术成果的归属，因为法律上对各类型技术合同涉及的技术成果都作出了原则上的权属规定。

5. 启示与建议

无论是委托开发合同还是技术服务合同，如果双方没有事先约定，受托人完成的技术成果，一般都属于受托人，即作出技术成果的一方。法律的这一规定偏向于科研机构或科技工作者，因此在签订这类合同时，如果对方没有提出权属要求，科研机构或科技工作者也就不用提，只需妥善保留好技术成果作出过程中的原始记录即可。

如果科研工作者希望将委托开发完成的发明创造控制在自己手中，就可以在委托开发合同中明确约定这一点，或者尽可能保留作出发明创造的原始资料和数

---

❶ 上海市第一中级人民法院［(2001）沪一中知初字第116号］判决书。

据等，以便在发生纠纷时能够提供这类的证据。

（三）联合合作开发

实际问题：单位合作开发中发明人享有哪些权利？

专利合作开发是指发明创造由两个以上单位或者个人合作完成的情形。有约定的，申请专利的权利按其约定确定；没有约定的，申请专利的权利属于完成或者共同完成的单位或者个人。那么，各申请人的署名顺序是否会影响他们在专利权中的权益分配？发明人在单位合作完成的发明创造中享有哪些权利？

合作开发中，科研人员作为发明人往往会利用本单位的物质技术条件进行研究开发，那么科研人员在什么条件下才能也成为专利申请人（或专利权人），而不仅仅是作为发明人署名？

◎涉及法条

《中华人民共和国专利法》（2020年修正）第六条和第八条

《中华人民共和国专利法》第六条于2020年经修改，保留有原有内容，但新增了一句关于明确单位专利申请权与所有权的要求。

《中华人民共和国专利法实施细则》（2010年修正）第十二条

◎虚拟情境

W药师退休后，在家继续从事药剂研发，被原单位A医院看重并返聘。虽然返聘工资极低，但W药师依然继续刻苦从事研发工作，并最终产出相关专利成果。A医院此时正就相关药剂的研发与X公司合作，X公司希望主张W药师所研发成果的专利权，此时，W药师能在其中获得什么权益呢？

王某与A公司专利申请权权属纠纷

（2019）陕01知民初1号

裁判法院：陕西省西安市中级人民法院

裁判时间：2019年12月2日

关键词：专利申请权/职务发明创造/投入资金/物质技术条件

案件摘要

原告王某系某医院药师，退休前至退休返聘后一直从事涉案药剂的研发，主张自己对医院与被告药厂合作项目产生的技术成果享有专利申请权。法院认为，根据《专利法》第六条的规定，原告与该医院系职务关系，其虽为涉案专利申请的发明人，但双方未对涉案发明创造的专利申请权及专利权归属作出明确约定，故涉案两项发明创造属于职务发明创造，专利申请权归医院与被告药厂共同享有，原告对此不享有申请权。

裁判要点

合作开发中，若发明人与其所在单位未对专利申请权和专利权的归属另外作出约定，职务发明创造的专利申请权由其单位享有。

争议焦点

合作开发中的发明人是否享有专利申请权。

基本案情

原告王某退休前系第三人 K 大学一附院药剂科主任药师，1998 年 4 月开始负责相关新药研发。2009 年 12 月退休后被返聘继续负责科研工作。经过近 20 年的研发，其除使用第三人试验研究平台外，还在退休后个人筹集资金继续进行后续研发工作，终将中药新药“归延胶囊”研制成功并应用于临床。

被告 A 公司与第三人 K 大学一附院于 2005 年 2 月 3 日签订《合作开展药物研发合同书》（以下简称“研发合同”），约定了技术内容、保密要求、责任与权利、项目研发成果收益分配等事项。

研发合同约定双方合作对 K 大学一附院开展的气津 8 号（归延胶囊）、益脾胶囊、前列活血消肿贴等研究项目进行合作研发。研发合同第九条约定，技术成果的生产权、销售权归乙方 A 公司，技术成果的知识产权归双方共有。第十条约定，在甲方 K 大学一附院前期的研究基础上，A 公司总投入 50 万元，根据项目研究进展于 5 年分次支付，首期 15 万元在协议签订后 2 周内支付。

2017 年 12 月 5 日，原告王某向被告 A 公司发送了研制“归延胶囊”的核心技术（一种用于治疗缺血性中风的中药组合物、中药制剂以及应用）和制备工艺（一种用于分离纯化中药提取物的吸附剂组合物及中药提取物的纯化方法）该两项专利申请的权利要求书。

2018 年 3 月 22 日，被告 A 公司单方向国家知识产权局提出申请号分别为

CN201810240724.1（名称为“一种用于治疗缺血性中风的中药组合物、中药制剂以及应用”）和CN201810242239.8（名称为“一种用于分离纯化中药提取物的吸附剂组合物及中药提取物的纯化方法”）的两项发明专利申请，发明人均载明有原告王某。

2019年6月12日，原告王某向国家知识产权局提出中止上述两项专利申请程序。国家知识产权局经审查后，作出《中止程序请求审批通知书》，载明：“自2019年6月12日至2020年6月12日中止该专利申请或专利的有关程序。”

诉讼请求

请求依法确认原告王某和第三人K大学一附院共同享有被告A公司在国家知识产权局申请的“一种用于治疗缺血性中风的中药组合物、中药制剂以及应用”和“一种用于分离纯化中药提取物的吸附剂组合物及中药提取物的纯化方法”发明专利第一申请人的申请权，诉讼费由被告承担。

与案例相关的其他重要内容

裁判经过与结果

案件经过陕西省西安市中级人民法院一审审理结案。

一审陕西省西安市中级人民法院［（2019）陕01知民初1号］民事判决驳回原告王某的全部诉讼请求，第三人K大学一附院与被告A公司共同享有涉案发明专利的申请权。

法院裁判理由

◎原告观点

原告王某认为，整个研发过程证明，该发明专利申请是原告和第三人K大学一附院的科研成果，被告A公司在合作中从事辅助工作。所有“归延胶囊”的研究经费与该案所涉两项发明专利的原创工作及其原研究经费均由其课题组自筹经费，试验研究室平台均在第三人K大学一附院处完成。王某与第三人K大学一附院是科技成果的发明创造者和投资实施人，理应享有新药的配方中药组合物、中药制剂和应用，以及制备工艺方法等知识产权，依法享有该两项专利第一申请权。

◎被告观点

被告A公司对第三人K大学一附院的诉讼请求辩称，第三人主张其作为两项发明专利第一申请人的诉讼请求，既不符合双方合同约定，也无法律依据。按照双方合同约定，其与第三人应为共同申请人，其愿意按照合同约定来执行。

◎法院对法条的援引、解释与适用

《专利法》第六条规定："执行本单位的任务或者主要是利用本单位的物质技术条件所完成的发明创造为职务发明创造。职务发明创造申请专利的权利属于该单位；申请被批准后，该单位为专利权人。……利用本单位的物质技术条件所完成的发明创造，单位与发明人或者设计人订有合同，对申请专利的权利和专利权的归属作出约定的，从其约定。"《专利法实施细则》第十二条第二款规定："专利法第六条所称本单位，包括临时工作单位；专利法第六条所称本单位的物质技术条件，是指本单位的资金、设备、零部件、原材料或者不对外公开的技术资料等。"

该案中，原告王某虽为涉案药剂专利的发明人，但原告与第三人K大学一附院并未对涉案药剂发明的专利申请权及专利权归属作出明确约定。由于原告所从事的药物研发具有一定的延续性，原告在退休前就从事涉案中药制剂的研发工作多年，退休后即被返聘继续从事原有项目的研发工作。因此，原告虽已退休，但未离开其原有工作岗位，仍利用第三人提供的科研平台在原有技术成果基础上继续履行工作职责。

虽然原告对研发项目可能投入了自有资金，但是就整个药物研发来看，其主要还是利用了第三人提供的物质技术条件完成了发明成果。故涉案两项发明创造属于职务发明创造，其专利申请权归第三人享有，原告对此不享有申请权。被告A公司依据其与第三人签订的研发合同对涉案两项专利向国家知识产权局提出申请，并未侵犯原告权利。如果原告认为其有资金投入，可另行主张，该案不予涉及。

案例注释与解析

1. 对于选取案例的说明

该案所反映的实际问题普遍存在。对于离职员工与退休返聘人员，比较难以理解其科研成果是否构成职务发明创造，个人享有怎样的权利。

该案原告王某对涉案专利投入了大量心血，甚至可能没有他的参与研发，涉案发明创造就可能做不出来。对于这类核心技术人员，如果他们希望为自己争取更多经济利益，可以预先与单位对将来作出的发明创造的归属作出单独规定。否则，由于职务发明创造涵盖的范围较宽，其科研成果很容易被认定为职务发明创造，因为职务发明创造中的“本单位”按规定包括临时工作单位。

2. 合作开发中专利申请权与专利（所有）权如何规定？

（1）一般而言，两个以上的单位或个人如果合作完成一个发明，专利申请权由双方合同约定，如果没有约定，则双方享有共同申请专利的权利；申请获得专利权以后，专利权属于合作方共有。

合作方可以通过协商一致的方式来行使专利权。如果协商不能达到一致，任何一个专利权人都可以单独实施或者许可他人使用，当然这种许可只能是普通许可，不能是排他许可或独占许可，许可收取的使用费应该在各专利权人之间合理分配。除这两种情形外，行使共有的专利申请权或者专利权应当取得全体共有人的同意。

（2）如果合作开发中一方要申请专利，另一方反对，这个时候不能申请专利，只能采取技术秘密的方式来进行保护。

（3）如果合作开发中一方主张申请专利，而另一方放弃申请专利的权利，此时主张申请专利的一方可以单独提出申请。当主张申请专利的一方单独提出的申请以后获得专利权时，另一方有权免费实施该项专利，而不构成侵权。

3. 合作开发中的发明人是否享有专利申请权？

如果发明人与其单位没有约定，则从发明创造是否是执行本单位的任务，或是否是主要利用本单位的物质技术条件而完成的两个角度，确定是否属于职务发明创造。若属于，则发明人个人没有专利申请权。

4. 美国的情况

在美国，发明人享有专利申请权等一切专利相关权利，除非有特殊约定。通过 *Burroughs Wellcome Co. v. Barr Lab.*，*Inc.*（40 F. 3d 1223（Fed. Cir. 1994））一

案可以了解到，合作开发中，无论双方在科研活动过程中创新与投入的程度如何，都不影响他们是未来所产生专利的各项权利的共有者，除非有合同约定研发产生的专利成果归一方所有。

当出现有一方单位的科研人员对相关专利成果主张专利权利时，若该专利成果并不属于职务发明，且该科研人员没有将专利申请权转让给其所在的单位，则其有权独享该专利成果的全部权利。[1] 通常情况下，即使各单位都在科研人员加入时，与其签署初始技术成果转让合同，约定科研人员的全部成果归单位所有，但在后期具体的专利申请中，还是需要对每一项专利申请在单位与科研人员之间进行逐一约定的。

5. 启示与建议

确认一项发明创造是否属于职务发明创造，并不要求发明人与单位之间一定存在劳动关系。然而，形式雇佣是否构成实质雇佣、拥有和实质雇佣一致的法律权利与法律后果往往取决于具体情况。对于退休返聘的科研人员，法律对其科研成果是否属于职务发明创造的认定与对一般职工的科研成果认定并无差异。即使有科研人员出于职业热爱，对科研成果投入了自有资金，但若无法超越职务发明创造所定义的范围，依然不享有对研发成果的专利申请权与专利权，仅享有一定的经济利益。

若科研人员参与的是本单位与第三方合作的项目，研发合同各项目对应的经费约定应明确，且研发人员在研发过程中的每一笔花费报销都应规范到对应的具体项目经费。满足这两项条件，可能证明其发明创造的经费来源与合作单位无关，专利不属于合作双方共有，从而科研人员在该专利中享有更大程度的经济利益。

三、扩大科研成果收益：科研成果转移转化的范围

实际问题：哪些发明成果可以转让？

发明人享有自己研发成果的所有权或专利（申请）权。这是否说明发明人可以任意对外转让自己的科研成果？一般情况下，法律并不会对此有特别的转让

---

[1] *Freedom Wireless*, *Inc. v. Boston Communications Group*, *Inc.* , 220 F. Supp. 2d (2002).

限制。但是，对于涉及药品相关的特殊技术、特殊专利，由于关系到公众用药安全及健康问题，国家相关法律、法规作了特别的规定，以此规范权利人的转让行为，确保受让人的资格、资质、能力，以此保障药品生产的合法、合规性，从而保护社会公众的合法权益。其中，药品相关技术的转让有哪些特殊的限制呢？

◎涉及法条

《中华人民共和国合同法》（1999 年施行）第五十二条第三款和第五十八条

自 2021 年 1 月 1 日《中华人民共和国民法典》实施后，《中华人民共和国合同法》现已全部失效，内容全部归入《中华人民共和国民法典》予以规定。上述第五十二条第三款及第五十八条，分别由《中华人民共和国民法典》第一百四十六条和第一百五十七条进行了调整。

◎虚拟情境

S 公司没有药品生产的部分资质，希望通过与有相关资质的 Y 公司签署技术转让合同，并为形式上符合国家药品管理规定约定股权转让但暗地通过约定股权回购事项的方式来解决相关资质问题。这样的合作策略是否可行呢？

典型案例

S 公司与 Y 公司技术转让合同纠纷

（2020）冀知民终 94 号

裁判法院：河北省高级人民法院

裁判时间：2020 年 7 月 3 日

关键词：药品生产/技术转让/合同效力

案件摘要

原告 S 公司与被告 Y 公司签订了《药品生产技术转让合同》，同时有关股东也签订了股权转让协议及股权回购的《声明书》。法院认为，原告与被告的最终目的是以合同形式，逃避国家关于药品生产法律、行政法规对药品生产者具备相应资质的要求，属于以合法形式掩盖非法目的，《药品生产技术转让合同》应属无效。对《药品生产技术转让合同》的无效，原告与被告承担相同的过错责任，各自承担损失。

裁判要点

合同双方想以虚假股权转让的形式获得相应资质，双方互相串通，一方出卖，一方购买涉案药品生产技术和生产批文，在倒卖活动中作用相当，应当对《药品生产技术转让合同》的无效承担相同的过错责任，各自承担损失。

争议焦点

《药品生产技术转让合同》效力如何。

基本案情

2014 年 5 月 12 日，甲方某 A 公司于2016 年 9 月 2 日变更为 Y 公司，与乙方 S 公司签署《药品生产技术转让合同》。

该合同约定：转让药品生产技术为复方氨酚那敏颗粒等 28 个药品生产所涉及的药品的处方、生产工艺、质量标准等全部资料和技术。上述 28 个药品生产技术及注册生产批文合计转让费为 690 万元人民币。转让方式及转让款支付方式：此次药品生产技术转让以乙方并购甲方股权的形式进行。合同签订后两日内，乙方向甲方支付第一笔转让款 600 万元，合同开始生效。双方着手进行股权变更登记手续，甲方在股权变更登记完成后一个月内完成批准文号的调整变更手续，上述批准文号调整变更当日乙方向甲方支付第二笔转让款 90 万元。甲方指定的接收转让款的银行账户为户名：甲，账号：62 × × ×10，开户行：农行石家庄东岗路支行。

2014 年 5 月 12 日，乙、丙与 S 公司签订了《某 A 公司股权转让协议》（以下简称《股权转让协议》）。《股权转让协议》约定，乙、丙将持有某 A 公司 55% 的股权以 2000 万元人民币的价格转让给 S 公司，S 公司在该协议签订之日起 30 日内向乙、丙付清转让价款。

2014 年 5 月 12 日，S 公司与乙、丙共同再次签订《声明书》，声明如下：双方于 2014 年 5 月 12 日所签《股权转让协议》完全是为了批准文号调整（药品生产技术转让）的需要，双方之间并没有进行股权转让的真实意思表示，双方亦不享有、承担合同中的权利、义务。除受让方 S 公司在批准文号调整完成后（或虽未完成，但双方解除了药品生产技术转让合同）无条件配合出让方乙、丙将股权过户之义务外，双方无须承担任何法律责任。

2014 年 5 月 20 日、21 日，案外人俞某分两次代 S 公司向 Y 公司支付涉案药品生产技术转让款 400 万元、200 万元。

2018 年 4 月 23 日，S 公司向 Y 公司邮寄了关于协商处理《药品生产技术转让合同》的函。2018 年 6 月 7 日，Y 公司向 S 公司回复了《关于协商处理〈药品生产技术转让合同〉的函》。

随后，S 公司认为 Y 公司未履行合同，主张解除合同并由 Y 公司返还 600 万元款项及支付违约金。

诉讼请求

一审 S 公司起诉称：①判令解除 S 公司、Y 公司于 2014 年 5 月 12 日签订的《药品生产技术转让合同》；②Y 公司向 S 公司返还转让款 600 万元；③判令 Y 公司向 S 公司支付违约金 142.6016 万元（以 600 万元为基数，自 2014 年 5 月 12 日起按银行同期贷款利率暂计算至 2018 年 12 月 12 日，实际应计算至实际履行之日止）。

二审上诉人一 S 公司的上诉请求：①依法撤销河北省石家庄中级人民法院［(2019) 冀 01 民初 341 号］民事判决，并改判支持 S 公司的全部诉讼请求；②该案一审、二审的诉讼费由 Y 公司承担。上诉人二 Y 公司的上诉请求：①依法撤销石家庄市中级人民法院［(2019) 冀 01 民初 341 号］民事判决书确定的内容，驳回 S 公司该项诉讼请求；②判令 S 公司承担该案全部诉讼费用。

与案例相关的其他重要内容

裁判经过与结果

案件经过河北省石家庄市中级人民法院、河北省高级人民法院两级法院终审结案。

一审河北省石家庄市中级人民法院作出［(2019) 冀 01 民初 341 号］民事判决，判决解除 S 公司与 Y 公司于 2014 年 5 月 12 日签订的《药品生产技术转让合同》；Y 公司自判决生效之日起 10 日内返还 S 公司转让款

600万元；驳回S公司其他诉讼请求。双方均不服，各自提起上诉。

二审河北省高级人民法院作出［（2020）冀知民终94号］民事判决，判决如下：

一、维持一审判决第二项，即被告河北Y公司有限公司自判决生效之日起10日内返还原告S公司转让款600万元；

二、撤销一审判决第一项、第三项，即“一、解除原告S公司与被告Y公司于2014年5月12日签订的《药品生产技术转让合同》”；

三、驳回原告S公司其他诉讼请求；

四、变更一审判决第一项为S公司与Y公司于2014年5月12日签订的《药品生产技术转让合同》无效；

五、驳回S公司的其他诉讼请求。

法院裁判理由

◎一审法院对法条的援引、解释与适用

一审法院认为：

（1）S公司与Y公司签订的《药品生产技术转让合同》，系双方真实意思表示，不违反法律、行政法规的强制性规定，该合同合法有效。

（2）意思表示真实是民事法律行为生效的要件之一。S公司与Y公司股东乙、丙签订的《股权转让协议》《声明书》表明，双方并未有股权转让的真实意思表示，其签订的《股权转让协议》应属无效协议。

（3）《国家食品药品监督管理局关于做好实施新修订药品生产质量管理规范过程中药品技术转让有关事项的通知》（国食药监注〔2013〕38号）（以下简称“〔2013〕38号文”）第一条第（二）规定：“兼并重组中药品生产企业一方持有另一方50%以上股权或股份的，或者双方均为同一企业控股50%以上股权或股份的药品生产企业，双方可以进行药品技术转让。”

该案S公司为了受让Y公司在《药品生产技术转让合同》约定的权利，与Y公司法定代表人、股东乙、丙合意采取虚假股权变更登记的方式，以实现受让药品技术权利目的，且S公司、Y公司双方截止该案开庭前仍未进行股权变更登记，致使《药品生产技术转让合同》的合同目的无法实现，符合《合同法》定解除条件。S公司主张解除双方签订的《药品生产技术转让合同》，符合法律规定，予以支持。

（4）《合同法》第九十七条规定，合同解除后，尚未履行的，终止履行；已经履行的，根据履行情况和合同性质，当事人可以要求恢复原状、采取其他补救措施，并有权要求赔偿损失。

该案中，从双方履行合同的实际情况看，S公司已向Y公司支付转让款600万元，S公司、Y公司为实现合同目的签订了虚假的《股权转让协议》且并未有进行股权转让变更登记，S公司主张Y公司返还转让款600万元，符合法律规定，予以支持。

S公司主张Y公司支付违约金142.6016万元，因双方在缔结合同时以虚假的股权变更登记的方式实现受让药品技术权利目的，违反了《民法总则》关于民事主体从事民事活动，应当遵循诚信原则的基本原则要求，双方在合同履行中均有过错，应承担各自的损失，故对该项诉讼请求不予支持。

综上，依照《合同法》第九十四条第四项、第九十七条，《民法通则》第七条作出判决。

◎原告（上诉人一）的上诉理由

原审法院宣判后，原审原告S公司不服，向该院提起上诉。S公司的上诉事实与理由之一是Y公司就案涉技术转让未履行任何义务。

首先，根据双方签订的《药品生产技术转让合同》第三条约定，本次药品生产技术转让以并购股权的形式完成，S公司支付600万元款项，双方进行股权变更手续后，Y公司在一个月内办理药品批准文号的转让。故根据该合同，S公司的主要义务是支付款项，Y公司的主要义务是将药品批准文号转让给S公司，Y公司并未履行上述义务。

其次，Y公司未履行股权变更手续。根据《公司法》第七十三条及《最高人民法院关于适用〈中华人民共和国公司法〉若干问题的规定（三）》第二十三条的规定，公司应向新股东发放出资证明书并修改股东名册中有关股东及其出资额的记载；根据《公司法》第三十二条及第一百七十九条的规定，目标公司应将股东的姓名或名册向登记机关办理变更登记；根据《公司登记管理条例》第二十七条的规定，标的公司的各项登记事务（包括设立、变更、注销等）均应由标的公司负责，在具体办理变更登记时，应由标的公司法定代表人签署申请书并提交相关文件。

最后，Y公司并未履行案涉技术的转出手续。根据〔2013〕38号文、国家食品药品监管总局办公厅关于实施新修订药品生产质量管理规范过程中药品技术转让工作有关要求的通知（食药监办药化管〔2013〕101号）（以下简称“〔2013〕101号文”）文件及《江苏省药品技术转让工作程序》等相关规定，为达到S公司受让案涉药品生产技术之合同目的，Y公司应向河北省药监局提交《药品生产技术转出申请表》《注销药品批准文号申请书》等相关材料后，再将河北省药监局出具的《核准意见表》及规定的相关资料交付给S公司，最后由S公司将Y公司交付的资料及《药品补充申请表》等全部资料提交江苏省药监局，申请药品生产技术的补充申请。

该案中，Y公司作为转出方，涉案药品技术应先经过其所在地省级药监局核准，S公司作为转入方，只是提出药品技术转让的补充申请，Y公司未向河北省药监局提出转出申请，故也未将包括河北省药监局同意涉案药品转出的《核准意见表》在内的药品转让所需要的相关材料交付S公司。

◎被告（上诉人二）的上诉理由与辩解

1. 对S公司上诉理由的辩解

Y公司与S公司于2014年5月12日签订技术转让合同后，按照合同约定应当去工商机关办理股权变更登记。但S公司迟迟不来办理，也不提供办理变更登记所需要的文件。原因是当时S公司没有能够生产药品的车间厂房及GMP认证。虽经Y公司多次催促，但S公司均以种种理由不予配合，直至2018年，S公司在Y公司的催促下前来协商洽谈。由于S公司迟迟不建厂房及GMP认证，迟迟没有办理技术转出的相关手续。

2015年，Y公司又投入资金建设车间，对相关转出技术进行重新注册登记，有了新的投入，双方就新的投入补偿问题产生了争议。

签订技术转让合同后，按照〔2013〕38号文已经停止了所有生产，双方之间的技术转让合同即使按照现有的法律规定，依然能够得到实际履行并能实现合同目的。Y 公司与 S 公司的合同是依据〔2013〕38 号文的相关规定签订，约定双方通过股权转让的形式实施技术转让，完全是按照〔2013〕38 号文规定的可申请药品技术转让的相关要求实施的。

双方技术转让后的股权回购，只是双方的一种经营行为，符合《公司法》的规定及相关法律规定，并不违反法律强制性规定，该行为便于企业更好地盘活资产，是一种企业的自主经营行为，并未损害社会及任何第三人的利益，对该行为的合法性应当予以确认。双方股权未办理过户登记的责任在S公司，且Y公司当庭表示愿意将全部股权真实让渡于S公司，按照现有法律规定，S公司依然可以取得合同约定的全部生产技术，不存在合同目的无法实现的问题。由于S公司的违约行为，合同至今未实际履行，如果合同解除，S公司的违约行为将给Y公司带来巨大的经济损失。

Y 公司曾与 S 公司协商，依据技术转让合同约定将 Y 公司 100% 的股权不再另行支付款项的情况下全部让渡给 S 公司，以促使 S 公司履行技术转让合同，但是 S 公司依然不履行合同。

以上事实足以证明双方在签订合同后，Y 公司一直在积极履行合同，S 公司因自身原因违反双方合同约定，要求解除合同。

2. Y 公司提出的上诉事实与理由

（1）一审法院认定 Y 公司与 S 公司之间的技术转让合同因合同目的无法实现，应当解除，该认定没有事实及法律依据，属于错误认定。

Y 公司与 S 公司的合同是依据〔2013〕38 号文的相关规定签订，约定双方通过股权转让的形式实施技术转让。双方技术转让后的股权回购，只是双方的一种经营行为，符合《公司法》的规定及相关法律规定，并不违反法律强制性规定。该行为便于企业更好地盘活资产，是一种企业的自主经营行为，并未损害社会及任何第三人的利益，对该行为的合法性应当予以确认。双方股权未办理过户登记的责任在于 S 公司，且 Y 公司当庭表示愿意将全部股权真实让渡于 S 公司，按照现有法律规定，S 公司依然可以取得合同约定的全部生产技术，不存在合同目的无法实现的问题。

（2）依据法律规定及当事人意思自治原则，在上述合同未违反法律强制性规定且未损害社会公共利益的前提下，企业通过股权转让的方式实现公司经营利益应当得到法律认可，因此双方之间的合同不但有效，对双方也具有拘束力，各方应当严格遵守。

◎二审法院对法条的援引、解释与适用

首先，根据《药品管理法》《药品管理法实施条例》，国家对药品生产者资质作出了严格规定；根据《药品技术转让注册管理规定》〔2013〕38号文以及〔2013〕101号文的规定，国家相关监管部门对药品技术转让制定了特殊的管理规定，只允许相关企业在极个别的情况下转让药品生产技术和注册生产批文。上述规定的目的在于加强药品管理，保证药品质量，保障公众用药安全和合法权益，保护和促进公众健康。

其次，从S公司、Y公司《药品生产技术转让合同》第三条关于转让方式的约定来看，双方约定了通过并购Y公司股权的方式进行涉案药品生产技术转让。但是在签订涉案转让合同的当天双方即又签署了《股权转让协议》和《声明书》，且在《声明书》中明确："双方于2014年5月12日所签《股权转让协议》完全是为了批准文号调整（即药品生产技术转让）的需要，双方之间并没进行股权转让的真实意思表示。"

上述《声明书》的内容表明，S公司、Y公司在《药品生产技术转让合同》中关于股权转让的约定并非双方的真实意思表示，其真实目的在于规避国家相关监管部门对药品生产的监管，以股权转让为幌子，倒卖药品生产技术和生产批文。此种倒卖行为，由于S公司没有真实持有Y公司股份，Y公司不会为S公司提供相应技术支持，S公司药品质量很难达到国家规定的标准，最终危及药品生产秩序和人民群众身体健康。

S公司、Y公司的最终目的是以合同形式，逃避国家关于药品生产法律、行政法规对药品生产者具备相应资质的要求，属于以合法形式掩盖非法目的。

根据《合同法》第五十二条第三项"有下列情形之一的，合同无效：……（三）以合法形式掩盖非法目的"的规定，S公司、Y公司签订的《药品生产技术转让合同》应属无效，一审法院认为《药品生产技术转让合同》是双方真实意思表示，合同合法有效属于认定事实有误，法院予以纠正。

案例注释与解析

1. 对于选取案例的说明

由于国家一直鼓励科研人员进行技术创新，鼓励权利人进行科技成果的转移、转化，这势必会促进各种类型技术的转让交易。但这种鼓励政策所针对的技术是有一定限制的，对于涉及国家安全、民众健康等特殊领域和类型的技术，需要依据特定的法律法规进行转让，权利人需增强意识，遵守法律。

该案是涉及公众健康的药品技术的权利方及受让人的典型案例。由于未遵守药品技术转让限制性规定而无法完成实质交易，最终被认定合同无效，各自都产生了巨大的损失，可谓“竹篮打水一场空”。

2. 药品技术转让有哪些限制？如何理解？

关于技术转让的一般性法规，并没有对转让作出明确的限制；对于药品等特殊领域的技术，大多规范在中央和地方的法规之中，各地方具体的限制性规定也存在不少差异。但不论差异为何，原则都是保证技术受让人具备使用该药品技术进行规范生产的能力，以保证所生产药品的质量，保障大众用药安全。

这里我们以该案为例来看药品技术转让会有哪些限制。案件涉及的 S 公司和 Y 公司签订药品技术转让所依据的〔2013〕38 号文件明确规定了可以申请药品技术转让的情形：

（1）药品生产企业整体搬迁或被兼并后整体搬迁的，原址药品生产企业的药品生产技术可转让至新址药品生产企业。

（2）兼并重组中药品生产企业一方持有另一方 50% 以上股权或股份的，或者双方均为同一企业控股 50% 以上股权或股份的药品生产企业，双方可进行药品技术转让。

（3）放弃全厂或部分剂型生产改造的药品生产企业，可将相应品种生产技术转让给已通过新修订药品 GMP 认证的企业，但同一剂型所有品种生产技术仅限于一次性转让给一家药品生产企业。放弃原料药 GMP 改造的，相应药品品种可进行技术转让，转入方接受转让后再进行新修订药品 GMP 认证。

根据法院认定的事实，双方当事人在签订药品技术转让合同的同时，Y 公司的相关股东与 S 公司还签订了《股权转让协议》及“回购”协议，约定由 Y 公司两位股东将其共同持有公司 55% 的股权转让给 S 公司，同时以《声明书》的方式确认该转让“完全是为了批准文号调整（药品生产技术转让）的需要，双方之间并没有进行股权转让的真实意思表示，双方亦不享有、承担合同中的权利、义务”。

这里可以明显看到，该案双方是在规避上述〔2013〕38 号文关于技术转让第（2）项的规定，即双方通过使股权形式上符合文件的规定来达到转让的目的，但暗地里却约定股权转让是非真实意思表示，各自无相关权利义务。

S 公司和 Y 公司的这种操作，无疑违背了国家规范药品质量监督管理的目的和意图，无法保障受让方的生产能力，无法保证药品质量，这将严重危害公众的健康，因此是要绝对制止的。相关合同约定效力为自始无效。

3. 技术转让合同无效后的处理

关于该案一审判决对合同无效后的处理是否妥当，二审法院也进行了分析。

《合同法》第五十八条规定：“合同无效或者被撤销后，因该合同取得的财产，应当予以返还；不能返还或者没有必要返还的，应当折价赔偿。有过错的一方应当赔偿对方因此受到的损失，双方都有过错的，应当各自承担相应责任。”

在该案中，S 公司、Y 公司双方均系专业药品制造企业，知悉国家关于药品生产技术和生产批文转让的相关规定。从双方行为来看，S 公司没有生产技术和生产批文，却想以虚假股权转让的形式获得相应资质，Y 公司明知不履行相关手续，S 公司不能生产出合格药品，却与 S 公司一起串通，出卖药品技术和生产批文，以此获利。双方互相串通，一方出卖、一方购买涉案药品生产技术和生产批文，在倒卖活动中作用相当，应当对《药品生产技术转让合同》的无效承担相同的过错责任，各自承担损失。

S 公司要求支付违约金 142. 6016 万元的上诉理由缺乏事实和法律依据，二审法院不予支持。虽然一审法院对合同无效后的处理适用法律有误，但结果并无不当。

4. 启示与建议

签订合同进行交易，在保有契约精神认真履行之前，需要具有最基本的善意和真实意思表示来确认合同的权利和义务。该案合同当事方为了掩盖自身不具备相关药品生产资质和能力的缺陷，利用形式上合法的合同条款，以虚假的股权转让意思表示达到实施技术转让的行为，被法院认定为合同无效。作出相关合同约定的各科研单位，在约定无法实现后经济、技术上的损失，分别各自承担。

该案给了我们明确的警示：以非良善的本意出发，用虚假的意思表示实施法律行为，最终需要承担全部的损失。对于药品技术的转让，要严格依据国家和地方的政策法规办理各项手续，形式和实质上都须符合规定，共同保护公众及社会利益。

四、如何与科研人员分享科研成果的经济利益？

（一）非专利技术

实际问题：如何认定技术成果？

只有职务技术成果才可依法请求基本劳动报酬以外的奖励。被认定为职务技术成果的前提是，技术或科技表现形成了技术成果或科技成果。然而，怎样形式的技术、科技表现或创新式设计可以被认定为技术成果？怎样的证据才能提供有力支撑？专利、专利申请、技术秘密、计算机软件、集成电路布图设计、植物新品种可以被认定为技术成果。

但是，未明确获得无形知识产权保护的创新性工作能否在我国法律体系下被认定为可获得奖励的技术成果呢？技术提升所实现的经济贡献是否可以用来证明技术成果的存在？什么程度的技术成果才可以被依法要求单独奖励？

◎涉及法条

《最高人民法院关于审理技术合同纠纷案件适用法律若干问题的解释》（法释〔2020〕19号）第一条第一款

《中华人民共和国合同法》（1999年施行）第三百二十六条

《中华人民共和国合同法》现已失效，其第三百二十六条的内容已被收入《中华人民共和国民法典》第八百四十七条。《中华人民共和国民法典》第八百四十七条删除了其中关于取得收益及奖励、报酬的内容，但不影响在利益分配问题中，首先需要处理职务技术成果问题。

◎虚拟情境

C工程师退休后被原单位返聘，其间对某些技术进行改造，并为单位增加了经济收益。C工程师是否可以向原单位就相关贡献请求奖励？如果可以，他需要满足哪些条件？

典型案例

曹某诉A公司、B公司署名权、荣誉权、奖励权纠纷

（2015）昆知民初字第263号

裁判法院：云南省高级人民法院

裁判时间：2016年7月6日

关键词：民事/科技成果鉴定/职务技术成果/发明人奖励报酬

案件摘要

企业返聘人员曹某在返聘期间进行的技术改造为A公司增加了经济收益，因此要求该公司对其支付科技成果奖励。法院认为，依据《合同法》第三百二十六条，获得相关奖励或者报酬必须满足三个条件：①上诉人所主张创新性修改为技术成果；②职务技术成果使用和转让过程中存在收益；③明确职务技术成果完成人报酬金额的计算标准。返聘人员未能证明其主张的创新修改设计已经通过科技成果登记或者鉴定书确认其质量和水平，也未提供该创新修改设计除口述以外的清晰文字载体，主张其创新修改设计为科技成果缺乏事实和法律依据，不能成立。在返聘人员创新性修改设计在载体没有明确，也未经认定为科技成果的情况下，就不能判断其主张的创新修改设计的使用或转让情况以及获得收益所应享有的比例，故对其主张不予支持。

裁判要点

创新性修改设计没有明确载体，也未经认定为科技成果，不能判断创新修改设计的使用或转让情况以及获得收益所应享有的比例。

争议焦点

原告要求被告支付职务科技成果奖励、报酬的诉请是否成立。

基本案情

原审被告A公司成立于1989年8月17日，公司经营范围为生产销售过磷酸钙、复合肥、硫酸、磷矿粉、饲料级磷酸氢钙、工业氟硅酸、化肥、矿产品。原

审被告 B 公司成立于 1999 年 11 月 2 日，公司经营范围为硫酸、锌焙砂、铁粉矿生产销售，硫化锌矿、硫铁矿购销。原告曹某是原审被告一 A 公司的退休工程师，2000～2004 年，原审被告一 A 公司返聘曹某回单位工作，安排其与栾某、余某三人组成硫酸建设项目组负责原审被告二 B 公司的硫酸生产项目，栾某作为该项目的负责人，曹某与案外人余某作为该项目组成员。项目生产筹备期间，两原审被告每月支付曹某工资 800 元。2001 年 3 月，项目顺利建成竣工投产，试运行验收合格。2001 年 5 月 10 日，A 公司奖励该项目组 5 万元，其中奖励项目组成员曹某 1.6 万元。2014 年 6 月 28 日，A 公司针对曹某设计补偿及收益分享申请的回复函中载明，曹某所做的一系列工作只属于设计图纸及设施设备的创新修改，而非创造发明，整个工程实施只属于技改项目，而非发明创造的中试项目工程。

同年，曹某向云南省科技厅申请鉴定其修改设计的硫酸生产项目属于科技成果。2015 年 1 月，云南省科技厅以曹某申请的该“应用技术成果”不属于鉴定的范围为由不予鉴定。曹某认为其在项目中的修改设计方案属于科技成果，该设计为两原被告公司节俭基建投资 2000 万元，两原审被告应给予其 40 万元奖励（二审该请求降至 18 万元），遂诉至原审法院，请求原审法院支持其诉讼请求。

诉讼请求

一审中原告曹某申请由二被告共同支付科技成果奖励费 40 万元，并由二被告承担诉讼费。上诉时，上诉人曹某请求法院判决两被上诉人支付科技成果奖励费 18 万元，并承担上诉费 3900 元。

与案例相关的其他重要内容

裁判经过与结果

案件经过云南省昆明市中级人民法院、云南省高级人民法院两级法院终审结案。

一审云南省昆明市中级人民法院作出［（2015）昆知民初字第263号］民事判决，判决驳回原审原告曹某的诉讼请求。曹某不服，提起上诉。

二审云南省高级人民法院作出［（2016）云民终136号］民事判决，判决驳回上诉，维持原判。

法院裁判理由

庭审后，原审法院就硫酸的生产过程及原审原告修改设计的内容分别询问了原审原告、被告双方当事人及相关技术人员。原审被告方的技术人员栾某、杨某认为，硫酸的生产必须符合国家标准，其修改设计也必须在国家的标准范围内进行，且修改完成后要交由设计单位确认后方能实施，并认为原审原告的修改只是硫酸生产过程中很小一部分的修改。该修改只是一般的技术性改造，属于原审原告的工作职责，并未形成科技成果。原审原告则认为，硫酸的生产无国家标准，其对沸腾炉等设备进行修改后，原审被告就按其修改方案投产使用，但原审原告不能提交证据证实涉案硫酸生产项目是依据其修改方案进行生产的。

◎一审法院对法条的援引、解释与适用

原审法院认为，《民法通则》第九十七条第二款规定："公民对自己的发明或者其他科技成果，有权申请领取荣誉证书、奖金或者其他奖励。"《促进科技成果转化法》（1996年施行）第三十条第一款规定："企业、事业单位独立研究开发或者与其他单位合作研究开发的科技成果实施转化成功投产后，单位应当连续三至五年从实施该科技成果新增留利中提取不低于百分之五的比例，对完成该项科技成果及其转化做出重要贡献的人员给予奖励。"因此，原审原告主张两原审被告应对其科技成果给予奖励，必须证明：①原审原告主张的对象构成法律保护的科技成果；②两原审被告将该科技成果转化成功投产并产生新增留利；③原审原告对该项科技成果及其转化作出的重大贡献。

针对证明内容：①《最高人民法院关于审理技术合同纠纷案件适用法律若干问题的解释》第一条第一款规定："技术成果，是指利用科学技术知识、信息和经验作出的涉及产品、工艺、材料及其改进等的技术方案，包括专利、专利申请、技术秘密、计算机软件、集成电路布图设计、植物新品种等。”该案中，硫酸生产项目修改设计方案是否构成“科技成果”，应当同时满足以下条件：属于针对产品、工艺、材料及其改进的国家、省、自治区、直辖市以及国务院有关部门科技计划内的应用技术成果，或者属于少数科技计划外的重大应用技术成果。结合该案，原审原告曹某主张的修改设计方案既不是国家计划内的应用技术成果，不是计划外的重大应用技术成果。原审原告参与的项目组为两原审被告研究开发的创新项目，而且原审原告的该修改设计方案也未固定为明确具体的应用性成果，故其方案只是企业的一般性的应用技术，不属于科技成果。科技成果在本质上作为一种技术方案，表现方式一般为专利、专利申请、技术秘密、计算机软件、集成电路布局设计、植物新品种等。不是所有的技术方案都会形成知识产权而得到法律的保护，只有具备一定条件的技术方案，例如对该成果采取保密措施或将符合专利条件的技术转化为专利，将其纳入我国知识产权法律所保护的范围内，才能得到我国知识产权相关法律的保护。结合该案，原审原告并未提出证据证实其主张的修改设计方案属于何种法定的科学技术成果。原审原告主张的修改设计方案也未采取任何保密措施或向国家知识产权局提出专利保护申请，其诉称的硫酸生产项目修改设计方案并不具备完整清晰的文字载体或其他载体，也不具备科技成果的表现方式，该方案不属于法定的科技成果，不能受到法律保护。因此，原审原告主张其享有的硫酸生产项目技术改进方案是科技成果，于法无据，原审法院不予支持。②原审原告提交的硫酸日产岗位记录纸、B公司生产线工程结算书等证据也不能证明两原审被告在硫酸工程项目中获利2000万元的事实。③原审原告提交的创新修改设计内容的证据属于原审原告自己的陈述，在原审被告不予认可的情况下，无法证明原审原告在该项目组从事的具体工作及其对该项目所作的具体贡献。据此，原审法院对其要求两原审被告依《促进科技成果转化法》第三十条的规定支付其科技成果奖励费的诉讼请求不予支持。

◎原告（上诉人）的上诉理由

原审法院宣判后，原审原告曹某不服，向法院提起上诉。上诉理由是：上诉人是从A公司退休后，1998年又返聘回厂担任技术顾问。2000年和副经理栾某负责筹建B公司年产2万吨的硫酸生产线建设。某设计院云南分院设计的图纸经上诉人的修改和重新设计后，于 2001 年 5 月顺利投产，产量不是原审计方合同书承诺的日产硫酸 72 吨，而是超过 100 吨。上诉人只补充设计六十几台设备中的 5 项就大幅度增加了酸产量。后 A 公司法人赵某又安排上诉人为 A 公司设计净化为稀酸洗的硫酸生产线。2004 年，两条生产线同样达到年产硫酸 3 万吨。这说明了上诉人的职务技术成果已经被转让实施了。上诉人于 2004 年 9 月向 A 公司申请将技术开发成果折价入股被拒绝。上诉人到省科技厅要求鉴定是否为科技成果。科技厅工作人员用文件《科学技术成果鉴定办法》回答“企事业单位独立开发且已经转让实施的技术成果不在鉴定范围内”。因此，上诉人诉至一审法院。

◎被告（被上诉人）的辩解

被上诉人 A 公司答辩称：请求驳回上诉，维持原判。①上诉人的上诉没有事实依据，A 公司硫酸生产系统的设计建造是由 A 公司委托有资质的第三方来进行的，其内容仅为必要的生产系统的一般性建设，并不存在任何创新技术。②硫酸的生产属于危化行业，整个生产线的设计制造必须为标准化，且必须符合国家安全监督管理总局发布的相关文件。硫酸的生产技术以及生产范围在国内是非常透明的普遍技术，上诉人所属的工作组只是在工作过程中，对于不同生产工艺模块，按照公司的不同需求在已有的技术层面进行放大缩小，不具备创新性。③上诉人的成果既不是计划内科技成果，也未取得相关专利证书或者科技成果认定，不应认定为法律意义上的科技成果。④上诉人没有证据证明新增留利是多少。⑤上诉人无法证明其在建设过程中究竟做了什么工作，作为 A 公司的返聘员工、公司技术组的成员，工作就是为公司提供技术修改支持，技术组提出的一般性技术修改方案仅算作正常工作，且上诉人没有提供证据证明其提供了哪些措施。⑥距 B 公司投产至今已有 15 年，上诉人提出的修改到今天已经没有使用，已经替换成了新的技术和设施。

◎上诉提交的新证据

二审中，上诉人提交证据如下：①直径 4530mm 沸腾炉装配图，证明设计者是上诉人，签名是上诉人后签上去的，丁某是协助画图。②直径 5000mm 沸腾炉装配图，证明设计者是上诉人。③冷却滚筒和④尾料斗图纸，证明上诉人对滚筒的尺寸进行了放大，图是上诉人设计的，由昆明一家工厂加工的。⑤大料仓图纸，是上诉人设计的。⑥净化填料出口气体配管图，证明上诉人将主工艺管道直径由600mm 改为 820mm。⑦冲泡洗涤器图纸，证明图纸是上诉人设计的，将直径由 240mm 改为 360mm。⑧操作记录表 2 份，证明日产 100 吨是事实。⑨说明 1 份，证明证据 1 中的数据是上诉人提供的，设计者不是丁某而是上诉人，丁某是南京某设计研究院的设计人员。⑩上诉人给丁某的数据清单 1 份，证明数据是上诉人提供给丁某的。

◎二审法院对新证据与新法律依据的认定

二审法院认为，证据①～⑦为复印件而非工程蓝图，被上诉人对该证据的“三性”均不认可，该部分证据仅为制作硫酸工艺的部分图纸，无法体现该生产线的整体情况和上诉人主张的创新修改设计的实际内容，上诉人提供的设计图纸时间跨度从 2000 年到 2004 年，与上诉人自述的第一条生产线于 2001 年建成的事实不相符，故二审法院对证据①～⑦不予采信。证据⑧为复印件，没有被上诉人 A 公司的签章，A 公司不认可该证据的真实性，且上诉人设计该硫酸生产线的时间为 2001 年，该两份记录表时间均为 2015 年，故二审法院不予采信。证据⑨和证据⑩中丁某身份不明，对于该两份证据，二审法院不予采信。

上诉人要求依据《国家科学技术奖励条例》第十条、第十一条和国家科学技术奖励条例实施细则第五十五条、第五十八条以及 2014 年 1 月 10 日的云南省委《关于创新体制机制加强人才工作的意见》（云发〔2014〕1 号，以下简称《意见》）第二十一条“有突出贡献重奖”的规定由两被上诉人支付科技成果奖励。二审法院将对上诉人提出的法律依据逐一分析：①《国家科学技术奖励条例》（2013 年修订）第十七条第一款和第二款规定：“评审委员会作出认定科技成果的结论，并向国家科学技术奖励委员会提出获奖人选和奖励种类及等级的建议。国家科学技术奖励委员会根据评审委员会的建议，作出获奖人选和奖励种类及等级的决议。”第二十条规定：“国家科学技术奖的奖励经费由中央财政列支。”以上条文明确表述，该奖励评定由国家科学技术奖励委员会决定，奖金由中央财政保障。该项奖金的发放决定并非法院的裁判范围，如上诉人要获得该条例下的奖金应按照该规定要求的程序申请。该案中，上诉人并未提交任何证据证明其曾经获得过该奖项的评定认可，也就没有获得该奖金的依据，并且该奖金的支付主体应为《国家科学技术奖励条例》中规定的行政部门，并非两被上诉人。同理，“科学技术进步奖”也是由国家相关行政部门进行成果认定后给予的奖励，不适用于上诉人的诉请。②2014 年 1 月 10 日的《意见》第二十一条规定：“探索建立政府荣誉制度，对于作出杰出贡献的优秀人才授予称号和颁发荣誉勋章。省有突出贡献的优秀人才一、二、三等奖人员的一次性奖励分别提高到 5 万元、4 万元、3 万元，享受省政府特殊津贴人员一次性奖励提高到 2 万元。鼓励各地区、各单位对作出突出贡献的人才给予重奖和发放生活补贴。”上诉人主张以该条款最后一句作为依据，该句表述为“鼓励”实质是云南省委对鼓励创新所作出倡导性的要求，并非强制性规定，也未明确规定奖励的具体条件，是否奖励和如何奖励是企业经营中的自主选择，并未强制要求。经核实，A 公司已经于 2001 年 5 月 10 日给予上诉人所在项目组 5 万元的奖励，其中上诉人曹某获得了 1.6 万元奖励。该奖金就是对上诉人在项目组所完成的创新工作的鼓励。综上，二审法院认为上诉人基于以上条款要求两被上诉人支付科技成果奖励不能成立，该院不予支持。

◎二审法院对争议焦点的认定

上诉人要求支付科技成果奖励 18 万元的诉请是否成立。

◎二审法院对法条的援引、解释与适用

《合同法》第三百二十六条规定：“职务技术成果的使用权、转让权属于法人或者其他组织的，法人或者其他组织可以就该项职务技术成果订立技术合同。法人或者其他组织应当从使用和转让该项职务技术成果所取得的收益中提取一定比例，对完成该项职务技术成果的个人给予奖励或者报酬。……职务技术成果是执行法人或者其他组织的工作任务，或者主要是利用法人或者其他组织的物质技术条件所完成的技术成果。”结合该案，该条款明确规定获得该奖励或者报酬必须满足三个条件：①上诉人所主张创新性修改为技术成果；②职务技术成果使用和转让过程中存在收益；③明确职务技术成果完成人报酬金额的计算标准。

首先应当判断上诉人主张的创新性修改设计是否属于技术成果。二审法院认为，技术工作人员在履行工作职责中会涉及一定的技术运用和修改，但是并不是所有的运用和修改都可视为技术成果。将一般履行职务的行为和职务技术成果区分开，应考量该履职行为在圆满完成了工作任务的同时是否产生了新的智力成果。该新智力成果应具有创新性、实用价值和一定的载体。对于其创新性和实用价值的判断需要上诉人提供相应的鉴定报告或者权利证书予以评判该技术成果的质量和水平。而技术成果载体可以参照科技成果鉴定的要求提供计划任务书、研究合同、开题报告、国家行业标准等完整清晰的文字载体予以确认。

该案中，上诉人自述其对两被上诉的硫酸生产线进行创新修改设计后，使得该生产线产量增加 3 万吨，但对于创新修改设计的清晰完整载体形式、质量和水平未提供证据予以说明。两被上诉人则认为，A 公司硫酸生产系统的设计建造是由 A 公司委托有资质的第三方来进行的，其内容仅为必要生产系统的一般性建设，并不存在任何创新技术。上诉人所属的工作组只是对于不同生产工艺模块针对公司的不同需求在已有技术层面的放大缩小，不具备创新性。上诉人主张的成果未取得专利证书或者科技成果认定，不应认定为法律意义上的科技成果。

上诉人二审中申请对创新修改设计进行科技成果鉴定。《科学技术成果鉴定办法》第九条规定，鉴定由国家或者省、自治区、直辖市科学技术委员会以及国务院有关部门的科技成果管理机构负责组织。因此，上诉人所提的申请不属于司法鉴定的范畴，二审法院不予准许。上诉人主张的创新修改设计是否为科技成果是上诉人证明其获得奖励的重要事实依据，上诉人对该事实负有举证责任。上诉人未能证明其主张的创新修改设计已经通过科技成果登记或者鉴定书确认其质量和水平，也未提供该创新修改设计除口述以外的清晰文字载体，应对其举证不能承担不利后果。因此，二审法院认为，上诉人主张其创新修改设计为科技成果缺乏事实和法律依据，不能成立，一审认定并无不当。

在上诉人创新性修改设计载体没有明确，也未经认定为科技成果的情况下，就不能判断其使用或转让情况以及获得收益所应享有的比例，故二审法院对上诉人的上诉请求不予支持。

案例注释与解析

1. 对于选取案例的说明

选取该案进行评析，并不因为作出判决的法院处理该案的思路具有典型性或可借鉴性，而是因为案件本身所反映的实际问题普遍存在，是对科研人员进行宣教的优选范例。

这里的实际问题包括：①上诉人曹某在诉讼中，无法提供证据证明自身的工作内容和成果，甚至在二审中提交的 7 份图纸，没有一份可以证明自己对技术成果作出的贡献，这反映了科技工作者在工作中并不注重对自身工作内容和成果的记录、证明或对其留存；②案件涉及的科研项目于 2001 年完工，曹某于 2015 年才起诉，也许是此前不知道权利的存在，也许是此前不了解成果转化和收益状况，但终究反映出部分科研人员怠于维护自身的权益。

2. 如何认定职务技术成果？

一般认定的方式主要有四种：第一，根据单位内部的相关制度规定，由单位或由单位和科研人员共同确认职务技术成果；第二，根据单位与科研人员就某具体科研任务的合同约定，由单位或由单位和科研人员共同确认职务技术成果；第三，缺少相关制度或合同约定不清时，由某方聘请第三方鉴定机构对技术成果进行鉴定；第四，诉讼时，申请法院就技术成果进行鉴定。在各种鉴定中，除了考虑科研人员在技术方面的贡献，也会考虑技术效果可量化的经济贡献。

3. 现实中的困惑与思考

日常科研活动中，由谁对职务科技成果作出确认？依据什么标准进行确认？对认定有争议时，如何解决？这一系列问题，现实中并没有明确的指导性规范。

4. 启示与建议

现实中，一线科研人员普遍存在对因职务技术成果而产生的应得奖励、报酬相关规定并不熟悉，甚至很多人并不知道该项权利的存在。该案就是这种现象存在的展示。同时，对于科研人员应得奖励、报酬的前提标准目前法律也尚不明确，实际操作中存在职务技术成果认定或鉴定主体、程序的不清晰，发生争议或有异议时欠缺无缝衔接的解决机制的问题。

根据目前司法实践中遇到的问题，科研人员需要注意如下几个方面。

（1）在科研工作开始前，确认单位是否具有相关科研项目所产生职务科技成果进行奖励、报酬的制度，并与有关负责人员进行确认；

（2）单位不具备如何向科研人员在科研项目中产生职务科技成果支付奖励、报酬的制度的，需要与单位确认签订合同，明确约定科研项目中产生职务科技成果支付奖励、报酬的条款；

（3）在科研活动过程中，收集并留存证明构成科技成果的充足证据，包括生产线、产品、文字等载体的证据；

（4）收集并留存能够证明自身在完成科技成果中所作出贡献及贡献比例的证据。

关于科研人员在科研活动中因产生职务科技成果而有权获取奖励、报酬的问题，需要通过进一步的立法予以明确，并且需要加强对科研人员的普法宣教，以保障科研人员的权益，增强科研力量。

科研人员也应该明白，并不是所有的科研创造活动都可以要求单独的个人奖励与报酬。通常，只有产生科学、技术上有突出创新与贡献的成果才可以要求相关奖励与报酬。因此，选择使用知识产权保护的科研成果，可以成为科研人员证明其创新产出为科技成果的有力证据。

（二）自用专利

实际问题：自用专利如何认定奖励、报酬?

职务发明创造申请专利的权利属于单位，专利申请被国务院专利行政部门批准，授予专利权，其专利权人为单位。职务发明创造的发明人或设计人有依法获得奖励和报酬的权利。那么，职务发明人在单位工作期间发明的、为单位所自用的专利，奖励、报酬应当以什么标准界定？是否应一次性支付，抑或根据该自用专利实施所获收益来分配？若自用专利为单位数人共同研究发明，对于其中一人是否有主要贡献应如何认定?

◎涉及法条

《中华人民共和国专利法》（2008 年修正）第十六条

《中华人民共和国专利法》（2020 年修正）将原第十六条改为第十五条，增加一款，作为第二款。

《中华人民共和国专利法实施细则》（2010 年修订）第七十六条第一款、第七十七条和第七十八条

◎虚拟情境

W 工程师带头研发的成果获得了专利权，单位依内部规定发放了报酬。此后，W 希望可以依据成果为单位带来的经济效益主张报酬。他可以如愿吗？除了

报酬，他还能对专利享有哪些经济效益？

王某、S公司职务发明创造发明人、设计人奖励、报酬纠纷案

（2020）最高法知民终1021号

裁判法院：最高人民法院

裁判时间：2020年11月25日

关键词：民事/职务技术成果/发明人报酬/发明人奖励

案件摘要

原告兼上诉人王某认为自己在职务发明专利中作出主要贡献，因此要求被告兼被上诉人单位S公司，也是专利权人，向其发放职务发明专利报酬。法院认为，根据《专利法》第十六条的规定，职务发明创造的发明人有权请求单位给予奖励和报酬。其中，奖励是一次性发放，报酬则是根据专利推广应用的范围和取得的经济效益按照一定方式计算。根据公司自治原则依法制定了内部规章制度，并按照规章制度发放了职务发明创造发明人奖励、报酬的，无须再依据《专利法》规定的金额和比例向发明人发放奖励、报酬。结合其他奖励、报酬的领取情况，在S公司已经发放的奖励和报酬中，王某所领取的款项比例，与其位列发明人的地位、对专利方案所作的贡献相当。被上诉人按照依法制定的规章制度向上诉人科研团队发放了报酬，上诉人主张被上诉人向其支付一次性报酬不能成立。

裁判要点

职务发明创造的发明人有权请求单位给予奖励和报酬。其中，奖励是一次性发放，报酬则是根据专利推广应用的范围和取得的经济效益按照一定方式计算。

对于报酬的计算和发放方式，单位可以和发明人约定，也可以按照单位依法制定的规章制度的规定执行；在既没有约定也没有规章制度的情况下，适用《专利法实施细则》第七十八条规定的计算方式。

根据公司自治原则依法制定了内部规章制度，并按照规章制度发放了职务发明创造发明人奖励、报酬的，无须再依据《专利法》规定的金额和比例向发明人发放奖励、报酬。

争议焦点

王某主张一次性向其支付的发明人报酬能否得到支持。

基本案情

1. 王某的职务发明创造

王某与S公司于2003年3月1日签订了劳动合同，约定劳动合同期限为2003年3月1日至2013年3月1日。S公司为王某缴纳了1996年1月至2019年8月期间的城镇职工基本养老保险。2011年4月11日、4月18日、5月3日的三次技术研发中心会议均有王某参加，4月11日的会议纪要中载明：工程机械研究室的本周重点工作包括改进内层预变形器设计图纸；4月18日的会议纪要中载明：工程机械研究室上周工作包括对内层预变形器进行了改进，本周重点工作包括使用内层预变形生产35W×7；5月3日的会议纪要中载明：工程机械研究室上周工作包括一大一小内层股预变形器图纸审核完成。

国家知识产权局于2011年7月13日受理了发明人为甲、王某、乙、丙、丁，发明名称为“用于35W×7结构多层股钢丝绳内层绳的预变形装置”的发明专利申请，于2013年8月7日授权公告，专利号为ZL201110196086.6，专利权人为Y公司。2014年2月28日，涉案专利的专利权人由Y公司变更为S公司。

2. S公司的单位内部奖励制度

S公司于2011年8月4日制定了《S公司管理制度汇编》（以下简称《管理汇编》）。该规定中包括知识产权管理办法，其中规定：由集团公司投资或部分投资的项目所取得的知识产权，归集团公司和Y公司及该公司共同所有，合同或协议另有约定的按约定办理。在奖励与惩罚中规定，专利、技术秘密的奖励标准为发明专利5000元/件，并规定，专利实现对外转让、内部许可实施或在公司内部使用产生效益，按《专利法》《专利法实施细则》及国家有关配套规定，结合公司具体情况按照《科技成果奖管理办法》给予发明人（设计人）、转让中有突出贡献的人员奖酬。该办法后附的《科技成果奖励办法》中规定，奖励标准为技术创新特等奖2万元，一等奖0.8万元，二等奖0.5万元，三等奖0.3万元，优秀成果奖400元，专利贡献奖及专有技术奖3000元（技术秘密1500元），优秀论著、论文奖400元。

S公司【2012】84号《S公司科研项目考核实施细则》（以下简称“84号《考核实施细则》”）显示，钢丝绳类新产品开发项目兑现奖计算：第一年按销售收入的0.8%～1.2%提取奖励，第二年提取比例为0.6%～0.8%，第三年提取比例为0.4%～0.6%，第四年提取比例为0.2%～0.4%，四年后不再提取奖励。

根据S公司【2014】48号《科研项目考核实施细则》（以下简称“48号《考核实施细则》”）的规定，第一年按销售收入的1%～1.5%提取奖励，第二年提取比例为0.5%～1%，两年后不再提取奖励。

3. S公司的发明奖励、报酬发放状况

S公司通过《2011年项目兑现及个税表》《2011年技术项目兑现奖》《第五次科技大会奖金发放说明》《2012—2014年技术项目奖》《几种抗旋转钢丝绳抗旋转性测定论文奖发放表》《Y公司优秀科技创新成果奖励项目》《专利贡献奖》《奖金发放表》《记账凭证》《银行转账凭条》等证据，证明已向涉案专利项目发放专利奖励、报酬共计69010元。其中，于2013年5月10日根据上述《知识产权管理办法》、2012年的84号《考核实施细则》发放41800元（王某得970元+18921元+240元），于2013年7月17日根据上述《科技成果奖励办法》发放9000元（王某得2300元）、1000元（王某先进个人奖励），于2015年9月29日发放奖励5000元（王某得2200元），于2016年1月26日根据2014年的48号《考核实施细则》发放12210元（王某得4510元）。

诉讼请求

一审中，原告王某申请由S公司发放职务发明专利报酬1314300元（按照专利申请日2011年7月13日起S公司实施该专利至今的营业利润4%的65%进行计算），Y公司承担连带责任；且该案的诉讼费用由S公司、Y公司承担。

上诉时，上诉人王某请求法院撤销原审判决，并改判支持其原审诉讼请求。

与案例相关的其他重要内容

裁判经过与结果

案件经过陕西省西安市中级人民法院、最高人民法院两级法院终审结案。

一审陕西省西安市中级人民法院作出［（2019）陕 01 知民初 1170 号］民事判决：

一、S 公司于判决生效之日起十日内向王某支付发明专利报酬 3294. 43 元；

二、驳回王某的其余诉讼请求。王某不服，提起上诉。

二审最高人民法院［（2020）最高法知民终 1021 号］判决王某的上诉请求不能成立，应予驳回。

法院裁判理由

◎原告主张

原告王某认为自己在涉案专利中作出主要贡献，所占的贡献率为 65%。根据《专利法》和《陕西省专利条例》的规定，职务发明取得经济报酬不低于 4%。

王某称工作期间未见到《管理汇编》、84 号《考核实施细则》和 48 号《考核实施细则》，并认为上述制度涉及奖励而未涉及报酬。王某认可 S 公司提出的他已领取的款项，但认为相关款项仅为奖励，不是报酬。

◎被告观点

甲（S 公司方证人）称，王某仅提供思路，双方探讨涉案发明。

S 公司认为，根据该公司的奖励办法等文件，不应按照销售收入的比例向王某提取 2013 年后的奖励或报酬。

◎一审法院对法条的援引、解释与适用

1. 原告的职务发明与贡献度

原审法院认为，根据《专利法》第六条的规定，执行本单位的任务或者主要是利用本单位的物质技术条件所完成的发明创造为职务发明创造。

该案中，涉案专利的专利权人为S公司，发明人包括王某在内。王某在S公司工作期间与其他发明人共同发明了涉案专利，且S公司销售该专利产品，故涉案专利为职务发明创造。王某主张涉案专利主要由其本人发明，但其提供的证据不足以证明上述主张，加之作为发明人之一的甲出庭作证称双方共同创造了涉案专利，故王某主张其在涉案专利中作出主要贡献应占65%的比例，并无事实依据，原审法院依法不予采纳。

2. 对原告奖励与报酬的计算

（1）法条基础

《专利法》第十六条，《专利法实施细则》第七十六条、第七十七条、第七十八条规定了对专利发明人或者设计人的奖励与报酬方式与数额。

《陕西省专利条例》第十二条规定，被授予专利权的单位未与发明人、设计人约定，也未在其依法制定的规章制度中规定奖励方式和数额的，被授予专利权的单位对职务发明创造的发明人或者设计人按照下列规定给予奖励或者报酬：（一）自专利权公告之日起三个月内，发给发明人或者设计人奖金，一项发明专利的奖金不少于五千元，一项实用新型专利的奖金不少于二千元，一项外观设计专利的奖金不少于一千元；（二）职务发明创造专利权人在专利权的有效期限内，实施其发明创造专利后，每年从实施发明或者实用新型专利的营业利润中提取不少于4%，或者从实施外观设计专利的营业利润中提取不少于0.5%，作为报酬支付给发明人或者设计人，或者参照上述比例，发给发明人或者设计人一次性报酬；（三）职务发明创造专利权人许可其他单位或者个人实施其专利的，从许可实施该项专利收取的费用中提取不少于20%，作为报酬支付给发明人或者设计人。对专利申请、推广应用作出突出贡献的其他人员，职务发明创造专利权人应当给予适当奖励。

（2）对被告报酬的计算

该案中，S公司的内部制度中规定了发明专利的奖励标准、新产品开发项目的兑现奖励，均属于奖励性质，并未规定报酬。S公司按照上述制度向王某发放的款项亦属于奖励而非报酬，王某现起诉要求S公司在奖励之外另行支付报酬的诉讼主张应当予以支持，S公司应当按照《专利法》

《专利法实施细则》《陕西省专利条例》的规定向王某发放相应报酬。

根据上述法律法规、条例的规定，报酬以营业利润为基础进行比例计算，王某提供的（S公司销售涉案专利产品的）证据，并无S公司的盖章或任何工作人员的签字，故王某提供的上述证据不能证明S公司的相应营业利润，王某要求按照自己主张的利润额计算报酬证据不足原审法院不予支持。

S公司提供的审计报告中并没有详细说明涉案专利产品的营业利润，故该证据亦不能作为计算报酬的依据。S公司自认2011年涉案产品的利润为5529.71元、2012年为158.3元、2017年为6.2438万元、2019年为12.4744万元，其余年份利润为负值。参照《陕西省专利条例》的计算方法，S公司应当向涉案专利的发明人发放7714.83元。王某作为发明人之一，应当取得属于自己的部分。王某未提供充分证据证明其在涉案专利中所作的贡献比例，故原审法院酌情参考S公司向涉案专利发明人按照该公司的《知识产权管理办法》发放5000元发明专利奖金的比例（王某得2200元），计算王某应取得报酬比例为44%，金额为3394.53元。

◎原告（上诉人）的上诉理由与主张

王某的主要上诉理由有两点：第一，王某涉案专利研发中作出主要贡献且占比65%，应当依据该贡献比例取得报酬。第二，S公司内部规定仅规定了奖励，未规定报酬的计算和发放方法，不应据此计算王某应获取的报酬金额。

王某提出，乙、丙、丁只是挂名，其与甲是实际发明人，王某对涉案专利作出主要贡献，应分配65%的份额。

◎被告（被上诉人）的辩解

S公司辩称：

（1）S公司的规章制度《S公司知识产权管理办法》《S公司科技成果奖励办法》《考核实施细则》明确了职务发明创造发明人、设计人奖励、报酬的计算方式和数额，应当按照上述规定执行。

（2）S公司已经按上述规定分别于2013年5月10日、2013年7月17日、2015年9月29日、2016年1月26日向王某团队支付了报酬，合计6.901万元。原审法院认为S公司向王某发放的款项为奖励性质，并非报酬，与事实不符。

（3）原审法院认定王某对涉案专利的贡献为44%基本正确，王某主张其对涉案专利的贡献率为65%，与事实不符。

（4）王某主张的报酬计算方式无事实和法律依据，原审法院判决王某承担举证不足的不利后果，认定正确。

综上，请求驳回王某的全部上诉请求，维持原判。

◎上诉中法院认可的新证据

二审中，以下新证据的真实性获得了法院认可。

1. 上诉人王某提交的证据

第一组证据有《S公司报告》《T公司报告》，用以证明T公司与S公司属于同行业、相似规模企业，其营业利润等可以作为计算S公司营业利润的参考。第二组证据包括：①《T公司招股意向说明书》；②《T公司2016年报》；③《T公司2017年报》；④《T公司2018年报》；⑤《T公司2019年报》。该组证据共同用以证明T公司起重绳分产品的营业利润占营业收入比平均值为18.57%，王某据此估算S公司实施涉案专利产品的营业利润率为10%。

2. 被上诉人S公司提交的证据

S公司提交7份专利证书作为新证据，用以证明乙并非每个职务发明专利都参与，只是对于其参与发明创造活动的职务发明专利才作为发明人予以登记，未参与的没有予以登记。

◎二审法院对新证据的认定

对王某提交的证据，S公司与Y公司认可真实性，二审法院对真实性予以确认。对S公司提交的证据，王某、Y公司认可真实性，二审法院对真实性予以确认。

◎二审法院对法条的援引、解释与适用

1. 一般情况下奖励与报酬的计算依据与方法

《专利法》第十六条规定："被授予专利权的单位应当对职务发明创造的发明人或者设计人给予奖励；发明创造专利实施后，根据其推广应用的范围和取得的经济效益，对发明人或者设计人给予合理的报酬。"《专利法实施细则》第七十六条第一款规定："被授予专利权的单位可以与发明人、设计人约定或者在其依法制定的规章制度中规定专利法第十六条规定的奖励、报酬的方式和数额。"第七十八条规定："被授予专利权的单位未与发明人、设计人约定也未在其依法制定的规章制度中规定专利法第十六条规定的报酬的方式和数额的，在专利权有效期限内，实施发明创造专利后，每年应当从实施该项发明或者实用新型专利的营业利润中提取不低于2%或者从实施该项外观设计专利的营业利润中提取不低于0.2%，作为报酬给予发明人或者设计人，或者参照上述比例，给予发明人或者设计人一次性报酬；被授予专利权的单位许可其他单位或者个人实施其专利的，应当从收取的使用费中提取不低于10%，作为报酬给予发明人或者设计人。"

依据上述规定，职务发明创造的发明人有权请求单位给予奖励和报酬。其中，奖励是一次性发放，报酬则是根据专利推广应用的范围和取得的经济效益按照一定方式计算。对于报酬的计算和发放方式，单位可以和发明人约定，也可以按照单位依法制定的规章制度的规定执行，在既没有约定也没有规章制度的情况下，适用《专利法实施细则》第七十八条规定的计算方式。根据公司自治原则依法制定了内部规章制度，并按照规章制度发放了职务发明创造发明人奖励、报酬的，无须再依据专利法规定的金额和比例向发明人发放奖励、报酬。

2. 奖励与报酬的发放是否冲突

(1) 单位可约定同时发放奖励与报酬

该案中，虽然王某认可《知识产权管理办法》《科技成果奖励办法》的真实性，否认《考核实施细则》的真实性和证明目的，提出该文件从未向员工公布并下发，但《考核实施细则》与其他文件共同组成S公司知识产权管理制度，S公司提交的《管理制度汇编》《科技成果奖励办法》，2012年、2014年《考核实施细则》附有印发各项规章制度的文件和文号，文件记载了在内部公开，与《2011年技术项目兑现奖》《第五次科技大会奖金发放说明》及发放清单、《2012—2014年技术项目奖》《关于表彰公司2013—2014年度优秀科技创新成果先进科技工作者的决定》中专利贡献奖名单等证据相互印证，具有真实性。在没有相反证据的情况下，可以证明S公司内部依法制定了知识产权管理制度，对职务发明建立了奖酬制度，并将其纳入科研项目管理体系中。

2012年和2014年《考核实施细则》规定的按照销售收入提取的奖励，虽然采取了“奖励”的表述方式，但并不同于《知识产权管理办法》《科技成果奖励办法》规定的一次性奖励，在数额上与专利实施后取得的经济效益挂钩，在性质上应属于《专利法》及《专利法实施细则》所规定的按照实施专利所得的营业利润提取一定比例，给予职务发明创造发明人的报酬。

（2）认定发放金额的性质

实际上，除按照《考核实施细则》规定的销售收入向王某团队发放所谓“奖励”外，S公司还依据《知识产权管理办法》《科技成果奖励办法》向王某团队发放了一次性奖励，向王某个人发放了一次性奖励。这些发放金额符合《专利法》及《专利法实施细则》关于职务发明创造奖励的规定，足以证明S公司的《知识产权管理办法》《科技成果奖励办法》发放的奖励，属于《专利法》及《专利法实施细则》所规定的职务发明创造发明人的奖励，且S公司已经按照公司规章制度对涉案专利的发明人发放了奖励。

除奖励外，根据S公司提交的发放记录，S公司根据2012年和2014年《考核实施细则》，已经从35W×7钢丝绳产品的销售收入中按比例提取了一定金额，向王某团队发放了职务发明创造发明人报酬。原审法院认定新产品开发项目的兑现奖励属于奖励性质而非报酬，该认定错误，二审法院予以纠正。

（3）奖励与报酬的份额

王某提出，乙、丙、丁只是挂名，王某等应分配65%的份额。对此，二审法院认为，王某与甲、乙、丙、丁均在专利证书上记载为涉案专利发明人，王某主张乙、丙、丁只是挂名，应提供证据予以证实。

王某提交的与甲、丙、丁的通话录音发生在2019年6月，通话的形成具有一定的背景，其中与丙、丁通话中，“评职称用”均是王某所述，而丁、甲在诉讼中均提交了书面的证人证言，说明各自在发明中所起的作用。虽然通话录音、书面证人证言单独均不具有证明力，但从举证责任的分配上，由于专利证书已经记载了专利发明人，王某否认该事实，应负有举证责任。二审法院考虑双方就该事实各自提交的证据，认定王某提交的证据不能推翻专利证书所记载的发明人。

在给予王某团队 5000 元的奖励中，王某领取 2200 元，结合其他奖励、报酬的领取情况，在 S 公司已经发放的奖励和报酬中，王某所领取的款项比例，与其位列发明人第二位的地位，对专利方案所作的贡献相当。

综上，由于 S 公司按照依法制定的规章制度向王某团队发放了报酬，王某主张 S 公司向其支付一次性报酬不能成立。

案例注释与解析

1. 对于选取案例的说明

在国家鼓励创新、保护职务发明人权益的大背景下，该案本身所反映的实际问题普遍存在，是研究职务发明报酬与奖励区别的优选案例。现实中存在两个问题值得特别关注：①科研人员对单位相关制度及制度变动不甚了解；②多人参与共同完成的职务发明，该如何界定各发明人的贡献度、奖励、报酬。

2. 如何区分职务发明奖励与报酬？

职务发明创造的发明人有权请求单位给予奖励和报酬。其中，奖励是一次性发放，报酬则是根据专利推广应用的范围和取得的经济效益按照一定方式计算。

对于报酬的计算和发放方式，单位可以和发明人约定，也可以按照单位依法制定的规章制度的规定执行。单位制定了内部规章制度，并按照规章制度发放了职务发明创造发明人奖励、报酬的，无须再依据《专利法》规定的金额和比例向发明人发放奖励、报酬。

在既没有约定也没有规章制度的情况下，参照《专利法实施细则》第七十八条的规定即在专利权有效期限内，实施发明创造专利后，每年应当从实施该项发明或者实用新型专利的营业利润中提取不低于 2% 或者从实施该项外观设计专利的营业利润中提取不低于 0. 2%，作为报酬给予发明人或者设计人，或者参照上述比例，给予发明人或者设计人一次性报酬；被授予专利权的单位许可其他单位或者个人实施其专利的，应当从收取的使用费中提取不低于 10%，作为报酬给予发明人或者设计人。

3. 对无效专利的奖励与报酬

在请求单位对职务发明进行奖励与报酬时，如果专利被判无效，单位是否还应对发明人支付奖励与报酬？

根据 R 材料有限公司与吴某职务发明创造发明人、设计人奖励、报酬纠纷上诉案［(2019) 川知民终 182 号］，在主张职务发明创造的奖励及报酬时，如遇到涉案专利被宣告无效的情形，要分清状况维护自身权益。

第一种情况是，在专利被无效前，已从第三方处获得了实施专利的收益。此时，基于相关收益的奖励与报酬，第三方不能主张返还。“对专利被宣告无效之前，已经与第三人发生并履行的有效专利实施许可行为的认可和保护”时，“基于与第三人已经订立并履行的有效专利实施许可合同所获得的利益，第三人不能以专利无效为由主张返还，因其包含职务发明设计人的报酬，人民法院应对职务发明人的报酬予以支持”。

第二种情况是，专利无效前发明人未收到报酬或奖励。此时，所实施的涉案专利被宣告无效之后，发明人向单位主张，单位在该专利无效前实施专利的行为应向发明人支付职务发明报酬的，法院不予支持。

4. 启示与建议

（1）根据《专利法实施细则》的规定，职务发明奖励报酬可以通过单位与发明人协商约定、在单位依法制定的规章制度中规定这两种方式确定。对于约定的内容，双方既可以对给予奖励报酬的程序、方式进行约定，也可以对奖励报酬的数额进行约定。

（2）对于公司制定有关职务发明奖励、报酬的规章制度的效力问题，应当根据我国《劳动合同法》的相关规定予以认定。

《劳动合同法》（2008 年施行）第四条规定：对于直接涉及劳动者切身利益的规章制度或者重大事项时，应当经职工代表大会或者全体职工讨论，提出方案和意见，与工会或者职工代表平等协商确定。

如果单位在制定有关职务发明奖励、报酬的规章制度时没有经过谈论、协商，没有履行公示、告知等程序，科研人员则可以主张其与单位之间没有就职务发明报酬事宜达成一致意见，主张相应的规章制度对其没有约束力。

建立单位与科研人员的收益分配模式，明确职务发明人的贡献度，能够在促进职务发明创造的同时，对单位发展起到积极推进的作用，同时保护科研人员的权益。

（三）出售或授权的专利

实际问题：职务技术发明成果完成人奖励、报酬应当如何取得与设定？

科研人员是否有权对自己的职务技术发明成果主张奖励与报酬？如果科研成果被转化后，单位对相关奖励与报酬的政策有所调整，奖励与报酬的金额应依照老政策还是新政策设定？若相关科研成果以股权的方式在其他企业中被转化，相关奖励与报酬的金额应如何计算？在股权增值的情况下，单位应当分配技术成果入股时的作价金额，还是应当分配股权增值后的股权转让款？

◎涉及法条

《中华人民共和国合同法》（1999 年施行）第三百二十六条

《中华人民共和国合同法》现已失效，其第三百二十六条的内容在部分删除后已被收入《中华人民共和国民法典》第八百四十七条。《中华人民共和国民法典》第八百四十七条删除了其中关于取得收益及奖励、报酬的内容，但不影响在利益分配问题中，首先需要处理职务技术成果问题。

《最高人民法院关于审理技术合同纠纷案件适用法律若干问题的解释》（法释〔2020〕19 号）第五条

《中华人民共和国促进科技成果转化法》（1996 年施行）第二十九条

《中华人民共和国促进科技成果转化法》经过 2015 年修正后，关于职务科技成果转让的利益分享有了进一步的规定，对部分性质的单位作出了单独说明，在分享比例上有了大幅提升。参见《中华人民共和国促进科技成果转化法》（2015 年修正）第四十五条。

◎虚拟情境

P 教授等三位 I 大学的教授所在的科研团队在某领域产生了突出的成果，他所属的 I 大学通过转让相关技术，从 O 公司中获得现金与股权。P 教授和他的同事们是否可以从中获得收益？获得哪部分收益？

典型案例

B 大学与彭某等职务技术成果完成人奖励、报酬纠纷上诉案

（2014）鄂民三终字第 00109 号

裁判法院：湖北省高级人民法院

裁判时间：2014 年 5 月 20 日

关键词：民事/科技成果转化/职务成果奖励/职务成果报酬

案件摘要

被告兼上诉人 B 大学通过转让原告兼被上诉人彭某的技术成果，获得了某企业支付的现金及股权。之后，B 大学将该股权通过拍卖的方式转让给另一企业，获得了增值后的股权转让款，但未向彭某支付相应奖励报酬，因此彭某向法院提出诉讼请求，主张相关奖励报酬。法院认为，B 大学拍卖相关股权时未就该股权本身向职务技术成果完成人进行奖励或支付报酬，现股权已被转让，职务技术成果完成人享有此期间股权的资本增值收益。综上，法院支持被上诉人彭某的请求。

裁判要点

在不违反《促进科技成果转化法》（2015 年修正）第四十五条的情况下，职务技术成果完成人所在单位关于奖励报酬的政策可以成为确定收益分配的依据。

职务技术成果受让人拍卖股权时，原职务技术成果出让人仍未就因转让技术所获股权向职务技术成果完成人给予奖励或支付报酬，股权已被转让，职务技术成果完成人享有获得相应奖励或报酬的权利并享有此期间股权的资本增值收益。

争议焦点

（1）B 大学支付的 86 万元奖励款是只针对 100 万元技术转让所得现金进行的奖励，还是既包括 100 万元技术转让所得现金又包括 10% 股权的奖励。

（2）彭某、田某是否有权就 545 万元的股权转让款向 B 大学主张权利。

基本案情

1. B 大学与 K 公司的合作与股权状况

1999 年 2 月 K 公司与 B 大学签订的《科技开发合同》约定，乙方负责提供铁钛复合系列云母珠光颜料的批量生产技术并保证技术的可靠性，甲方负责提供生产产品的场地、人员、设备等，并依据乙方提供的技术生产。甲方无权转让该技术，也不能以任何方式泄露该技术秘密，乙方也在一定期限内不得向其他第三方转让该技术。技术转让费包括甲方分五期向乙方支付 100 万元现金，和甲方为此技术成果成立的专业生产厂的总股份的 10% 划归乙方作为技术股份。

合同还对其他事项作了约定。B 大学收到 K 公司支付的 100 万元现金后，向付某、彭某和田某等三人组成的课题组发放了 86 万元，作为对技术成果完成人的奖励或报酬。

1999 年 3 月，K 公司出具证明，证明收到 B 公司投资的无形资产——云母钛珠光颜料生产技术协议，作价 56 万元整。

截至 1999 年 9 月 6 日，K 公司实收资本 560 万元，其中 B 公司出资金额为 56 万元，出资方式为无形资产——专有技术，占注册资本的 10%。

2000 年 2 月，K 公司出具证明，证明收到 B 公司投资的无形资产金红石金黄系列云母珠光颜料生产技术，协议作价 20 万元人民币。

2000 年 3 月 1 日，K 公司董事会决议，增加资本投入……其中 B 公司增加投入无形资产 20 万元，其出资额变更为 76 万元，仍占 10% 的出资比例。

2001 年 6 月 6 日，K 公司与 B 大学签订《关于铁钛复合系列云母珠光颜料生产专有技术投资入股的合同》。该合同约定，B 大学的该项技术作价 100 万元投入 K 公司后，B 大学即拥有 K 公司 100 万元的出资额；K 公司就此向 B 大学另行支付的费用共计人民币 100 万元整（不含差旅费及技术、管理人员工资），由 K 公司分五期支付给 B 大学。该合同还约定，B 大学在合同生效期间不得向第三方转让该专有技术及替代技术，并不能以其他方式泄露该技术秘密。

2001 年 6 月 30 日，K 公司股东会决议各股东债权按 1∶1 比例转增股权，总共增加投入资本 2240 万元，公司总资本达到 3000 万元，B 公司股权转让给 B 大学，B 大学成为该公司新股东，且 B 大学债权 24 万元转为股权，即出资 24 万元人民币。

截至 2001 年 7 月，B 大学出资 100 万元，占 3. 33% 的出资比例，彭某出资

16 万元，占 0.53% 的出资比例，田某出资 16 万元，占 0.53% 的出资比例。

2. B 大学、K 公司与彭某、田某之间的关系

彭某、田某、付某是 B 大学的三位教师，作为该学院派出人员，实际到 K 公司参与“铁钛复合系列云母珠光颜料”生产项目的筹建过程，负责设备调试阶段及批量生产过程的全部工艺技术，对 K 公司使用中出现的技术问题负责组织攻关。其中，彭某一直在 K 公司进行技术指导。

2008 年 10 月 17 日，K 公司财务人员黄某以个人名义向 B 大学电汇 6.75 万元，电汇凭证上记载的资金用途为资料费。

2009 年 3 月 13 日，付某、彭某和田某签订《B 大学 100 万 K 公司股份相关利益分配协议》，约定对 K 公司 100 万股份的股权分配、股权分红和股权生成的其他利润等利益，在扣除学校政策的提成后，所剩余部分由付某、彭某和田某按各 1/3 进行分配。

彭某、田某向 B 大学科研处、计财处出具报告称，课题组于 2001 年 6 月 6 日与 K 公司签订技术转让合同，以铁钛复合系列云母珠光颜料生产专有技术作价人民币 100 万元投资入股。因课题发展需要，该课题组进行重组。经协商，就 100 万元 K 公司股份相关利益分配达成协议。

同年 3 月 23 日，B 大学科技与产业处在该报告上批注“按学校政策要求，分红按总经费的 10% 分给项目人所在学院，另 10% 提成到科研处提成管理费中，余 80% 划课题组个人协议予以分配”，并加盖科技与产业处公章。同年 11 月 2 日，B 大学财务处在该报告上批注“拟同意此次按科技与产业处意见执行。以后，按学校新的文件精神处理”，并报校领导审定。同年 11 月 10 日，B 大学时任校领导在该报告上签字同意财务处意见。

2009 年 11 月，彭某、田某填写《B 大学横向科技项目登记表》，并与 B 大学签订《B 大学横向科技项目责任书》。《B 大学横向科技项目登记表》载明，科技项目名称为珠光颜料，负责人田某，合作单位 K 公司，科研项目金额 4.5 万元，用款计划为 20% 的开题费、60% 的研究费。

当月，B 大学对上述 6.75 万元提成 20% 后，余款以分配 K 公司股份相关利益为名目向彭某、田某各支付 1/3，即 1.8 万元。

3. B 大学所持 K 公司股权拍卖款 545 万元

2009 年 12 月 22 日，Z 公司经某拍卖有限公司以 545 万元竞得 B 大学持有的 K 公司 100 万股股权。

2010年1月5日，B大学、Z公司、K公司签订《股权转让协议》。协议约定，B大学将其持有的K公司100万股股权作价545万元，转让给Z公司。

4. B大学对科研人员的鼓励政策

1993年10月22日，B大学B大科字（1993）第6号文件《B大学科研收费分配管理办法》第五条第二项规定，管理费提成：横向合同项目按实际总金额减去样机费后的全部金额计算，学院提3%，科研处提2%，系提5%；第三项业务活动费、合同咨询服务费：横向项目科研处提2%，系提2%。该文件第六条科研成果转让收入分配的第一项规定，纵（横）向成果转让收入：学院提20%，科研处提5%，系（部）和课题组提75%，并应向课题组“倾斜”。

B大学于2009年10月9日出台的B大学党字（2009）23号文件《关于加强科学研究工作的若干意见》第十一条规定，制定有利于校企合作和成果转化的政策。建立横向科技项目评价机制，提高重大横向科研项目与纵向科研项目的比较权重，技术转让净收入的70%一次性奖励科技成果完成人；科技成果入股时作价金额的70%股份一次性奖励给科技成果完成人。

诉讼请求

一审中，原告彭某、田某诉请由被告B大学向其二人各支付职务技术成果奖励报酬127.17万元，并由被告承担该案诉讼费用。

二审时，上诉人B大学请求法院改判驳回彭某、田某的全部诉讼请求，并判令彭某、田某承担一审、二审的全部诉讼费用。

与案例相关的其他重要内容

裁判经过与结果

案件经过湖北省武汉市中级人民法院、湖北省高级人民法院两级法院终审结案。

上诉人B大学不服湖北省武汉市中级人民法院于2012年6月19日作出的［（2011）武知初字第00609号］民事判决，提起上诉。

湖北省高级人民法院以一审判决认定事实不清为由，于2012年12月5日裁定撤销一审判决，发回一审法院重审。

湖北省武汉市中级人民法院重审后，于2013年8月9日作出［(2013）鄂武汉中知重字第00001号］民事判决。B大学不服，向湖北省高级人民法院提起上诉。

二审湖北省高级人民法院作出［(2014）鄂民三终字第00109号］民事判决，判决驳回上诉，维持原判。

法院裁判理由

◎一审法院对法条的援引、解释与适用

1. 关于彭某、田某是否有权就B大学入股的专有技术主张职务技术成果奖励报酬权

该案属于职务科技成果完成人主张奖励、报酬权纠纷。基于以下因素考量，可以认定彭某、田某作为涉案技术成果课题组成员，有权根据法律规定向B大学主张技术转让费的奖励报酬权。

第一，B大学没有提交相关证据证明案外人就所涉技术成果主张过权利，该案诉讼至今也没有案外人对彭某、田某在该案中向B大学就涉案技术成果转让费主张权利提出异议。

第二，K公司向B大学支付现金100万元的技术转让费后，B大学向彭某、田某所在的课题组发放86万元进行实际奖励，这表明B大学亦认可彭某、田某所在课题组是涉案技术成果的完成人。

第三，彭某、田某作为涉案技术成果课题组主要研发成员，有权就职务技术成果的奖励报酬主张权利。

2. 关于B大学向课题组支付的86万元奖励款是否仅针对100万元技术转让所得现金进行的奖励，而不包括技术入股K公司10%股权的奖励

该案需要结合双方的后续行为对B大学是否已经支付了股权收益奖励款进行判断，也即需要对B大学之后收到的6.75万元款项性质进行分析。

B大学提交的记账凭证中已明确记载6.75万元款项是K公司100万股的股权收益，而且K公司也证明该笔款项来源于公司增资扩股过程中产生的股权溢价款。据此可以认定，K公司支付的6.75万元属于100万股

的股权收益，该笔款项说明B大学已认可86万元不是针对100万元现金和100万股股权对课题组的奖励，彭某、田某还对股权享有权益。

3. 彭某、田某主张分配545万元股权转让款应当如何分配

第一，《最高人民法院关于审理技术合同纠纷案件适用法律若干问题的解释》第五条规定："个人完成的技术成果，属于执行原所在法人或者非法人组织的工作任务，又主要利用了现所在法人或者非法人组织的物质技术条件的，应当按照该自然人原所在和现所在法人或者非法人组织达成的协议确认权益。不能达成协议的，根据对完成该项技术成果的贡献大小由双方合理分享。"司法实践中，技术成果完成人所在单位颁布的关于收益分配的内部规定及文件，可以作为单位对个人的承诺，在文件规定的分配条件成就时，文件应作为双方达成收益分配协议关系的依据。

第二，分析6.75万元股权收益的分配过程，可以认定双方就涉案技术成果奖励、利益分配达成的权利、义务关系。首先，在B大学文件的规定的分配条件成就时，文件规定可以作为双方当事人分配收益的依据；其次，尽管双方当事人没有对545万元股权转让款的分配进行约定，但是B大学分配6.75万元股权收益的行为已经接受彭某、田某对100万K公司股权的分配要求；最后，2009年11月，B大学财务处及校领导在上述报告上批注表明，彭某、田某依据B大学党字（2009）23号文件的规定，主张按照70%的比例对股权收益进行分配，符合B大学内部的政策文件精神。

彭某、田某只对545万元的100万股K公司股权转让款中76%的技术投资入股享有权益。根据B大学党字（2009）23号文件的规定，对于545万元股权转让款的76%，即414.2万元，在B大学提取30%后，彭某、田某与课题组另一技术成果完成人对该款剩余的70%，即289.94万元，各享有1/3的权利，即96.6万元。

◎**上诉人的上诉理由与观点**

B大学的主要上诉理由如下。

1. 一审判决认定事实错误

第一，基于B大学向彭某、田某分配6.75万元的事实，一审判决认定B大学认可86万元不是针对100万元现金和100万股权的奖励错误。

第二，一审判决认定 6.75 万元属于 100 万股的股权收益错误。

第三，认定 B 大学以分配行为接受彭某、田某分配 545 万元股权转让款的分配要求错误。即便分配涉案技术成果入股获得的股份，也只能按照技术成果入股时的作价金额 76 万元分配奖励报酬。

2. 一审判决适用法律和 B 大学内部文件错误

第一，一审判决适用《合同法》第三百二十六条错误。《合同法》第三百二十六条第一款明确规定，法定的奖励或者报酬请求权的对象是“使用和转让该项职务技术成果所取得的收益”，而非股权转让款。该案所涉股权收益不等于职务技术成果转让收益，其性质属于 B 大学作为 K 公司股东参与该公司经营、管理所得的所有者权益的金钱价值，彭某、田某无权主张。彭某、田某只能对 B 大学转让涉案技术成果之时的 176 万元收益主张奖励报酬，且应当在法律规定的诉讼时效内主张权利。

第二，一审判决适用《最高人民法院关于审理技术合同纠纷案件适用法律若干问题的解释》第五条错误，该案显然不涉及两个法人或者其他组织之间的权益之争。

第三，一审判决适用 B 大学内部文件错误。B 大学党字（2009）23 号第十一条未规定股份转让收入的一次性奖励，如果一定要以一审判决的错误理解分配股份，该案也只能按照涉案技术成果 1999 年入股时的作价金额标准分配奖励或报酬。该案应当以 B 大学科字（1993）第 6 号文件作为分配奖励报酬的依据。

◎被上诉人的辩解

第一，彭某、田某是 B 大学转让给 K 公司“铁钛复合系列云母珠光颜料生产专有技术”职务技术成果的主要完成人，该案诉请的事实依据和法律依据充分。

第二，B 大学在与 K 公司技术转让过程中累计获得的收益量化成货币为三部分：一是分期支付的现金 100 万元；二是 K 公司增资时向 B 大学支付的溢价补偿款 6.75 万元；三是 B 大学将持有 K 公司 100 万股股权对外转让获得的股权转让款 545 万元。但第三部分收益至今未能支付。

第三，从有关法律规定和文件精神来看，彭某、田某对 B 大学从使用和转让涉案科学技术成果所取得的收益中依法享有奖励报酬权，B 大学应按70%的比例向彭某、田某支付奖励报酬。

第四，该案应当以B大学党字（2009）23号文件为依据。

综上，B大学的上诉请求及理由没有事实和法律依据，一审判决认定事实清楚，适用法律正确，请求驳回上诉，维持原判。

◎二审法院对法条的援引、解释与适用

1. 关于B大学已支付的86万元奖励款的性质

（1）彭某、田某主张相关奖励与报酬的正当性

彭某、田某依法享有涉案技术成果的奖励、报酬权。《合同法》第三百二十六条规定："职务技术成果的使用权、转让权属于法人或者其他组织的，法人或者其他组织可以就该项职务技术成果订立技术合同。法人或者其他组织应当从使用和转让该项职务技术成果所取得的收益中提取一定比例，对完成该项职务技术成果的个人给予奖励或者报酬。……职务技术成果是指执行法人或者其他组织的工作任务，或者主要是利用法人或者其他组织的物质技术条件所完成的技术成果。"

该案中，涉案技术成果实际为上述三位教师所掌握。该案各方当事人均确认，B大学将涉案技术成果入股的86万元奖励款全部发放给了彭某、田某和付某三位教师组成的课题组，表明B大学实际认可涉案技术成果系上述三位教师所完成。

基于以上两方面的事实，可以认定上述三位课题组成员是涉案职务技术成果的完成人。据此，彭某、田某在付某未主张权利的情况下，有权起诉主张自己享有权利的份额。

（2）6.75万元的性质是研发资料费还是股权收益

B大学支付的86万元奖励款是只针对100万元技术转让所得现金进行的奖励。首先，关于6.75万元的性质。上诉人B大学认为，K公司支付给B大学的6.75万元是资料费，被上诉人彭某、田某则认为6.75万元是股权收益。

二审法院认为，其一，尽管K公司财务人员向B大学电汇6.75万元时备注的资金用途为资料费，但该公司证明该笔6.75万元款项实为公司增资扩股过程中产生的溢价补偿款；其二，B大学收到上述6.75万元后，以"分配K公司股份相关利益"的名目向彭某、田某各分配了1.8万元，

该事实进一步证明了B大学认可6.75万元的性质是股权收益；其三，B大学主张6.75万元是资料费，但K公司与B大学之间是公司与股东的关系，并无证据证明二者还有其他业务往来，且B大学对于6.75万元用于购买何种资料也无法作出合理解释。

基于以上三点理由，二审法院根据优势证据原则，认定K公司支付B大学6.75万元的性质是100万股的股权收益。据此，上诉人B大学关于一审法院认定6.75万元的性质属于股权收益错误的上诉理由不能成立，法院不予支持。

其次，B大学以其分配6.75万元股权收益的行为表明，B大学并未就持有K公司10%股权的收益对彭某、田某进行奖励。该案中，B大学向彭某、田某所在课题组支付86万元时，没有明示该款是否只是针对100万元现金对课题组的奖励，在此情况下，需要结合其他证据对B大学是否已经支付了股权收益奖励款进行分析。彭某、田某要求B大学分配6.75万元股权收益时，B大学没有以已经支付10%股权收益的奖励为由予以拒绝，而是以分配股份利益的名目向两人各分配了1.8万元。由此可见，B大学已经向课题组支付的86万元奖励款并不包括10%股权收益的奖励。

据此，上诉人B大学认为，一审法院认定6.75万元属于股权收益错误，以及一审法院基于分配6.75万元的事实认定86万元只是针对100万元现金的奖励错误的上诉理由不能成立，法院不予支持。

2. 彭某、田某是否有权就545万元的股权转让款向B大学主张权利

首先，B大学持有K公司100万股股权，彭某、田某只对其中76万技术出资入股的份额享有权益。虽然2001年K公司与B大学签订的《关于铁钛复合系列云母珠光颜料生产专有技术投资入股的合同》约定，该项技术作价100万元投入K公司后，B大学即拥有K公司100万元的出资额，但从该案查明的事实来看，K公司1999年9月认可B大学以专有技术出资56万元，占K公司10%的股份，2000年3月又确认其增加技术出资20万元，即B大学出资额共计76万元，仍占K公司10%的股份，2001年6月K公司增加投入资本，B大学的24万元债权转为股权后，其

出资额被量化为 100 万元。据此可以认定，在上述技术投资入股合同的履行过程中，合同双方以实际行为对合同约定的出资方式进行了变更，合同约定的涉案技术成果经过验资并实际作价的出资额为 76 万元，另有 24 万元来自 B 大学的债权，与涉案技术成果的出资入股无关。

虽然 B 大学在向彭某、田某分配 6.75 万元股权收益时未剔除其中债转股的份额，但并不能以此为依据推定 B 大学放弃了其通过债转股获得的 24 万股权。

据此，彭某、田某只对 B 大学持有 K 公司 100 万股股权中的 76% 享有权益。

3. 股权收益分配所依据的管理文件

该案应以 B 大学党字（2009）23 号文件为依据分配股权收益。

二审法院认为，《促进科技成果转化法》（1996 年施行）第二十九条规定："科技成果完成单位将其职务科技成果转让给他人的，单位应当从转让该项职务科技成果所取得的净收入中，提取不低于百分之二十的比例，对完成该项科技成果及其转化做出重要贡献的人员给予奖励。"以上规定明确了职务技术成果奖励报酬比例的下限，但对于奖励报酬的具体分配比例未作规定，在不违反上述法律规定的情况下，职务技术成果完成人所在单位关于奖励报酬的政策可以成为确定收益分配的依据。

该案中，B 大学为促进科技成果转化制定的若干内部文件，即是对于职务技术成果奖励报酬的政策，B 大学应当遵守自己制定的政策文件。根据该案查明的事实，彭某、田某要求 B 大学分配 6.75 万元股权收益时，校财务处提出了"拟同意此次按科技与产业处意见执行。以后，按学校新的文件精神处理"的意见，时任校领导批示同意该意见。由此可见，B 大学持有 K 公司 100 万股股权收益的分配原则，在此时已经确定为按照学校新的文件精神即 B 大学党字（2009）23 号文件的规定执行。

据此，B 大学党字（2009）23 号文件应当成为涉案双方分配股权收益的依据，上诉人 B 大学关于一审法院适用该内部文件错误的上诉理由不能成立，法院不予支持。

4. 奖励报酬金额为分配技术成果入股时的作价金额还是相关股权拍卖后的股权转让款

二审法院认为，按照B大学党字（2009）23号文件第十一条“技术转让净收入的70%一次性奖励科技成果完成人；科技成果入股时作价金额的70%股份一次性奖励给科技成果完成人”的规定，B大学应当将涉案技术成果入股所获得的70%股份奖励给该技术成果的完成人。但彭某、田某提起该案诉讼时，B大学持有K公司的股权已经拍卖转让，彭某、田某在该案中无法再主张分配股份，而只能请求分配股份的相应对价即拍卖后的股权转让款。

B大学持有K公司股权的资本增值收益，虽有作为股东经营股权多年的贡献，但545万元股权转让款中76%的份额，归根结底是其转让涉案技术成果所获得的利益，该股权转让款仍然属于技术转让的净收入，技术成果完成人按照规定理应享有其中70%份额的权益。

其一，基于以上两方面的分析，无论是依据B大学党字（2009）23号文件“技术转让净收入的70%”的规定，还是依据该文件“科技成果入股时作价金额的70%股份”的规定，B大学都应当将涉案技术成果入股所得股权拍卖后70%的收益奖励给技术成果完成人。

其二，B大学2009年曾经向彭某、田某分配过6.75万元的溢价补偿款，该6.75万元款项与其后的545万元股权转让款的性质同属股权收益，B大学的前后行为应当保持一致，545万元股权转让款作为股权收益同样应当予以分配。

其三，职务技术成果完成人对于职务技术成果的创造有重要的贡献。为此，我国《合同法》第三百二十六条和《促进科技成果转化法》第二十九条专门规定了职务技术成果的奖励报酬制度。该案中，B大学2000年即已持有K公司76万股股权，但直至2009年拍卖该股权时仍未就该股权本身向职务技术成果完成人进行奖励或支付报酬，现股权已被转让，职务技术成果完成人享有此期间股权的资本增值收益，更能体现上述法律规定关于保护职务技术成果完成人权益和促进科学技术创新的法律精神。

综上，上诉人B大学关于彭某、田某只能对转让技术成果之时的176万元现金及股权收益主张奖励报酬，以及该案只能按照技术成果入股时的作价金额分配奖励报酬的上诉理由不能成立，法院不予支持。

案例注释与解析

1. 对于选取案例的说明

该案所涉及问题在科技成果转移转化过程中普遍存在。技术成果转让后所获得的股权以及股权通过拍卖等方式兑现、在研发过程中单位的技术成果奖励与报酬政策频繁变动，会使得原本的科研成果权益分配约定变得更加复杂，该案对这些复杂的问题进行了回应与说明。

2. 职务人员如何对自己的研发主张权益分配

从该案中可以了解到，首先，证明科研人员是产生收益的技术成果的真正发明人。其次，若科研人员与单位有约定，相关奖励与报酬从约定；若科研人员与单位没有约定，奖励与报酬的比例与金额参照《促进科技成果转化法》（2015 年修正）第四十五条的具体规定。最后，如果相关科研成果以技术形式在其他企业入股，报酬的金额设定参考报酬分配时的股权市场价值。

其中，若约定中涉及的单位内部管理政策有所调整，不能机械地参照约定时间的政策版本，要结合国家和单位科研管理精神，看是否能参照更新版本的相关管理政策。

3. 美国职务技术成果权益的分享

在美国，如果一名雇员受雇进行发明，或者该雇员被雇主安排去发明一种特定的设施或者程序，在没有与这种安排相反的合同约定下，*United States v. Dubilier Condenser Corp.*，289 U. S. 178（1933）显示，该雇员在职务范围内所作出的发明属于雇主所有。这是因为，如果雇主雇用某人进行发明，法律将他视为购买了此项发明，并支付了发明费用，因此有权保留他所购买的东西。但是美国最高法院也在该案中解释了，上述原则并不适用于雇员的日常工作的情况，雇主需要在工作中指明上述条件。该原则同样不适用于雇员在接收到雇主的指示之前就自己构想好了发明的情况。[1]

如果事实不同于上述情况，即雇员被雇用不是为了进行发明，但该雇员使用了雇主的时间、设施、劳动力或者其他资源，那么该发明归雇员所有，雇主拥有雇员发明实施权（shop right）。[2] 该项权利允许雇主使用该项发明，但是不可转

---

[1] *See Cahill v. Regan*, N. E. 2d 505, 509 (1959).

[2] *Wommack v. Durham Pecan Co.*, 715 F. 2d 962, 965 (5th Cir. 1983).

让该项发明，不可独占性地使用该项发明，不可阻止雇员授权他人使用该项发明。[1] 此项规则安排可以被合同安排所取代。[2]

另外，当未受雇于从事发明工作的雇员在没有利用雇主的物资、设施或资金帮助的情况下，雇员利用自己的时间作出发明后，雇员拥有该发明，雇主基于普通法对其发明不享有任何权利。[3]

在确定了发明的归属的情况下，雇员或者雇主作为发明人或者被授权之人，就可以根据美国专利法第 111 条的规定申请专利，在审核通过后享有专利法所保障的权利，获得财产性利益。[4]

4. 启示与建议

法律对于科研人员的职务技术成果使用及转让的收益类型并没有作出形式上的限定，通常以我们见到的现金、股权、期权、分红等形式为主。但是，由于技术类型及交易对象的多样性，在一些技术的转移转化过程中，可能存在其他类型的收益形式。在我国，科研人员可以就自己的研发成果向单位同时主张奖励与报酬，这一点需要特别注意。

---

[1] *McElmurry v. Arkansas Power & Light Co.*，995 F. 2d 1576，1580（Fed. Cir. 1993）.

[2] *Mechmetals Corp. v. Telex Computer Products，Inc.*，709 F. 2d 1287，1292 – 1293（9th Cir. 1983）.

[3] *Teets v. Chromalloy Gas Turbine Corp.*，83 F. 3d 403（Fed. Cir. 1996）.

[4] 35 U. S. C. § 111.

专题四　科研人员流动

一、基本概述

正常的人员流动可以给用人单位带来新鲜血液，也能为行业带来发展，但单位内部的骨干力量，包括掌握与单位业务相关重要技术的科研人员，却是用人单位极力避免流动的群体。不言而喻，掌握重要技术的科研人员可以为单位带来效益，其离职会造成单位经济方面的损失；但用人单位有时更看重的，却是科研人员离职到竞争对手处带来的不利竞争。

单位骨干及其重要的科研人员，往往掌握着大量内部重要信息，部分属于用人单位有意识地采取保密措施、不愿向外透露的商业秘密。这些商业秘密可能现有或潜在价值巨大，能给单位带来明显的竞争优势，一旦泄露，对单位或能造成致命的打击，后果难以承受。对于科研人员来说，限制就业及未来在新岗位上所使用的科研素材与活动范围也是科研人员难以接受的。

签订竞业限制协议，是用人单位避免重要员工离职给其带来不利竞争和后果所采取的最常用保护手段。该协议一般会约定员工离职后不可以进入的行业、领域以及限制期限等，同时约定在该期限内原单位要向离职员工支付的费用。这些看似简单、常见的竞业限制协议，却不一定在发生纠纷时能派上用场。或者说，实践中很多用人单位与离职员工所签订的竞业限制协议都存在或多或少的瑕疵，也有不少是根本无法履行或无效的协议。因此，对于协议内容，还要根据具体情况进行起草、确定。

首先，签订竞业限制协议，要符合法律强制性的规定，比如协议限制就业的期限不超过 2 年、原单位要向受协议约束的离职员工支付费用。如果协议违背了这些强制性的规定，则不具备履行的前提或部分无法履行。

其次，协议中限制离职员工进入新单位的行业、方式、领域等，一定要与原单位有实质性的竞争关系，任意扩大，则可能对离职员工不具备约束力或约束乏力。如果对于离职员工再次就业进行了过于宽泛的限制，则无疑对该员工的劳动就业造成了阻碍，从整个社会的角度来看，不利于经济发展和秩序稳定，因此司法机关也不会支持该类协议相关条款的约定。

最后，为了达到限制不正当竞争的实际效果，司法机关在处理案件时，除了审查相关协议及其条款的合法性、适当性，还要看协议实际履行的效果。竞业限制协议完美无缺，而且离职员工表面上也遵从了协议的约定，在限制期内到非竞争单位就业，但如果该离职员工以间接或隐晦的方式实际上为原单位的竞争对手提供服务，则司法机关也会在查明该事实后认定离职员工构成对竞业限制协议的违反，从而由其承担相应的违约责任。限制离职员工的再就业，虽然在一定程度上可以保护原单位的利益，但约定内容要依法、合理才能保证协议有效且保护双方的权益。

在这样的法律背景下，科研人员是否可以自由离职，离职后是否还能继续使用在原单位所产出的科研成果？

二、离职去向是否有限制？

实际问题：什么是竞业限制？

竞业限制，是用人单位与其高级管理人员、高级技术人员和其他负有保密义务的人员通过签订劳动合同或保密协议，限制此类人员在解除或者终止劳动合同后，到与所在单位生产或者经营同类产品、从事同类业务的有竞争关系的其他用人单位，或者自己开业生产或者经营同类产品、从事同类业务。

竞业限制的内容可以包括限制的范围、地域、期限，但不得违反法律、法规的规定。如法律明确规定，此类限制的期限不得超过 2 年。同时，相关司法解释还规定了被限制的员工有权要求与其签订竞业限制条款的用人单位支付经济补偿，而司法实践中一般认定不支付经济补偿的竞业限制条款对被限制人员无效。

实践中，应如何理解“到与所在单位生产或者经营同类产品、从事同类业务的有竞争关系的其他用人单位，或者自己开业生产或者经营同类产品、从事同类业务”呢？判定这个问题时，要如何平衡用人单位与劳动者之间的权益？

◎**涉及法条**

《中华人民共和国劳动合同法》（2012 年修正）第二十三条

《最高人民法院关于审理劳动争议案件适用法律若干问题的解释（四）》（已失效）第六条

《最高人民法院关于审理劳动争议案件适用法律若干问题的解释（四）》现已失效，第六条内容已被收入《最高人民法院关于审理劳动争议案件适用法律问题的解释（一）》第三十六条

《最高人民法院关于审理劳动争议案件适用法律问题的解释（一）》（法释〔2020〕26 号）第三十六条、第三十七条、第三十八条和第三十九条

◎**虚拟情境**

N 先生离职后，虽未签订相关协议或办理相关手续，但实际为原单位 S 公司的竞争对手提供了服务，期间 N 先生的妻子出现在了该竞争对手的股东名单中。N 先生与 S 公司签署有竞业限制协议，该协议是否可以被有效适用？N 先生是否要就自己的行为对 S 公司进行赔偿？如果 N 先生并没有给 S 公司造成任何损失且后期退出了竞争对手，是否有权利向 S 公司主张就被限制就业选择的补偿？

D 研究所与被告倪某竞业限制纠纷

（2019）沪 0112 民初 18667 号

裁判法院：上海市闵行区人民法院

裁判时间：2019 年 10 月 31 日

关键词：离职/竞业限制协议/违约/竞业限制补偿金

案件摘要

被告倪某与原告单位 D 研究所签署有保密协议与竞业限制协议。倪某从原告单位辞职后，向原告单位的同业竞争对手企业及其子公司提供了劳动。法院认为，其行为显然违反了竞业限制协议，应向原告单位支付违约金；原告单位要求被告继续履行竞业限制义务，应按竞业限制协议之约定支付被告补偿金。

裁判要点

劳动者离职后，无论其名义上的新就职单位及业务内容为何，如果其实际从事的业务内容违反竞业限制协议的约定，就应当向原用人单位承担违约金；劳动者承担竞业限制违约金后，如果原用人单位仍要求其继续依协议承担竞业限制义务，则应继续向劳动者支付补偿金。

争议焦点

（1）被告是否应向原告支付竞业限制协议约定的违约金。

（2）原告是否应继续向被告按竞业限制协议约定支付补偿金。

基本案情

1. 原告的基本情况

原告系某能源研究所；主要从事航天器、航空器、运载火箭、导弹武器及特殊飞行器用电源系统和关键单机的研发制造和试验，为航天装备的更新换代和跨越式发展提供原动力；先后投资成立 4 家民用产业公司，着力打造集前沿基础研发、装备工程研制、产业孵化建设等为一体的国际一流军民融合型空间电源产业集团。

2. 原告与被告间的雇佣情况与约定

被告倪某于 2011 年 4 月进入原告 D 研究所工作。双方于 2014 年 11 月 12 日签订了涉密人员保密协议书。双方签订的最后一份聘用合同期限为 2016 年 6 月 22 日起至 2019 年 6 月 30 日。

2017 年 4 月 21 日，被告以其与妻子长期分居两地为由，以书面形式向原告提出辞职。

2017 年 7 月 12 日，原告为被告开具了《上海市事业单位解除（终止）聘用关系证明》，该证明载明双方于该日解除（终止）聘用关系。

该日，双方签订了《竞业限制（保密）协议书》，约定竞业限制期限为终止或解除劳动合同之日起的 24 个月内。该协议书约定负有竞业限制义务的员工离职后 24 个月内不得为以下单位工作或任职：①与原告有直接业务竞争关系的单位；②与原告有直接业务竞争关系的单位及与原告所关联的企业单位在中华人民共和国及其他地方直接或间接地设立、参股、控股、空际控制的公司、企业、研发机构、咨询调查机构等经济组织；③其他与原告有竞争业务的单位。

该协议书还约定负有竞业限制义务的员工不得进行下列行为：①与原告的客户发生业务接触，该种业务接触包括为其提供信息、提供服务、收取订单、直接或间接转移原告业务的行为以及其他对原告业务产生或有可能产生不利影响的行为，不论是否获得利益。②直接或间接在业务竞争单位拥有股份或利益、接受服务或获取利益。③员工本人或与他人合作直接参与生产、经营与原告有竞争关系的同类产品或业务。④直接或间接引诱、要求、劝说、雇用或鼓励原告的其他员工离职，或试图引诱、要求、劝说、雇用、鼓励或带走原告的其他员工，不论何种理由或有无理由，不论是否为自身或其他人或组织的利益。不得以其个人名义或以任何第三方名义怂恿或诱使任何原告的员工在其他单位任职。⑤向与原告有竞争关系的单位直接或间接提供任何形式的咨询服务、合作或劳务。就竞业限制补偿金，该协议书约定竞业限制补偿金从该协议生效之日起计算，标准为上海市当年度最低工资标准，按月支付，支付 24 个月，支付至员工交通银行工资卡。

就违约责任，该协议书约定负有竞业限制义务的员工如违反该协议，应当承担违约责任，退回违约前领取的全部竞业限制补偿金，并一次性向原告支付违约金 5 万元，员工因违约行为所获得的利益应当归还原告。如违约金所获利益不足以弥补原告实际损失，原告有权要求员工按照实际损失向原告承担赔偿责任。损失的数额可由原告委托有资质的无形资产评估机构评定。2017 年 8 月至 2018 年 12 月，原告按照上海市当年度最低工资标准支付了被告竞业限制补偿合计 4. 018 万元。

3. 被告离职后的工作

被告妻子祝某在 A 大学航空航天学院工作。被告离职后，A 大学航空航天学院安排被告在其处担任教学辅助人员，每月工资 8000 元。2017 年 12 月起，上海闵行人才服务有限公司为原告缴纳社会保险。被告妻子祝某原在无锡工作生活，其职业经历所涉领域与光电领域毫无关联，自 2017 年 7 月与上海的用人单位签订了劳动合同。

F 公司于 2017 年 7 月 5 日注册成立。公司经营范围为从事光电科技领域内的技术开发、技术咨询、技术服务、技术转让，销售光伏电池、光伏设备、蓄电池、电子产品、通信设备、五金交电、计算机软硬件及辅助设备、环保设备、太阳能光电产品，商务咨询，从事货物及技术的进出口业务。公司章程还显示，该公司的注册资本为 84 万元，其中被告妻子祝某系第一大股东，出资额为 29. 4

万元。

2018 年 4 月，被告代表 F 公司作为承租方，与作为出租方的 M 公司、作为第三方的 N 物业管理中心签订房屋租赁合同。

2019 年 2 月 26 日起，F 公司股权发生变更，包括被告妻子祝某在内的 4 人不再担任该公司的股东。

C 公司注册成立于 2018 年 7 月 31 日。该公司章程显示，该公司经营范围为从事空间技术、航天航空技术领域内的技术开发、技术咨询、技术服务、技术转让，销售光伏电池、光伏设备、蓄电池、电子产品、通信设备、五金交电、计算机软硬件及辅助设备、环保设备、太阳能光电产品，商务信息咨询，自营和代理各类商品及技术的进出口业务，股东为 F 公司。

劳动仲裁

2019 年 3 月 6 日，原告向上海市劳动人事争议仲裁委员会申请仲裁，要求被告继续履行竞业限制义务，向其支付竞业限制违约金并向其返还 2017 年 8 月至 2018 年 12 月的竞业限制补偿金。

被告于同年 3 月 28 日提出反请求，要求原告支付其 2017 年 7 月 13 日至 2019 年 7 月 12 日的竞业限制补偿金。

上海市劳动人事争议仲裁委员会于 2019 年 4 月 30 日作出沪劳人仲（2019）办字第 339 号裁决，裁决被告应继续履行竞业限制（保密）协议书，并由原告支付被告 2019 年 1 月至同年 4 月的竞业限制补偿 9740 元，对原告、被告的其他请求均不予支持。

原告不服上述裁决，遂诉至法院。

诉讼请求

①倪某向 D 研究所返还 2017 年 8 月至 2018 年 12 月的竞业限制补偿金 4.018 万元；②D 研究所无须支付被告 2019 年 1 月至同年 4 月的竞业限制补偿金 9740 元；③倪某支付 D 研究所竞业限制违约金 25 万元；④倪某继续履行竞业限制（保密）协议。

与案例相关的其他重要内容

裁判经过与结果

案件经过上海市闵行区人民法院审理结案。

上海市闵行区人民法院作出［（2019）沪0112民初18667号］民事判决，判决如下：

一、被告倪某继续履行《竞业限制（保密）协议书》至2019年7月11日；

二、被告倪某于该判决生效之日起10日内支付原告D研究所违约金5万元；

三、原告D研究所于该判决生效之日起10日内支付被告倪某竞业限制补偿金9740元；

四、驳回原告D研究所的其他诉讼请求。

法院裁判理由

◎原告观点

被告离职后为其妻子担任大股东的F公司工作，F公司与原告间属于同业竞争关系。且据原告的客户反馈，被告代表F公司至其处进行业务洽谈。原告认为，被告的上述行为已经违反《竞业限制（保密）协议书》约定，损害了原告的合法权益。

◎被告辩解

倪某辩称，首先，被告并未从事违反竞业限制义务的工作。

其次，F公司是一家民用光电科技公司，面向民用业务领域。而原告所涉领域为国防军工光电技术，两者业务范围完全不同，客户群体完全不同，从未出现两家公司向同一个客户进行招投标或开展合作的情形，因此被告与F公司间不存在同业竞争关系。

原告主张被告参与F公司及C公司的运营或从中获益的说法，无事实依据。被告与其妻子祝某均未从上述两家公司获利，两家公司均未向被告及其妻子祝某发放工资、奖金、补贴等。被告妻子祝某虽曾担任F公司的股东，但实际系为他人代持，且祝某已根据委托人的指示于2019年2月26日将相关股权转让给第三人，祝某亦未从股权转让中获利。

最后，F公司成立时，原告尚未与被告签订竞业限制协议，因此无论该公司是否与被告有关，都与竞业限制协议无涉。根据相关规定，竞业限制补偿金应不得低于劳动者在劳动合同解除或终止前12个月平均工资的30%。被告离职前12个月平均工资为4.0187万元/月，然原告仅按上海市最低工资之标准向被告支付竞业限制补偿金，违反了法律的强制性规定，故原告、被告签订的竞业限制协议当属无效。

另要说明的是，该案所涉竞业限制协议系原告提供的格式合同，原告对于竞业补偿金额的约定严重违反了公平原则，加重了劳动者的违约责任及生活负担，并将从长远上打击科研人员的工作热情，最终损害社会公共利益，应根据相关规定认定与竞业有关的条款属于无效条款。

且原告起诉主张的违约金金额与原告所支付的竞限限制补偿金不对等。

◎法院对法条的援引、解释与适用

1. 对被告离职后的工作性质的认定

依照《劳动合同法》第二十三条之规定，法院认为，当事人对自己提出的诉讼请求所依据的事实或反驳对方诉讼请求所依据的事实有责任提供证据加以证明。没有证据或者证据不足以证明当事人的事实主张的，由负有举证责任的当事人承担不利后果。

就原告要求被告支付其竞业限制违约金25万元之诉请，法院认为，虽然根据现有证据显示被告与上海市闵行人才服务有限公司签订了劳动合同，并由该公司派遣至A大学航空航天学院担任教学辅助人员。然而法院注意到，被告于2017年4月21日以夫妻分居两地为由向原告提出辞职，被告在原告处实际工作至同年7月12日。被告原本在无锡生活工作的妻子却于同年2017年7月初即与上海的用人单位签订了劳动合同。众所周知，一份新工作的获得需经历一段时间的找寻，更何况是异地就职。被告系以夫妻分居两地为由向原告提出辞职，然实际其妻子却在进行着来上海工作的努力，有悖常理。

从被告妻子祝某的职业经历来看，其所涉领域与光电科技领域毫无关联性可言，却在经营范围为光电科技领域的F公司担任第一大股东。该公司于2017年5月22日形成公司章程，于同年7月5日注册成立。

被告曾作为F公司的代表与案外人就F公司的子公司C公司住所地的租赁签订了房屋租赁合同。被告辩称因其妻子祝某当时没空，故由其代为出面签订。法院认为，根据工商登记信息显示F公司当时除祝某外另有其他几名股东。被告陈述其妻子祝某系为他人代持F公司的股份，在此情形下祝某完全无须参与C公司的筹建，由其他几名股东负责。然而实际按被告所述，原本由祝某代表F公司与案外人签订房屋租赁合同，在祝某没空的情况下由被告代表F公司签订，有悖常理。

基于以上种种疑点，结合原告申请调查令所调取的材料，法院有理由认定被告从原告处离职后向F公司、C公司提供了劳动。被告的行为显然违反了《竞业限制（保密）协议书》，应向原告支付违约金。

2.《竞业限制（保密）协议书》是否有效

《最高人民法院关于审理劳动争议案件适用法律若干问题的解释（四）》第六条第一款规定："当事人在劳动合同或者保密协议中约定了竞业限制，但未约定解除或者终止劳动合同后给予劳动者经济补偿，劳动者履行了竞业限制义务，要求用人单位按照劳动者在劳动合同解除或终止前十二个月平均工资的30%按月支付经济补偿的，人民法院应予支持。"法院认为，该案之情形并不符合上述规定之情形，双方系在签订的《竞业限制（保密）协议书》中约定了竞业限制补偿金标准，该约定与法不悖。

综上，法院对原告此项主张之合理部分予以支持。就原告要求被告返还其已支付的2017年8月至2018年12月的竞业限制补偿金之诉请，因缺乏依据，法院实难支持。

就原告要求被告继续履行《竞业限制（保密）协议书》之诉请，被告在收到仲裁裁决后未在法律规定期限内向法院起诉，可视为其同意按仲裁裁决履行，故原告此项诉请于法有据，被告应继续履行《竞业限制（保密）协议书》至2019年7月11日。

3. 对被告的竞业限制补偿

就原告要求无须支付被告2019年1～4月的竞业限制补偿金9740元之诉请，法院认为，原告要求被告继续履行竞业限制义务，应按《竞业限制（保密）协议书》之约定支付被告相应的对价。故原告此项诉请，于法无据，法院不予支持。

案例注释与解析

1. 对于选取案例的说明

大多数科研工作人员都会被要求与单位签署竞业限制协议，或在劳动合同或保密协议中签有竞业限制条款。但是，很多人对于这些约定的效力与边界会感到困惑，体现在不知道自己离职后，从事哪些工作可能被认定为违反竞业限制协议。该案展示了司法工作人员在认定劳动者违约时所考量的诸多因素，不拘泥于形式上的审查而是注重实质审查，这有助于科研工作人员根据自身情况参照判断是否可能存在违约的情形。

2. 对同业禁竞范围的判定

法律、法规中提及的“到与所在单位生产或者经营同类产品、从事同类业务的有竞争关系的其他用人单位，或者自己开业生产或者经营同类产品、从事同类业务”，通常指的是离职劳动者到与原用人单位营业执照中显示的或实际从事的生产经营活动涉及的相同或类似产品、业务的新单位工作或自己生产经营类似产品、业务。通过该案我们也可以看到，法院在认定该问题时，不仅看表面上离职劳动者与签订新劳动合同或劳务合同或投资经营的新单位所从事的生产、经营业务，而且看实际上该离职劳动者为哪些单位提供了服务。

设置竞业限制条款，目的是保护用人单位的商业秘密或其他机密信息等对单位重要而不宜外泄的内容。这在一定程度上可以保护用人单位的相关权益，但同时限制了劳动者在一定时期内和一定地域内的自由流动。

如果竞业限制条款或协议过于倾向于保护单位权益，则会限制劳动者的就业权利，从社会层面看不利于稳定就业和知识流动及技术的发展，或者遏制劳动者的流动性而降低整个行业发展的活跃度；如果倾向于保护劳动者的就业权利，不对其离职后去向进行限制，则在一定程度上会损害原用人单位的权益，不利于用人单位投入资金开发新技术或对新技术采取相关的安保措施，一定程度上也会拖延行业中技术的发展和知识的交流。

因此，关于竞业限制条款或协议的内容约定应当适度。对此，我国法律对竞业限制的时间作出了强制性的规定——不得超过2年。至于地域范围和生产、经营的产品、业务范围没有强制性规定，但过于极端的约定也有可能不被司法机关认可。

3. 美国对于科研人员流动限制的做法

竞业限制协议在美国普遍存在于雇佣合同和商业售卖合同中。经常适用竞业限制协议的行业主要有金融业、信息技术行业、制造业和传媒业。

美国早期规制竞业限制协议的大部分法律是普通法。但是随着此类协议应用得越来越广泛，各州立法机构陆续开始介入并通过了州竞争限制协议法案。各州法案的细节规定差异很大，比如对于地理或时间上过于宽泛的竞业限制协议，得克萨斯州和加利福尼亚州的法律通常不会执行，而佛罗里达州的法律则倾向于执行，所以其通常会适用“蓝铅笔”（blue pencil）选项[1]以便使其能够执行。[2]

美国的竞业限制协议在法律性质上属于合同法的范畴，因此，如果要执行该协议，必须要有对价[3]，即雇主要想执行竞业限制协议必须给付雇员一定的利益。这种利益可能是更多的经济利益，也可能是新的工作职责和头衔等。具体的对价因人而异，针对特殊雇员的对价一般不适用于普通雇员。关于多少对价足以支撑竞业限制协议的执行，各州要求不一。比如，马萨诸塞州竞业限制法案明确要求竞争限制协议必须包含“花园休假”条款（“Garden Leave”clause）[4]或者双方同意的其他对价；而俄亥俄州最高法院认为，针对不定期合同的雇员，继续雇佣的状态就已经属于一项充分的对价了。[5]

一般来说，在美国的实践中，雇员在进入公司之前就会被要求签订竞业限制协议，雇员有权利拒绝签订任何该类型的条款。但如果雇员拒绝签订的条款是合理的，则雇主有权因此而拒绝录用该员工；如果该员工已入职，则雇主有权解雇

---

[1] 当雇员提出使用“蓝铅笔”选项时，法院拥有自由裁量权对竞业限制条款进行修改，以便将不合理的条款改写为合理且可执行。

[2] 参见2016年美国白宫发布的有关竞业限制协议的报告（*White House Report on Non - compete Agreements*）。

[3] 对价（consideration）是美国合同法区别于大陆法系合同法的重要特征之一，指的是价值交换。

[4] “花园休假”条款要求雇主在竞业限制期间至少支付雇员过去2年内最高工资的50%。参见ALM GL ch. 149，§ 24L。

[5] *Lake Land Empl. Group of Akron，LLC v. Columber*，804 N. E. 2d 27，33（S. C. 2004）.

该员工。对于竞业限制协议是否合理，州法律一般都有严格的程序性和实质性要求。[1] 而普通法一般会要求法院考虑以下几个因素：①雇主是否具有需要通过竞业限制协议保护的合法利益；②竞业限制地理范围的合理性；③竞业限制协议的时间长短；④协议限制从事的工作与原工作的相关性；⑤雇主是否提供合理的补偿或利益；⑥限制对雇员生活的影响程度。[2]

在考虑雇主是否具有合法利益的时候，法院会考虑以下因素：①雇员所执行工作的性质；②雇员受雇于雇主的时间；③雇主是否给予雇员特殊培训或教育作为就业福利；④雇主是否与雇员分享商业秘密，如果竞争对手使用该商业秘密，可能会对雇主产生重大影响；⑤雇主有无采取相关措施保护雇员所拥有的信息；⑥雇员所拥有的信息是雇主独有的，还是具有普遍性的，例如一般的销售经验。总的说来，州立法只是根据该州的政策导向就普通法规定的进一步具化，消除了普通法的部分不确定性，但具体判断合理性时仍试图在雇主和雇员利益间达到平衡。

当雇主与雇员间就竞争限制协议发生争议时，如果是雇员违反了竞业限制协议，雇主就可以提起诉讼请求强制执行该协议，举证责任由雇主承担。如果雇主胜诉，一般会收到金钱损害赔偿或可能的禁令。金钱损害赔偿依合同法规定，可能包括利润损失、自付费用以及因违约导致的其他经济损失，也可以寻求违约金的赔偿，但具体是否赔偿，主要依据个案事实和合同法的规定。典型的禁令是禁止雇员为新雇主工作。法院通常会对寻求禁令的案件加急处理，一般只需要几天或几周就可以在法官面前举行听证会了。因此，大部分雇员在发现雇主准备采取行动的时候就已经开始寻求经验丰富的律师的帮助，以维护自己的合法权利。

另外，由于一些特殊的政策原因，竞争限制协议在某些情况下不适用。比如，为了保护公众健康以及信息和思想的自由流通，美国大部分州都禁止雇主与从事医生、护士、社工、广播业以及律师工作的雇员签订竞业限制协议。比如，

---

[1] 比较典型的是马萨诸塞州法的规定。根据马萨诸塞州竞业限制法案的规定，竞争限制协议要在程序上有效，协议必须是书面形式，由雇主和雇员双方共同签字，并在协议中明示，雇员有权在签署合同之前咨询律师且雇主还必须将竞争限制协议的内容提前通知给雇员（一般是提前10天）。此外，当雇主希望签订竞争限制协议时，还必须给予雇员某种方式的补偿。竞争限制协议要在实质上有效，限制的持续时间、地理区域和范围必须是合理的，同时该限制为合法商业利益所必需且符合公共政策。参见 ALM GL ch. 149。

[2] 参见美国 Workplace Fairness 组织（前身是美国劳工权益保护研究院）就竞业限制协议发布的说明第四条。https：//www. workplacefairness. org/non - compete - agreements.

为了保障低收入人群基本的生活标准，被《联邦公平劳动标准法案》（FLSA）归类为低收入的雇员不需要签署竞业限制协议。此外，当雇员无故被雇主解雇时，或者即使雇员是主动辞职但是辞职的原因是雇主要求其从事非法活动等不合理的要求，竞业限制协议也是不可执行的，雇员不受其已经与雇主签署的任何竞业限制协议的约束。

4. 启示与建议

科研人员签订竞业限制条款或协议，要注意以下两个方面的问题。

第一，是否属于应签订该条款或协议的人员范围。法律规定，竞业限制的人员限于用人单位的高级管理人员、高级技术人员和其他负有保密义务的人员。如果科研人员仅是单位一般技术人员，工作中并不接触相关秘密信息，在单位中的工作岗位与前述人员无关，则可以向单位提出意见要求不予签署竞业限制条款或协议。如果实际签署了，在离职后被原单位诉请认定违约，则司法人员可能根据实际情况认定原竞业限制条款或协议无效。

第二，离职后谨慎识别后续提供服务的单位业务类型。如果科研人员属于上述高级管理人员、高级技术人员和其他负有保密义务的人员，同时也签署了竞业限制条款或协议，离职后在依约接收原用人单位支付的补偿金时，要谨慎选择后续提供服务的单位，判断是否与原用人单位生产、经营的产品及业务属于同类，避免违反相关条款或协议及承担赔偿金。

三、离职后能否使用前单位的知识内容与成果？

实际问题：如何认定技术是否属于前单位的技术成果？

离职员工不可采取不当手段侵害前单位的利益，包括不得侵犯前单位的技术成果。这是最朴素的职业道德的要求，同时也是法律的基本要求。但在技术领域中，科研人员难免会在原单位同一领域从事研发工作，那么他们离职后是否能延续使用之前的科研成果？在与前雇主未签订竞业限制协议时是否依然受到竞业限制？怎样的行为可能涉及侵害前单位的技术成果？

◎涉及法条

《中华人民共和国专利法》（2008 年修正）第六条第一款、第八条和第六十五条

《中华人民共和国专利法》（2020 年修正案）将第六条一款后新增部分内容：“……该单位可以依法处置其职务发明创造申请专利的权利和专利权，促进相关发明创造的实施和运用。”但对本案无任何影响。

第六十五条规定的内容在修改后成为第七十一条：“……对故意侵犯专利权，情节严重的，可以在按照上述方法确定数额的一倍以上五倍以下确定赔偿数额。权利人的损失、侵权人获得的利益和专利许可使用费均难以确定的……确定给予三万元以上五百万元以下的赔偿。……侵权人不提供或者提供虚假的账簿、资料的，人民法院可以参考权利人的主张和提供的证据判定赔偿数额。”

《中华人民共和国专利法实施细则》（2010 年修订）第十二条

◎虚拟情境

J 先生原来是 D 公司的员工，从 D 公司辞职后自己设立了新公司——Y 公司。旋即，J 先生推动了 Y 公司与 S 公司的合作，并由 Y 公司、S 公司共同申请且获得了一项专利发明。该专利发明实质上是 J 先生在 D 公司期间的职务发明。D 公司是否有权主张获得该专利的所有权？如果 J 先生与 Y 公司意识到自己无法主张该专利的所有权，没有合理地维护该专利的有效性，未按时续费而导致该专利失效，是否还需要向 D 公司作出赔偿？

典型案例

D 公司诉 Y 公司、S 研究所侵害发明专利权纠纷案

（2016）粤 73 民初 803 号

裁判法院：广州知识产权法院

裁判时间：2019 年 6 月 21 日

关键词：职务发明创造/侵害发明专利/离职

案件摘要

原告 D 公司的员工在离职后设立了新公司，并与另一单位共同向国家知识产权局申请并获得一项发明专利，两申请人单位成为专利文献记载的专利权人，其中署名发明人含该离职员工。在有其他诉讼显示该专利属于离职员工的职务发明、权属归属于原告时，两位专利权人未续费导致专利权过期。原告认为，该专利权归属于自己，该离职员工、他后续的合作科研伙伴与相关单位的相关行为对

原告造成了经济损失，要求赔偿。法院认为，涉案技术属于该离职员工对原告的职务发明创造，原告应享有涉案技术相关权益；两位专利权人的过错导致涉案专利未续费而终止，侵犯了原告应享有的涉案专利技术的相关权益，由涉案的相关员工与单位连带承担原告的相关经济损失及合理维权费用。

裁判要点

劳动者劳动关系中止后一年内作出的与其在原单位承担本职工作或者原单位分配的任务有关的发明创造，属于原单位的职务发明创造，申请专利的权利属于原单位，申请批准后，原单位为专利权人。

在专利记载的权利人涉诉期间，相关权利主体可能被认定为他人时，该记载的权利人负有维持涉案专利有效的善良管理的职责。

争议焦点

D 公司是否享有涉案专利技术的权益。

基本案情

2008 年 3 月 20 日，原告 D 公司与被告姜某正式签订劳动合同，约定合同期为期一年，即 2008 年 3 月 18 日至 2009 年 3 月 17 日，姜某在 D 公司的任职部门为生产技术部，职务为工程师，承担的工作任务为产品研发。

涉案专利的发明人之一姜某在进入 D 公司之前并没有相关的工作经验，而 D 公司的经营范围涉及水产养殖技术的研究开发，与涉案专利相关。

姜某在 D 公司工作期间，从事或者参与开展的工作包括参与海水鱼工厂化循环水养殖设施工艺及养殖技术研究。该研究系被告 S 研究所与 D 公司合作的项目，项目类别为科技攻关与研发项目，名称为"海水鱼工厂化循环水养殖设施工艺及养殖技术研究"。主要内容：①集成养殖池水质物理处理、生化处理技术，建立工厂化养殖循环水设施工艺。②建立工厂化循环水鱼类养殖技术，实现温度、盐度、溶解氧等关键水质指标的实时采样、监测和控制，提高水处理系统的智能化管理水平。③估算生产成本，量化鱼类工厂化循环水养殖系统的直接经济效益和间接经济效益。实施方案包括建立养殖池水循环系统：分物理处理系统、生化处理系统和水质自动监控系统。养殖水经过物理处理系统除去鱼排泄物，而水溶性蛋白质经蛋白分离系统分离，同时加上臭氧系统对有毒物质的氧化消毒、杀菌灭藻，净化后经水质调整返回养殖池重新利用。

姜某自 D 公司离职后于 2009 年 6 月 26 日创办了被告 Y 公司。

Y 公司与 S 研究所于 2009 年 9 月 28 日向国家知识产权局申请名称为“一种多功能循环水处理设备”的专利（申请号：CN200910192778.6），公开日为 2010 年 3 月 17 日，署名的发明人为甲、乙、姜某。甲、乙为 S 研究所的工作人员。涉案专利的有关说明是：“本发明涉及养殖水循环处理工艺领域，特别涉及一种多功能循环水处理设备，主要应用于高位池养虾、养鱼，也可适用于海水和淡水工厂化循环水养成和育苗，水产养殖原水处理、海洋馆和水族馆循环水处理等。海水、淡水鱼、虾、贝类养殖中的循环水需要进行多种处理工艺才能循环使用，这些处理工艺包括机械过滤、泡沫分离、增氧、生化处理、排污、杀菌消毒、反清洗等处理步骤，该处理步骤分别采用不同功能的水处理设备完成。”该专利于 2012 年 5 月 30 日获得授权，专利权人为 S 研究所、Y 公司。涉案专利因未及时缴费而于 2012 年 9 月 28 日被终止。

S 研究所表示依据其与 Y 公司签订的《关于联合研发工厂化循环水养殖设施产品专利申报的协议》，涉案专利的申请费和维持费由双方各承担 50%，后因考虑到涉案专利缺乏实用价值，也从未给 Y 公司带来经济利益，经与 Y 公司商量，双方均同意不再续缴维持费用。同时，该协议还载明：实施方案采用产学研结合方式，其中 S 研究所提供养殖技术，D 公司提供养殖水循环设施。姜某参与了该项目，并担任工程师。

D 公司曾于 2011 年 7 月 11 日，针对如上五被告就涉案专利的申请权向广州市中级人民法院提起诉讼，请求法院将“一种多功能循环水处理设备”的发明专利申请权判令归 D 公司所有［（2011）穗中法民三初字第 465 号］。案件经过两审终审，由于“涉案发明创造系姜某的职务发明，就该职务发明申请专利的权利应当属于 D 公司，该发明被提出专利申请后，专利申请权亦应属于 D 公司。但涉案专利已于 2012 年 5 月 30 日被授权公告，涉案专利的专利申请权已经随着专利权的授予即专利申请程序的终结而终止”，D 公司的诉讼请求最终未得到广东省高级人民法院在判决［（2014）粤高法民三终字第 31 号］的支持。

该案另一被告 C 公司为姜某成立的一家公司，姜某是 C 公司的股东和实际控制人。该公司于 2014 年 4 月中标 Q 公司的石斑鱼工厂化循环水分体生态养殖系统设备采购项目，中标金额为 360 万元。

基于以上情况，D 公司认为六被告侵害了其发明专利权并由此获得了收益，因此诉至广州知识产权法院，请求支持其诉讼请求。

诉讼请求

被告 Y 公司、S 研究所、姜某、甲、乙、C 公司连带共同支付原告 D 公司经济损失及合理维权费用 150 万元以及所有立案费等相关费用。

被告 Y 公司、S 研究所、姜某、甲、乙、C 公司负担该案全部诉讼费用。

与案例相关的其他重要内容

裁判经过与结果

广州知识产权法院作出［（2016）粤 73 民初 803 号］民事判决书，判决被告 Y 公司、S 研究所应于该判决发生法律效力之日起 10 日内赔偿原告 D 公司经济损失及合理维权费用共 50 万元；驳回原告 D 公司的其他诉讼请求。

法院裁判理由

◎原告主张

D 公司主张涉案专利的发明人只有姜某，甲、乙未实际参与涉案专利的研发，只是挂名，故而甲、乙所属单位 S 研究所无权作为申请人申请涉案专利。

◎被告观点

1. Y 公司、C 公司

被告 Y 公司、C 公司认为，第一，该案应当以存在合法有效的发明专利权为基础，但 D 公司诉请的发明专利已在 2012 年 9 月 28 日终止，该专利权已不存在，在法律上已无保护的必要。第二，从 D 公司提交的证据来看，没有任何证据显示 Y 公司、C 公司的侵权行为以及 D 公司所诉称的损害后果。

2. 姜某

被告姜某辩称：第一，D公司诉请的发明专利已在2012年9月28日终止，该专利权已不存在，在法律上已无保护的必要。第二，没有证据显示被告存在侵权行为以及原告所诉称的损害后果。第三，在Q公司项目中的技术全部由姜某及其他工程技术人员研发，D公司诉请的理由是其凭空想象。另外，D公司称姜某恶意导致专利失效的问题没有根据。

3. S研究所

被告S研究所辩称，第一，其没有因涉案专利获得任何经济收益，自成立起均以服务社会、带动社会进步为根本宗旨，并非商业机构，其科研项目均不是以商业利益为目的。就该案争议专利而言，S研究所没有许可任何机构使用，也没有用于设备生产和销售。也就是说，没有通过该专利及其技术获得任何商业利益。

第二，作为涉案专利的专利权人，S研究所有权决定对该专利是否继续进行保护。涉案专利没有续费的原因是该专利技术仍有较大的升级空间，试验过程中发现有诸多问题需要改进。如果D公司真的认为涉案专利技术有较高商业价值，则其自2012年9月涉案专利放弃保护起就有权将相关专利技术用于商业项目，而不是反复纠缠试图从打官司中获得收益。

第三，甲、乙均是涉案专利的发明人之一。S研究所是国内顶级水产科研机构，对水产养殖水的要求、水处理技术有深入的研究，取得了丰硕的科研成果，完全具备参与涉案专利技术的科研水平。其员工甲、乙提供思路、构思，姜某绘制图纸等具体工作，共同研发了涉案专利，甲、乙均是涉案专利的共同发明人。

第四，甲、乙二人均是被告S研究所资深科研人员，二人在水产养殖等领域有深厚的学术基础积累，取得了大量科研成果，二人与姜某一起共同研发涉案专利，系落实S研究所与姜某所属公司的产学研项目，其相关行为均是履行职务行为，且甲、乙二人没有因涉案专利获得个人经济收益。

第五，D公司所述六被告使用涉案专利相关技术获利超过150万元，缺乏事实依据。S研究所对Q公司项目不知情，也没有以任何形式参与，更不用说获利。D公司反复将S研究所拖至法庭的行为，严重阻碍了S研究所在循环水养殖领域的后续研究工作，造成行业技术升级过程的迟滞，与整个社会产业转型升级大趋势相背离，导致整个行业难以估量的损失。

第六，S研究所与D公司没有任何业务关系，也没有任何矛盾，即便D公司与姜某之间存在纠纷，也是D公司与姜某之间的事。D公司在多次诉讼中均将S研究所列为被告，抹黑了S研究所的社会形象，损害了S研究所的合法权益，严重干扰了S研究所的正常科研活动，给国家的高级技术研究人员造成巨大的精神压力，是滥用诉权的行为，也浪费了国家的司法资源，其行为依法应当受到谴责。

4. 甲、乙

被告甲、乙辩称，第一，甲、乙是涉案专利的共同发明人。第二，甲、乙与Q公司没有任何合作关系。

◎法院对法条的援引、解释与适用

1. 对专利发明人的认定

根据《专利法》第八条和“谁主张，谁举证”的举证原则[1]，D公司无法举证证明甲、乙未实际参与涉案专利的研发，应当由甲、乙举证证明其曾经参与涉案专利的研发工作，但甲、乙未能提交有效证据证明，故应当承担举证不能的责任。

D公司关于甲、乙未实际参与涉案专利研发的上述主张，法院予以支持，故法院认定涉案专利的发明人系姜某。

2. 涉案专利的权利人

根据《专利法》第六条第一款、《专利法实施细则》第十二条第（三）项的规定，D公司主张涉案专利涉及的发明为职务发明，应当证明该发明是在姜某离职一年内作出的，且与姜某在D公司承担的本职工作或者在D公司分配的工作任务有关。

---

[1] “谁主张，谁举证”就是当事人对自己提出的主张提供证据并加以证明，是一种举证责任的通俗化说法。

（1）关于涉案专利是否系姜某在离开D公司一年内作出的问题。

根据法院查明的事实，姜某与D公司的合同到期时间是2009年3月17日，涉案专利的申请日是在2009年9月28日，可见涉案专利涉及的发明完成时间是在姜某离开D公司一年内作出的，所以在时间上符合职务发明的构成要件。

（2）涉案专利是否属于与姜某在D公司承担的本职工作或者在D公司分配的工作任务有关的发明。

涉案专利是“一种多功能循环水处理设备”，主要应用于高位池养虾、养鱼，该处理步骤分别采用不同功能的水处理设备完成。而至今尚未出现针对高位池养虾、养鱼一机多用的水处理设备。该发明的目的在于改进以往循环水处理系统使用水处理设备的数量较多，系统的体积庞大、占地面积与安装场所的要求高、投资成本高、耗能大、运行和维修成本高等弱点，提供一种能够提高循环水处理效率、体积小、耗能低并可降低投资、运行成本的多功能水循环处理设备，即涉案专利为高位池养虾、养鱼等提供了综合上述多种功能的、一机多用的循环水处理设备。

姜某的个人总结、参加的有关会议以及有关项目等显示，姜某在D公司任职期间，从事的工作涉及开发滚筒微滤机、参加生物泡沫分离器的测试培训、进行淡水蛋白质分离器设备完善、完成淡水蛋白质分离器射流器和微滤机设备零件的工艺设计等，这些工作均与循环水处理的步骤相关。尤其是D公司与S研究所合作的“海水鱼工厂化循环水养殖设施工艺及养殖技术研究”项目，D公司负责提供养殖水循环设施，该养殖水循环设施与涉案专利密切相关，实现的目的基本相同，而姜某作为D公司的员工参与到该项目，并担任工程师；在“汕尾工业化养虾项目”中，姜某负责审核虾池工程图纸的设计与绘制，而涉案专利的说明书中明确提到“海水、淡水鱼、虾、贝类养殖中的循环水需要进行多种处理工艺才能循环使用”“本发明主要应用于高位池养虾、养鱼”。

综上，姜某在D公司工作期间作为工程师，负责产品的研发，而其从事的工作又与涉案专利有关，而涉案专利系姜某离开D公司一年内作出的，故应认定该发明创造为姜某的职务发明。

因涉案专利的发明人系姜某，且该发明系姜某的职务发明，故涉案专利涉及的发明创造申请专利的权利以及专利权应当属于姜某当时所属单位D公司，即D公司应享有涉案专利技术的相关权益。

3. 不缴纳涉案专利年费的责任

虽然在S研究所、Y公司不缴纳涉案专利年费时，涉案专利记载的专利权人仍为S研究所、Y公司，但此时D公司就涉案专利申请权问题以涉案专利属于职务发明为由再次起诉S研究所、Y公司的［（2011）穗中法民三初字第465号］案件仍在审理中，因涉案专利技术是在姜某从D公司离职后一年内作出的，且可能与姜某在D公司承担的本职工作或者分配的工作任务有关，存在被认定为职务发明的可能性。

因此，基于诚实信用原则[1]，S研究所、Y公司负有维持涉案专利有效的善良管理的职责。这种职责既包括维持涉案专利有效的责任，也包括出现可能导致涉案专利无效或终止的情况时，及时告知D公司、审理法院的责任。S研究所、Y公司既是缴纳涉案专利年费的义务人，也负有维持涉案专利有效的责任，却既未按时缴纳涉案专利年费，也未将不缴纳涉案专利年费致使涉案专利终止的情况及时告知D公司、审理法院，S研究所、Y公司在采取相关行为时具有过错，并最终导致涉案专利终止，已经侵犯了D公司应享有的涉案专利技术的相关权益。但主张姜某、甲、乙、C公司应承担赔偿责任没有依据，法院不予支持。

案例注释与解析

1. 对于选取案例的说明

单位的科研人员离职跳槽到同行业再就业，或者自行创办企业，后单位与前单位是业务相仿、构成竞争关系的同类公司，这在现实生活中稀松平常。与其他领域不同，在科研领域科研技术人员离职到新单位工作，往往涉及用自身的技能为新单位获取利益，这里的“自身技能”在现实层面及法律层面界限往往不清

[1] 诚实信用原则：民法的基本原则之一，要求个人和组织在参与民事活动的过程中要诚实、讲信用，在不损害社会公益和他人利益的基础上获得利益。

晰、不明确。如何把握这个界限关系到科研人员、科研单位或企业是否会因后续对相关技术的使用承担法律责任的风险。该案涉及属于前单位的、新单位不可用的技术内容区分，并讲述了非法占有、使用前单位科研成果的法律后果。

2. 如何判断是否属于前单位技术成果?

一个科研人员通过自身学习、工作而内化于身心的技能，属于该科研人员自身所具备的知识与技能，也是该科研人员自身价值的体现。但这并不意味着他可以一生中随意使用学习到的相关技术与内容。对于科研人员在离职后可以自由使用的知识与技能的范围，《专利法实施细则》规定，劳动关系终止后一年内的发明创造是职务发明创造，归属于前单位。

离职的科研人员在新单位的新专利成果是否属于这种情况，要经过三个判定步骤：第一，该离职员工是否是新专利（申请）的发明人；第二，新专利是否是在该员工离职后一年内作出的；第三，新专利是否属于与该员工在前单位承担的本职工作或者分配的工作任务有关的发明。

如果三项的答案都是肯定的，那么新专利系该科研人员在前单位的职务发明，专利所有权归属于前单位。

3. 对前单位技术成果保护不当的责任

基于诚实信用原则，离职科研人员有义务保护其所作出的属于前单位职务成果的发明。在该案中，该科研人员及其后续的科研合作者、单位未对名义属于现单位、实质上属于前单位的专利权缴费，导致专利无效，最终被法院要求赔偿原单位的经济损失。

4. 美国的情况

在美国，判定一项新技术成果是否属于科研人员为前雇主创造的职务发明，通常要看这些新技术成果在离职前的研发情况与成熟度，也取决于知识产权保护形态。如果一项技术成果既使用了前单位的资源，也使用了后单位的资源，两家单位可共有相关技术所形成的专利权。

例如，*Bio - Rad Laboratories*，*Inc. v. International Trade Commission and 10X Genomics*（Fed. Cir. No. 20 - 1785，2021）一案中，由于员工的想法太过超前，且并未于前单位工作期间实施，美国联邦上诉巡回法院认为前单位不享有相关员工在新单位后续形成专利的相关权利。

5. 国内地方的政策规定

近年来，国内各地方为了推进科技创新、促进科技成果转化，纷纷出台地方法律法规保障科研人员的权益。

2019 年 11 月 27 日，北京市公布了《北京市促进科技成果转化条例》，其中第九条第一款规定："政府设立的研发机构、高等院校，可以将其依法取得的职务科技成果的知识产权，以及其他未形成知识产权的职务科技成果的使用、转让、投资等权利，全部或者部分给予科技成果完成人，并同时约定双方科技成果转化收入分配方式。"

2020 年 8 月 28 日，深圳市发布了《深圳经济特区科技创新条例》，其中第三十七条规定："全部或者主要利用财政性资金取得职务科技成果的，高等院校、科研机构应当赋予科技成果完成人或者团队科技成果所有权或者长期使用权，但是可能损害国家安全或者重大社会公共利益的除外。依据前款规定，赋予科技成果完成人或者团队科技成果所有权的，单位与科技成果完成人或者团队可以约定共同共有或者按份共有。约定按份共有的，科技成果完成人或者团队持有的份额不低于百分之七十；赋予科技成果完成人或者团队科技成果长期使用权的，许可使用期限不少于十年。对于同一职务科技成果，科技人员获得职务科技成果所有权或者长期使用权的，其单位可以不再给予成果转化收益及相关奖励。"

北京市、深圳市这些新的规定明显体现出有关地方对于加大科研人员权益保护所作出的努力。根据这些规定，在判断职务科技成果的归属时还要注意科研人员和单位对于科技成果所有权的约定及份额比例，而不能简单地依照该案提及的法律法规一概而论，也要参考地方立法部门细则的规定。

6. 启示与建议

通过该案我们可以看到，科研人员跳槽更换单位或者离职创业，需要严格遵守基本的职业道德和法律规定，如果将前单位的技术带入新单位使用，则可能会侵犯前单位的知识产权，承担相应的民事责任，甚至刑事责任。

建议科研人员在工作期间留意并识别属于单位的技术或其他知识产权，在跳槽或离职创业时，避免使用或向新单位泄露前单位的技术或其他知识产权，避免触犯法律、承担法律责任。

专题五　科研活动涉及侵犯他人知识产权

一、基本概述

科研活动的开展一直是“站在巨人肩膀上”不断累积的过程，在他人的成果之上不断创新与累积。这就意味着科研活动中不可能避免地需要使用他人的智慧成果，这也会形成涉嫌侵犯他人知识产权的法律风险与问题。一旦出现知识产权侵权问题，不仅会对个人与单位造成经济赔偿的后果，毁损个人与单位的名誉，还可能会构成刑事犯罪。

为了深入了解相关法律规定，有效规避侵犯他人知识产权而造成不良法律后果与责任，本专题分别从侵犯专利权、著作权、技术秘密等民事与刑事法律内容与责任方面进行介绍与讨论。

二、侵犯他人专利权

（一）直接侵权

实际问题：科研单位哪些实施专利的行为可以构成直接侵权？

专利权是一种排他权；未经专利权人许可，为生产经营目的制造、使用、许诺销售、销售、进口其专利产品，或者使用其专利方法以及使用、许诺销售、销售、进口依照该专利方法直接获得的产品的行为，构成专利侵权。那么，对于作为往往不具备生产经营资质的科研单位，哪些实施专利的行为可以构成直接侵权呢？另外，被专利侵权的科研人员又该如何救济自己的合法利益？

◎涉及法条

《中华人民共和国专利法》（2020年修正）第十一条第一款

◎虚拟情境

某研究院所从事研发活动，其中涉及对某项专利产品与方法的制造与使用。在未经该专利的专利权人许可下，是否可以顺利、合法地开展相关活动？

焦某与K研究所等侵害发明专利权纠纷

（2020）最高知民终831号

裁判法院：最高人民法院

裁判时间：2020年11月25日

关键词：发明专利/为生产经营目的/专利侵权/制造、使用

案件摘要

上诉人焦某系涉案专利的专利权人，因被上诉人K研究所未经其许可擅自制造、使用涉案专利产品和方法，并将专利技术向多人推广，遂起诉要求赔偿损失并停止侵权。法院认为，依据《专利法》第十一条第一款的规定，认定侵权需要明确两个问题：一是是否存在未经许可制造、使用涉案专利产品和方法的行为；二是该制造、使用行为是否具有生产经营目的。两被上诉人在双方合作项目中使用了涉案专利方法，制造了涉案专利产品，并且在科技合作中将该产品进行了示范推广，产生了经济效益，损害专利权人市场利益，具有为生产经营的目的，侵害了上诉人的专利权。

裁判要点

判定是否构成侵权时需要审查两个问题：一是被告是否存在未经许可制造、使用涉案专利产品和方法的行为；二是该制造、使用行为是否具有生产经营目的。

在专利侵权判定时，对“为生产经营目的”的理解，应着眼于具体的被诉侵权行为，综合考虑该行为是否属于参与市场活动、是否影响专利权人市场利益等因素，既不能将“为生产经营目的”简单等同于“实际获利”，也不能仅根据实施主体的性质认定其是否具有生产经营目的。

争议焦点

K研究所、A区农业农村局作为具有公共服务、公益事业属性的主体，它们在合作项目中未经许可实施他人专利的行为是否构成专利侵权。

基本案情

2003年8月8日，原告焦某向国家知识产权局申请了涉案专利“一种增乳壮牛中药饲料添加剂及其制备方法”（以下简称“涉案专利”），并于2005年12月28日获得授权，发明人为甲、乙、焦某、吴某某，专利权人为焦某。焦某全权委托乙（该专利的主研人）进行该专利的市场推广、实施转让及专利维权。

2005年11月26日至2006年1月15日，为验证该专利的效果，在C繁育中心进行了“中草药添加剂对奶牛×××的防治及对产奶量和乳品质的影响”的试验，试验完成人为：K研究所的刁某某、张某某，X中药研究所的乙，A区畜牧水产服务中心的黄某某、安某某、王某某、刘某某，A区D奶牛场的王某某、张某某、田某。

《中国奶牛》2007年第2期（总第140期）刊登了《中草药添加剂对奶牛乳房炎及生产性能的影响》一文，该文作者为张某某、刁某某、乙等人。该文中所载的“中草药添加剂的制备与用法”配制组成与涉案专利的权利要求1相同，“结果与分析”部分所载的疗效数据与某科学院办公室编的《某科学院年鉴2006》中的数据相同。另有，《山东畜牧兽医》刊登了《天然植物饲料添加剂对奶牛隐性乳房炎及生产性能的影响》一文，该文作者为张某某、刁某某。2010年第7期的《农村财政与财务》刊登了《都市型现代化农业建设的“大兴模式”》一文，作者为某科学院研究员吴某某。

乙到A区农业委员会（以下简称“A区农委”）处咨询得知，A区与某科学院第二期院区科技合作项目（2006—2008年）中名称为“A区优质安全畜产品生产技术研发与推广”的项目考核指标1是“中草药饲料添加剂示范与推广”。《某科学院年鉴2006》与《某科学院与A区科技合作总结表彰暨签字仪式在我院举行》的内容表明，K研究所、A区农业农村局开展科技合作旨在促进科研成果向生产力转化，引导和支持A区农业转型发展。

焦某为维护科研创新的合法权利，在2018年6月26日向A区农委申请政府信息公开。A区农委答复暂不公开。经复议，其再次答复：第三方（中国农业科学院）认为焦某所需公开以上信息涉及其商业秘密和科研技术参数，属项目保密范围，已列入项目秘密事项，属于不予公开范围。

2019 年 2 月 22 日，焦某向北京知识产权法院起诉。

诉讼请求

一审中，原告焦某请求二被告停止专利侵权并共同赔偿损失 261.818 万元。上诉时，上诉人焦某请求法院撤销原审判决，改判支持其全部诉讼请求。

与案例相关的其他重要内容

裁判经过与结果

案件经过北京知识产权法院、最高人民法院知识产权庭终审结案。

一审北京知识产权法院作出［（2019）京 73 民初 207 号］民事判决，判决驳回一审原告焦某的全部诉讼请求。焦某不服，提起上诉。

二审最高人民法院作出［（2020）最高法知民终 83 号］民事判决，撤销原审民事判决，K 研究所赔偿焦某经济损失 60 万元及合理开支 1.5 万元，A 区农业农村局对其中的 21.5 万元承担连带赔偿责任，驳回焦某的其他诉讼请求。

法院裁判理由

◎一审原告的观点

原告焦某提出，《天然植物饲料添加剂对奶牛隐性乳房炎及生产性能的影响》这篇文章是根据涉案专利试验报告和涉案专利申请书的内容抄袭、改编而来的，明显是论文造假的侵权行为。

焦某认为，K 研究所擅自把涉案专利技术变成自己的科研成果与 A 区农业农村局进行科技合作并在 A 区推广实施。K 研究所的工作人员张某某、刁某某擅自使用涉案专利试验报告内容（含技术配方）面向全国发表论文，使涉案专利技术失去法律保护意义，无法实施转让，给焦某造成了巨大的经济损失。

◎一审被告的观点

被告 K 研究所辩称：

（1）K 研究所从未实施过涉案专利，不存在任何侵害涉案专利权的行为，焦某的诉讼请求没有事实根据。K 研究所的刁某某和张某某两位研究人员除了帮乙提供临床验证试验，从未制造、使用、销售过涉案专利产品，也从未以任何方式使用其专利方法制造、销售过产品。K 研究所亦从未以任何方式实施过涉案专利。饲料研究所亦从未以任何方式实施过涉案专利。

（2）因发表科研论文引起的争议不属于专利侵权案件的审理范围。涉案专利的试验报告是由张某某、刁某某与乙等人共同完成的，与该试验报告相关的论文《中草药添加剂对奶牛乳房炎及生产性能的影响》亦是由包括乙在内的多位合作作者共同发表的。如果焦某和该论文作者对于版权问题发生争议，应另行解决，该争议不属于该案的审理范围。

◎一审法院对法条的援引、解释与适用

1. 专利侵权的判定思路

关于 K 研究所与 A 区农业农村局科技合作项目是否构成侵权，应从两个方面进行审查：①K 研究所、A 区农业农村局是否存在未经许可使用涉案专利的行为；②K 研究所、A 区农业农村局的行为是否构成专利侵权。

2. 被告是否使用了涉案专利

根据《某科学院年鉴 2006》，2006 年 K 研究所与 A 区畜牧水产中心合作建立了研发中心，进行了奶牛中草药饲料添加剂的研发与示范，并在 C 繁育中心进行了喂饲“超微蜂花粉”（被告已自认“超微蜂花粉”系笔误，应为“涉案专利”所指的奶牛中药饲料添加剂）试验示范。上述试验示范中的试验数据与张某某和刁某某发表的论文中的相关试验数据一致，且该文所载技术方案与涉案专利权利要求 1 所要保护的内容相同。因此，可以初步认定 K 研究所、A 区农业农村局在上述试验示范中使用了焦某的涉案专利。

3. 被告的使用是否构成专利侵权

K 研究所、A 区农业农村局从其法人属性上来看，K 研究所属于事业单位，A 区农业农村局属政府机关，二者均不具备生产经营的资质。而且，K 研究所、A 区农业农村局合作项目的目的在于对奶牛中草药饲料添加剂的研发与示范，并无证据显示该项目的实施系以生产经营为目的。故此，焦某关于该行为构成专利侵权的主张依据不足。

◎原告（上诉人）的上诉理由

焦某认为，一审法院关于 K 研究所、A 区农业农村局不具有“生产经营目的”的认定错误。

（1）K 研究所、A 区农业农村局在表面上看似与经营营利无关，但实际上涉案专利已被该两个单位向众多农户进行推广，众多农户也从涉案专利的使用中获利，而 K 研究所、A 区农业农村局也在推广中获得了巨大利益。

（2）《某科学院年鉴 2006》记载了：“已经生产出的饲料添加剂产品……已经在 A 区主要奶牛场、畜场进行示范与推广，取得了很好的效果。”这充分说明 K 研究所、A 区农业农村局使用涉案专利技术并获得经济利益。而且，没有证据证明该合作项目是一项非营利项目或者公益项目。

（3）根据《都市型现代化农业建设的“A 区模式”》一文记载：“不断建立标准化示范基地，推广产业升级……建立了 25 个生产试验示范基地……形成了‘院区合作 + 示范基地 + 农户’的模式……有力促进了新品种、新技术的推广应用，辐射带动全区相关产业的升级换代。据测算，在已经完成的前两期合作任务中，A 区共投入 1266 万元，而得到的经济效益为 39461.22 万元。”该证据充分表明在双方的合作项目中，A 区政府投入了资金并取得了经济利益，该经济利益不可能是无偿的、公益的，更不可能与涉案专利无关。K 研究所、A 区农业农村局在科技合作中存在擅自引诱、帮助农户使用涉案专利技术并获取经济利益之行为。

（4）K 研究所、A 区农业农村局认为涉案合作合同属于“商业秘密”而拒绝提交，由于商业秘密本身即具有经济价值，这意味着其承认该合同具有“商业价值”，是与经济利益挂钩的。

◎被告（被上诉人）的辩解

K研究所答辩称：①焦某根据网络文章以及《某科学院年鉴2006》记载的内容推测K研究所从事了帮助侵权行为，该主张不能成立。现有证据不能证明K研究所存在专利侵权行为。②K研究所自始并不知晓涉案专利产品的制备工艺，并且从未为生产经营目的实施过涉案专利。综上，原审判决认定事实清楚、适用法律正确、审理程序合法，焦某的上诉请求不能成立，请求法院依法驳回其上诉请求。

A区农业农村局答辩称：原审法院认定事实清楚、审理程序合法、适用法律正确，且其关于K研究所、A区农业农村局不具有生产经营目的的认定是正确的，请求维持原审判决。

◎原告（上诉人）提交的新证据

二审中，焦某提交了如下证据：两被告开展合作的网页内容公证书，用以证明K研究所、A区农业农村局共同实施了涉案专利技术，进行开发应用、培训人员并直接创造经济效益1.14亿元。

◎二审法院结合新证据还原的事实情况

2006~2008年，某科学院与A区开展了第二期科技合作。通过政府提供资金、研究机构提供科技成果，双方共同实施项目，形成了“院区合作+示范基地+农户”的模式。第二期合作A区政府共安排经费480万元，开展了包括优质安全畜产品生产技术研发与推广项目在内的6个合作项目。优质安全畜产品生产技术研发与推广项目，包括由K研究所与A区畜牧水产中心合作，进行了奶牛中草药饲料添加剂的研发与示范。在C繁育中心进行了喂饲中草药饲料试验示范。K研究所已经生产出的奶牛天然物饲料添加剂等饲料添加剂产品，在A区主要奶牛场、畜场进行了示范与推广，取得了很好的效果。双方在第二期科技合作中共计培训技术人员和农民10320人（次），使4500余农户直接受益，创造直接经济效益1.14亿元。2009年，某科学院对在第二期院区科技合作中作出突出贡献的K研究所等集体和张某某等专家进行了表彰奖励。

◎二审法院对法条的援引、解释与适用

《专利法》（2000年修正）第十一条第一款规定：“发明和实用新型

专利权被授予后，除本法另有规定的以外，任何单位或者个人未经专利权人许可，都不得实施其专利，即不得为生产经营目的制造、使用、许诺销售、销售、进口其专利产品，或者使用其专利方法以及使用、许诺销售、销售、进口依照该专利方法直接获得的产品。”根据前述规定，认定K研究所、A区农业农村局是否构成侵权，需要审查两个问题：一是K研究所、A区农业农村局是否存在未经许可制造、使用涉案专利产品和方法的行为；二是该制造、使用行为是否具有生产经营目的。

（1）被告是否存在未经许可制造、使用涉案专利产品和方法的行为。该案中，K研究所和A区农业农村局在第二期科技合作期间，通过政府提供资金、研究机构提供科技成果，双方共同实施了涉案专利奶牛中草药饲料添加剂的研发与示范项目，并生产出了奶牛天然物饲料添加剂等饲料添加剂产品。该添加剂产品已经在A区主要奶牛场、畜场进行了示范和推广，取得了很好的效果。故可以认定K研究所、A区农业农村局在双方涉案合作项目中使用了涉案专利方法，并制造了涉案专利产品。

（2）被告的制造、使用行为是否具有生产经营目的。《专利法》将“为生产经营目的”作为专利侵权构成的要件之一，系出于合理平衡专利权人和社会公众利益之目的。在专利侵权判定时，对“为生产经营目的”的理解，应着眼于具体的被诉侵权行为，综合考虑该行为是否属于参与市场活动、是否影响专利权人市场利益等因素进行判断，既不能将“为生产经营目的”简单等同于“实际获利”，又不能仅仅根据实施主体的性质认定其是否具有生产经营目的。即使政府机关、事业单位等主体具有公共服务、公益事业等属性，其自身不以生产经营为目的，但其实施了市场活动、损害了专利权人市场利益的，仍可认定具备“为生产经营目的”之要件。

该案中，K研究所、A区农业农村局开展科技合作旨在促进科研成果向生产力转化，引导和支持A区农业转型发展，带有一定的公共服务和公益事业属性，不直接以生产经营为目的。但是，K研究所和A区农业农村局在第二期科技合作中，通过A区政府提供资金资助、K研究所提供科技成果，形成“院区合作+示范基地+农户”的模式。K研究所、A区农业农村局生产出的奶牛天然物饲料添加剂产品已经在A区主要奶牛场、畜场进行了示范和推广，取得了很好的效果。据统计，双方在第二期科技合作中共计培训技术人员和农民10320人（次），使4500余农户直接受益，创造直接经济效益1.14亿元。可见，涉案项目产生了一定经济效益，并使农民直接获利。K研究所、A区农业农村局制造、使用涉案专利产品和方法的行为不可避免会侵占焦某涉案专利的可能市场，损害专利权人的市场利益，故K研究所、A区农业农村局的相关行为具备“为生产经营目的”之要件。

结合K研究所、A区农业农村局无正当理由拒不提供双方涉案合作项目的相关资料的情形，法院认定K研究所、A区农业农村局在第二期科技合作中，共同实施了制造、使用涉案专利产品和方法的侵权行为，构成侵权。

案例注释与解析

1. 对于选取案例的说明

该案给出了认定专利侵权构成要件之一“为生产经营目的”的判断标准，在实务中，科研机构之类的事业单位常常对该构成要件的认定存在误区，以至于不当地侵犯了他人专利权。

该案提醒科研单位，专利侵权中的“为生产经营目的”并非仅仅根据专利实施主体的性质来认定，即使是带有一定公共服务属性的事业单位，例如科研机构，也会因为实施专利的行为侵占了专利权人的可能市场而被认定为具有为生产经营之目的，从而被认定为专利侵权。所以，科研单位如果遇到类似该案的合作项目，务必要提前注意到风险。

另外，涉案专利的专利权人是自然人焦某，她在面对行政机关和事业单位的情况下，仍能积极维护自身权益，多次向有关部门要求公开涉案信息被驳回，依旧不放弃，经历两轮行政诉讼和民事诉讼，最终真正保护到身为专利权人的合法权益。因此该案也是激励科研人员或科研单位积极维权的正面范例。

2. 哪些实施专利的行为可能有直接侵权的风险？

（1）法律的相关规定

专利包括发明、实用新型和外观设计三种类型，其中发明专利的客体可以是专利产品或方法，实用新型或外观设计[1]的客体一定是专利产品。未经专利权人许可，对于专利产品，为生产经营目的制造、使用、许诺销售、销售或进口行为都可能构成直接侵权（使用外观设计专利产品除外）；对于专利方法，使用该方法以及使用、许诺销售、销售、进口依照该专利方法直接获得的产品的行为，可能构成直接侵权。

判定是否构成侵权时需要审查两个问题：第一，被告是否存在未经许可制造、使用涉案专利产品和方法的行为；第二，该制造、使用行为是否具有生产经营目的。

（2）许诺销售、销售

对于科研单位，许诺销售或销售行为可能相对少。而且由于这两种行为的营利性质，显然以非生产经营目的来否定该行为的侵权性几乎是不可能实现的。

（3）制造或使用

制造或使用，是科研单位实施专利的主要行为。对于制造，由于往往挤占了专利权人的市场，对权利人的损害明显而巨大，一般也难以通过“非生产经营目的”来进行抗辩。但是，对于使用，却不能一概而论，使用主体的不同可能的确影响是否侵权的定性。

该案中，使用专利方法与制造专利产品是混在一起讨论的，因为使用专利方法的必然结果就是制造出专利产品。焦某的专利包括产品（中药饲料添加剂）及其制备方法，由于K研究所和A区农业农村局在合作项目中“试验示范”了焦某的专利产品，生产出了中药饲料添加剂，被法院认定构成制造专利产品和使用专利制备方法的两种侵权行为。

然而，对于单一的使用行为，使用主体不同，侵权与否可能也有所不同。比如，科研单位购买了一台侵权仪器用于日常的实验，这种使用具有非生产经营目的的性质；相反，如果是一家企业购买了这台侵权仪器也用于日常的实验，这种使用则很可能构成侵权。使用专利方法（应用方法类专利）亦如此。

3. 不构成专利侵权的抗辩理由

若存在对与专利技术相同的技术进行使用、制造或使用的事实，又有什么理由可以克服专利权人针对侵权的主张呢？《专利法》（2020年修正）对相关抗辩理由进行了罗列：

---

[1] 不包括《专利法》（2020年修正）中的局部外观设计。

第七十五条　有下列情形之一的，不视为侵犯专利权：

（一）专利产品或者依照专利方法直接获得的产品，由专利权人或者经其许可的单位、个人售出后，使用、许诺销售、销售、进口该产品的；

（二）在专利申请日前已经制造相同产品、使用相同方法或者已经作好制造、使用的必要准备，并且仅在原有范围内继续制造、使用的；

（三）临时通过中国领陆、领水、领空的外国运输工具，依照其所属国同中国签订的协议或者共同参加的国际条约，或者依照互惠原则，为运输工具自身需要而在其装置和设备中使用有关专利的；

（四）专为科学研究和实验而使用有关专利的；

（五）为提供行政审批所需要的信息，制造、使用、进口专利药品或者专利医疗器械的，以及专门为其制造、进口专利药品或者专利医疗器械的。

其中，对于科研事业单位来说，除了第四项中“专为科学研究和实验而使用有关专利的”是常用的抗辩理由，还有第二项中所描述的先用抗辩权。例如，基于先用抗辩权，在（2020）最高法知民终642号案中，最高人民法院允许了该专利侵权诉讼一案的被告在原告申请专利前的对技术的使用范围内，继续制造和使用相关专利技术。

4. 现实中的困惑与思考

我国《专利法》规定的侵权主体包括任何单位和个人，因此其中专利侵权判定步骤之一“生产经营目的”也适用于单位主体。但是，单位的哪些实施他人专利的行为满足非生产经营目的呢？就此业内一直颇有争议。比如，有的观点认为，与其主营业务目的无直接关系的，不能认定为生产经营目的；而有的观点认为，只要与生产经营有关系，不论与被诉侵权行为人的主营业务是否相关，被诉侵权人都会从行为中直接或间接获益，因此为生产经营目的的行为。[1]

该案判断“为生产经营目的”的方法是，具体行为是否属于实施了市场活动的行为，损害了专利权人的市场利益。但落实到具体个案，尤其是政府或事业单位法人与他人合作的项目，依然有较大不确定性。

（1）我国其他案例的情况

有某案件，原告为排水装置的发明专利权人，被告一为一家事业单位法人。

---

[1] 北京市高级人民法院知识产权审判庭．北京市高级人民法院《专利侵权判定指南（2017）》理解与适用［M］．北京：知识产权出版社，665－668．

招标某海滨盘山路的防滑坡工程，被告二作为包工包料的施工单位中标。被告二未经许可，使用了原告的专利产品。原告要求两被告承担共同侵犯专利权的法律责任。而被告一辩称，涉案工程是重点民生工程，并非以生产经营为目的。[❶]

如果被告一、被告二之间的共同侵权成立，则被告一的行为当然也属于实施了市场活动，损害了专利权人市场利益的行为，因此具有"为生产经营的目的性"。另外，被告一对该工程只有投入，似乎并不会从中直接或间接获得任何经济利益，因此又具有一定的"非为生产经营的目的性"。这一矛盾结论出现的前提是被告一作为事业单位，的确从该项目中没有直接或间接获得经济利益，但这往往并非事实。

（2）其他国家的情况

欧共体专利公约第 27 条（a）、英国专利法第 60 条第 5 款、法国知识产权法典第 L. 613 - 5 条、德国专利法第 11 条均规定，专利权的效力不及于"以私人方式和为非商业目的而进行的行为"。也即，未经专利权人许可实施专利的行为，必须同时满足两个条件（一是以私人方式进行，二是非商业目的），则才不被认定为专利侵权行为。例如，科学爱好者出于个人兴趣制造专利产品，未用于商业用途，或个人为自己或家庭生活的需要而实施他人专利，都不构成专利侵权。

5. 启示与建议

知识产权一般都是提前布局的工作。在还未明确知识产权确定价值的情况下，往往是专利已经申请、商标已经注册、论文已经发表。而知识产权实施可能滞后很多年，这就要求科研单位一定要有知识产权管理和风险防范意识，提前做好配套工作。

该案原告焦某在被告采取实际侵权行为后，历经 11 年才发现相关情况。可窥见两被告 K 研究所和 A 区农业农村局在知识产权管理和风险防控方面的意识和制度的缺失。如果这两家单位了解到自己有剽窃他人作品和侵犯他人专利权的风险，则应优先考虑与焦某谈判、获得专利许可。

（二）间接侵权

实际问题：科研单位中，哪些管理或研究行为可能构成间接侵权？

侵犯专利权除了直接侵权外，还包括间接侵权，即教唆（包括诱导、怂恿）、帮助别人实施直接侵犯专利的行为。什么是间接侵权？对于科研单位，什

❶ 祝建军. 专利纠纷中"非生产经营目的"免责抗辩成立的条件［N］. 人民法院报，2014 - 07 - 23.

么形式的行为可能构成间接侵权？对于应用方法专利，生产并销售被诉侵权产品的行为是否构成间接侵权？间接侵权又将承担怎样的法律责任？

◎**涉及法条**

《中华人民共和国专利法》（2008 年修正）第十一条第一款、第五十九条第一款

《中华人民共和国专利法》（2008 年修正）第五十九条第一款现已被修正，其内容并未改变，法条位置修改为第六十四条第一款。

《中华人民共和国侵权责任法》（2010 年施行）第九条第一款

《中华人民共和国侵权责任法》现已失效，其第九条第一款内容已被收入《中华人民共和国民法典》第一千一百六十九条第一款。

《最高人民法院关于审理侵犯专利权纠纷案件应用法律若干问题的解释（二）》第二十一条第二款，现已被修改，其内容并未改变，只是随着《中华人民共和国侵权责任法》的失效，关于“侵权责任法第九条”的措辞被修改为“民法典第一千一百六十九条”

《最高人民法院关于审理侵犯专利权纠纷案件应用法律若干问题的解释》第七条

《中华人民共和国专利法》（2008 年修正）第六十五条现已被修改为第七十一条，在内容上作出如下修改：①侵犯专利权的赔偿数额按照被侵权人所受到的实际损失或侵权人因侵权所获得的利益进行确定，不再区分顺序。②规定惩罚性赔偿：故意侵犯专利权情节严重的，可以在以权利人的实际损失、侵权人的获利、专利许可费的倍数确定数额的基础上，按照上述数额的一倍以上五倍以下确定最后赔偿。③提高法定赔偿额：提高到三万元以上五百万元以下。④增加了举证妨碍规则。

◎**虚拟情境**

L 公司不直接进行某涉嫌专利侵权产品的生产活动，但直接从事对相关产品的销售业务，这是否可以规避专利侵权的法律风险，抑或者也构成专利侵权，并被要求承担相应赔偿责任？

L 公司诉 N 研究院有限公司侵害发明专利权纠纷

（2019）最高法知民终767号

裁判法院：最高人民法院

裁判时间：2020年6月9日

关键词：民事/发明专利权/间接侵权/教唆侵权

案件摘要

原告兼上诉人L公司系某发明专利的专利权人，认为被上诉人N研究院生产某产品的行为侵犯了其专利权，属于以经营为目的的使用行为；销售该产品的行为，属于教唆他人实施侵权行为。法院认为，依据《最高人民法院关于审理侵犯专利权纠纷案件应用法律若干问题的解释（二）》第二十一条第二款，教唆侵权一般具备以下构成要件：①前提是有直接侵权行为发生；②教唆人主观上存在过错，既明知或者应当知道专利权存在，也知道自己教唆的行为构成专利侵权；③教唆行为与直接侵权之间存在因果关系。涉案专利方法中使用的材料与被上诉人生产中使用的材料不同，且存在不相同也不等同的技术特征，因此被上诉人的生产产品没有落入涉案专利权的保护范围，故被上诉人不构成为生产经营目的积极诱导他人实施侵犯专利权的行为。

裁判要点

教唆侵权的前提是有直接侵权行为发生。如果教唆实施的行为不包含专利的全部技术特征，则不构成教唆侵权。

争议焦点

N研究院有限公司生产并销售被诉侵权产品的行为是否构成教唆（间接）侵权。

基本案情

2010年6月24日，某公司向国家知识产权局申请“使用聚氨酯发泡袋封堵瓦斯抽放孔”发明专利（以下简称“涉案专利”），后将涉案专利申请权转让给L公司。国家知识产权局于2013年5月29日授予发明专利权，专利权人为L公司。2017年，L公司向国家知识产权局缴纳了年费2000元。L公司主张以涉案专利权利要求1的技术方案作为保护范围，权利要求1为：

一种使用聚氨酯发泡袋深层封堵瓦斯抽放孔的方法，其特征是：(1) 深层封堵，越过松散煤层，封堵到实体煤层，瓦斯抽放孔的封堵深度应达到8m深；(2) 先竖向将聚氨酯发泡袋的一端用胶带缠绑在瓦斯抽放管上，防止入孔时聚氨酯发泡袋从瓦斯抽放管上脱落或错位，所使用的发泡袋的规格尺寸应与瓦斯抽放孔的直径尺寸相匹配，一般情况下，在抽放管的同—位置缠绑两袋为一组，对向缠绑，组与组的间距根据作业要求而定；(3) 入孔前，两手分别攥住袋的上下两个部分，使袋的隔离中封处于两只手中间，两手稍加用力即可把隔离中封冲开，或解开外部的隔离装置；(4) 然后，两手分别一松一紧依次揉攥，以使袋中两类物料充分混合；(5) 将缠绑着聚氨酯发泡袋的瓦斯抽放管送入瓦斯抽放孔，其中包括垂直向上或垂直向下的瓦斯抽放孔，袋中物料膨胀；(6) 当其膨胀力大于袋的材质所能承受的强度时，就会产生自爆，连续产生的泡沫就会将抽放孔与抽放管的空间充满，并且有一定的黏合力，从而达到封堵效果。

2016 年 7 月 20 日，L 公司申请网页保全公证，在该公证处的电脑上通过 360 安全浏览器搜索到“N 研究院”并进入该公司网页，“公司简介”显示，该公司为“N 研究院有限公司”，产品为“固特结 A/B 袋封孔材料”。“使用方法”为：①捆扎，根据设计的捆扎位置和数量，将固特结 A/B 袋平放在抽放管指定位置，用宽胶带将 A/B 袋与抽采管捆扎在一起。②揉搓，捆扎完毕后，首先抽开所有 A/B 袋的中间密封棒，使 A/B 两种液体在袋内流动、混合，然后充分揉搓包装袋，使两种组分充分混合起化学反应。③封孔，揉搓完毕后迅速将抽采管送入钻孔指定位置，A/B 袋在孔内开始膨胀，两分钟左右浆料将包装袋撑破，溢出并继续膨胀，达到预期封堵的效果。

L 公司认为 N 研究院侵犯了自身专利权，其应当立即停止使用涉案专利方法并赔偿损失，遂诉至原审法院，请求原审法院支持其诉讼请求。

诉讼请求

一审中，原告 L 公司申请被告 N 研究院停止侵权并支付赔偿金及合理费用 639.6336 万元，并由被告承担诉讼费。

上诉时，L 公司请求撤销原审判决，改判支持其一审全部诉讼请求，并由被告 N 研究院承担一审、二审诉讼费用。

与案例相关的其他重要内容

裁判经过与结果

案件经过河南省郑州市中级人民法院、最高人民法院两级法院终审结案。

一审河南省郑州市中级人民法院于 2018 年 11 月 8 日作出［(2018) 豫 01 民初 1593 号］民事判决，判决驳回 L 公司的诉讼请求。L 公司不服，提起上诉。

二审河南省高级人民法院于 2019 年 3 月 18 日作出［(2018) 豫民终 1964 号］民事裁定，裁定撤销原审判决，将案件发回原审法院重新审理。

2019 年 9 月 20 日原审法院作出［(2019) 豫 01 知民初 115 号］民事判决，判决驳回 L 公司的诉讼请求。L 公司不服，向最高人民法院提起上诉。

二审最高人民法院作出［(2019) 最高法知民终 767 号］判决，判决驳回上诉，维持原判。

法院裁判理由

◎一审原告的观点

原告 L 公司认为，N 研究院是制造瓦斯抽放封堵产品的厂家，依据煤矿相关安全标准的规定，其必然按照 L 公司的涉案专利方法对其产品进行测试和实验，属于以经营为目的的使用行为。N 研究院还销售产品给多个用户，提供侵权方法，属教唆他人实施侵权行为。L 公司的涉案专利权利要求 1 可分为 6 个技术特征，第一个技术特征为“深层封堵，越过松散煤层，封堵到实体煤层，瓦斯抽放孔的封堵深度应达到 8m 深”。N 研究院网页上的产品适用范围与此相同。购买 N 研究院产品的煤矿（录像显示）操作工人封堵超过泄压带、破碎带（松散煤层），封孔管 24m 长，从里到外封堵从 21m 到 13～15m，煤孔深度 60m、70m、100m 不等。《国家安全生产监督管理总局令》（第 19 号）第五十条规定，“顺层钻孔的封孔段长度不得小于 8m”。综上，L 公司的涉案专利第一个技术特征与 N 研究院被诉侵权技术方案的相应技术特征相同。涉案专利第二个、第三个技术特征与被诉侵权技术方案的相应技术特征相比构成等同，涉案专利第四个、第五个、第六个技术特征与被诉侵权技术方案的相应技术特征相比构成相同。

◎一审被告的观点

N 研究院认为，首先，其本身是科研单位，L 公司的方法专利是应用于煤矿的瓦斯封堵方法，因此 N 研究院不能直接实施侵权行为。其次，N 研究院网站上产品使用方法与涉案专利的技术特征相比，缺少“封堵深度应达到 8m 深”“对向缠绑发泡袋”“两手分别一松一紧依次揉攥发泡袋”三个技术特征。因此，即使 N 研究院存在诱导行为，其诱导使用的也非涉案专利的技术方案。

◎一审法院对法条的援引、解释与适用

原审法院认为，根据《最高人民法院关于审理侵犯专利权纠纷案件应用法律若干问题的解释》第七条的规定：“人民法院判定被诉侵权技术方案是否落入专利权的保护范围，应当审查权利人主张的权利要求所记载的全部技术特征。被诉侵权技术方案包含与权利要求记载的全部技术特征相同或者等同的技术特征的，人民法院应当认定其落入专利权的保护范围；被诉侵权技术方案的技术特征与权利要求记载的全部技术特征相比，缺少权利要求记载的一个以上的技术特征，或者有一个以上技术特征不相同也不等同的，人民法院应当认定其没有落入专利权的保护范围。”该案中涉案专利权利要求 1 第一个技术特征为“深层封堵，越过松散煤层，封堵到实体煤层，瓦斯抽放孔的封堵深度应达到 8m 深”，N 研究院网站上介绍的产品使用方法中没有与此技术特征相同或等同的技术特征。因此，被诉侵权技术方案的技术特征与权利要求记载的全部技术特征相比，缺少权利要求记载的一个以上的技术特征。N 研究院网站上的产品使用方法没有落入涉案专利权的保护范围，不构成侵害涉案专利权。L 公司利用 N 研究院网页上介绍的产品适用范围、购买 N 研究院产品的煤矿操作工人操作视频、《国家安全生产监督管理总局令》（第 19 号）的有关规定来认定被诉侵权技术方案的特征与涉案专利技术特征相同，不符合相关规定。因此，原审法院对L公司主张N研究院侵犯其涉案专利权的诉讼请求不予支持。

◎原告（上诉人）的上诉理由

L公司上诉，理由是原审判决认定被诉侵权技术方案缺少涉案发明专利权利要求1中“深层封堵，越过松散煤层，封堵到实体煤层，瓦斯抽放孔的封堵深度应达到8米深”的技术特征是错误的。因为《国家安全生产监督管理总局令》（第19号）第五十条规定，“顺层钻孔的封孔段长度不得小于8m”。该规定具有强制性，任何煤矿单位不得违规作业，这是该领域普通技术人员众所周知的事实。被诉侵权技术方案的该特征与涉案专利技术相应技术特征相同。

◎被告（被上诉人）的辩解

被诉侵权技术方案未落入涉案专利权的保护范围。

◎二审法院另外查明的事实

N研究院系发明名称为“一种瓦斯抽采封孔材料”的专利权人，专利号为ZL201310072771.7，申请日为2013年3月7日，授权公告日为2015年7月29日。该专利说明书在发明内容中记载：“本发明的目的针对聚氨酯封孔材料强度较低，对钻孔壁的支护作用小；并且在施工和固化过程中对水分、湿气较敏感，易受环境温度、湿度的影响容易收缩的缺点而开发一种新型聚氨酯/聚脲（PU/A）复合材料……固特结就是结合聚氨酯膨胀倍数大、密封性好和聚脲优异的物理和化学特性来解决单纯聚氨酯材料在封孔效果上有时好有时差的不稳定情况的一种复合材料。”

◎二审法院对争议焦点的认定

原审的争议焦点认定为“N研究院的行为是否侵犯了L公司的涉案专利权”。二审法院将焦点进一步细化认定为“N研究院生产并销售被诉侵权产品的行为是否构成教唆侵权；如果构成侵权，应当承担的法律责任”。

◎二审法院对法条的援引、解释与适用

根据《最高人民法院关于审理侵犯专利权纠纷案件应用法律若干问题的解释（二）》第二十一条第二款的规定，“明知有关产品、方法被授予专利权，未经专利权人许可，为生产经营目的积极诱导他人实施了侵犯专利权的行为，权利人主张该诱导者的行为属于侵权责任法第九条规定的教唆他人实施侵权行为的，人民法院应予支持”。[1] 教唆侵权一般需要具备三个构成要件：第一，前提是有直接侵权行为发生，包括已经实际发生或者有可能发生的情形。如果教唆实施的行为并不包含专利的全部技术特征或者全部方法步骤，或者教唆实施的行为在法律上不视为侵权或者该行为发生在境外，则不构成教唆侵权。第二，教唆人主观上存在过错，既明知或者应当知道专利权存在，也知道自己教唆的行为构成专利侵权。第三，教唆行为与直接侵权之间存在因果关系。

结合该案，首先判断是否有直接侵权行为发生。涉案专利明确限定使用的封堵材料是盛装在发泡袋中的聚氨酯。聚氨酯材料就是限定专利保护范围的技术特征，在判断被诉侵权技术方案是否落入专利权保护范围时不能被忽略。而被诉教唆实施的技术方案使用的封堵材料是聚氨酯/聚脲复合材料。根据该领域普通技术人员通常理解，聚氨酯是由异氰酸酯和组合聚醚等反应生成的一种材料；而聚脲是由异氰酸酯组分与氨基化合物组分反应生成的一种弹性体材料。根据专利号为 ZL201310072771.7 的“一种瓦斯抽采封孔材料”发明专利说明书记载，新型聚氨酯/聚脲复合材料可以结合聚氨酯膨胀倍数大、密封性好和聚脲优异的物理和化学特征来解决单纯聚氨酯材料在封孔效果上不稳定的问题。可见，聚氨酯/聚脲复合材料与聚氨酯材料是两种化学成分不同的材料，在使用后所产生的膨胀效果和密封效果也不同，并且用聚氨酯/聚脲复合材料取代聚氨酯材料并不是在被诉侵权行为发生时无须经过创造性劳动就能够联想到。故被诉教唆实施的技术方案所使用的聚氨酯/聚脲复合材料与涉案专利技术方案限定使用聚氨酯材料不相同，也不等同。根据《最高人民法院关于审理侵犯专利权纠纷案件应用法律若干问题的解释》第七条的规定，鉴于被诉教唆实施的技术方案与涉案专利权利要求记载的全部技术特征相比，有一个技术特征不相同，也不等同，没有落入涉案专利权的保护范围。因此，N 研究院不构成为生产经营目的积极诱导他人实施侵犯专利权的行为。

[1] 所适用的司法解释版本为案件当时有效的版本，特此说明。

案例注释与解析

1. 对于选取案例的说明

选取该案的原因有两点。第一，该案被告 N 研究院属于科研单位。对于应用方法类专利，高校及科研院所往往不会直接使用专利方法，从而不会直接实施侵权行为，但却容易存在或者卷入教唆或者帮助他人侵犯专利权的纠纷之中，正如该案的情形。第二，该案完整解释了间接侵权的裁判思路。

2. 如何认定专利的间接侵权？如何确定间接侵权赔偿的数额？

对专利间接侵权认定主要依据的是《最高人民法院关于审理侵犯专利权纠纷案件应用法律若干问题的解释（二）》，一般具备以下构成要件：第一，前提是有直接侵权行为发生，包括已经实际发生或者有可能发生的情形。如果教唆、帮助实施的行为并不包含专利的全部技术特征或者全部方法步骤，或者教唆实施的行为在法律上不视为侵权或者该行为发生在境外，则不构成间接侵权。第二，主观上存在过错，既明知或者应当知道专利权存在，也知道自己的行为构成专利侵权。第三，教唆或帮助行为与直接侵权之间存在因果关系。

帮助行为，包括提供专用产品或提供便利条件的帮助，其中“专用产品”是专门用于实施涉案专利技术方案的原材料、中间产品、零部件或设备等，软件也可以属于专用产品的类型。

教唆行为，往往包括提供图纸、产品说明书，传授技术方案，进行产品演示等方式。该案中，N 研究院是在其官方网站上提供了其自身产品的使用方法，而 L 公司认为该使用方法正好落在涉案专利的保护范围内。

3. 现实中的困惑与思考

关于“明知或应当知道”的认定存在难度。在间接侵权的认定中，一个构成要件要求被诉侵权人主观上明知或应知自己的行为构成专利侵权。这一标准较高，因为是否构成专利侵权是极为复杂的法律问题，科研单位很难具备这一判断能力。

因此，现实中“明知”的情形至少包括：间接侵权行为人收到了专利权人的侵权警告函，或者专利权人对间接侵权人提起了诉讼并且起诉状已合法送达，或者间接侵权人已就相同侵权行为被判承担侵权责任后，仍然继续从事帮助、教唆行为。

4. 美国的情况

专利间接侵权规则形成于美国司法实践。美国专利法第271（b）（c）条明确规定了间接侵权的两种情况：帮助侵权和诱导侵权。根据 *Aro Manufacturing. Co. v. Convertible Top Co.*（377 U. S. 476（1964））案，如果行为人知道自己提供的配件将被用于构建专利侵权的产品之上，则构成了典型的帮助侵权。根据 *C. R. Bard，Inc. v. Advanced Cardiovascular Systems*（911 F. 2d 670（1990））一案，诱导侵权不仅要求行为人“明知或应当知道”自己涉及一项专利及专利侵权，且要求他积极地且“明知或应当知道”自己正帮助或唆使专利的直接侵权行为。

美国专利法也根据间接侵权的产品来源、被侵权的专利类型不同，进一步细分为对方法专利、生物药品专利、进出口产品的间接侵权。例如，在涉及计算机软件专利侵权时，*Microsoft Corp. v. AT&T Corp.*（550 U. S. 437（2007））反映出，仅为侵权拷贝与安装的提供主盘的供应商，由于不必然导致侵权产品的组合与形成，不构成帮助侵权和诱导侵权。借此案，美国最高法院也解释说，如果进口一项由方法专利生产出的产品在后续方法中实质性地被改变了，或在另一项产品中有极低的影响力，这样的进口行为就不被美国专利法所禁止。

5. 国内其他法院对类似问题的处理

我国司法实践关于间接侵权的判定还在逐步发展中。一般来说，具有“实质性非侵权用途”的产品有可能会被认定为帮助侵权。其中，在侵权对象是专用品的情况下，构成侵权可能性占到近80%，而认为不构成侵权的案例则是因为无证据证明存在直接侵权行为以及无直接实施人的情况。[1] 在通信、互联网领域，我国法院对于多主体专利侵权的审判思路愈见清晰，创设了“不可替代的实质性作用”标准，用来区分有不同间接侵权风险的制造者和使用者。

6. 启示与建议

（1）规避侵权风险

现实中，相对于直接侵权，科研单位提供专用设备或者方法的行为更多涉及间接侵犯他人专利权的问题，该案就是这种现象的一个展示。虽然由于存在技术特征不同而未构成间接侵权，但如果直接侵权成立，科研单位提供产品使用方法的行为仍可能构成专利间接侵权。加之现在的市场环境是对专利的强保护，赔偿数额大幅提升，并且还引入了惩罚性赔偿，而间接侵权人须与直接侵权人承担连

[1] 林威．论专利间接侵权规则的移植：以权利限制为视角［J］．科技与法律，2021（1）：53.

带责任，所以科研单位也要重视规避这方面的风险。为科研人员提供的三项法律建议如下：

第一，在推广自己的科技成果中，有必要提前作防侵权检索——专利自由实施分析（free to operate，FTO）。

第二，在技术转让或许可合同中，也要注意防范间接侵权的风险。如果明知待转移的技术可能侵犯他人专利权，仍予转移，就会被认定为教唆行为。

第三，通信、互联网领域的科研单位，尤其需要注意间接侵权的问题。该领域专利的一个技术方案往往涉及多个主体，如服务器提供方、终端设备提供方、软硬件提供方等。如果多个主体共同实施了专利中的相应步骤，由于不存在单个主体实施了完整方案的情况，缺乏传统间接侵权的前提条件，即使有直接侵权行为发生，司法实践也面临很大挑战。我国近几年的相关司法判决处理的思路也正在逐步变化，相关案件的司法判决存在一定的不确定性。

（2）最大化专利保护

N研究院之所以未被认定为间接侵权的重要原因就在于二审期间，将L公司专利的权利要求1的前序部分内容与N研究院制造和销售产品所用的材质进行比较，N研究院的“一种瓦斯抽采封孔材料”的专利权（ZL201310072771.7）正好可以说明二者所用的材质彼此确实不同。实际情况中，法院不仅可以使用当事人双方的其他专利进行技术特征的对比，也可以使用其他公开材料来比较技术特征。该案中N研究院能“突围”，主要原因在于L公司的专利本身撰写存在问题，将非必要技术特征聚氨酯写到权利要求1中了，从而不利地限缩了专利的保护范围。

这也提醒科研人员一定要找专业的专利代理师撰写专利，否则一项好的发明创造会因撰写质量差的专利申请文件而无法获得应有的保护。

三、侵犯他人著作权

（一）著作权侵权的民事责任

实际问题：抄袭他人论文会侵犯他人哪些权利，并承担哪些法律责任？

明知系他人撰写的论文成果而进行剽窃/抄袭，构成著作权侵权。他人撰写的论文属于作品，享有法律规定的著作权，而著作权拥有多个权项，通常文字性的论文作品享有发表权、署名权、修改权、保护作品完整权、复制权、发行权、信息网络传播权、改编权及翻译权。

论文的著作权归属于谁？书写论文时，何种抄袭程度构成对他人著作权的侵犯？如果引用他人论文构成合理使用，则不构成侵权，亦不需要承担法律责任，如何认定合理使用？侵犯他人著作权需要承担哪些民事责任？侵权主体所在单位是否应承担连带责任？

◎涉及法条

《中华人民共和国著作权法》（2010 年修正）第二条第一款、第三条和第十条已于 2020 年被修正。

《中华人民共和国著作权法》（2010 年修正）第四十七条现被调整至《中华人民共和国著作权法》（2020 年修正）第五十二条，上述对应具体款项内容未予变更（其他款项有部分修正）。

《中华人民共和国著作权法》（2010 年修正）第四十八条现被调整至《中华人民共和国著作权法》（2020 年修正）第五十三条，修正后的法条后半部分与判决中所提及的几类侵权行为未予改变，仅前半部分有所改动。

《中华人民共和国著作权法》（2010 年修正）第四十九条现被调整至《中华人民共和国著作权法》（2020 年修正）第五十四条，增加了惩罚性赔偿、最高赔偿额等。

《中华人民共和国侵权责任法》已被收入 2021 年 1 月 1 日施行的《中华人民共和国民法典》中，其第九条规定没有改动，现为《中华人民共和国民法典》第一千一百六十九条。

《信息网络传播权保护条例》（2013 年修订）第二条

◎虚拟情境

C 完成了某硕士论文的原创写作，并未进行公开发表，但却在某一天发现，J 发表了与之多处重合的硕士论文，并广泛在互联网上传播。C 对自己未公开发表的硕士论文享有哪些权利，可以追究 J 的哪些法律责任？

H 大学、金某与陈某著作权权属、侵权纠纷

（2018）浙 01 民终 215 号

裁判法院：浙江省杭州市中级人民法院

裁判时间：2018 年 5 月 7 日

关键词：著作权/侵权/民事责任/剽窃/发表/信息网络传播

案件摘要

原告陈某完成涉案论文后，未以任何形式公之于众，但其中多处内容与被告金某论文相重合，因此指控被告抄袭。法院认为，被告接触到该未公开论文，但其复制未为原告署名，构成对原告就涉案论文所享有复制权、署名权的侵害。被告剽窃了涉案论文，并通过相关渠道发表了论文，造成涉案论文被公之于众，构成对原告论文发表权的侵害；被告未经许可对涉案论文进行删减、增添文字，属对涉案论文的修改行为，侵害了原告的修改权；但被告的修改并未歪曲、篡改涉案论文原义，并未影响论文的主旨与观点，因而不侵害其保护作品完整权。

裁判要点

侵权论文与涉案论文内容中大量文字表达一致，且侵权人写作前接触过涉案论文，构成对涉案论文复制权、署名权的侵害。涉案论文未予发表，侵权人将论文公之于众，构成对权利人论文发表权的侵害。

争议焦点

金某是否实施了侵害陈某发表权、署名权、修改权、保护作品完整权、复制权、发行权、信息网络传播权等 7 项著作权。

基本案情

2008 年 4 月，陈某完成“申请 C 大学硕士学位论文”《论央视春节联欢晚会之歌曲选择与中国当代社会文化变迁之间的因果关系》。该论文对历届中央电视台春节联欢晚会出现的歌曲节目进行梳理，对其内容和风格上的变化进行了研究，分析了左右这种变化的价值体系，对中国当代社会文化变迁进行了探究。

涉案论文共约 7 万字，分五章，分别为“第一章相关概念的界定与央视春晚歌曲概述”“第二章 1980 年代央视春晚会歌曲选择与社会文化变迁关系分析”“第三章 1990 年代央视春晚会歌曲选择与社会文化变迁关系分析”“第四章 2000 年以来央视春晚会歌曲选择与社会文化变迁关系分析”“第五章央视春晚歌曲选择标准分析”。该论文后获C大学硕士学位论文答辩委员会表决通过，建议授予陈某硕士学位。涉案论文中有大量数据统计内容，引用有数十首歌词，并另有大量引用文献。

2017年5月28日，C大学戏剧影视学院教授何某出具证明一份，对陈某和涉案论文的创作过程、内容提纲进行了介绍，并写明“本人证明，陈某同学的硕士学位论文《论央视春节联欢晚会之歌曲选择与中国当代社会文化变迁之间的因果关系》，确为其原创的学术论文”等内容。

2009年12月，金某完成被控侵权论文，并在《H大学学位论文独创性声明》《学位论文使用授权声明》《保护知识产权声明》上签字。其中，《学位论文使用授权声明》载明：“本人完全了解H大学有关保留、使用学位论文的规定，即学校有权保留并向国家有关部门或机构送交论文的复印件和电子版，允许论文被查阅和借阅。学校可以公布论文的全部或部分内容，可以采用影印、缩印或其他复制手段保存论文。”《保护知识产权声明》载明：“本人为申请H大学学位所提交的题目为《从央视春晚歌曲的选择看中国当代社会文化的变迁》的学位论文，是我个人在导师姜某指导并与导师合作下取得的研究成果，研究工作及取得的研究成果是在H大学所提供的研究经费及导师的研究经费资助下完成的。本人完全了解并严格遵守中华人民共和国为保护知识产权所制定的各项法律、行政法规以及H大学的相关规定。本人声明如下：本论文的成果归H大学所有，未经征得指导教师和H大学的书面同意和授权，本人保证不以任何形式公开和传播科研成果和科研工作内容。如果违反本声明，本人原意承担相应法律责任。”

2017年3月15日，陈某在浙江省杭州市钱塘公证处公证人员的见证下，使用该公证处计算机，进行清洁操作后，通过百度搜索“从央视春晚歌曲的选择看中国当代社会文化的变迁”，出现多个搜索结果，包括由“百度学术”“豆丁网”“道客巴巴”等提供的以《从央视春晚歌曲的选择看中国当代社会文化的变迁》为标题的链接。其中第一个结果为“百度学术”提供的链接，点击进入该链接后显示有“从央视春晚歌曲的选择看中国当代社会文化的变迁作者金某”等信息，页面显示其被引量为0，出版源为“H大学，2009”，“全部来源”下显示有“万方”。陈某点击“万方”后进入新的页面（页面跳转后显示一级域名为××），显示其在线出版日期为2011年2月5日。陈某随后输入用户名与密码，支付了30元费用后下载了该论文；随后又先后点击了由“豆丁网”（××）、“道客巴巴”（××）提供的链接，均可在线阅读被控侵权论文。其中，“豆丁网”上显示被控侵权论文的查看量为“863”，收藏量为“6”，未显示下载量；“道客巴巴”网上未显示浏览或下载数量。浙江省杭州市钱塘公证处对陈某下载的前述论文进行刻盘封存，并出具了（2017）浙杭钱证内字第 4959 号公证书。

陈某认为，其享有的论文的发表权、署名权、修改权、保护作品完整权、复制权、发行权、信息网络传播权共计 7 项权利，除署名权外，其他权利遭受了金某和 H 大学的共同侵害，遂诉至法院。

诉讼请求

一审中，陈某提出诉讼请求要求判令金某、H 大学：①立即停止侵权行为，立即停止使用涉案论文；②向陈某公开赔礼道歉；③赔偿陈某经济损失 9 万元、精神损失费 1 万元；④共同承担该案诉讼费、律师费、公证费等合理费用。

二审中，H 大学上诉请求：依法撤销杭州铁路运输法院［（2017）浙 8601 民初 1143 号］民事判决，改判 H 大学不承担责任；该案一审、二审诉讼费用及其他费用由陈某、金某承担。金某上诉请求：依法撤销或者改判杭州铁路运输法院［（2017）浙 8601 民初 1143 号］民事判决第①项、第③项判决内容；该案一审、二审诉讼费用由陈某承担。

与案例相关的其他重要内容

裁判经过与结果

案件经过杭州铁路运输法院、浙江省杭州市中级人民法院两级法院终审结案。

一审杭州铁路运输法院于 2017 年 11 月 1 日作出［（2017）浙 8601 民初 1143 号］民事判决：①金某于判决生效之日起 10 日内赔偿陈某经济损失 26000 元、为制止侵权行为所支付的合理开支共计 1. 6 万元，合计 4. 2 万元；②H 大学对前项金某应当承担的赔偿金额中 2 万元承担连带责任；③金某、H 大学于判决生效之日起 30 日内在“万方网”、“豆丁网”、“道客巴巴网”连续48小时刊登道歉声明，就其侵权行为向陈某赔礼道歉（声明内容需经一审法院审核，逾期未履行的，法院将根据陈某的申请在相关媒体上公开判决主要内容，所产生费用由金某、H大学承担）；④驳回陈某的其他诉讼请求。

金某、H大学公司不服，提起上诉。

二审浙江省杭州市中级人民法院于2018年5月7日作出［（2018）浙01民终215号］民事裁定，对原判决作了部分调整：①维持杭州铁路运输法院［（2017）浙8601民初1143号］民事判决第①项；②撤销杭州铁路运输法院［（2017）浙8601民初1143号］民事判决第②项、第④项；③变更杭州铁路运输法院［（2017）浙8601民初1143号］民事判决第③项为：金某于本判决生效之日起30日内在“万方网”、“豆丁网”、“道客巴巴网”连续48小时刊登道歉声明，就其侵权行为向陈某赔礼道歉（声明内容需经一审法院审核，逾期未履行的，法院将根据陈某的申请在相关媒体上公开本判决主要内容，所产生费用由金哲承担）；④驳回陈某的其他诉讼请求。

法院裁判理由

◎被告金某的自认

一审过程中，金某的委托诉讼代理人认可金某在撰写被控侵权论文时通过第三人获得了陈某涉案论文。

◎一审法院对法条的援引、解释与适用

1. 对著作权法的援引与解释

一审法院认为，根据《著作权法》（2010年修正）第十条和第四十八条的规定，著作权所囊括的发表权、署名权、修改权等各项权利作为专有权利，分别控制各类对作品的利用行为。其他主体在未经著作权人的许可亦无法定除外情形时，实施受著作权中某一项专有权利控制的行为即构成对该项权利的侵害；反之，若其他主体所实施的行为不属于某一专有权利控制的行为，则不构成对该项专有权利的侵害。

2. 法条与该案的结合

（1）被告复制与修改行为的法律责任

在该案中，经比对被控侵权论文与涉案论文，二者整体框架结构一致，被控侵权论文主要内容均来源于涉案论文，被控侵权论文大量文字表达或与涉案论文完全一致，或对涉案论文进行删减，或增添了部分内容。据此已经足以认定被控侵权论文对涉案论文进行了复制、修改。

因金某已认可在写作被控侵权论文前接触到陈某写作的涉案论文，对涉案论文的复制亦未为陈某署名，属于剽窃行为，已构成对陈某就涉案论文所享有复制权、署名权的侵害。金某未经许可对涉案论文进行删减、增添文字，属于对涉案论文的修改行为，侵害了陈某的修改权。

金某虽对涉案论文进行了修改，但其修改并未歪曲、篡改涉案论文原意，正如陈某在诉讼过程中所述，金某的修改并未影响论文的主旨与观点，因而对陈某有关金某侵害其保护作品完整权的指控不予支持。

（2）是否侵犯信息网络传播权

陈某向一审法院提交的公证书证据可以表明，侵权论文已经在互联网上传播，公众可以在其个人选定的时间与地点获得侵权论文。该案中，根据现有证据，尚无法查明各网站上的侵权论文由谁提供，即无法明确对侵权论文进行信息网络传播行为的主体。陈某仅以其公证书作为证据指控该信息网络传播行为实施者为金某和 H 大学，尚属举证不足。一审法院对陈某此项侵权指控不予支持。若陈某在该案结束后发现其他证据足以支持其所主张事实或发现新事实，可以另行主张。

（3）是否侵犯原告发行权

根据《著作权法》的规定，发行权所控制的行为是未经许可以出售或者赠予方式向公众提供作品的原件或者复制件的权利，此处的原件或复制件是指作品的有形载体，对作品原件或复制件的出售或赠予涉及作品有形载体的物权处分。该案中，陈某指控金某和 H 大学将侵权作品通过网络形式提供侵害其发行权。因通过网络形式传播的是侵权作品的无形载体，此类行为受信息网络传播权控制，不受发行权控制，故对陈某的此项指控，一审法院不予支持。

综上，金某侵害了陈某就其涉案论文享有的署名权、修改权、复制权的行为系其单方实施，应当单独承担责任。对陈某发表权的侵权由金某和H大学共同承担连带责任。

3. 被告著作权侵权的责任后果

一审法院认为，该案中的侵权行为表现之一在于金某在写作侵权论文时对涉案论文进行了剽窃，进而侵害到了陈某的修改权、署名权和复制权。但剽窃行为在金某完成侵权论文后便已停止，该案亦无证据表明金某还存在其他仍在实施的对涉案论文或侵权论文的复制、修改或未为陈某署名的行为，故不再判令金某承担停止侵害复制权、修改权、署名权的责任。

同时，发表行为亦属一次性行为，作品一经发表即为公众所知，无法回归到未发表的状态，对已经完成的侵害发表权行为同样无法再判令侵权者承担停止侵权的责任，因而，一审法院对金某相应的要求停止侵权的诉讼请求亦不予支持。

因该案中陈某的多项著作人身权利受到侵害，金某和H大学还应承担赔礼道歉的民事责任。因侵权论文系通过网络渠道公开，侵权所产生影响亦通过网络渠道产生，故通过网络渠道进行公开赔礼道歉应足以为陈某消除影响。

◎被告（上诉人，金某）的上诉理由

第一，一审法院判决金某承担陈某经济损失2.6万元及制止侵权行为所支付的合理开支1.6万元，缺少事实和法律依据。该案中，虽然金某有侵权事实存在，但并没有因该侵权行为而获取任何相关经济利益，陈某也未提供任何证据证实金某因此侵权行为有任何获利金额。一审法院凭主观想象判决金某承担陈某2.6万元经济损失，却无客观证据佐证，有失公允。在此情况下，又让金某承担陈某不合理的支出律师费用1.3万元，与一审法院判决的赔偿金额也不吻合，该费用明显过高，一审法院判决缺乏客观性。

第二，一审法院判决金某在“万方网”“豆丁网”“道客巴巴”等网站上连续48小时刊登道歉声明，显属不合理。金某未在上述网站上传播陈某的文章，金某尽管有侵权行为存在，一审法院要求金某连续 48 小时刊登道歉声明行为带有主观主义成分，非合理化要求，缺乏全面考虑。

◎原告（被上诉人）的辩称

一审判决认定事实清楚，适用法律正确。

金某在一审庭审中确认，涉案论文《从央视春晚歌曲的选择看中国当代社会文化的变迁》创作过程中大幅度抄袭了陈某在 2008 年创作的论文《论央视春节联欢晚会之歌曲选择与中国当代社会文化变迁之间的因果关系》，侵权事实清楚。

一审法院结合该案侵权行为的具体情节，判决金某赔偿陈某经济损失 2.6 万元，以及陈某制止侵权行为所支付的合理开支 1.6 万元，适用法律正确。根据我国《侵权责任法》第十五条的规定，赔礼道歉是承担侵权责任的方式之一，且该案主要是通过网站进行的侵权行为，故一审法院判决金某在相关网站上向陈某刊登道歉声明，适用法律正确。

◎二审法院对法条的援引、解释与适用

1. 金某的剽窃问题

二审法院依照《侵权责任法》第六条、第二十八条之规定，根据该案查明的事实，陈某确认其本人完成涉案论文后，未以任何形式公之于众，该案亦无证据证明涉案论文在完成后曾发表或部分发表。

金某剽窃了涉案论文，并通过与 H 大学签署《学位论文使用授权声明》方式授权 H 大学“公布论文的全部或部分内容”，从而造成涉案论文被公之于众，构成对陈某论文发表权的侵害。

金某明知系他人论文成果而进行剽窃，并授权 H 大学发表使用，对该案的发生具有直接过错，无疑应当承担相应民事责任。

2. 金某对赔偿责任的异议

关于金某上诉认为一审判决的赔偿金额过高及赔礼道歉方式不合理问题，二审法院认为，由于陈某未就其因侵权所受经济损失提供相应证据，金某的侵权获利也无法查明，一审法院综合考虑涉案论文的类型、独创性程度，侵权人侵权行为的情节、规模以及侵权人未对涉案论文进行商业性利用等因素，适用法定赔偿方式，酌情确定金某承担经济赔偿金额 2.6 万元，并承担陈某为该案维权所合理支出的律师费及公证费 1.6 万元，并无不当。

鉴于该案侵权论文系通过“万方网”“豆丁网”“道客巴巴”等网络平台公开，侵权行为的影响也主要通过网络渠道产生，一审法院判决金某在这些网站上刊登道歉声明，以消除其侵权行为带来的不良影响，符合法律规定。对于该案侵权损害的发生，金某具有明显过错，其明知自己的论文系剽窃他人成果，仍签署《学位论文使用授权声明》授权 H 大学发表使用，故金某以其未在网站上传播侵权论文为由主张自己不承担相关责任，理由不能成立，二审法院难以支持。

案例注释与解析

1. 对于选取案例的说明

享有著作权的论文是作者智力劳动的成果，任何人都应予以尊重，不得随意抄袭。然而，论文造假、论文抄袭这些不良行为在学术领域屡杜不绝。虽然很多人都大概知晓相关不良行为被发现后可能需承担一定的民事责任，但可能并不太清楚所谓“抄袭”都会侵犯著作权人的哪些权利、要相应地承担怎样的责任。该案可以帮助科研人员了解相关问题。

2. 论文的著作权归属于谁？

论文，在这里指我国《著作权法》中的“文字作品”，按其规定，著作权人包括：①作者；②其他依照该法享有著作权的自然人、法人或者非法人组织。

对于作者，我们容易理解，即创作作品的自然人。另外，由其主持、代表其意志并由其承担责任的法人和非法人组织也被视为作者。依照该法享有著作权的其他主体，一般指职务作品或通过合同授权、权利转让等方式使著作权归属于他人的情形。

该案中，金某通过授权的方式将其论文的发表权、复制权及信息网络传播权等授予 H 大学。我们科研人员在日常工作中，遇到最多的情形应该是单位的规章制度中直接规定相关人员的作品著作权归属于单位，这其中包括法定的职务作品，也包括自然人作者授权的情形。

因此，判断论文的著作权归属，先看自然人作者是谁，再看是否属于其他主体被视为作者的情形，然后看是否属于法定的职务作品以及作者有无授权或权利转让，最终便可以明确作品权利人是谁。

3. 著作权侵权的判定方法与标准

（1）中国的情况

通常，在判断一项著作权成果是否构成侵犯他人著作权时，司法机关会采取“接触＋实质相似”的判断标准。

“接触”是指被控侵权人在完成被控侵权作品之前曾经实际接触或有机会接触过权利人的作品。被控侵权人“有机会看到、了解到或感受到原告作品”即构成接触。❶“接触”要件的意义在于帮助讨论后作品的作者，即被控侵权人，是否独立进行了创作。❷

有了“接触”这一基础要件后，再对被控侵权作品和权利人的作品进行比对，看二者是否“实质相似”。关于文字作品的比对，目前并没有统一的规则，但主要针对论文的文字、语句、段落和篇章进行阅读对比，着重看所抄袭的这些比对元素的比例，比例越大，构成侵权可能性就越大。但同时也要考虑抄袭内容是否是权利人作品表达的核心内容。当所抄袭内容属于作品的核心、经典内容时，则不必强调篇幅比例问题，以此对实质相似作出判断。司法机关在最终确认符合“接触＋实质相似”时，确认构成著作权侵权。

（2）美国的情况

在美国，根据 *Boisson v. Banian*，*Ltd.*（273 F. 3d 262（2001））一案判定著作权侵权时，应先区分是否存在抄袭行为的直接证据和间接证据。直接证据是指可以直接证明被告作品由抄袭而来的证据。在缺少直接证据时，应参考间接证据。对间接证据的判定同样采用“接触＋实质相似”的标准。

4. 启示与建议

由该案可以看到，自身无创作意愿，希望过“窃取”他人劳动果实冒充为自己的成果是不可行的。我们对他人创作成果的使用要在法律许可的范围内进行，比如，符合合理使用的情形、变换表达方式的情形都是可行的。关于合理使用，在本书中有专门的论述，这里重点阐述变换表达方式的问题。从相关的著作权法律法规来看，法律仅保护“表达”，而不保护思想、意识。论文的表达就体

---

❶ 丁文杰．接触要件的基本内涵及认定规则［J］．知识产权，2019（3）：24－30.

❷ 周小舟．论接触要件在剽窃案中的程序和实质意义：从《小站》案切入［J］．华东政法大学学报，2016（2）：108－118.

现在语言文字的表述上。所以对于论文来说，法律保护的是文字、语句、段落和篇章这些基本的表述，并不保护论文中体现出的思想。也就是说，即便有类似的思想，用不同风格和形式的语言文字、逻辑顺序等进行表达，也不会对论文构成侵权。这里要注意，这里讨论的是构成文字作品的论文本身，如果论文文字表述的内容涉及某项技术、实验数据、调查数据、教学方法等，就可能会涉嫌侵犯他人其他类型的知识产权或属于“学术不端”行为，不在讨论的范围之内。

（二）著作权侵权的刑事责任

实际问题：侵犯软件著作权，何种情况会构成刑事犯罪？

在我国，侵犯他人软件著作权，可能会承担民事、行政、刑事责任。那么，在怎样的情况下，侵权人需要承担惩罚最严厉的刑事责任呢？

具体从法律上看，只有同时满足以营利为目的和违法所得数额较大或者有其他严重情节的情况下，侵犯他人著作权才构成犯罪，需要承担刑事责任。在侵犯著作权的案件中，如果没有达到规定数额，根据罪刑法定原则，即使造成了损害，也不构成知识产权犯罪，只能用民事和行政手段追究侵权人的侵权责任。那么，什么是法律意义上《刑法》对著作权保护问题中的“以营利为目的”？怎样的程度构成“违法所得数额较大”？什么是“其他严重情节”？

◎涉及法条

《计算机软件保护条例》（2013 年修订）第二十四条

《中华人民共和国刑法》（2020 年修正）第二百一十七条

《最高人民法院、最高人民检察院关于办理侵犯知识产权刑事案件具体应用法律若干问题的解释》（法释〔2004〕19 号）第五条

《最高人民法院、最高人民检察院关于办理侵犯知识产权刑事案件具体应用法律若干问题的解释（二）》（法释〔2007〕6 号）第一条、第二条

◎虚拟情境

T 公司售后软件研发经理 H 带领研发团队立项，并着手对某项软件进行开发及运营。软件项目开发完成后，H 以自己和表弟的名义注册了新企业 L 公司，并委托 D 公司对该软件的配套 U 盘进行生产，进而在 L 公司的网络平台销售。这样外部创业行为是否会触犯法律规定，是否构成犯罪？

T 公司与胡某侵害计算机软件著作权纠纷

（2018）粤 0305 刑初 644 号

裁判法院：深圳市南山区人民法院

裁判时间：2018 年 5 月 31 日

关键词：刑事/计算机软件/著作权侵权/著作权赔偿

案件摘要

被告人胡某系受害人 T 公司售后软件研发经理。被告人带领本部门研发团队立项，并利用受害人的物质条件（数据库资料、人力及技术等）着手某软件项目的开发及运营。软件项目开发完成后，在未经受害人许可的情况下，被告人以被告人及被告人表弟所注册企业的名义，委托其他企业生产软件配套 U 盘 2000 件，并以被告人表弟所注册企业名义在网络众筹平台发起众筹并销售软件配套 U 盘。被告人获销售款提成人民币 114405 元。法院认为，被告人以营利为目的，未经著作权人许可，复制发行其计算机软件，情节严重，其行为已经构成侵犯著作权罪。

裁判要点

以营利为目的，未经著作权人许可，复制发行其计算机软件，情节严重，构成侵犯著作权罪。

争议焦点

（1）被告人胡某侵犯计算机软件著作权的行为是否构成犯罪。

（2）若构成，会受到怎样的刑事处罚。

基本案情

被告人胡某于 2010 年入职受害人 T 公司，任职售后软件研发经理，负责部门技术研发和管理工作。2016 年，胡某与 T 公司的技术研发总监黎某经讨论，决定启动音乐 U 盘项目，自 2016 年 5 月起，胡某带领本部门研发团队蒋某 1、谢某等人立项，并利用 T 公司的物质条件、数据库资料、人力及技术等着手开发该项目 App 软件、U 盘开发及运营，后项目名称变更为“IYOEE 车载音乐云盘项目”（以下简称“IYOEE 项目”）。IYOEE 项目开发完成后，胡某先以 T 公司为开发主体，将 IYOEE App 软件上传至苹果 App Store 等手机平台。

L 公司系胡某以其堂弟胡某 1 的名义于 2014 年 1 月 15 日注册成立。2016 年 11 月至 2016 年 12 月，胡某在未经公司许可的情况下，以 T 公司及 L 公司的名义，委托 D 公司生产 IYOEE App 配套 U 盘 2000 件。2017 年 3 月开始，胡某通过 Q 公司以 L 公司的名义，在淘宝众筹平台发起众筹并以 199 元/件的价格销售上述 IYOEE App 配套 U 盘，胡某与 Q 公司约定，Q 公司获得销售款 27% 的提成。截至案发之日，胡某获得销售款提成人民币 114405 元。

2017 年 7 月，在未经 T 公司许可下，胡某将软件变更至堂弟胡某 1 的苹果开发者账户名下。截至 2017 年 9 月 26 日，腾讯应用宝发行下载量为 823 次，华为应用市场发行下载量为 700 次。

2017 年 9 月 18 日，胡某向公司主动投案。

2017 年 12 月 27 日，公安机关接到 T 公司法务部陈某电话称胡某已回到公司，公安机关遂到 T 公司一楼会议室将胡某抓获。

经上海东方计算机司法鉴定所鉴定，从腾讯应用宝上下载的 IYOEE App、公司研发团队电脑硬盘里的 IYOEE App 与公司软件系统库内的 IYOEE App 这三款软件功能完全相同，界面完全相同，源代码完全相同，是同一款软件；送检的从胡某处查获未销售完的 IYOEE 产品 U 盘目标代码与 T 公司 IYOEE 产品目标代码及 D 公司 IYOEE 产品目标代码完全相同。

公诉机关认为应当以侵犯著作权罪追究胡某刑事责任。

犯罪指控

深圳市南山区人民检察院指控被告人胡某犯侵犯著作权罪。

与案例相关的其他重要内容

裁判经过与结果

深圳市南山区法院作出［（2018）粤 0305 刑初 644 号］判决，被告人胡某犯侵犯著作权罪，判处有期徒刑6个月，并处罚金人民币5万元；查扣的IYOEEU盘42个，由扣押机关依法予以销毁。

法院裁判理由

公诉机关在法庭上出示了充分的物证、人证等证据。

◎公诉机关意见

公诉机关认为，被告人胡某以营利为目的，未经著作权人许可，复制发行其计算机软件，情节严重，其行为触犯了《刑法》第二百一十七条的规定，犯罪事实清楚，证据确实、充分，应当以侵犯著作权罪追究其刑事责任。

被告人胡某犯罪以后自动投案，如实供述自己的罪行，应当认定为自首，依照《刑法》第六十七条，可以从轻或者减轻处罚。公诉机关向法院提交了深南检量建〔2018〕613号量刑建议书，建议综合考虑被告胡某的犯罪手段、数额、认罪态度等影响量刑的法定或酌定情节，判处被告胡某6个月左右的拘役或有期徒刑，并处罚金。

◎被告人态度

被告人胡某对公诉机关指控的犯罪事实无异议，并当庭表示认罪。

◎辩护人的意见

被告人胡某的辩护人认为，被告人胡某的行为已经构成侵犯著作权罪，但提出如下辩护意见：①被告人胡某对自己的行为后悔不已，而且已被刑事拘留4个多月，已经起到了刑法的惩戒和教育作用；②我国司法实践中对侵犯著作权罪案件适用缓刑的比例高，该案被告人胡某还有自首情节，更加可以适用缓刑；③被告人胡某是家里的唯一经济支柱，有两个年幼的儿子和患有癌症的母亲需要抚养；④被告人胡某是不可多得的技术型人才，应该给予更多的改过自新和回报社会的机会；⑤对被告人胡某适用缓刑不至于发生社会危害性，被告人胡某是初犯、偶犯，并且积极认罪，没有再犯的可能，请求法庭对被告人胡某适用缓刑。

◎公诉机关对辩护意见的回应

公诉机关认为被告人胡某的家庭情况与该案没有关联性。

◎**法院观点**

深圳市南山区法院采纳了深圳市南山区人民检察院的意见与提出的量刑建议。

案例注释与解析

1. 对于选取案例的说明

该案能够很好地提示科研工作人员，对于侵犯著作权的行为，不仅可能面临承担停止侵害、消除影响、赔礼道歉、赔偿损失等民事责任，情节严重时还会触犯刑法，构成刑事犯罪。

坚持原创，必要时依法合理使用他人作品，充分尊重著作权人的各项权益，是科研工作者应有的观念。

2. 如何认定软件侵权的刑事责任

对于软件侵权行为，侵权人除承担民事责任、行政责任外，许多国家在刑法或者著作权法中都规定了对侵犯软件作品著作权情节严重、构成犯罪的行为，还要承担刑事责任。

根据我国《刑法》第二百一十七条的规定，以营利为目的，未经著作权人的许可，复制发行计算机软件作品的，违法所得的数额较大或者有其他严重情节的，处三年以下有期徒刑或者拘役，并处或单处罚金；违法所得数额巨大或者有其他特别严重情节的，处三年以上 7 年以下有期徒刑，并处罚金。

需要说明的是，在按照上述规定追究行为人刑事责任时，应着重把握以下几个问题。

第一，犯罪的主体可以是自然人，也可以是单位。单位犯罪的，对单位判处罚金，对其直接负责的主管人员和其他直接责任人员，依照上述规定分别处罚。

第二，犯罪在主观方面是直接故意犯罪，并且都是以营利为目的。

第三，要认真区分罪与非罪、轻罪与重罪的界限。主要应把握两点：一是违法所得数额是否较大或者是否具有其他严重情节，这是界定构成罪与非罪的基本标准；二是违法所得数额是否巨大或者是否具有其他特别严重情节，这是界定构成轻罪与重罪的基本标准。

3. 美国相关法律规定

美国法典第 17 编第 506 条规定：

(a) 刑事侵权

(1) 总体上来说，任何人故意侵犯著作权，将会被根据第 18 章第 2319 条处罚，如果该侵犯行为：

(A) 出于商业利益或私人经济利益的目的；

(B) 在任何 180 天内复制或分发，包括通过电子方式，复制或分发 1 个或多个著作权作品的 1 个或多个副本或录音制品，总零售价值超过 1000 美元；或者

(C) 如果行为人知道或应当知道该作品准备被发行，并在公众可以访问的计算机网络分发了该准备用于商业分发的作品。

(2) 证据

就本小节而言，著作权作品的复制或分发证据本身不足以证明侵犯著作权的故意。

根据以上法条规定，构成侵犯著作权的犯罪有两个条件：第一，侵权必须是故意的；第二，侵权行为必须出于经济动机或对著作权所有者造成足够的经济损害。

首先，在解释“故意”这个词语的意思时，*United States v. Liu*（731 F. 3d 982（9th Cir. 2013））认为，有以下两种可能的解释：要么，其可能仅仅意味着故意实施构成侵权的行为；要么，“故意”意味着被告必须以不良目的或邪恶动机的方式行事，即存在故意违反已知法律义务。

美国著作权法没有直接对“故意”进行定义。当刑法条文涉及对“故意”要素的判定时，*Ratzlaf v. United States*（510 U. S. 135（1994））案解释说，法院通常会以有利于被告的方式解决任何疑问。尽管一般规则是对法律的无知或法律误解不能免于刑事诉讼，*Cheek v. United States*（498 U. S. 192（1991））案解释说，现代法律法规的激增“有时使普通公民难以了解和理解……法律规定的义务”。因此，必须证明被告的行为是“故意”，即有特定的违法意图。

其次，除了证明侵权是故意的，要构成侵犯著作权的刑事犯罪，还必须证明侵权是：①出于商业利益或私人经济利益的目的；②超过上述的法定数量。

4. 侵犯著作权罪与销售侵权复制品罪的区别

该案中，被告胡某不仅复制了著作权属于单位的软件，而且还存在后续的销

售这些侵权软件的行为。法院在判决时，只确认了他侵犯著作权罪而没有提及他的销售侵权复制品的行为是否构成犯罪。对相关行为，我国《刑法》除了规定有“侵犯著作权罪”，还在第二百一十八条中规定了“销售侵权复制品罪”：以营利为目的，销售明知是本法第二百一十七条规定的侵权复制品，违法所得数额巨大或者有其他严重情节的，处五年以下有期徒刑，并处或者单处罚金。

实际情况中，“侵犯著作权罪”与“销售侵权复制品罪”这两个罪名会被如何适用呢?

其实，这两个罪名在法律上有明确的界限。《最高人民法院、最高人民检察院关于办理侵犯知识产权刑事案件具体应用法律若干问题的解释》第十四条第一款规定：“实施刑法第二百一十七条规定的侵犯著作权犯罪，又销售该侵权复制品，构成犯罪的，应当依照刑法第二百一十七条的规定，以侵犯著作权罪定罪处罚。”

由此可知，如果具有我国《刑法》第二百一十七条规定的关于侵犯著作权罪的行为，后续又有对侵权复制品的销售行为，那么法律只追究“侵犯著作权罪”这一个罪名。如果没有实施侵犯著作权罪的相关行为，但明知是侵权复制品而销售的，则适用《刑法》第二百一十八条的销售侵权复制品罪进行追诉。

5. 启示与建议

由于对“以营利为目的”是主观方面的要素，实践中难以考证一个人的真实主观状态，是以客观行为来判断主观行为。一般侵权后续又销售的，直接被视为具有营利的目的。若没有后续的销售行为，就只能由法官从其他客观行为中分析是否具备主观的营利性。这种情况使得不存在后续销售行为的著作权侵权行为，在举证证明主观营利性方面存在一定困难。因此，一定程度上缩小了侵犯著作权构成犯罪的范围。“有其他严重情节”是在违法所得难以确定，但造成严重后果的情况下适用。

鉴于以上讨论，现实中构成侵犯软件著作权后，被认定为构成犯罪是“轻而易举”的。为避免侵犯软件著作权造成的刑事处罚后果，科研工作人员应清楚地知悉著作权违法与合法、罪与非罪的行为界限，避免触犯相关法律规定使他人受到侵害、给自身带来不利后果。例如，科研工作者可以提出自己对相关软件著作权作品的使用构成“合理使用”，这是使用他人著作权的法定抗辩理由。

（三）不视为著作权侵权的行为：合理使用

实际问题：如何认定合理使用？

被认定为合理使用的行为，不属于侵犯原作者著作权的行为。那么，如何判定对他人作品的使用构成合理使用？其中，构成合理使用行为的前提是，不得影响原作品的正常使用，也不得不合理地损害著作权人的合法利益。那么，什么程度不影响作品正常使用？原作品著作权人的合法权益又有哪些？

◎涉及法条

《中华人民共和国著作权法》（2010 年修正）第二十二条现被调整至《中华人民共和国著作权法》（2020 年修正）第二十四条。

《中华人民共和国著作权法实施条例》（2013 年修订）第二十一条

◎虚拟情境

B 出版了某本图书，但发现 Y 等人主编的另一本图书中有多处文字与自己的书内容相一致。Y 等人承认参考了 B 的图书，但认为自己属于著作权法意义上的“合理使用”，是受国家法律所鼓励与允许的。B 不这么认为，认为 Y 等人这样的行为是侵犯了自己的著作权。谁的说法是对的呢？

刘某诉 A 大学出版社有限公司、李某著作权权属、侵权纠纷

（2014）沪高民三（知）终字第 42 号

裁判法院：上海市高级人民法院

裁判时间：2014 年 6 月 26 日

关键词：民事/著作权侵权/合理使用

案件摘要

著作权人刘某认为，某出版社及其他创作人李某部分抄袭了其享有著作权作品中相应的文字。《著作权法》允许在构成合理使用的前提下，不经著作权人许可，不向其支付报酬，使用著作权人作品不构成著作权侵权。构成合理使用需满足两个条件：①不得影响原作品的正常使用；②不得不合理地损害著作权人的合法利益。法院认为，该案被诉侵权作品在著作权人原作品中是完整的文字作品，可以独立使用，享有完整的著作权，其他创作人的行为将妨碍刘某对其著作权的

正常使用，而且刘某的作品与其他创作人的作品事实上存在市场竞争关系，其他创作人的行为已超过了适当的程度，势必会损害刘某的相应权利。因此，其他创作人对著作权人作品的使用不构成合理使用，已构成著作权侵权，侵害了上诉人对其作品享有的署名权、复制权及发行权等权利。

裁判要点

合理使用行为应符合以下要件：不得影响原作品的正常使用，也不得不合理地损害著作权人的合法利益。

争议焦点

（1）原告是否享有著作权。

（2）被告的行为是否构成合理使用。

（3）被告的行为是否构成剽窃从而侵犯原告署名权等人身权利。

基本案情

1994 年 7 月，刘某主编的《教师口语——表述与训练》一书由 A 大学出版社有限公司（以下简称“A 出版社”）出版，字数 43 万字，对“思维训练四法”即逆向思维训练、纵深思维训练、多向思维训练和综合思维训练进行了介绍，训练说明部分记载了两篇学生作业的摘要，其中一篇是对“8”的深思。2002 年 8 月，刘某著的《中学生口语交际自我训练》一书由汉语大词典出版社出版，其中包括对“滥竽充数”的理解论述。

2012 年 3 月，《演讲与口才教程》由 A 出版社出版，编委包括被告李某。该书中，李某编写的部分对“四思”即逆向思维、纵深思维、发散思维、综合思维以陈述和举例的形式进行了介绍，其中“纵深思维”部分记载了经典案例——“8”的深思，“发散思维”部分记载了经典案例——也谈“滥竽充数”。

《演讲与口才教程》中“8”的深思案例与《演讲与口才实用培训》及原告主张的《教师口语——表述与训练》中的相应文字基本相同，相同部分为 420 余字（不含标点符号）；《演讲与口才教程》中“滥竽充数”的案例与《中学生口语交际自我训练》中的相应文字表达不同。此外，《演讲与口才教程》对于逆向思维、纵深思维、发散思维、综合思维的介绍除了名称表述本身以及“透过现象看本质”的词语表述相同，在体例编排及文字内容等方面与刘某作品相应文字表达不同。

刘某认为，A出版社及李某共同侵害了其署名权、修改权、保护作品完整权、复制权及发行权。因此，刘某诉至原审法院，请求法院支持其诉讼请求。

诉讼请求

原告刘某申请：①两被告立即停止对原告著作权的侵害；②两被告在《中国教育报》公开向原告赔礼道歉，为原告消除影响；③两被告共同赔偿原告经济损失人民币1万元。

与案例相关的其他重要内容

裁判经过与结果

案件经过上海市第二中级人民法院、上海市高级人民法院两级法院终审结案。

一审上海市第二中级人民法院作出［(2013）沪二中民五（知）初字第115号］民事判决，判决驳回原审原告刘某的诉讼请求。刘某不服，提起上诉。

二审上海市高级人民法院作出［(2014）沪高民三（知）终字第42号］民事判决，判决撤销一审判决，同时判决李某应于判决生效之日起立即停止对刘某享有著作权的侵害，并向刘某书面赔礼道歉，赔偿经济损失人民币2000元。

鉴于该侵权内容在被控侵权图书中所占比例不大，将现存被控侵权图书全部销毁会造成不必要的浪费，故李某应当在被控侵权图书再次出版印刷时删除该部分侵权内容。

法院裁判理由

◎关于“8”的深思的案例的著作权

被上诉人A出版社认为，上诉人对“8”的深思的案例不享有著作权，因该表达不具有独创性。根据《教师口语——表述与训练》的记载，该案例是学生的作业，著作权并非原告所有。

一审法院认为，原告享有“8”的深思的著作权。根据《著作权法》（2010年修正）第十二条的规定，改编、翻译、注释、整理已有作品而产生的作品，其著作权由改编、翻译、注释、整理人享有。该案中，“8”的深思是原告根据学生的演讲择其概要形成，其中需要原告结合《教师口语——表述与训练》一书的体例及思维训练方法的要求对学生的演讲在体例形式、语言表达等方面加以整理，并非直接将学生的演讲简单地由口述转化成书面的文字。

故一审法院认为，原告在整理过程中投入了一定的智力创造性劳动，原告对整理后的“8”的深思享有著作权。

◎被告行为是否构成剽窃或合理使用

1. 原告主张

原告刘某认为，被控侵权图书《演讲与口才教程》的相应文字与他主张的《教师口语——表述与训练》中的相应文字基本相同，构成剽窃。

2. 被告观点

被告李某认为，该案例是其援引自云中书城的网站，虽然由于疏忽没有注明出处，但属于合理使用。

3. 一审法院观点

一审法院认为，被告李某在被控侵权图书中使用“8”的深思属于合理引用，且不侵害原告享有的署名权、修改权、保护作品完整权。

（1）“合理使用”的概念

根据《著作权法》第二十二条的规定，为介绍、评论某一作品或者说明某一问题，在作品中适当引用他人已经发表的作品，可以不经著作权人许可，不向其支付报酬，但应当指明作者姓名、作品名称，并且不得侵犯著作权人依照该法享有的其他权利。根据《著作权法实施条例》第二十一条的规定，依照著作权法有关规定，使用可以不经著作权人许可的已经发表的作品的，不得影响该作品的正常使用，也不得不合理地损害著作权人的合法利益。

根据上述规定，判断对他人作品的使用是否属于合理引用，应当综合考虑原作品是否已经公开发表、引用他人作品的目的、引用的次数及所引用文字占整个作品的比例、所引用文字是否属于作品的核心或实质内容、是否会对原作品的正常使用或市场销售造成不良影响等因素予以认定。

（2）“合理使用”与“剽窃”的关系

《著作权法》规定的合理使用制度仅是对著作权人享有的复制权等财产权利的限制，但不包括对著作权人署名权、修改权等人身权利的限制。即在符合《著作权法》规定的特定情形时，允许使用人不经著作权人许可使用其作品，也无须向著作权人支付报酬。但使用人不得侵害著作权人享有的署名权、修改权等人身权利。使用人是否指明作者姓名、作品名称并不是判断是否属于合理使用的构成要件。

如果使用人符合合理使用的情形，构成合理使用，但未按照要求指明作者姓名、作品名称，仍可能侵害著作权人的署名权，但并不会导致原本属于合理使用的行为转化为剽窃等侵权行为。

因此，在对使用人的行为进行性质认定时，应当先判断使用行为是否属于合理使用：如果不属于合理使用，则可能构成剽窃他人作品的侵权行为；如果属于合理使用，则仍应判断合理使用人是否侵害著作权人的署名权等人身权。

（3）该案对“合理使用”法律的适用

被告李某在被控侵权图书中使用“8”的深思属于合理引用。

该案中，第一，从原作品的性质来看，原告主张的《教师口语——表述与训练》已经出版，属于已经发表的作品。第二，从引用他人作品的目的来看，被告李某是在撰写被控侵权图书过程中，为了以案例的形式说明纵深思维的训练方法，而在被控侵权图书中使用“8”的深思。其目的是说明某一问题，让纵深思维易于理解。第三，从引用次数及所引用文字的数量来看，被告李某仅引用了原告的作品一次，而“8”的深思共 420 余字，无论是在原告作品中所占的比例还是在被控侵权图书中所占的比例都极小，在文字数量上属于适当的引用。第四，从所引用文字的质量来看，原告作品的核心内容是为了介绍“思维训练四法”即逆向思维训练、纵深思维训练、多向思维训练和综合思维训练。“8”的深思仅是作为案例对思维训练方法进行说明，并非原告作品的实质或核心内容。被控侵权图书亦是一本介绍思维训练方法的作品，核心内容是演讲或思维的方法与技巧。“8”的深思在被控侵权图书中亦是作为案例对思维训练方法进行说明。因此，“8”的深思无论是在原告主张的作品还是被控侵权图书中都非核心或主要内容。第五，从引用是否会对原告作品的正常使用或市场销售造成影响来看，由于原告主编的《教师口语——表述与训练》一书于1994年出版，被控侵权图书于2012年出版，二者在市场上基本不会形成竞争；而且“8”的深思在原告作品中所占比例极小。因此，被告李某在被控侵权图书中使用“8”的深思并不会影响《教师口语——表述与训练》的正常使用或市场销售，也不会不合理地损害原告的合法利益。

（4）该案对“署名权”相关法律的适用

被告李某在使用“8”的深思时未指明作者姓名、作品名称并不会侵害原告的署名权等人身权。

一审法院认为，合理使用人在使用他人作品时，应当指明作者姓名、作品名称。但未指明作者姓名、作品名称，是否一定构成侵害署名权，要结合合理使用的具体情形，具体案件的情况进行判断。

该案中，被告李某使用“8”的深思属于《著作权法》第二十二条规定的合理引用，要求引用人指明作者姓名、作品名称更多的是基于学术规范的要求，指明所引用文字的出处或来源。由于“8”的深思在原告作品中所占比例极小，被告李某在使用“8”的深思时未注明出处并不会割裂原告作为作者和其所主编作品《教师口语——表述与训练》一书的身份关系，也不会对原告作为作者的声誉造成影响。而且被告李某提供的证据表明其使用的“8”的深思来源于第三方网站，并没有证据证明李某知道“8”的深思来源于原告主编的《教师口语——表述与训练》，而故意不指明原告的姓名及作品名称。

故一审法院认为，被告李某在使用“8”的深思时没有指明作者姓名、作品名称等出处并不构成对原告署名权的侵害，也没有证据证明被告李某侵害了原告的修改权和保护作品完整权。但未注明出处的行为属于学术引用的不规范。如果被控侵权图书再版，应当指明“8”的深思的作者姓名及作品名称等出处。

综上，被告李某在被控侵权图书中使用“8”的深思属于合理使用，亦不侵害原告的署名权等人身权。

4. 上诉人观点

上诉人刘某认为，关于“8”的深思的案例，被控侵权图书与上诉人作品构成相同的文字约为 700 字，不是一审中认定的 420 字，且李某行为完全不是合理使用行为，而是剽窃，剽窃的作品更不得出版发行。

5. 被上诉人观点

被上诉人 A 出版社辩称，即使该案例构成作品，李某对该案例的引用也属于合理使用范畴，不构成侵权。对于被上诉人而言，已尽到了合理审查义务，相关引用案例最多六七百字，要在几十万字的著作中审查出这些极少部分系引用他人作品属要求苛刻，因此其没有责任，请求驳回上诉。

被上诉人李某辩称，其在编写教材时购买了大量书籍，并在“云中书城”网站上查阅资料时取得“8”的深思的案例，在询问“云中书城”网站引用该案例无须付费的前提下，才在教材中引用了该案例，同时因无法知道该案例的出处，故未署名。而该案例只有 400 字左右，并非如上诉人所称有 700 字，在整个教材中只占了很小的一部分，因此上诉人的行为属于合理使用。

6. 二审法院观点

二审法院认为，依据《著作权法实施条例》第二十一条的规定，依照《著作权法》有关规定，使用可以不经著作权人许可的已经发表的作品的，不得影响该作品的正常使用，也不得不合理地损害著作权人的合法利益。因此判断李某行为是否构成合理使用行为，应当从以上因素出发，综合判断。

首先，上诉人作品虽字数不多，但已经是完整的文字作品，可以独立使用，享有完整的著作权，李某的这种行为将妨碍上诉人对该作品的正常使用。其次，李某在使用上诉人作品时并非为介绍、评论上诉人的该作品，而是为说明其纵深思维内容时整体性地使用了上诉人的该作品，上诉人出版书籍类型与被控侵权图书类似，上诉人作品也是在其书籍中介绍纵深思维训练，两者间事实上存在市场竞争关系，李某的该行为已超过了适当的程度，势必会损害上诉人的相应权利。再次，关于“8”的深思这一案例，上诉人作品的表达方式并不是唯一的，存在多种多样的表达方式，李某却直接使用了上诉人作品，而不是自己再行创作，这一行为不具有合理性。最后，即使诚如李某所言，其是从“云中书城”网站上搜索取得了“8”的深思并获承诺可以免费使用，李某在使用该作品时也应当指明该作品出处是摘自“云中书城”网站，而李某现在的这种使用方式会使读者误认为该作品就是李某本人创作，当读者再读到上诉人作品时就会对该作品的作者产生怀疑，进而损害到上诉人的合法权益，李某这一行为与合理使用行为的目的已背道而驰。

因此，被上诉人李某对“8”的深思的使用不构成合理使用，已构成著作权侵权，侵害了上诉人对其作品享有的署名权、复制权及发行权等权利。一审法院认定李某行为构成合理使用的定性不当，法院予以纠正。

案例注释与解析

1. 对于选取案例的说明

该案明确罗列并适用了判定合理使用的各项要素，以及二审法院对一审法院这些要素理解与适用的矫正。因此，该案对于理解“合理使用”具有指导与参考意义。

2. 如何判断对他人作品的使用构成合理使用

该案中，一审与二审法院的判断标准在表面上来看不一致，但是二审法院依其提炼的标准在作进一步深入分析时，相关考量的因素与一审法院的标准存在诸多重合之处。

一审法院根据以下五个因素：①原作品是否已经公开发表；②引用他人作品的目的；③引用的次数及所引用文字占整个作品的比例；④所引用文字是否属于作品的核心或实质内容；⑤是否会对原作品的正常使用或市场销售造成不良影响。

二审法院根据一个概括的标准判断合理使用：不得影响该作品的正常使用，也不得不合理地损害著作权人的合法利益。进行判断的具体步骤或参考要素是：①案件中涉及的作品是否受著作权保护；②被告使用该作品的目的（目的是否为介绍、评论该作品）；③对原作品的市场销售造成影响（关注内容的使用目的、书籍类型是否一致）；④相关内容的表达是否是唯一的；⑤被告是否就该作品进行了二次创作；⑥被告是否在其作品中标注著作权人。

3. 国内其他案件的裁判思路

总体来说，法院的裁判思路将从前述“涉及法条”部分中所列的《著作权法》（2020 年修正）第二十四条出发，在所列共十三种情形中，寻找案件事实是否符合其所规定的法定合理使用。同时审查是否符合该条第一款中“不得影响该作品的正常使用，也不得不合理地损害著作权人的合法权益”的要求。[1]

此前各级法院发布的相关文件所列要素，在判断时也可以纳入进行综合考量。例如，最高人民法院发布的《关于充分发挥知识产权审判职能作用推动社会主义文化大发展大繁荣和促进经济自主协调发展若干问题的意见》（以下简称《意见》）第八条规定：“在促进技术创新和商业发展确有必要的特殊情形下，考虑作品使用行为的性质和目的、被使用作品的性质、被使用部分的数量和质量、使用对作品潜在市场或价值的影响等因素，如果该使用行为既不与作品的正常使用相冲突，也不至于不合理地损害作者的正当利益，可以认定为合理使用。”

再例如，北京市高级人民法院发布了《侵害著作权案件审理指南》第 7. 11 条规定了“适当引用”的判定标准，即考虑如下因素：“（1）被引用的作品是否已经发表；（2）引用目的是否为介绍、评论作品或者说明问题；（3）被引用的内容在被诉侵权作品中所占的比例是否适当；（4）引用行为是否影响被引用作品的正常使用或者损害其权利人的合法利益。”

4. 美国法院的裁判思路

美国法中的合理使用规则由制定法出发，随后法官在个案裁判中逐渐丰富其内涵。其整体思路与上述最高人民法院的《意见》在表述上极为类似。

在美国著作权法第 106 条和 106A 之规定外，对于受著作权保护作品的合理使用，无论是通过复制、录音或其他任何上述规定中所提到的手段，以用作批评、评

---

[1] 该案二审判决适用的是《著作权法》（2010 年修正），当时该要求规定于《著作权法实施条例》第二十一条。

论、新闻报道、教学（包括在课堂上分发多份复印件）、学术交流或研究之目的，不属于侵权。在确定任何一特定案件是否属于合理使用时，必须考虑到下列因素。

（1）使用的目的和性质，包括这种使用是具有商业性质或者是为了非营利的教育目的；

（2）被使用作品的性质；

（3）同整个被使用作品相比所使用的内容和质量；

（4）这种使用对被使用作品的潜在市场或价值所产生的影响。

如果在考虑上述所有因素后作出该认定，根据美国著作权法第 107 条的规定，作品未发表这一事实本身并不妨碍认定合理使用。

法院在考虑第一个因素即使用相关作品的目的时，会考虑以下因素：是否为商业目的。如果是，则倾向否定合理使用，但这对最终判断是否构成合理使用来说不是决定性的。对该作品的使用是否为转换性使用。其关键是该转换性使用是否增加了新的含义。如果是，法院则倾向于认定其构成合理使用。[1]

第二个因素，即该作品的性质。法院会考虑被使用的作品是事实性、功能性的，还是虚构的、表达性的。法院更愿意认定使用事实性、功能性的内容为合理使用。[2] 同时，法院会考虑该作品是否已经发表，但根据美国著作权法第 107 条的规定，这不是判断合理使用的决定性因素。

第三个因素，即使用该作品的内容与质量。参考 *Harper & Row v. Nation Enters* 案（以下简称“*Harper & Row* 案”）和 *Campbell v. Acuff – Rose Music*, *Inc.* 案（以下简称“*Campbell* 案”），法院会考虑以下因素：被使用的内容是否是原作品的核心内容；使用该作品的数量是否与使用该作品的目的相称；被使用的作品在被告的作品中占多大比例。

第四个因素，即对原告作品的潜在市场或价值所产生的影响。参考 *Campbell* 案，法院在确定可能的影响时，会同时考虑该作品的直接市场以及间接市场，但是会将该市场限定为该作品的传统市场，或者为原告可以合理预见的市场。同时，将对市场的损害行为限定为对原作品市场的替代行为，而对戏仿、讽刺导致的作品需求量下降，则不会被法院认定为损害了原告的潜在市场或作品价值。

法院在考查以上四个因素后，会通过权衡，作出案件中争议事实是否构成合

---

❶ *Campbell v. Acuff – Rose Music*, *Inc.*, 510 U. S. 569, 591 (1994).

❷ *Harper & Row v. Nation Enters.*, 471 U. S. 539, 563 (1985).

理使用的判断。所以，要构成合理使用，正如法院在 *Harper & Row* 案中所说，不需要满足以上所有有利于构成合理使用的因素。完成这些因素之间的权衡，要依靠法官的智慧。因此判例法使得我们对规则的认识在很多时候都局限于某一种案件的事实情况。如果新案件中的事实与先例相比出现了实质性的改变，那么难以保证该案的结果能与判例保持一致。

5. 对裁判规则的困惑

合理使用是著作权法中较为复杂的问题。自从我国加入有关知识产权保护的国际条约以来，就不停地、积极地履行条约中的义务，试图将条约中的规则转化为国内法。可以看出，在合理使用领域，无论是法律还是法院的实际裁判规则，都处于发展之中。同时，新技术的发展与普遍化又为合理使用规则的确定、解释和适用带来了新的挑战。所以在该领域，关于“是否构成合理使用”，还未形成一个固定、清晰具有明显可预测性的规则。

6. 该案对科研人员的启示

对于科研工作人员来说，为了尊重他人的著作权，同时避免有关合理使用的争议，可能需要工作中注意以下三方面。

（1）使用他人作品时，尽量进行转化性使用。即在理解他人作品的基础之上，通过对他人作品的介绍或者评论，达到自己的科研目的。

（2）引用他人作品数量要适当，要与自己的引用目的相符，避免不必要的引用。

（3）引用他人作品要符合规范，特别是要标明权利归属。

四、不正当竞争与侵犯技术秘密

（一）保密协议的效力

实际问题：什么情形下可启用保密协议中的违约条款?

通常情况下，拥有秘密信息的单位会与接触或可能接触相关信息的人员签订保密协议或约定保密条款，例如约定禁止不正当获取、披露、使用等。当有违反约定的行为发生时，可能会构成违约，启动协议中的相关违约条款。

那么，针对任何“秘密信息”，保密协议和保密条款都可以被执行，并导致违约的法律后果吗?当保密协议中所约定的“保密信息”属于商业秘密时，又该如何判断什么是“违约行为”？

◎**涉及法条**

《中华人民共和国反不正当竞争法》（2019 年修正）第九条

《中华人民共和国劳动合同法》（2012 年修正）第二十二条、第二十三条以及第二十五条

◎**虚拟情境**

G 单位为员工配备电脑，并与员工签订有《保密协议》，禁止员工擅自将与单位商业秘密有关的物品带离岗位。W 作为 G 单位的员工，离职时将单位配备的电脑带回了家中。事后，G 单位追回该电脑，W 还需要承担法律责任吗？

T 公司与王某劳动合同纠纷案

（2016）辽 02 民终 892 号

裁判法院：辽宁省大连市中级人民法院

裁判时间：2016 年 4 月 28 日

关键词：保密协议/违约责任/商业秘密/鉴定条件

案件摘要

被告王某曾就职于原告兼上诉人 T 公司，在职期间担任生产车间管理岗位并由单位分配一台采取了加密措施的笔记本电脑，其间签有《保密协议》，约定擅自将商业秘密带离岗位要承担违约责任及赔偿损失。被告提出解除劳动合同后，将电脑带回家中。原告主张被告构成违约，要求其承担违约责任同时赔偿损失。法院认为，上诉人未举证证明争议电脑中存在商业秘密或其他秘密，原告主张违约金无事实和法律依据，不予支持。

裁判要点

关于《保密协议》中违约金，未举证证明涉案电脑存有商业秘密或其他秘密，故主张违约金无事实和法律依据，不予支持；关于合理支出费用，既未举证证明泄露了公司商业秘密，也未举证证明遭受了损失或因避免损失发生而支出相关费用，因此不予支持。

争议焦点

被告王某是否应向原告支付违约金并赔偿其合理支出费用。

基本案情

王某于2011~2017年就职于T公司，从事生产车间管理工作，双方签订了《劳动合同书》。T公司先后聘任王某担任公司生产副部长和部长职务。王某担任生产车间管理工作后，T公司为其配备了笔记本电脑一台（以下简称“涉案电脑”），用于日常管理工作。因T公司系生产风力发电机专用变频器材等高科技产品，具有多项专利技术，属于高科技企业，为了防止发生公司知识产权和核心技术等技术机密被他人窃取或泄密等危险，T公司对公司所有办公设备设施包括但不限于台式电脑、笔记本电脑以及全部存储设备、服务器等和网络网路采取加密和限制措施，王某使用的涉案电脑也被采取了加密措施。T公司为了进一步落实每个员工的保密义务，于2014年7月14日正式通知全体员工签署《保密协议》，T公司与王某签订的《保密协议》明确规定了王某的保密范围和所负有的保密义务：T公司员工在任职期间，未经公司同意，不得擅自将与公司的商业秘密和其他秘密有关的物品、资料带离岗位及私自复印、交流、转移；员工不履行保密义务应承担违约责任并一次性向公司支付违约金10万元；因员工的违约造成的损失，员工全额承担赔偿责任，若损失难以计算，赔偿额为因侵权所获得的利润。具体内容为：

《保密协议》第二条第四项约定：“乙方在甲方任职期间，未经甲方同意，不得擅自将与甲方商业秘密和其他秘密有关的任何物品、资料带离工作岗位。”第四条第一项约定：“如果乙方不履行本协议第二条所规定的保密义务，乙方应当承担违约责任，一次性向甲方支付违约金人民币壹拾万元”；第四条第二项约定：“如果因为乙方前款所称的违约行为造成甲方的损失，乙方应当对甲方的损失全额承担赔偿责任，若甲方的损失难以计算的，赔偿额为乙方在侵权期间因侵权所获得的利润”。

双方没有竞业限制的相关约定。

2015年3月初，王某向T公司申请解除劳动合同，但未经原告同意，擅自将涉案电脑取走。王某于2015年3月4日来公司交接工作，拒不归还涉案电脑，经原告报警后才在警察协助下（2015年3月9日下午）交还给原告，经原告技术人员检查后发现，涉案电脑所储存的数据全部丢失。

诉讼请求

T公司认为王某违反《保密协议》，未经公司同意擅自将涉案电脑带离岗位构成违约，应承担相关责任。

T公司首先启动了劳动仲裁程序，请求王某一次性向其支付违约金人民币10万元，并赔偿T公司追究王某违反保密协议等违约行为而发生的合理支出人民币10万元。一审中，T公司请求判令王某向其支付违约金10万元，并赔偿合理支出费用10万元。二审中，T公司申请撤销一审判决并改判王某支付违约金和合理费用20万元或发回重审。

与案例相关的其他重要内容

裁判经过与结果

案件经过大连金州新区劳动人事争议委员会裁决，后由大连经济技术开发区人民法院、大连市中级人民法院两级法院审理终结。

劳动人事争议委员会于2015年8月12日作出了大金劳人仲裁字（2015）第1315号裁决，驳回T公司的仲裁请求，T公司不服，提起诉讼。

一审法院判决驳回T公司的诉讼请求，并由T公司承担案件受理费，T公司不服提起上诉。

二审法院于2016年4月28日给出［（2016）辽02民终892号］终审判决：驳回上诉，维持原判。

法院裁判理由

◎被告的辩解

一审中，王某辩称：①原告提供的《保密协议》约定的违约金是不合法的，按照法律规定，只有具备两种情况才可以约定违约金，其一是竞业限制，其二是服务期，因此其在劳动合同中关于电脑方面的约定违反了法律规定；②T 公司提供的《保密协议》属于霸王条款，并没有充分地与员工进行协商，违背了员工的意思，侵犯了劳动权利；③争议电脑上并没有商业秘密，其使用 T 公司的电脑是一种在正常工作中使用的电脑，T 公司应向法庭提交涉案电脑中存有相应商业秘密，但 T 公司没有提供相应证据；④本人将电脑带回家事出有因，因双方解除劳动合同时 T 公司相应人员拒绝接收，而其担心丢失才将电脑带回家中暂时保管，在后期的电脑交接过程中 T 公司拒绝出具接收电脑收条，因此报警后 T 公司被迫出具了收条；⑤该案并非原告所说的高科技涉密电脑，电脑本身是一种物，T 公司不能用格式文本合同书记载的文字资料确认电脑中有商业秘密；⑥本人行为没有给 T 公司造成任何损失，原告诉讼请求没有实施根据和法律依据，请求驳回。

◎一审法院对法条的援引、解释与适用

一审法院认为：根据《劳动合同法》第二十五条之规定，除该法第二十二条和第二十三条规定的情形外，用人单位不得与劳动者约定由劳动者承担违约金。

该案中，原告公司与被告王某签订的《保密协议》中只约定了被告的保密义务，并没有约定被告作为劳动者应得的权利。这一约定显失公平，且保密协议中并未约定竞业限制条款，故《保密协议》中关于违约金的约定不符合《合同法》第二十二条及第二十三条规定的情形，原告的该项诉请于法无据，法院不予支持。

关于原告要求被告赔偿其合理支出费用 10 万元的诉请。原告认为，被告将电脑带回家的行为违反了《保密协议》第二条第四项之规定，但未能提供充分的证据证明涉案电脑中存在原告单位的商业秘密和其他秘密，也未能提供证据证明因被告的违约行为致原告实际发生 10 万元的损失。根据《最高人民法院关于适用〈中华人民共和国民事诉讼法〉的解释》第九十条之规定，原告应承担举证不能的不利后果，故原告的该项诉请于法无据，法院亦不予支持。

◎原告的上诉理由

王某擅自将涉密电脑带回家中的行为违反了《保密协议》；王某在职期间既担任过生产部长，也从事过营销工作，电脑已经采取加密措施，T

公司无须再提供证据证明涉案电脑是否涉密；一审中，T公司已申请对电脑是否涉密进行司法鉴定，一审法院未予理睬便驳回其诉讼请求错误，故请求二审法院撤销一审判决并依法改判王某支付违约金和合理支出费用20万元或发回重审。

◎被告的辩解

被告王某不同意T公司的上诉请求。T公司没有举证证明电脑涉密；涉案电脑已在公司保管了几个月，不具备鉴定条件，个人无须向T公司支付违约金及其他费用，故请求二审法院依法驳回T公司的上诉请求。

◎二审法院意见

二审法院认为，关于违约金，上诉人T公司系依据双方签订的《保密协议》第二条、第四条的约定向被上诉人王某主张违约金。上诉人指称被上诉人违反了《保密协议》第二条"未经甲方（本案上诉人）同意，不得擅自将与甲方商业秘密和其他秘密有关的任何物品、资料带离工作岗位"的约定，但并未举证证明其与被上诉人争议的电脑中存在商业秘密或其他秘密，故其现向被上诉人主张违约金无事实和法律依据，法院不予支持。

关于合理支出费用，上诉人既未举证证明被上诉人泄露了公司商业秘密，也未举证证明公司因此遭受了损失或因避免损失发生而支出了相关费用，故现请求被上诉人赔偿其合理支出费用，法院不予支持。

案例注释与解析

1. 对于选取案例的说明

已签订的保密协议或竞业限制协议，但不会发生合同条款的效力作用、不会发生适用其相应条款承担相关责任的情形很常见。尤其是商业秘密构成要件多，实践中难以成功证明公司的某些信息构成商业秘密。该案的情形也是科研工作人员在工作中面对被诉商业秘密侵权或违约时很可能会遇到的情形，值得各位关注、学习，以便更好地保护自身权益。

2. 什么情形下可启动适用保密协议的违约条款？

该案中，二审法院提出了对保密协议违约问题的审理思路：第一步，先判断要求保密的对象是否构成商业秘密或秘密；第二步，判断是否存在违约行为等。如果第一步不满足，则直接被认定为不构成违约。如果第一步满足，再进行第二步的判断。第二步可被理解为，具有保密协议中约定的禁止义务人所为的不正当获取、披露、使用等行为。

满足这两个前提后，第三步才有必要考虑保密协议违约条款的适用。该案一审法院同样对保密协议的违约提供了有效的判断思路：当权责不相符时，基于公平原则，违约条款无法适用。

3. 商业秘密认定难、取证难

根据法律规定及司法实践，对商业秘密的认定，是一项难度很大的工作。不仅需要依据保密协议中对“保密信息”的描述，而且还要对该信息的公知性、价值及是否采取了适当的保密措施进行审查，甚至在很多情况下需要掌握专业知识的第三方机构、人员进行鉴定并给出专业意见，才能满足上述第一步的前提条件。

该案中，T公司认为的商业秘密实际是存在电脑里的公司秘密信息。如果想对该秘密信息进行认定，需要对电脑进行查看。根据判决中法院对案件事实的查明，在案件一审期间，电脑已经在T公司控制下进行存放。

通常，专业鉴定机构在接受委托进行鉴定前要对检材（需要鉴定的客体）进行审查。不同类型检材需满足不同的鉴定条件，对于涉案电脑在内的有关物品，至少需要审查该检材是否为原件，以及在收集、保管、运送鉴定过程中是否受到破坏或改变。

结合该案，在王某离职后、案件一审前，涉案电脑已在T公司的控制之下。本着民事案件“谁主张，谁举证”的原则，T公司如何证明其要求进行鉴定的电脑就是当时王某归还的电脑原件？怎么排除其对电脑相关软件、硬件曾进行过拆卸、更换、删除、增加内容等行为的可能性？

T公司若想证明这些，是存在极大困难的，或者说在民事案件中几乎是不可能的。因为对一个不能满足鉴定前提条件的检材进行鉴定，结论是没有任何意义的，是不可能被法院采纳的。该案在二审时，上诉人T公司提到其一审时已申请对电脑是否涉密进行司法鉴定，但一审法院未予回应。而被上诉人王某对此称，涉案电脑已在T公司保管了几个月，不具备鉴定条件，二审法院对此最终并未作出回应。

现实中，科研工作人员如遇到类似指控，首先要求指控方提供确凿的证据证明要鉴定或审查的客体符合鉴定或认定的前提条件，如无证据或证据不足或存在瑕疵，则可不予认可其指控。

4. 保密协议在其他国家的执行状况

以美国为例，各州对执行保密协议的要求有所差别，但基本原则与该案思路相似。若原告无法证明被告所带走的信息是秘密信息或商业秘密，则无法认定为保密协议违约，继而由被告承担违约责任。这种情况下，基于表面证据，企业可能会通过刑法对商业秘密的保护，基于保护企业与员工的信赖利益，要求检察官对被告提起公诉。这时，即使原告在民事案件中败诉或与被告和解，依然在纽约州、加利福尼亚州出现被告以盗窃商业秘密为罪名被判处刑罚与罚金的案件。

5. 启示与建议

第一，在需要保护商业秘密与其他主体签订保密协议或竞业禁止协议时，要关注协议中所确认的“秘密信息”的具体内容，确保不因该“保密信息”范围不当扩大而影响自身的合法权益。比如，将本不属于“秘密信息”的内容放入要求禁止个人使用的范畴，不当影响自身在职或离职后的合理合法使用等情况。

第二，在发生被指控违反保密协议时，需要由指控方证明协议中提及的“保密信息”符合商业秘密的构成要件。常识下所认为的属于指控方拥有的、未公开的有价值信息并不是法律意义上的商业秘密，至少还需要符合“采取相应保密措施”这一要件。那么，是否构成法院认可的保密措施，措施是否合理、适当，这些都是待审查的内容。

因此，任何人都不能轻易地被认定为有侵犯商业秘密或构成与商业秘密有关的违约行为，科研工作人员在遇到类似指控时要注意提出合理抗辩，维护自身权益。

（二）侵犯技术秘密的民事责任

实际问题：如何认定侵犯商业秘密的行为与侵权人？

在科研人员有价值的研发成果中，很大一部分以技术秘密的形式保护。日常中，如何对处于未公开状态的研发成果进行有效保护？在员工离职的情况下，其怎样的后续行为会构成侵犯技术秘密？一旦技术秘密受到侵犯，除了构成直接侵权的离职员工，还可以追究哪些人或组织的民事法律责任？为什么？

◎涉及法条

《中华人民共和国反不正当竞争法》（2017 年修订）第九条

《中华人民共和国反不正当竞争法》于 2019 年修正，第九条在原有基础上，在语言上调整了第一款第一项、第三项，新增了第一款第四项，规定教唆、引诱和帮助侵犯商业秘密的行为同样构成侵犯商业秘密；新增第二款，将“经营者以外的其他自然人、法人和非法人组织”纳入侵权主体的范围；第四款将商业秘密的定义描述完善为技术信息、经营信息等商业信息。总体而言加大了商业秘密的保护范围。

◎虚拟情境

Z 公司与 X 公司两家单位合作研发了某项技术，采取保护措施，将之作为技术秘密保护。之后，Z 公司的员工 F 离职，加入了它的竞争对手 W 公司，并将相关技术秘密与 W 公司分享。F 这样的行为会导致哪些法律后果？谁可以追究其法律责任？

典型案例

H 公司、C 公司侵害技术秘密纠纷

（2020）最高法知民终 1667 号

裁判法院：最高人民法院

裁判时间：2021 年 2 月 19 日

关键词：民事/商业秘密/侵权行为/共同侵权

案件摘要

两原告 H 公司与 C 公司共同研发了涉案技术，并采取保护措施将其作为技术秘密保护。H 公司的前员工傅某离职时将部分技术分享给了原告的竞争对手公司一，相关个人与企业都获得了丰厚经济收益。法院认为，依据《反不正当竞争法》（2017 年修订）第九条和第十七条，涉案技术属于两原告共有的技术秘密，前员工、招募其与原告有竞争关系的企业、为侵权实施涉案技术秘密专门成立的新公司、新公司法定代表人以不正当手段获取、披露、使用、允许他人使用该技术秘密的行为，构成共同侵权。

裁判要点

被诉侵权人在生产经营活动中直接使用商业秘密，对商业秘密进行修改或改进后使用，或者根据商业秘密调整、优化、改进有关生产经营活动的，一般应当认定为使用商业秘密。

如果特定法人是其法定代表人或者主要负责人专门为从事侵权而登记成立，客观上该法人的生产经营本身主要就是实施侵权行为，且该法定代表人或者主要负责人自身积极参与侵权行为实施，则该侵权行为既体现了法人的意志，又体现了其法定代表人或者主要负责人的意志。该法人事实上成为其法定代表人或者主要负责人实施侵权行为的工具，此时可以认定该法定代表人或者主要负责人与法人共同实施了侵权行为，并应依法承担相应的法律责任。

争议焦点

被告是否实施了侵害涉案技术秘密的行为。

基本案情

1. 原告身份与原告间关系

该案原告之一 H 公司是全球主要的香兰素制造商，2002 年 11 月 22 日与另一原告 C 公司签订《技术开发合同》《技术转让合同》及补充合同，约定 C 公司研制香兰素的新生产工艺，技术成果归属 C 公司，技术资料双方共有。2006 年 9 月 26 日，H 公司与 C 公司签订《技术转让合同》，委托 C 公司在已有研发成果基础上，设计采用乙醛酸法生产香兰素新工艺的生产线。相关技术仍属双方共有。

2. 原告采用的保密措施

自 2003 年起，H 公司先后制定了《文件控制程序》《记录控制程序》《设备/设施管理程序》《食品安全、质量和环境管理手册》等文件。第一，《文件控制程序》规定：将公司文件进行编号，按受控、非受控分类管理，凡与质量体系运行紧密相关的文件列为受控文件，香兰素作业指导书上标有“受控”字样；由文件管理员负责文件的发放、更改、回收及原件的存查管制工作；文件的发放、回收建立登记记录；文件领用人须妥善保管领取的文件，不得涂改或擅自更改，不得私自转让、外借，不得改变文件的原装订形式，不可私自复印；由企业管理部负责管理性文件、技术部负责工艺文件管理等事项。第二，《记录控制程序》规定：公司人员查阅记录时，须经保管部门主管同意；所有记录的原件一律不予外借。第三，《设备/设施管理程序》规定：设备动力部负责对生产、工艺设备、环境运行设备等的归口管理，建立设备档案；设备说明书、合格证、安装图及其他相关资料交设备部设备管理员归入设备档案。第四，《食品安全、质量和环境管理手册》规定：建立档案室和档案与信息化管理安全保密制度，设有专职档案管理人员。第五，各部门岗位职责规定：技术部负责公司产品技术文件的标准化审查工作和标准化资料的登记、备案、存放、查阅等事项。第六，《职工手册》规定：由安全员检查、督促员工遵守安全生产制度和操作规程，做好原始资料的登记和保管工作。

2010 年 3 月 25 日，H 公司制定《档案与信息化管理安全保密制度》，其中规定了，对于公司纸质或电子形式存在的技术方案、操作规程、设备图纸、实验数据、操作记录等作为公司涉密信息，公司所有职工必须保守秘密；任何部门及个人不得私自查阅公司档案信息；公司工作人员发现公司秘密已经泄露或者可能泄露时，应当立即采取补救措施；公司与接触相关技术和操作规程的员工签订《保密协议》等。

2010 年 4 月起，H 公司就其内部管理规定对员工进行了培训。被告傅某于 2007 年参加了管理体系培训、环境管理体系培训、宣传教育培训、贯标培训，但傅某以打算辞职为由拒绝签订《保密协议》。

H 公司与 C 公司之间签订的《技术开发合同》《技术转让合同》《关于企业长期合作的特别合同》均有保密条款的约定。C 公司的法定代表人以及主要技术人员向 H 公司出具《承诺和保证书》，保证为 H 公司已开发的所有技术成果及其他知识产权不被泄露或披露给任何第三方。C 公司的《C 公司新技术有限公司管理条例》及其与员工的劳动合同中订有保密条款，明确公司商业、管理及技术资料为涉密信息。

3. 被告身份与被告间关系

被告公司一、公司二和公司三彼此为关联公司。公司一成立于 1995 年 6 月 8 日，注册资本 8000 万元，经营范围为食品添加剂山梨酸钾的研发、生产，化工产品（除危险化学品）的制造、销售等。被告王某是公司一的监事。公司二由王某与公司一共同出资，于 2009 年 10 月 21 日成立，王某任法定代表人。公司三是公司二的子公司（股权 49%）。

4. 原被告之间的交集

2010 年春节前后，傅某、冯某某与费某某开始商议并寻求香兰素生产技术的交易机会。2010年4月12日，三人前往公司一与王某洽谈香兰素生产技术合作事宜，与王某签订《香兰素技术合作协议》，其中Y公司（前三人筹办的公司）作为甲方，公司一香兰素分厂作为乙方，主要约定：第一，甲方以其所持有国内外最新、最先进的香兰素生产工艺技术入股公司一香兰素分厂，甲方暂定为该技术价值500万元，股份占比为8%；第二，甲方提供有关的技术资料，进行技术指导、传授技术诀窍，使该技术顺利转让给乙方；第三，甲方技术人员小组应跟乙方一起联合，筹建该项目各种事务及筹备销售业务渠道等，确保甲方帮助销售一年1000吨以上销量及各方面工作。

当日，公司一向Y公司开具100万元银行汇票。冯某某支取100万元现金支票，从中支付给傅某40万元、费某某24万元。随后，傅某交给冯某某一个U盘，其中存有香兰素生产设备图200张、工艺管道及仪表流程图14张、主要设备清单等技术资料，冯某某转交给了王某。

2010年4月15日，傅某向H公司提交辞职报告。5月，傅某正式从H公司离职，随即与冯某某、费某某进入公司二香兰素车间工作。自此，公司二购入有关生产设备。

2010年6月4日，公司二与T公司签订买卖合同，购买一批非标设备。上述合同均约定供方按需方的工艺条件图设计图纸，经需方确认后按图施工。公司二向T公司提供的设备图105张，其中部分设备图显示设计单位为某特种设备设计有限公司，部分图纸上有傅某、费某某签字或“技术联系傅工01516859××××王某”字样，该移动电话号码系傅某所有。以上合同均已实际履行完毕。

2011年3月15日，浙江省宁波市环境保护局批复同意公司二生产山梨酸（钾）等产品、香兰素建设项目环境影响报告书，批准香兰素年产量为5000吨。同年6月，公司二开始生产香兰素。

2013年4月，浙江省宁波市科学技术局批复对公司二“乙醛酸法新工艺技术制备香兰素及产业化”科技项目给予经费支持，项目负责人包括王某、傅某等三人，公司二在申报材料中自称傅某曾任H公司香兰素项目技术负责人之一，参与年产1万吨乙醛酸法合成香兰素连续化生产线设计及建设。

2015年8月18日，浙江省宁波市环境保护局批准公司二新建2套共0.6万吨香兰素生产装置。公司二向该局申报的《年产6万吨乙醛、4万吨丁烯醛、2万吨山梨酸钾、0.6万吨香兰素生产项目环境影响报告书》（以下简称《2015年环境影响报告书》）包含与香兰素生产相关的9张工艺流程图。

公司三自2017年6月成立起持续使用公司二作为股权出资的香兰素生产设备生产香兰素。

诉讼请求

H公司起诉公司二、王某、傅某侵害其商业秘密。

一审中，H公司与C公司诉请判决公司一、公司二、公司三、傅某、王某停止一切侵犯商业秘密的行为，并赔偿经济损失50200万元（含合理维权支出）。

上诉中，H公司与C公司请求法院判决原审所有被告停止以不正当手段获取、披露、使用、允许他人使用涉案技术秘密，并赔偿经济损失和为调查、制止侵权行为的合理支出共计17777.0227万元，承担全部诉讼费。

公司一、公司二、公司三、傅某请求撤销原审判决第一、二项，改判驳回H公司与C公司全部诉讼请求，并负担全部诉讼费。

与案例相关的其他重要内容

裁判经过与结果

案件经过浙江省高级人民法院、最高人民法院两级法院审理结案。

一审浙江省高级人民法院作出［（2018）浙民初25号］民事判决，判令被告立即停止侵害涉案技术秘密的行为至涉案技术秘密已为公众所知悉时止，赔偿原告300万元经济损失和50万元合理维权费用，驳回原告其他诉讼请求。除王某外，其他原被告均不服，提起上诉。

二审最高人民法院作出［（2020）知民终1667号］民事判决，判令撤销原审判决，原审被告立即停止侵犯涉案技术秘密的行为并赔偿原审原告经济损失15582.945万元，合理维权费用349.2216万元，共计15932.1671万元，驳回其他诉讼请求。

法院裁判理由

◎原告观点

H公司与C公司认为，被告的侵权行为包括获取、披露、使用、允许他人使用涉案技术秘密的行为。

◎被告观点

公司一、公司二、公司三、傅某及王某主张其香兰素生产技术系自行研发，辩称涉案技术信息不构成技术秘密。即便构成技术秘密，他们所实施的行为也不属于侵犯涉案技术秘密的行为，故不应承担相应的侵权责任。

◎一审法院对事实的认定与法律观点

一审法院认为，该案应适用《反不正当竞争法》（2017年修订）。涉案技术信息系不为公众所知悉、具有商业价值并经权利人采取相应保密措施的技术信息，具备商业秘密的法定构成要件，构成商业秘密并应受法律保护。

经法院比对，各方当事人确认，公司二提供给T公司的设备图中有37张与涉案技术秘密的设备图相同，且包含在公司一等被诉侵权人非法获取的图纸范围内，共涉及8个非标设备。

公司一、公司二、公司三、傅某获取的技术秘密包括185张设备图和15张工艺流程图，侵权使用的涉案技术秘密包括17个设备的设计图和5张工艺流程图。

公司一、公司二、傅某以不正当手段获取涉案技术秘密，并披露、使用、允许他人使用该技术秘密的行为，公司三使用涉案技术秘密的行为，均侵害了涉案技术秘密，构成不正当竞争。

公司一、公司二、公司三、傅某应当承担停止侵害、赔偿损失的民事责任。其中，公司一、公司二、傅某基于共同实施的侵权行为，应当承担连带责任。公司三基于其实施的使用行为，承担部分连带责任。但王某的行为并未明显超出其法定代表人职务行为的范畴，主张其构成共同侵权或承担侵权责任的证据不足。

◎上诉中被告新提出的证据与观点

公司一等被诉侵权人在该案二审过程中提交了硕士论文、化工设备图册、化工设备结构图册、化工制图等证据，拟证明其使用的涉案技术秘密系公知技术。

◎二审法院对法条的援引、解释与适用

二审法院总结认为，处理技术秘密纠纷时需要对三个问题进行判定：第一，涉案技术信息是否构成技术秘密；第二，被诉侵权人是否实施了侵害涉案技术秘密的行为；第三，被诉侵权人是否需要承担法律责任。

1. 涉案技术信息是否构成技术秘密

《反不正当竞争法》(2017 年修订）第九条第三款规定的“不为公众所知悉”“具有商业价值”“保密措施”的释义如下：

“不为公众所知悉”是指有关信息不为其所属领域的相关人员普遍知悉和容易获得。一般来说，普遍知悉或者容易获得均不要求商业秘密已必然为某个具体的人所知悉或获得，只要该商业秘密处于所属领域相关人员想知悉就能知悉或者想获得就能获得的状态，或者所属领域相关人员不用付出过多劳动就能够知悉或者获得该商业秘密，就可以认定其为所属领域的相关人员普遍知悉或者容易获得。

“具有商业价值”一般是指有关信息具有现实的或者潜在的商业价值，能为权利人带来竞争优势。商业秘密具有的商业价值并不限于其已经实际产生的价值，还包括其可能带来的价值。同时，商业秘密的价值既包括使用该商业秘密给其带来的价值增长，也包括使用该商业秘密为其避免的价值减损或者成本付出。

“保密措施”一般是指权利人为防止信息泄露所采取的与其商业价值等具体情况相适应的合理保护措施。通常应当根据商业秘密及其载体的性质、商业秘密的商业价值、保密措施的可识别程度、保密措施与商业秘密的对应程度以及权利人的保密意愿等因素，认定权利人是否采取了相应保密措施。

该案中，H 公司与 C 公司涉案技术信息的载体为 287 张设备图和 25 张工艺管道及仪表流程图，二审法院经审查，认定它们均构成技术秘密。具体理由如下。

第一，H 公司和 C 公司的设备图（包括部件图）承载了具有特定结构、能够完成特定生产步骤的非标设备或者设备组合的参数信息，构成相对独立的技术单元，属于技术信息。工艺管道及仪表流程图记载了相关工序所需的设备及其位置和连接关系、物料和介质连接关系、控制点参数等信息，亦为相对独立的技术单元，同样属于技术信息。

第二，H 公司和 C 公司的设备图和工艺管道及仪表流程图属于不为公众所知悉的技术信息。首先，涉案技术信息是企业自行设计的非标设备及工艺流程参数信息，主要为计算机应用软件绘制、表达的工程图形信息，现有证据不能证明其已经在先公开。其次，对于不同香兰素生产企业而言，其使用的生产设备及连接方式、工艺流程的步骤和控制方法往往基于企业的规模、技术实力、实践经验等具有各自的特点。H 公司的设备图、工艺管道及仪表流程图的尺寸、结构、材料信息是根据自身生产工艺对参数优选数值的有机组合，需要经过大量技术研发、检验筛选才能够获得。市场上并不存在标准化的成套香兰素工业化生产设备技术图纸以及工艺流程图，涉案技术信息无法从公开渠道获取，也无法通过观察香兰素产品直接获得。最后，根据〔2017〕沪科咨知鉴字第48－1号《知识产权司法鉴定意见书》的鉴定结论，涉案香兰素生产设备技术图纸在 2015 年 5 月 30 日和 2017 年 8 月 21 日之前分别构成不为公众所知的技术信息。当然，时至今日也没有证据证明上述涉案香兰素生产设备技术图纸已经被公开并为相关公众所普遍知悉。

第三，H 公司和 C 公司的涉案技术信息具有极高的商业价值。H 公司系香兰素行业的龙头企业，其投入大量时间和成本研发的生产设备和工艺流程已经实际投入生产，提高了其香兰素产品的生产效率，并为企业形成市场优势、创造可观利润，从而为企业带来经济利益和竞争优势，故涉案技术信息明显具有极高的商业价值。

第四，H 公司对涉案技术信息采取了相应的保密措施。H 公司制定了《文件控制程序》《记录控制程序》等管理性文件，对公司重要文件、设备进行管理；由专人对文件的发放、回收进行管理和控制，并规定通过培训等方式向员工公开，表明其具有保密意愿且采取了保密措施。具体到涉案技术信息，H 公司与 C 公司之间签订的技术开发合同约定有保密条款，

H 公司也制定了《档案与信息化管理安全保密制度》等管理规定，并对职工多次进行保密宣传、教育和培训。傅某在原审庭审中陈述涉案图纸有专门部门保管，其无法轻易获取。由于上述保密措施，涉案技术信息至今仍未被公开。可见，H 公司的保密措施与涉案技术信息价值基本相适应，客观上起到了保密效果。

第五，C 公司对涉案技术信息采取了相应的保密措施。C 公司管理条例中有关于保密纪律的规定，其与员工的劳动合同中也订有保密条款。C 公司自 2008 年起仅为 H 公司一家提供技术服务，自身并不从事实际生产，没有证据表明其在经营中或者与第三方交易中披露过涉案技术秘密，其采取的措施合理且有效。

综上，涉案技术信息系不为公众所知悉、具有商业价值并经权利人采取相应保密措施的技术信息，符合技术秘密的法定构成要件，依法应受法律保护。公司一、公司二、公司三、傅某有关涉案技术信息不构成技术秘密的上诉主张缺乏事实和法律依据，二审法院不予支持。

2. 公司一等被告是否实施了侵害涉案技术秘密的行为

根据《反不正当竞争法》（2017 年修订）第九条第一款和第二款，被诉侵权人在生产经营活动中直接使用商业秘密，对商业秘密进行修改或改进后使用，或者根据商业秘密调整、优化、改进有关生产经营活动的，一般应当认定为使用商业秘密。

（1）被诉侵权技术信息与涉案技术秘密相同

H 公司与 C 公司主张的技术秘密包括 6 个秘密点，涉及 58 个非标设备的设备图 287 张和工艺管道及仪表流程图 25 张。被诉侵权技术信息载体为公司一等被诉侵权人获取的 200 张设备图和 14 张工艺流程图。经比对，其中有 184 张设备图与涉案技术秘密中设备图的结构形式、大小尺寸、设计参数、制造要求均相同，设备名称和编号、图纸编号、制图单位等也相同，共涉及 40 个非标设备；有 14 张工艺流程图与 H 公司的工艺管道及仪表流程图的设备位置和连接关系、物料和介质连接关系、控制内容和参数等均相同，其中部分图纸标注的图纸名称、项目名称、设计单位也相同。同时，公司二提供给 T 公司的技术图虽然未包含在冯某某提交的图纸之内，但均属于涉案技术秘密的范围。鉴于公司二已在设备加工和环评申报中加以使用，可以确定公司二获取了该两份图纸。因此，原审法院认定公司一等被诉侵权人非法获取的技术秘密包括185张设备图和15张工艺流程图并无不当，二审法院予以确认。

（2）涉案技术秘密的侵权使用情况

该案中，涉案技术秘密的载体为287张设备图和25张工艺管道及仪表流程图，公司一等被诉侵权人非法获取了其中的185张设备图和15张工艺流程图。

除经原审法院比对、各方当事人确认的公司二提供给T公司的设备图与涉案技术秘密设备图的相同部分，关于《2015年环境影响报告书》中的工艺流程图，其中部分与H公司的技术流程图相同，部分不完全相同，具有一定差异。

考虑到公司一等被诉侵权人获取涉案技术秘密图纸后完全可以作一些针对性的修改，故《2015年环境影响报告书》中部分工艺流程图中的工艺与涉案技术秘密中的对应技术信息虽然存在些许差异，但根据该案具体侵权情况，完全可以认定这些差异是公司一等被诉侵权人在获取涉案技术秘密后进行规避性或者适应性修改所导致，故可以认定相关不相似工艺依然使用了涉案技术秘密。

二审法院经审查对原审法院关于被诉侵权人使用的技术秘密的范围予以认可。在此基础上，该院进一步认定公司一等被诉侵权人实际使用了其已经获取的全部185张设备图和15张工艺流程图。具体理由如下：

第一，香兰素生产设备和工艺流程通常具有配套性，其生产工艺及相关装置相对明确固定，公司一等被诉侵权人已经实际建成香兰素项目生产线并进行规模化生产，故其必然具备制造香兰素产品的完整工艺流程和相应装置设备。

第二，公司一等被诉侵权人拒不提供有效证据证明其对香兰素产品的完整工艺流程和相应装置设备进行了研发和试验，且在极短时间内上马香兰素项目生产线并实际投产。公司一自傅某于2010年5月到岗后即启动香兰素项目，随后又从H公司招聘了多名与香兰素生产技术有关的员工，到2011年3月浙江省宁波市环境保护局批准其香兰素年产量为5000吨，再到2011年6月公司二开始生产香兰素，公司二的香兰素生产线从启动到量产仅用了一年左右的时间。与之相比，H公司自2002年11月与C公司签订《技术开发合同》等合同，到2007年2月经浙江省嘉兴市南湖区经济贸易局批复同意扩建年产10000吨/年合成香料（乙醛酸法）新技术技改项目，涉案技术秘密从研发到建成生产线至少用了长达4年多的时间。

第三，公司一等被诉侵权人未提交有效证据证明其对被诉技术方案及相关设备进行过小试和中试，且又非法获取了涉案技术图纸，同时，公司二的环境影响报告书及其在向T公司购买设备的过程中，均已使用了其非法获取的设备图和工艺流程图。综合考虑技术秘密案件的特点及该案实际情况，同时结合公司一等被诉侵权人未提交有效相反证据的情况，可以认定公司一等被诉侵权人使用了其非法获取的全部技术秘密。

第四，虽然公司一、公司二的香兰素生产工艺流程和相应装置设备与涉案技术秘密在个别地方略有不同，但其未提交证据证明这种不同是基于其自身的技术研发或通过其他正当途径获得的技术成果所致。同时，现有证据表明，公司一等被诉侵权人是在获取了涉案技术秘密后才开始组建工厂生产香兰素产品的，即其完全可能在获得涉案技术秘密后对照该技术秘密对某些生产工艺或个别配件装置作规避性或者适应性修改。这种修改本身也是实际使用涉案技术秘密的方式之一。

综上，在原审法院认定公司一等被诉侵权人使用的涉案技术秘密包括17个设备的设计图和5张工艺流程图的基础上，二审法院根据现有证据进一步认定，公司一等被诉侵权人从H公司处非法获取的涉案技术秘密，即185张设备图和15张工艺流程图均已被实际使用。

H公司与C公司有关公司一等被诉侵权人使用了其从H公司处非法获取的185张设备图和15张工艺流程图的上诉主张具有事实和法律依据，二审法院予以支持。

3. 公司一等被诉侵权人侵害涉案技术秘密的行为情况

（1）关于傅某的被诉侵权行为

傅某长期在H公司工作，负责香兰素车间设备维修，能够接触到H公司的技术秘密。傅某与公司一之间的一系列利益行为、公司二对H公司和C公司技术秘密的使用，足以证明傅某实施了获取涉案技术秘密及披露给公司一、公司二并允许其使用涉案技术秘密的行为。

需要指出的是，虽然傅某拒绝与H公司签订《保密协议》，但其理应知晓H公司提出的技术秘密保密要求。而且，傅某拒签《保密协议》的理由是其打算辞职，而辞职并非员工拒签《保密协议》的正当理由。同时，结合傅某辞职后进入公司二香兰素车间工作的事实，可以认定傅某蓄意拒签保密协议。傅某知晓或者理应了解并知悉H公司涉及要求员工保守商业秘密的内部保密管理制度。涉案技术秘密不同于员工在任职期间合法掌握的一般性知识和技能，无论是纸质还是电子版图纸所承载的技术秘密都属于H公司的财产，未经H公司同意，傅某无权获取、披露、使用或者许可他人使用。傅某对此理应知晓，但其仍实施了被诉侵害涉案技术秘密的行为，具有明显的主观恶意。

（2）关于公司一、公司二的被诉侵权行为

公司一、公司二均系从事香兰素生产销售的企业，与H公司具有直接竞争关系，应当知悉傅某作为H公司员工对该公司香兰素生产设备图和工艺流程图并不享有合法权利。

但是，公司一仍然通过签订《香兰素技术转让协议》，以向傅某、冯某某等支付报酬的方式，直接获取H公司的涉案技术秘密，并披露给公司二使用。公司二雇用傅某并使用其非法获取的涉案技术秘密生产香兰素，之后又通过设备出资方式将涉案技术秘密披露给公司三，并允许其继续使用涉案技术秘密。上述行为均侵害了H公司与C公司的技术秘密。

同时，公司一、公司二系关联企业，主观上具有共同侵权的意思联络，客观上各自分工并共同实施了获取、披露、使用、允许他人使用涉案技术秘密的行为，共同造成了侵害涉案技术秘密的损害后果，构成共同侵权。

（3）关于王某的被诉侵权行为

如果特定法人是其法定代表人或者主要负责人专门为从事侵权而登记成立，客观上该法人的生产经营本身主要就是实施侵权行为，且该法定代表人或者主要负责人自身积极参与侵权行为实施，则该侵权行为既体现了法人的意志又体现了其法定代表人或者主要负责人的意志，该法人事实上成为其法定代表人或者主要负责人实施侵权行为的工具，此时可以认定该法定代表人或者主要负责人与法人共同实施了侵权行为，并应依法承担相应的法律责任。

该案中，从公司二的成立过程、香兰素项目筹划过程、香兰素生产线建设过程及其成立以来的活动来看，公司二是专门为实施涉案技术秘密生产香兰素而成立的公司，其成立后也主要从事香兰素产品的制售相关活动，实际上构成以侵权为业的侵权人。

王某作为公司二的法定代表人，积极与冯某某等人签订《香兰素技术合作协议》，用现金、股权等方式引诱冯某某、傅某等人实施泄露涉案技术秘密的侵权行为，并亲自接受傅某通过冯某某转交的记载有涉案技术秘密的U盘。随后，公司二正式启动了香兰素生产线的建设，在短期内即生产出香兰素产品并投放市场。在这一系列侵权行为实施过程中，王某自身积极参与该案被诉侵权行为，其实施的被诉侵权行为既体现了公司二的意志，也体现了王某的个人意志。也就是说，王某个人直接实施了被诉侵权行为，被诉侵权行为也体现了王某的个人意志。

同时，鉴于王某专门为实施被诉侵权行为成立公司二，该公司已成为王某实施被诉侵权行为的工具，且王某与公司一、公司二、公司三、傅某存在密切的分工、协作等关系，可以认定王某个人亦实施了被诉侵权行为，具体包括以不正当手段获取、披露、使用及允许他人使用涉案技术秘密，并与公司一、公司二、公司三、傅某构成共同侵权，依法应承担相应的法律责任。

因此，原审法院认定王某不构成共同侵权，存在认定事实及适用法律错误，二审法院予以纠正。

（4）关于公司三的被诉侵权行为

基于与公司二的关联关系，公司三应当知悉涉案技术秘密系公司二通过不正当手段获取，但仍继续使用涉案技术秘密，故其亦构成侵害涉案技术秘密。而且，公司三系公司一、公司二为侵权实施涉案技术秘密专门成立的公司，其成立及存在的目的就是实施涉案技术秘密生产香兰素产品，故公司三实际上亦构成以侵权为业的侵权人。

需要说明的是，公司一等被诉侵权人虽然在原审中主张其香兰素生产技术系自行研发，但是其并未提供任何证据证明该主张。

公司一等被诉侵权人在该案二审过程中提交拟证明其使用的涉案技术秘密系公知技术的证据，经审查，均未公开与涉案技术秘密完全相同的技术信息，既不能证明涉案技术秘密已经为公众所知悉，又不能证明被诉技术信息系该领域的公知技术信息。

事实上，香兰素生产技术的研发过程需要付出巨大的时间、金钱和人力成本。如果公司二的技术系自行研发，其应当能够提供设计研发的技术人员、实验数据、设备图纸、费用支出等相关凭证。但是，公司一、公司二、公司三、傅某及王某均未提交合法有效的相关证据。

而且，非标设备和工艺流程通常由企业自行设计，不同企业之间的图纸内容完全相同的可能性极低。而在该案中，公司二使用的设备图和工艺流程图上的设备图示、名称、设备号码与 H 公司高度一致，甚至部分图纸标注的设计单位、特有编号也完全相同，且其不能对此作出合理解释。因此，原审法院认定现有证据不能证明被诉技术信息系公司二等自行研发并无不当，二审法院予以确认。

综上，公司一、公司二、公司三、傅某及王某实际实施了侵害涉案技术秘密的行为，依法应承担相应的法律责任。公司一、公司二、公司三、傅某有关其未实施侵害涉案技术秘密的上诉主张依据不足，二审法院不予支持。H 公司与 C 公司有关王某与公司一、公司二、公司三、傅某共同实施了侵害涉案技术秘密的行为并应承担法律责任的上诉主张成立，二审法院予以支持。

案例注释与解析

1. 对于选取案例的说明

无论是进行研发活动的科研事业单位还是企业，在化工、医药、互联网等领域中，大量科研成果更适合采用技术秘密的形式进行保护。该案中，法院对侵犯商业秘密情况的处理方式与相关法条进行了全面的解析，充分解释了离职员工的哪些行为会构成对其前雇主商业秘密的侵害，哪些技术相关的文件可以构成证明其民事侵权的证据，哪些其他市场主体的哪些行为可能会与其构成共同侵权。这是科研人员规范自我行为的重要学习素材。

2. 侵犯技术秘密案件的判定思路

从该案来看，判定商业秘密侵害一般要经过三个步骤：第一，原告主张的内容是否构成商业秘密；第二，被告是否实施了侵害涉案技术秘密的行为；第三，被告的行为是否构成侵权。

在判断第一个问题时，首先要判断原告是否将所主张的商业秘密内容被予以固定，即体现在了证据中。具体的判定要求在专题二的 M 公司与 L 公司专利纠纷再审案中已有探讨，与该案的要求和思路一致。当确认原告持有商业秘密后，再进行下一步骤的判断。

在判断第二个问题时，要对被诉侵权技术信息与涉案技术秘密进行比对：若两者相同，即构成了侵害商业秘密的客观基础；若两者不同，还要判断被诉侵权技术的来源是否是涉案技术秘密，如果是，依然会构成侵害商业秘密。

在判断第三个问题时，应参考《反不正当竞争法》（2019 年修正）第九条对侵犯技术秘密的具体行为的规定，其中包括非法获取；披露或使用非法获取的技术秘密；违反保密义务而披露或使用已合法获取的技术秘密；对有保密义务的人进行教唆或帮助而获取、披露或使用技术秘密。值得注意的是，即使不存在保密协议，也不必然的认为被告人不具有保密义务。

在回应第三个问题时，有企业主张自己获取的是公开信息，继而行为不构成侵权，例如（2020）最高法知民终 1101 号案例中，最高人民法院认为，如此一项“来源合法”的抗辩由于保密义务的存在，通常不能成立。

3. 被告应该承担的责任：停止侵权、赔偿损失

对于侵犯技术秘密的损害赔偿，一般按照权利人的实际损失、侵权人的侵权获利、许可费的合理倍数和法定赔偿顺位进行计算。对于已经导致技术秘密公开

的侵权行为，按照其商业价值确定损害赔偿额。对此权利人应当提供合理证据作为支撑。

该案中法院提出，技术秘密侵权的法律责任主要是停止侵权和赔偿损失。在计算损失赔偿数额时，可以按照权利人因被侵权所受到的实际损失来确定，以侵权人销售数量×权利人的平均销售单价×营业利润率计算；当侵权人侵权情节严重时，如侵权规模大、侵权时间长或以侵权为主业等，可以按侵权人销售数量×权利人的平均销售单价×销售利润率计算。

4. 国内类似案件的处理情况

根据北京市高级人民法院在2019年《反不正当竞争法》修正后的调研报告显示，在侵害商业秘密纠纷案件中，65%的案件是由于原告主张的商业秘密未被认定为商业秘密而败诉。[1] 其中，原告主张的技术信息不构成技术秘密是其败诉的主要原因。以王某与北京某石油化工有限公司助剂二厂等侵犯技术秘密纠纷上诉案［（2011）高民终字第220号民］为例，原告王某主张的技术秘密由于申请并获得了专利保护，因此王某主张的技术秘密已为公众所知，不具有秘密性。

在M公司与被告夏某、R公司侵犯技术秘密纠纷［（2013）苏知民终字第159号民］一案中，原告提交的技术秘密载体图纸上加盖有“保密”印章，并对相关技术资料进行了保密存档；在《员工保密和知识产权协议》《员工手册》中均有对保密事项的约定；在与员工签署的《和解和相互豁免协议》中也进行了保密约定。该案中，原告同时采取了“在涉密信息的载体上标有保密标志”及“签订保密协议”两种保密措施，法院据此认定其对涉案技术信息采取了合理的保密措施，并最终支持了原告的诉讼请求。

总体而言，由于权利人需要提交大量明确证据证明所主张的技术信息构成技术秘密和被告行为已构成侵犯技术秘密，难度较大。

5. 其他启示和建议

（1）要善用技术秘密保护

技术秘密保护与申请专利并不冲突。对于一种技术信息，采用专利保护还是技术秘密保护，需要进行技术分割。对于需要进行专利保护的信息，也不是就必

---

[1] 北京市高级人民法院知识产权庭课题组.《反不正当竞争法》修改后商业秘密司法审判调研报告［J］. 电子知识产权，2019（11）：65－85.

然不能同时采用技术秘密保护。技术秘密与专利的关系，并非简单的核心与外围的关系，而是依赖于技术信息本身的特点作合理布局的关系。

基本准则是：如果技术信息容易通过反向工程获取，则最好采取专利形式进行保护。

（2）要有为技术秘密保护的证据留存意识

如果技术秘密不慎已经受到侵害而起诉，权利人需确定技术秘密的范围、内容和归属，以及是否采取了合理的保密措施。这就要求科研工作者在研发中要有证据意识，注意保留与研发相关的所有材料并予以归档处理；科研单位更要建立有效的保密制度。

（3）抗辩策略

由于权利人需要提交大量明确证据证明所主张的技术信息构成技术秘密和被告行为已构成侵犯技术秘密，难度较大。侵犯技术秘密案件的被告可以从以下几个方面抗辩：①技术秘密权属不明；②技术秘密客体和载体不明；③原告主张的信息不符合技术秘密构成要件；④被告使用的信息与原告主张的技术秘密不相同或实质相同；⑤无证据证明或现有证据无法完整证明被告使用不正当手段获取原告主张的技术秘密；⑥被告使用该信息有合法来源（自行开发或反向工程）等。

（4）合作中，应明确技术秘密许可费

对很多工业应用类型的技术秘密，科研单位一般不会自己使用，而是许可给另一方或与其合作使用。在这种情况下，显然难以依据权利人因侵权受到的实际损失或被诉侵权人的侵权获利来计算损害赔偿。此时，许可费便成为计算赔偿的重要参考依据。因此，科研单位在使用合同尤其在合作使用的合同中，最好明确技术秘密的许可费。而且，对于这种情形，科研单位并没有必要要求对方停止侵权，实际只要对方支付了合理的许可费，就可继续生产使用。这也能避免社会资源的浪费。

（5）惩罚性赔偿的使用

该案虽然由于权利人所主张的侵权时间而无法适用惩罚性赔偿，但如果侵权发生或持续到 2019 年 4 月 23 日《反不正当竞争法》（2019 年修正）施行后，对于情节严重的侵权，科研人员或单位可主张惩罚性赔偿。

（三）侵犯技术秘密的刑事责任

实际问题：什么行为会构成侵犯商业秘密罪？

技术秘密是科研单位在研发中形成的技术成果，是科研单位的核心竞争力。

什么行为构成侵犯单位的技术秘密？行为人若侵犯了技术秘密，是否会承担刑事责任？会承担怎样的刑事责任？

◎涉及法条

《中华人民共和国刑法》（2017 年修正）第二百一十九条

《中华人民共和国刑法》于 2020 年最新修正中加大了商业秘密的保护范围，第二百一十九条在原有基础上，调整了犯罪构成、量刑。

◎虚拟情境

S 曾入职 X 公司，详细了解过 X 公司的某些产品后，对该领域的前途非常感兴趣，离职创业，成立了 T 公司。T 公司成立后，S 发现无法独立研发，于是找到 X 公司的员工 Z，付费请 Z 将 X 公司相关产品的技术秘方透露给自己。S 这样的行为存在哪些法律风险，是否涉嫌犯罪？

典型案例

T 公司、苏某侵犯商业秘密案

（2020）京 03 刑终 560 号

裁判法院：北京市第三中级人民法院

裁判时间：2020 年 12 月 2 日

关键词：技术秘密/商业秘密/刑事

案件摘要

受害单位公司一自主研发了一种技术配方，并采取保密措施作为技术秘密保护，被告公司及其实际控制人——被告人苏某利用不正当手段从知悉该配方的受害单位科研人员处获取了该配方并使用，获利 290 余万元。检察院指控被告人、被告单位犯侵犯商业秘密罪。法院认为，根据《刑法》第二百一十九条的规定，涉案技术配方属于商业秘密，被告单位及被告人以不正当手段获取受害单位的商业秘密并使用，造成特别严重后果，构成侵犯商业秘密罪，依法均应予惩处。

裁判要点

商业秘密是指不为公众所知悉、能为权利人带来经济利益、具有实用性并经权利人采取保密措施的技术信息和经营信息。

侵犯商业秘密罪的构成要件有，被告人具有侵犯商业秘密的主观故意，并实施了利用不正当手段获取商业秘密的行为，违法所得数额符合“造成特别严重后果”。

争议焦点

涉案稠化剂配方是否是商业秘密？被告人及被告单位的行为是否构成侵犯商业秘密罪。

基本案情

2008 年 2 月至 2017 年 4 月，被告人苏某先后与公司一、公司二签订劳动合同，工作内容均为销售公司一的产品。2016 年 7 月 25 日，苏某成立 T 公司，为该公司的实际控制人。

2000～2012 年，张某在公司一从事实验、生产工作，在工作中知悉了公司一一种稠化剂配方。该配方系公司一自主研发，为防止配方泄露，公司一制定了《保密管理规定》，与员工签订保密协议，并在实验、生产过程中对原料采用代码制管理。

2016 年 3 月，苏某联系张某合作生产稠化剂产品，并支付张某 5 万元，张某将公司一的稠化剂配方告知苏某。2017 年起，T 公司使用上述配方生产并销售稠化剂产品，获利 290 余万元。

公司一主张的稠化剂相关技术信息于 2019 年 3 月 8 日之前不为公众所知悉；张某给苏某的配方、T 公司相关产品配方与公司一所主张的稠化剂相关技术信息具有同一性。

2019 年 7 月 8 日，被告人苏某被查获。

犯罪指控

一审中，北京市顺义区人民检察院指控被告人、被告单位 T 公司犯侵犯商业秘密罪。

二审中，上诉单位 T 公司、上诉人苏某认为原判认定上诉人、上诉单位构成侵犯商业秘密罪的事实不清、证据不足，请求二审法院改判上诉人、上诉单位无罪。

与案例相关的其他重要内容

裁判经过与结果

案件经过北京市顺义区人民法院和北京市第三中级人民法院两级法院终审结案。

一审北京市顺义区人民法院作出［（2020）京0113刑初271号］刑事判决，判决被告单位T公司犯侵犯商业秘密罪，判处罚金人民币30万元；被告人苏某犯侵犯商业秘密罪，判处有期徒刑3年6个月，并处罚金人民币5万元；继续追缴被告单位T公司的违法所得人民币290万元，追缴后返还被害单位公司一。

二审北京市第三中级人民法院作出［（2020）京03刑终560号］刑事判决，判决驳回上诉单位T公司、上诉人苏某的上诉，维持原判。

证据清单

一审法院认定的证据有：被告人苏某的供述，证人张某、柏某、唐某、胡某等人的证言，国家工业信息安全发展研究中心司法鉴定所出具的《司法鉴定意见书》，北京国创鼎诚司法鉴定所出具的《司法鉴定意见书》、关于针对鉴定意见书进一步解释说明函的说明，侵犯商业秘密罪报案材料，举报人保密配方研发记录，产品购销合同、产品销售发票、产品收款凭证、销售情况统计表，劳动合同、保密协议书、公司一《保密管理规定》，被举报人任职期间销售保密配方产品曲线图、统计表，T公司出货、进原料、进成品等数据材料，配方照片及笔记本记录，现场照片，苏某台式机内提取的电子数据照片，公司一出具的证明，借记卡账户历史明细清单、中国工商银行电子银行回单，营业执照、工商信息资料，实验室租赁协议，搜查笔录、扣押决定书、扣押笔录、扣押清单、照片，受案登记表、到案经过等。

法院裁判理由

◎上诉方的上诉理由及其辩护人的辩护理由

（1）公司一向鉴定机构提供的鉴定样本并非涉案生产配方，且无法提供与苏某一模一样的稠化剂生产配方，故该案证据体系不完整，缺乏定罪的关键证据；

（2）现无证据证明存在“×××”是秘点；

（3）苏某的生产配方中×××对抗剪切性并无影响，证明公司一的生产配方和苏某的生产配方实质不相同，苏某的生产配方有其自身的商业秘密；

（4）张某并不知道稠化剂生产配方的核心秘点，并没有非法获取公司一的生产配方；

（5）司法鉴定的鉴定方法错误；

（6）非法获利计算方法错误；

（7）张某与苏某共同实施了犯罪，理应追究刑事责任；

（8）唐某、胡某的证言不能作为定案的证据使用；

（9）公司一稠化剂产品利润下滑与苏某无关。

上诉单位及上诉人苏某的辩护人在二审期间提交相关发明专利申请文件等，拟证明×××在稠化剂中的使用不是秘密，对稠化剂抗剪切性的影响也是公知常识，故公司一的配方不具有非公知性。

◎二审法院的观点

一审判决书列举的认定该案事实的证据，已经一审法院庭审质证属实并予以确认。二审法院对一审判决书所列证据亦予以确认，且原判认定的事实清楚，证据确实、充分。

1. 公司一所主张的稠化剂配方系商业秘密

根据《刑法》第二百一十九条的规定，商业秘密是指不为公众所知悉、能为权利人带来经济利益、具有实用性并经权利人采取保密措施的技术信息和经营信息。

公司一出具的报案材料、研发记录等书证与证人唐某、张某等的证言相互印证，证明公司一制定《保密管理规定》，与相关员工签订保密协议，对稠化剂配方中原料均采用代码制管理，即原料入厂时就去掉原名称换上特定代码，在实验室和生产车间均使用代码代替原料名称。原材料变成产品后无法分析原成分。稠化剂产品为公司一带来巨大的经济利益。

在案证据国家工业信息安全发展研究中心司法鉴定所、北京国创鼎诚司法鉴定所受公安机关委托出具的《司法鉴定意见书》证实，公司一所主张的稠化剂相关技术信息具有非公知性，并对密点作出解释。上述鉴定意见系合格鉴定主体出具，鉴定程序合法，鉴定过程客观，鉴定结论有效，应依法采信。两份鉴定意见认定公司一所主张的稠化剂相关技术信息具有非公知性，不仅体现在各种原料的种类上，更关键在于各原料的配比。

上诉单位及上诉人苏某的辩护人在二审期间提交的相关发明专利申请文件无法否定上述鉴定结论，故二审法院不予采信。

2. 张某系可以接触到秘密配方的技术人员

证人唐某、柏某、张某的证言可以证实，公司一明确知道产品配方的人只有唐某和柏某。张某于 2008 ~ 2012 年在公司一从事产品实验工作，负责作生产记录。虽然公司一对原材料采用编码制管理，张某在实验记录本上写的都是每种材料的编号，但其作为专业的技术人员，长期做实验，会辨识物质的颜色、气味、状态等情况，掌握公司一生产稠化剂的基础配方。

3. 苏某具有侵犯公司一商业秘密的主观故意，并实施了利用不正当手段获取公司一商业秘密的行为

上诉人苏某在公司一工作多年，熟知公司销售的产品和流程。其明知张某是公司一工作多年的技术人员，掌握公司一的技术配方。证人张某的证言证实 2015 年 7 月苏某说想自己干，因为他有客户，想合作，就是让其用公司一的配方做实验并生产产品。后苏某向张某支付 5 万元，让张某给提供稠化剂配方及技术支持。张某在苏某提供的实验室根据自己的回忆，还原出公司一的配方，而非由张某自主研发。经鉴定张某留下的 ××× 配方与公司一的基础配方具有同一性。且在案证据亦证实，上诉人苏某经

营T公司后，以低于公司一的价格向以前在公司一工作期间所掌握的客户销售稠化剂，抢占市场资源，故上诉人苏某具有侵犯公司一商业秘密的主观故意，并实施了利用不正当手段获取公司一商业秘密的行为。

4. 原判依据现有证据认定的获利数额并无不当

原判依据甄别出的侵权产品，并根据在案证人证言、被告人供述及相关账册等证据，根据有利于被告人的事实认定原则，综合认定T公司的获利数额，于法有据。

综上，根据在案证据足以认定，上诉单位T公司、上诉人苏某实施的上述行为符合我国《刑法》关于侵犯商业秘密罪的犯罪构成。

案例注释与解析

1. 对于选取案例的说明

商业秘密作为一种非公开的、保护期限不受限的保护形式，能为权利人带来源源不断的经济利益，因此也成为保护技术成果的重要手段。实施侵犯商业秘密的行为，情节严重的或者情节特别严重的会受到相应的刑事处罚。

2. 行为人的行为是否构成侵犯商业秘密罪?

法院在判定行为人的行为是否构成侵犯商业秘密罪时，往往通过判定行为人的客观行为和主观方面，结合犯罪客体和主体来认定。行为人实施《刑法》第二百一十九条规定的行为，并具有主观故意，造成情节严重或者情节特别严重的后果时，需承担相应的刑事责任。

《最高人民法院、最高人民检察院关于办理侵犯知识产权刑事案件具体应用法律若干问题的解释（三）》第三条解释了犯罪行为的界定，其中采取非法复制、未经授权或者超越授权使用计算机信息系统等方式窃取商业秘密的，认定为“盗窃”行为；以贿赂、欺诈、电子侵入等方式获取权利人的商业秘密的，认定为“其他不正当手段”。第四条解释了“给商业秘密的权利人造成重大损失”的情形，包括：“（一）给权利人造成损失数额或者因侵犯商业秘密违法所得数额在三十万元以上的；（二）直接导致商业秘密的权利人因重大经营困难而破产、倒闭的；给商业秘密的权利人造成损失数额或者因侵犯商业秘密违法所得数额在二百五十万元以上的，认定为‘造成特别严重后果’”。第五条解释了犯罪行为造成的损失数额或者违法所得数额的认定方式。

3. 行为人犯侵犯商业秘密罪需要承担什么刑事责任?

根据《刑法》第二百一十九条的规定,实施侵犯商业秘密行为之一,情节严重的,处三年以下有期徒刑,并处或者单处罚金;情节特别严重的,处三年以上十年以下有期徒刑,并处罚金。2020 年《刑法修正案(十一)》将上限 7 年刑期修改为 10 年,也反映出我国要加强商业秘密保护和严惩侵犯商业秘密行为的决心。

4. 国内类案对比分析

在某铁道技术有限公司等侵犯商业秘密案[(2019)京 02 刑终 425 号]中,法院通过"涉案技术具有新颖性"和"已生效的民事判决"来认定涉案技术是否是商业秘密。在刑事问题方面,法院认为,在被告人和被告单位将涉案技术申请专利时,不征求其他主要研发人的意见,体现出被告单位和被告人对技术研发人的劳动成果的不尊重,对他人知识产权权益保护的漠视,但这种不尊重研发人意见的主观故意与构成侵犯商业秘密罪中未经商业秘密权利人许可的主观故意不同,未达到犯罪所需的主观故意程度。

5. 启示与建议

该案中,公司一的科研人员张某故意泄露、出卖单位技术秘密的行为显然触犯了刑法。虽然检察院最终没有对科研人员张某追究刑事责任,但这只是检察院处理案件中一种免除处罚的案件处理方式,并不代表这类行为是合法、安全的。科研人员一定要严于律己,避免触碰侵犯商业秘密罪的红线,否则会和该案被告人一样,须承担刑事责任的法律后果。

现实情况中,并非不承担侵犯商业秘密的民事责任就必然不涉及侵犯商业秘密的刑事责任。商业秘密刑事责任与民事责任的判定一直是司法中的难点,也伴随着很多不确定性。在一些情况下,刑事责任是对无法认定的民事责任的补充。

由于商业秘密民事案件中,商业秘密所有者作为民事诉讼的原告举证有难度,但为了维护保护信赖利益,维护商业环境的稳定性,代表公共利益的检察官可能会突破民事裁判中对商业秘密认定的标准,即便法院还无法从民事的角度完全确认法律意义上存在受保护的商业秘密,依然可能会使被告最终承担侵犯商业秘密的刑事责任。尤其是,司法实务中的一些办案人员在处理某类知识产权案件时仍遵循"先解决刑事问题,再解决民事问题"(法律术语称,先刑后民)的裁判模式。[1]

总之，面对不确定是否是受法律保护的技术秘密时，科研人员应该谨慎地结合自己签署的保密协议、单位的整体与具体保密规定，对是否能在其他环境中使用它来进行综合判断，规避任何潜在触犯刑法的风险。

[1] 徐家力，张军强．对知识产权案件先刑后民模式的反思与完善［J］．中国刑事法杂志，2018(4)：134－144.

专题六　数据使用与网络活动的规范

一、基本概述

随着近年来网络信息技术的勃兴，我国科研工作者的科技研发活动正面临着法律上与日俱增的不确定性乃至风险，而科研工作者在这一过程中的无所适从感也逐渐加深。为回应新技术带来的上述新挑战，本专题聚焦与数据使用和网络活动有关的法律规范，希望通过对七个典型案例的评析，为广大科技工作者的研发工作提供一定程度的行为指引。

具体而言，本专题由四个主要部分组成，分别为与数据相关的不规范行为、涉及人工智能的特殊侵权行为、破坏计算机信息系统、利用技术手段辅助或构成诈骗或非法经营。在与数据相关的不规范行为部分，分别挑选了对个人信息进行收集处理的案例和对公开信息进行收集与使用的案例；在涉及人工智能的特殊侵权行为部分，分别挑选了涉及研发活动侵权与产品侵权的两个案例；在破坏计算机信息系统部分，同时囊括了一般意义上的黑客行为以及涉及规避性技术的特殊性问题；在利用技术手段辅助或构成诈骗或非法经营部分，挑选电信诈骗典型案例进行分析。

二、与数据相关的不规范行为

（一）对个人信息的收集、处理与披露

实际问题：哪些行为会构成侵犯公民个人信息罪？

公民的个人信息作为公民重要的无形资产，受到我国法律的明确保护。《刑法》第二百五十三条之一便规定有“侵犯公民个人信息罪”。那么，科研活动中，收集与处理的哪些信息属于该罪所称的“公民个人信息”？哪些对公民个人信息的收集与处理属于《刑法》中“侵犯公民个人信息罪”中的“窃取”行为？

◎涉及法条

《中华人民共和国刑法》（2009 年修正）第二百五十三条之一

《刑法修正案（九）》（2015）已将非法获取公民个人信息罪变更为“侵犯公民个人信息罪”，并对原有条文进行了修改。

《最高人民法院、最高人民检察院关于办理侵犯公民个人信息刑事案件适用法律若干问题的解释》（法释〔2017〕10 号）第一条、第五条

◎虚拟情境

L 先生违反雇主公司规定，在未经公司授权的前提下，利用脚本程序收集雇主公司的员工个人信息共计 2 万余条，并在离职时将这些信息秘密带走。L 先生的行为可能承担什么法律责任？其行为在何种情况下构成侵犯公民个人信息罪？

余某侵犯公民个人信息案

（2018）浙 01 刑终 441 号

裁判法院：浙江省杭州市中级人民法院

裁判时间：2018 年 7 月 10 日

关键词：刑事/侵犯公民个人信息罪/窃取/公民个人信息

案件摘要

被告人余某违反雇主公司规定，在未经公司授权的前提下，利用脚本程序收集雇主公司的员工个人信息共计 2 万余条，并在离职时将这些信息秘密带走。法院认为，被告人的行为构成了《刑法》第二百五十三条之一所规定的窃取行为；被窃取的信息属于上述法条所规定的公民个人信息；被告人所窃取的信息数量达到司法解释所规定的情节严重的标准。因此，被告人的行为构成非法获取公民个人信息罪。

裁判要点

雇主公司的员工为工作需要，可以浏览、查询相关员工信息，但如要提取信息，员工则需要得到公司的授权。员工利用脚本程序爬取公司员工个人信息，并在离职时将该信息带走的行为，构成《刑法》第二百五十三条之一所规定的“窃取”行为。

争议焦点

被告人的行为是否构成非法获取公民个人信息罪中规定的窃取行为。

基本案情

2016年3月19日，T公司生产服务器发生异常外联报警，经技术人员检查，发现发生异常外联的是T公司所属A集团的子公司——Y公司的2台生产服务器。这2台服务器的内网IP地址分别是10.237.18.7、10.237.18.15，2台服务器上有s.jar、ss.jar、svr.jar三个异常程序（疑似木马），通过查询监控日志，这2台服务器异常外联的目标机器是一台IP地址为115.29.143.195的A集团云服务器，这台服务器的租用人叫余某，租用时间是2014年2月26日。

余某之前是Y公司的员工，Y公司被A集团并购后成为A集团的员工。余某于2014年3月28日入职，6月19日离职。在此期间，余某签署过《员工声明》《劳动合同》《雇员保密信息和发明协议》《致转签员工的通知》等材料，入职时接收数据安全规范培训，入职3个月内通过在线考试。

经继续检查，发现这台服务器上不仅存储了与Y公司服务器上相同的异常程序svr.jar，还存储了爬取其公司员工个人信息的代码main_user.py，该代码携带了余某员工账号（又称为“OA账号”）的cookie访问公司内网的OA平台“A集团内外”，并爬取平台中的员工个人信息（一般包含照片、姓名、旺旺账号、手机号码、邮箱、支付宝账号等内容）。爬取记录可以查看oplog（员工行为日志）数据，数据是2014年6月19日之前爬取的，当时其公司有三四万名在职员工。

A集团数据安全部专家蔡某表示，2018年4~6月，如果要查询A集团员工的个人信息，需两个步骤：第一，先进入A集团的内网；第二，有专属的账号，即每个员工都有自己的账号，通过密码登录到内网“A集团内外”，然后使用查询功能查询到员工信息（包括姓名、部门、邮箱、办公地址、电话等）。但是员工信息作为公司资产，出于对员工信息的保护，A 集团没有将员工信息汇总成表，并有相应的保护措施。

根据 2013 年 9 月发布的《A 集团数据安全规范（总纲）》（以下简称《规范》）规定，员工个人数据属于敏感数据，敏感数据的提取等使用行为必须经过授权，不允许对外使用，且根据工作实际需要按照最小化原则使用，成为正式员工后，公司授权员工为工作需要可以浏览、查询相关员工信息，但不能擅自提取，如要提取，需按照规定得到授权。

该《规范》将 A 集团的员工个人数据定义为公司数据，默认为公司内部数据（级别默认为 B2），而公司内部数据（B2）属于敏感数据。该《规范》规定：

所有数据存储必须使用公司内部产品或者服务，不允许使用外部产品（例如腾讯微云、百度网盘、有道笔记、dropbox 等）；

数据使用必须根据数据级别分级使用；

不允许未经授权的数据使用；数据使用者应在签署保密协议并完成相关安全考试认证（如数据安全、权限类考试认证）后，方可申请数据权限；

直接使用：不经过数据产品或数据加工等方式直接获取数据的应用，例如：数据提取、数据挖掘；

除可公开数据（即 L1 级别数据）外，所有数据使用都必须经过授权，授权管理要求如下：授权流程控制点必须要有申请方、申请方主管、申请方的数据安全接口人/负责人、被申请方的数据安全接口人/负责人；事业群内的数据授权，流程设计授权控制点：必须要有申请方、申请方主管和被申请方参与，如系统无法自动判断申请数据归属部门，各业务部门在具体流程设计中需要增加数据安全接口人进行申请数据归属部门的判断环节；敏感数据授权，必须经过部门数据安全负责人审批；数据授权必须设置时效性，敏感数据授权最长时间不超过 6 个月；数据授权必须增加申请人身份认证，如申请人离职或转岗，数据产品负责人需要及时回收对应数据授权；如涉及跨事业部或事业群的数据授权，必须经过需求双方所在事业部或事业群的数据安全负责人或其指定代理人审批；详细部门安全接口人和负责人参见数据安全接口人；

数据不允许任何形式的批量转移（出该环境），比如 ftp，等等；

敏感数据必须要有保护措施，且需要通过集团数据安全小组审批。

余某签署的《致转签员工的通知》内容包括：“……您未来的各项权利义务以您与新公司签订的《劳动合同》等各项协议为准，您依然对本公司并同时对新公司承担与保守商业秘密、知识产权的相关义务与责任。同时，请遵守新公司的管理制度与政策。……”《员工声明》内容包括：“本人已经收到、仔细阅读、理解并且明确接受本声明中所列的所有内部制度规定。本人知晓并将认真学习公司通过培训、会议、邮件或者内网公示等多种方式向本人告知的各项制度（包括不时修改和更新的版本）。本人同意遵守并严格执行各项规章制度……。”

根据《劳动合同》的约定：员工离职，需归还A集团公司所有财产（包括但不限于员工负责保管、使用或在其控制范围内的所有含有T公司相关内容的资料信息及前述信息资料的复印件及软件、磁盘、硬盘、光盘等任何载体）。《劳动合同》还规定：“甲方有权制定各项规章制度，并通过在内部局域网公布，提供书面文件要求乙方签收，在会议或培训上宣布，通过电子邮件告知或张贴通知等方式向乙方公示，乙方应自觉学习上述通过在内部局域网公布等各种方式公示的各项规章制度，并严格遵守。”

但是，2014年4～6月，被告人余某违反上述规定，为达个人目的，私自使用python语言编写具有自动获取数据功能的脚本程序main_user. py，并将其在内部论坛网站“A集团内外”账号的cookie信息配置到该脚本程序上，通过运行该程序，秘密窃取A集团员工的个人信息共计2万余条；2014年6月，被告人余某离职时，将上述信息存储于电脑硬盘秘密带走。

犯罪指控

公诉机关指控，被告人余某在未经公司授权的情况下利用脚本程序收集雇主公司的员工个人信息，并在离职时将信息秘密带走的行为，已触犯《刑法》第二百五十三条之一，应以非法获取公民个人信息罪追究刑事责任。

与案例相关的其他重要内容

判决经过及结果

案件经过浙江省杭州市余杭区人民法院、浙江省杭州市中级人民法院两级法院终审结案。

一审浙江省杭州市余杭区人民法院作出［（2017）浙0110刑初737

号〕判决，判处被告人余某犯非法获取公民个人信息罪。判处拘役6个月，缓刑6个月，并处罚金人民币2000元。

二审浙江省杭州市中级人民法院〔(2018) 浙01刑终441号〕判决裁定驳回上诉，维持原判。

法院裁判理由

◎被告人观点

被告人余某提出其并非“窃取”，自己的行为不具有非法性，不构成犯罪。

◎辩护人观点

辩护人提出：①被告人余某的行为没有侵犯任何法益，没有违反国家规定，且收集的信息是在A集团公共领域、正当公开的信息，是公开的合法行为，并非窃取行为，请求宣告被告人余某无罪；②被告人余某具有如下量刑情节，即被告人余某如实陈述案件事实，初次被指控犯罪，其行为未造成任何危害后果。

◎一审法院对法条的援引、解释与适用

1. 关于窃取个人信息行为

为保护数据，A集团没有统一编制通讯录，员工只能为工作需要查询相关的员工信息并为工作所用，且公司的上述《规范》明确规定包括员工个人数据在内等敏感数据使用都必须经过授权，其中包括“直接使用：不经过数据产品或数据加工等方式直接获取数据的应用，例如：数据提取、数据挖掘”，故对员工个人数据提取的行为属于“直接使用”，必须经过授权，不允许擅自大批量提取，即使该数据是对内可以查询、浏览的。

该案中，被告人余某在任职短短的两个多月内，自述为了解集团的组织架构，在明知集团未提供通讯录、不可对全部员工信息一目了然的情况下，运用掌握的技术手段，根据其需要，擅自编写可以自动爬取并保存数据的脚本，再通过其OA账户，将其在A集团系统内部可有针对性地查询、浏览的权限与该脚本结合，在相关信息、数据的所有者、保管者、经手者即集团和员工个人均不知情，亦未发觉的情况下将大量员工个人信息秘密地爬取、保存并在离职时带走，其行为属于违法的秘密获取的“窃取”行为。

2. 关于个人信息的认定

根据《最高人民法院、最高人民检察院关于办理侵犯公民个人信息刑事案件适用法律若干问题的解释》的规定，“公民个人信息”是指以电子或者其他方式记录的能够单独或者与其他信息结合识别特定自然人身份或者反映特定自然人活动情况的各种信息，包括姓名、通信联系方式、住址、账号密码等。

该案中，被告人余某利用脚本爬取的员工信息包括姓名、工号、部门、支付宝账号、职位、昵称、旺旺名、生日、性别、工作电话、邮箱等30种以上，符合该法律之规定，应认定为“公民个人信息”。

3. 关于量刑标准与惩罚力度

该案中，剔除不完整、重复的部分信息，员工个人信息共计2万余条，且其中均包含支付宝账号等财产信息，其行为属于情节严重。

◎被告（上诉人）的上诉理由

原判将《规范》等同于《刑法》的“国家规定”，且主观推定余某知晓内容及违反的后果。

余某收集的信息是在A集团公共领域、正当公开的信息；该行为是公开的合法行为并非窃取。

综上，余某的行为不符合非法获取公民个人信息罪的构成要件，不构成犯罪。

◎二审法院对法条的援引、解释与适用

1. 关于窃取个人信息行为

上诉人余某的行为符合非法获取公民个人信息罪的构罪要件，原判认定非法获取公民个人信息罪的定性正确。故上诉人余某及其辩护人所提的相关诉辩意见不能成立，二审法院不予采纳。

上诉人余某从事该行业多年，明知A集团出于保护数据需要并未统一编制通讯录，而自己的权限仅为查询、浏览；为了获取整体组织架构而积极、主动编写获取信息的脚本，在无人授权且知晓的情况下，于2个多月的任职期内多次使用脚本爬取员工个人信息数据并保存，随后离职将上述数据偷偷带走，属于违法的“窃取”行为。

2. 关于个人信息的认定

被窃取的员工个人信息内容包括姓名、工号、部门、支付宝账号、职位、昵称、旺旺名、生日、性别、工作电话、邮箱等30种以上，属于“公民个人信息”。

3. 关于量刑标准与惩罚力度

被窃取的员工个人信息数量多达2万余条，且其中均包含支付宝账号等财产信息，属于“情节严重”。

案例注释与解析

1. 对于选取案例的说明

该案判决明确解释了《刑法》中关于“侵犯公民个人信息罪”中重要法律概念，有助于科研人员更深入地理解对该罪名的认定，对涉及数据收集与使用的科研人员在规避相应法律风险方面具有重要指导意义。

2. 如何认定侵犯公民个人信息罪中的“窃取”行为？

根据该案判决，被告人违反公司规定，在未获得公司授权的情况下提取员工个人数据的行为，构成了《刑法》第二百五十三条中所规定的“窃取”。被告人在上诉中提出，其收集的信息处于A集团公共领域，是正当公开的信息，该行为是公开的合法行为并非窃取行为。法院并未采纳该意见，而是认为，上诉人明知公司规定员工有为工作需要查询相关的员工信息并为工作所用的权限，但是并没有提取员工信息的权限。在无人知晓的情况下，被告人主动编写脚本程序多次爬取员工个人信息、并在离职后带走的行为，属于违法的“窃取”行为。

法院的上述认定同时涉及了几个重要的事实要素：①违反规定，未取得授权；②秘密地主动通过技术手段获取员工个人信息；③带走该数据。这些要素分别说明了公民个人信息的归属、疑似犯罪行为的手段，以及行为者的目的。这些潜在的要素可以进一步帮助理解“窃取”概念的内涵。

3. 关于“公民个人信息”认定与处罚的不确定性

尽管《最高人民法院、最高人民检察院关于办理侵犯公民个人信息刑事案件适用法律若干问题的解释》（以下简称《解释》）第一条对《刑法》第二百五十三条之一规定的“公民个人信息”进行了定义，第五条基于不同类型公民个人信息的重要程度，将公民个人信息分为敏感信息、一般敏感信息以及普通信息，并以数量设置了入罪标准。然而，从司法实践来看，在具体案件中，什么是“公民个人信息”“什么属于情节严重”仍然存在诸多争议。例如，最高人民法院研究室法官喻海松曾指出，对于相关数量标准适用的争议，集中表现为敏感信息的认定问题。[1]

4. 美国侵犯个人信息犯罪相关规定

在美国，侵犯个人信息行为的刑事责任，一般与其他犯罪行为一并规定。例如，1988 年美国联邦法《身份盗窃和假设威慑法》（*Identity Theft and Assumption Deterrence Act of 1988*）规定，在没有合法授权的情况下，行为人故意转移或使用他人的身份识别手段以实施、帮助或教唆任何非法活动构成联邦犯罪，或根据适用的州或地方法律构成重罪。[2] 刑罚涉及罚款与不超过五年的监禁；但是，如果行为涉及转移、拥有或使用一种或多种身份证明手段以在任何一年期间获得 1000 美元或更多的收益，则被告可能会被判处最高 15 年的监禁。[3] 如果涉及以下行为的被告人有身份盗窃行为，也会受到更严厉的处罚：①为贩毒提供便利；②与暴力犯罪有关；③在事先定罪之后；④协助恐怖主义行为。[4]

此外，《身份盗窃处罚强化法案》（*Identity Theft Penalty Enhancement Act*）也对在恐怖主义行为或其他重罪行为期间未经合法授权而故意转让、持有或使用他人身份信息的身份盗窃行为规定了处罚。[5]

5. 启示与建议

随着科学技术的进步，我们的日常生活开始伴随着大规模的数据交换与使用。这些数据不仅包括该案所涉及的公民个人信息，更延伸到人们工作生活的方方面面。掌握了这些数据，就掌握了公民的财产状况、行为偏好等重要资源，从

---

[1] 喻海松. 侵犯公民个人信息罪的司法适用态势与争议焦点探析［J］. 法律适用，2018（7）：11-15.

[2] 18 U. S. C. §1028（a）（7）.

[3] 18 U. S. C. §1028（b）.

[4] 18 U. S. C. §1028（b）（3）-（4）.

[5] U. S. Congress. Identity Theft Penalty Enhancement Act［EB/OL］.［2021-08-09］. https://www.congress.gov/108/plaws/publ275/PLAW-108publ275.pdf.

而可以预测、影响甚至主导公民的行为活动。数据的上述强大功能对非法使用数据的行为形成了巨大的利益驱动。

作为信息的搜集和分享者，网络科技公司与大数据企业的员工天然地接近重要的公民个人信息。在从事涉及公民个人信息的活动时，相关工作人员应当提前熟知法律法规以及行业规范，注意提防利益上的诱惑；如果确有收集、提取公民个人信息的必要，也须以得到权利人的授权许可为前提。

另外，在大数据时代，每个科研人员也都可能成为非法个人信息收集行为的受害者。因此，在日常的科研工作中也需加强自我保护意识，尽力降低个人信息不必要泄露的风险。

（二）对公开信息的收集与使用

实际问题：爬虫技术在何种情况下会触犯非法获取计算机信息系统数据罪？

科研活动的顺利开展往往建立在收集、使用数据的基础之上。然而，不当的数据收集行为可能构成“非法获取计算机系统数据罪”。那么，什么是非法获取行为？利用爬虫技术获取他人的商业数据会否构成“非法获取计算机信息系统罪”？

◎涉及法条

《中华人民共和国刑法》（2020 年修正）第二百八十五条

《全国人民代表大会常务委员会关于维护互联网安全的决定》第四条

《最高人民法院、最高人民检察院关于办理危害计算机信息系统安全刑事案件应用法律若干问题的解释》（法释〔2011〕19 号）第一条

◎虚拟情境

B 某等人利用“tt_spider”文件等技术手段，抓取被害单位服务器中存储的视频数据，给被害单位造成重大经济损失。在数据抓取过程中，其使用伪造 device_id 绕过服务器的身份校验，使用伪造 UA 及 IP 绕过服务器的访问频率限制。B 某等人的“网络爬虫”行为存在哪些法律风险？是否可能构成非法获取计算机信息系统罪？

S 公司等非法获取计算机信息系统数据案

（2017）京 0108 刑初 2384 号

裁判法院：北京市海淀区人民法院

裁判时间：2017 年 11 月 24 日

关键词：刑事/非法获取计算机信息系统数据罪/数据抓取

案件摘要

被告单位 S 公司与被告人张某共谋采用网络爬虫技术抓取被害单位服务器中存储的视频数据。法院认为，依据《刑法》第二百八十五条之规定，被告单位和被告人的行为构成“非法获取计算机信息系统数据罪”。

裁判要点

被告单位 S 公司，被告人张某、宋某、侯某、郭某的行为构成非法获取计算机信息系统数据罪。

争议焦点

被告单位与个人利用爬虫技术抓取被害单位数据的行为是否构成非法获取计算机信息系统数据罪。

基本案情

被告单位 S 公司系有限责任公司，经营计算机网络科技领域内的技术开发、技术服务、电子商务、电子产品等业务。被告人张某系 S 公司法定代表人兼 CEO，负责公司整体运行。被告人宋某于 2016 年 8 月至 2017 年 2 月任职 S 公司，担任联席 CEO，系产品负责人。被告人侯某于 2016 年 8 月至 2017 年 2 月任 S 公司 CTO，系技术负责人。被告人郭某系 S 公司职员。

被告人张某、宋某、侯某经共谋，于 2016～2017 年采用技术手段抓取被害单位 Z 公司服务器中存储的视频数据，并由侯某指使被告人郭某破解 Z 公司的防抓取措施，使用“tt_spider”文件实施视频数据抓取行为，造成被害单位 Z 公司损失技术服务费人民币 2 万元。经鉴定，“tt_spider”文件中包含通过头条号视频列表、分类视频列表、相关视频及评论 3 个接口对 Z 公司经营的某新闻资讯客户端的服务器进行数据抓取，并将结果存入数据库中的逻辑。在数据抓取的过程中使用伪造 device_id 绕过服务器的身份校验，使用伪造 UA 及 IP 绕过服务器的访问频率限制。

犯罪指控

北京市海淀区人民检察院指控被告单位S公司，被告人张某、宋某、侯某、郭某犯非法获取计算机信息系统数据罪。

与案例相关的其他重要内容

裁判经过与结果

案件经过北京市海淀区人民法院一审。

一、被告单位S公司犯非法获取计算机信息系统数据罪，判处罚金人民币20万元。

二、被告人张某犯非法获取计算机信息系统数据罪，判处有期徒刑1年，缓刑1年，罚金人民币5万元。

三、被告人宋某犯非法获取计算机信息系统数据罪，判处有期徒刑10个月，罚金人民币4万元。

四、被告人侯某犯非法获取计算机信息系统数据罪，判处有期徒刑10个月，罚金人民币4万元。

五、被告人郭某犯非法获取计算机信息系统数据罪，判处有期徒刑9个月，罚金人民币3万元。

法院裁判理由

北京市海淀区人民法院依照《刑法》第二百八十五条第二款、第四款、第三十条、第三十一条、第六十七条第三款之规定，对被告单位S公司，被告人张某、宋某、侯某、郭某定罪处罚。

北京市海淀区人民法院认为，被告单位S公司违反国家规定，采用技术手段获取计算机信息系统中存储的数据，情节严重，其行为已构成非法获取计算机信息系统数据罪，应予惩处；被告人张某、宋某、侯某作为直接负责的主管人员，被告人郭某作为其他直接责任人员，亦应惩处。

案例注释与解析

1. 对于选取案例的说明

网络爬虫（Web Crawler）是信息时代一种常见的数据抓取技术。其本质是一套实现高效下载的系统，通过遍历网络内容，按照指定规则抓取所需的网页数据，并下载到本地形成互联网网页镜像备份的程序。❶ 通用网络爬虫的工作流程是先抓取网页，通过搜索引擎将准备爬取的地址加入通用爬虫的地址队列中，然后进行网页上内容的爬取。❷ 目前，不少互联网企业通过网络爬虫技术抓取所需的数据。爬虫技术的使用有利于数据的共享和分析，造就了互联网生态的繁荣，但这一技术也存在着被恶意使用的问题，从而对网络用户的数据安全构成重大威胁。在此背景下，广大网络企业的科技工作者有必要了解网络爬虫行为存在的潜在法律风险，避免触犯国家法律。

2. 什么是非法获取行为？

在爬取数据的过程中，当就所需信息无法获得数据占有人授权时，一些爬虫使用者可能采取非法手段对网页上的信息进行收集。一般而言，非法获取行为分为三类。第一类为无视“robots 协议”。“robots 协议”也称爬虫协议，网站通过爬虫协议指定不同的网络爬虫能访问的页面和禁止访问的页面。该协议虽非法律规范，但作为行业标准具有一定的规制意义。第二类为通过规避性手段绕过网站的身份校验系统，对信息进行获取。主要表现为伪造虚拟 ID 绕过服务器的身份校验，使用伪造 UA 及 IP 绕过服务器的访问频率限制，然后对目标服务器数据库进行访问并抓取数据。该案中，被告单位与个人对于被害单位所进行的爬取行为便属于此类情形。第三类为直接破坏网站的防火墙，对信息进行爬取。此种行为具有相当程度的破坏性，主观恶性强。❸

3. 利用爬虫技术获取他人的商业数据是否构成“非法获取计算机信息系统罪”？

不当利用“网络爬虫”技术可能会引发民法上的侵权纠纷，甚至可能构成犯罪。从“非法获取计算机信息系统罪”的条文来看，“侵入前款规定以外的计算机信息系统或者采用其他技术手段”这一兜底性条款已将网络爬虫技术包含在

---

❶ 李慧敏，孙佳亮．论爬虫抓取数据行为的法律边界［J］．电子知识产权，2018（12）：58－67.

❷ 杨月．Python 网络爬虫技术的研究［J］．电子世界，2021，4（10）：57－58.

❸ 徐亦晨，吕璞，戴翊．网络爬虫行为的合法性基础与法律规制研究［J］．法制与社会，2021（18）：5－7.

内。因此，认定爬取行为是否构成该罪的关键，在于爬取行为是否“违反国家规定”。在现实中，爬取行为是否“违反国家规定”，往往依据爬取者是否获得数据控制者授权来认定。❶ 而通过是否违反爬虫协议或是否破解反爬措施，来判断爬取行为是否具备数据控制者授权，是司法实践中的常态。❷

综上所述，行为人违反爬虫协议、突破反爬措施获取公开数据的行为可被认定为“违反国家规定”，符合《刑法》第二百八十五条第二款非法获取计算机信息系统数据罪的构成要件。

4. 启示与建议

非法获取计算机信息系统数据罪设立的目的是保护数据的安全性。非法获取的数据本身的重要与否、数量、性质等特点决定了该罪名的成立和责任的轻重。但在现实中，法院并不必然紧密地围绕数据本身来讨论犯罪的危害性、案情的严重程度，以及确定对被告人的刑罚。因此，该罪名的适用，实际情况中还存有不确定性，科研人员在使用相关技术时应留意相关不确定性所可能带来的法律风险。与此同时，有关部门也应积极制定涉及网络爬虫技术的政策与标准，为相关科研工作者提供更多指引。

数据是信息时代重要的无形资产，互联网行业的刀光剑影更多的是数据的比拼。但爬虫技术乃至其他网络技术的使用者应当牢记，数据的不规范收集与使用也有违反法律甚至构成犯罪的可能。避免绕过反爬措施、破坏网站防火墙，而是在爬虫协议所允许的合理范围内进行数据爬取，是网络爬虫免于非法获取计算机信息系统数据罪之处罚的不二法门。

三、涉及人工智能的特殊侵权行为

（一）研发活动侵权

实际问题：人工智能的研发活动在何种情况下可能侵犯信息网络传播权？

信息网络传播权是指以有线或者无线方式向公众提供作品、表演或者录音录

---

❶ 石经海，苏桑妮．爬取公开数据行为的刑法规制误区与匡正：从全国首例“爬虫”入刑案切入［J］．北京理工大学学报（社会科学版），2021，23（4）：154－164，172.

❷ 游涛，计莉卉．使用网络爬虫获取数据行为的刑事责任认定：以“S公司”非法获取计算机信息系统数据罪为视角［J］．法律适用，2019（10）：3－10.

像制品，使公众可以在其选定的时间和地点获得作品、表演或录音录像制品的权利。那么在实践中，法律对网络传播权的保护力度如何？哪些科研活动会涉及侵害信息网络传播权的行为？其中，人工智能的研发活动会涉及怎样的信息网络传播权侵权问题？法院又会如何认定？

◎涉及法条

《中华人民共和国著作权法》（2010 年修正）第十一条、第四十二条和第四十八条

《中华人民共和国著作权法》经过 2020 年的修正后，现第十一条删除了第四款；原第四十二条在第二款中增补了有关表演者的许可与报酬，变为现第四十四条；原第四十八条提高了侵权行为的赔偿额，变为现第五十三条。

《最高人民法院关于审理著作权民事纠纷案件适用法律若干问题的解释》（法释〔2020〕19 号）第七条

◎虚拟情境

M 科技公司研发了一款人工智能产品。当用户使用 M 公司运营的 App 软件时，通过语音向该产品发出播放某一首歌的指令后，该产品就会向音乐服务器发出请求，通过音箱传输播放音乐。M 科技公司的研发行为在什么情况下可能涉及信息网络传播权的侵权问题？

典型案例

A 文化传媒有限公司与 T 公司、X 公司侵害作品信息网络传播权纠纷

（2020）粤 0391 民初 6480－6531、6535、6536、6538－6555 号

裁判法院：广东省深圳前海合作区人民法院

裁判时间：2020 年 12 月 17 日

关键词：民事/著作权侵权/信息网络传播权/共同侵权

案件摘要

当用户使用被告运营的 App 软件，通过语音向智能视听屏发出播放某一首歌的指令后，智能视听屏就向另一被告的音乐服务器发出请求，通过音箱传输播放音乐。原告 A 文化传媒有限公司（以下简称“A 公司”）认为两被告 T 公司与 X 公司的行为侵犯了其享有的信息网络传播权，要求它们停止侵权并赔偿损失。法

院认为，依据著作权相关的司法解释，两被告基于共同合作的目的，在共同意思联络的基础上，通过不同分工，共同直接侵犯了原告对涉案录音制品享有的信息网络传播权，应当共同承担相应的侵权责任。

裁判要点

智能视听屏与相应软件配网运行而使公众能够在个人选定的时间和地点获得录音制品的行为，构成信息网络传播行为。若该行为未获相关录音制品合法权利人的授权许可，则构成侵害作品信息网络传播权。

争议焦点

在未经权利人许可的情况下，智能视听屏与相应软件配网运行而使公众能够在个人选定的时间和地点获得录音制品的行为，是否构成侵犯信息网络传播权。

基本案情

石头国际音乐股份有限公司（以下简称“石头音乐公司”）将收录在《五月天第一张创作专辑》《疼你的责任》《第 1 次个人创作专辑》《Sunrise · 我喜欢》《两极》《只要你快乐》《知足》《太阳风草原的声音》《这个下午很无聊》《女人何苦为难女人》等 10 张音乐专辑中的歌曲授权给原告 A 公司，授权时间从 2018 年 11 月 1 日起至 2021 年 10 月 31 日止。石头音乐公司授权原告享有上述涉案录音制品的独家信息网络传播权，授权性质为独占性授权，授权原告有权以自己的名义对侵权的第三方采取法律措施。

被告 T 公司系叮当智能视听屏的制造方。被告 X 公司为“叮当”App 软件运营方。当用户使用“叮当”App 软件，通过语音向智能视听屏发出播放某一首歌的指令，智能视听屏就向 X 公司音乐服务器发出请求，通过音箱传输播放音乐。

原告通过公证方式对购买“叮当智能视听屏”并使用智能视听屏（型号：TD - K01）一台，“叮当”App 软件在线播放歌曲的过程进行了取证。

原告 A 公司于 2020 年 7 月以被告公司侵犯其信息网络传播权为由向广东省深圳前海合作区人民法院提起诉讼。

诉讼请求

原告A公司请求判令：①被告立即停止通过利用“叮当智能视听屏”（型号：TD－K01）及“叮当”App向公众提供涉案72首录音制品的网络传播服务；[1] ②被告共同赔偿原告经济损失每首2万元及合理支出（律师费、公证费）每首1万元。

与案例相关的其他重要内容

裁判经过与结果

案件经过广东省深圳前海合作区人民法院一审结案。

广东省深圳前海合作区人民法院于2020年12月17日作出［(2020)粤0391民初6480－6531、6535、6536、6538－6555号、480－6531、6535、6536、6538－6555号］判决，被告T公司、X公司赔偿原告A公司经济损失及制止侵权的合理开支合计人民币43.2万元；驳回原告A公司其他诉讼请求。

法院裁判理由

◎原告观点

经合法授权，原告依法对涉案录音制品享有独家信息网络传播权，并有权以自身名义向侵权第三人主张权利。

原告从某网上商城上购买“叮当智能视听屏”，通过手机扫描智能视听屏中二维码下载“叮当”App软件，后使用“叮当”App软件连接智能视听屏，搜索并使用智能视听屏在线播放录音制品，经公证证实，所播放的涉案音乐专辑中的歌曲与原告主张权利的涉案音乐专辑中的歌曲一

[1] 诉讼过程中，后原告撤回第一项诉讼请求。

致。总之，被告T公司、X公司未经原告授权许可，通过分开合作的方式擅自利用涉案产品“叮当智能视听屏”及“叮当”App向用户提供涉案录音制品的网络传播服务。

基于上述事实，原告认为，被告未经许可，为其商业目的将未获得授权的涉案专辑通过涉案产品及软件予以传播，主观上具有过错，客观上给原告造成了损害后果，被告的行为构成侵权，应当承担停止侵权、赔偿损失等民事责任。

故此，为维护自身合法权益，原告根据《著作权法》及其相关法律法规请求法院依法判决。

◎被告的辩解

被告T公司仅为涉案的“叮当智能视听屏”硬件生产商，并未向公众提供涉案音乐作品的网络传播服务，不应承担侵权责任。

原告以涉案硬件产品包装盒上显示的生产商信息主张，T公司构成作品的提供行为属于随意扩大信息网络传播权的控制范围。涉案硬件产品由T公司委托制造，具有包括音乐、视频通话、视频学习等多功能用途，并非仅适用于音乐作品的传播。

◎法院对法条的援引、解释与适用

法院认为，该系列案系侵害作品信息网络传播权纠纷。其中，“叮当智能视听屏”在与“叮当”App软件相互配网的情况下，可在线播放涉案音乐作品，在未经著作权人许可的情况下，使用户可以在个人选定的时间和地点播放涉案音乐作品，侵犯了著作权人享有的信息网络传播权。

“叮当智能视听屏”的制造方为T公司，从公证取证显示的域名来看，“叮当”App软件服务的提供者为X公司。T公司、X公司基于共同合作的目的，在共同意思联络的基础上，通过不同分工，共同直接侵犯了原告对涉案录音制品享有的信息网络传播权，应当共同承担相应的侵权责任。因此，原告主张T公司、X公司共同侵权，于法有据，应予支持。

案例注释与解析

1. 对于选取案例的说明

该系列案属于人工智能产品制造商与软件服务提供者构成共同侵害信息网络传播权的案件。因涉案录音制品及专辑数量众多、各方当事人的行业地位等因素，该系列案件在类案审判中具有一定的代表性。

更为重要的是，该案系国内较为少见的涉及人工智能研发活动侵权的案例，对于规范人工智能领域科研工作者的研发行为具有重要的借鉴与启示意义。

2. 如何理解侵犯信息网络传播权的构成要件？

信息网络传播权是被我国《著作权法》明确保护的一项著作权人的专属权利。信息网络传播权的概念，主要由三个要件组成：一是手段要件，即以有线或无线方式，从而排除非电子环境下的网络传播；二是对象要件，即向公众提供作品，从而排除个人之间的传播及个人下载行为；三是结果要件，即公众可以在其个人选定的时间和地点获得作品。❶

该案中，首先，“叮当智能视听屏”与“叮当”App 软件是以无线方式对著作权人的作品进行传播，满足信息网络传播行为的手段要件；其次，被告公司显然是向公众而非个人提供作品，因此满足信息网络传播行为的对象要件；最后，智能试听屏和相关配套软件的出现使得大众可以在任何时间或地点获得作品，因此符合信息网络传播行为的结果要件。而由于两被告的信息网络传播行为事先未经权利人原告 A 公司许可，侵犯了 A 公司的信息网络传播权。

3. 人工智能研发活动对于侵犯信息网络传播权认定的影响

该案中，“叮当智能视听屏”与“叮当”App 软件，系以语音的方式实现交互。这一交互方式所运用的是服务于语言识别的人工智能技术。人工智能技术如今在商业领域的日益普及，无疑有助于提升产品用户的实际体验。而随着相关研发活动在未来的持续进展，人工智能可能为企业带来更大的商业利益。

与此同时，人工智能技术的应用使得公众可以更加便利地在其选择的时间、地点获得作品、表演或录音录像制品。可以预见，在相关传播行为未经著作权人授权的情况下，一旦著作权人对此提起诉讼，那么涉事企业侵犯信息网络传播权的侵权行为的严重程度将会加深，而其也可能需要承担更重的法律责任。

---

❶ 李杨．著作权法基本原理［M］．北京：知识产权出版社，2019：209.

4. 该案涉及的其他法律问题

该案还涉及网络服务提供者侵害信息网络传播权的问题。网络服务提供者（Internet Service Provider，ISP）是指通过网络向公众提供信息或者为获取网络信息等目的提供服务的机构。该案中，“叮当智能视听屏”在与“叮当”App软件相互配网的情况下可在线播放音乐作品，因此两被告属于网络服务提供者的范畴。

依据法院所援引的《最高人民法院关于审理侵害信息网络传播权民事纠纷案件适用法律若干问题的规定》第三条，网络服务提供者未经许可，通过上传到网络服务器、设置共享文件或者利用文件分享软件等方式，将作品、表演、录音录像制品置于信息网络中，使公众能够在个人选定的时间和地点以下载、浏览或者其他方式获得的，应被认定为侵害信息网络传播权。

依据《最高人民法院关于审理侵害信息网络传播权民事纠纷案件适用法律若干问题的规定》第四条，网络服务提供者若能证明其仅提供自动接入、自动传输、信息存储空间、搜索、链接、文件分享技术等网络服务，则无须与他人承担侵害信息网络传播权的共同侵权责任。

5. 启示与建议

现实中，从事人工智能研发活动的科技企业与科研人员，对于信息网络传播权的相关规定可能不甚熟悉，难以判断何种行为可能侵犯他人的信息网络传播权。该案提醒相关单位与个人：在进行信息网络传播行为之前获得权利人的许可，才是避免信息网络传播权侵权风险的根本途径。

（二）产品侵权

实际问题：如何判定自动驾驶汽车事故的责任归属？

自动驾驶汽车的驾驶主体具有人机合一的特性，所以，传统的交通事故侵权责任理论无法很好地确认自动驾驶交通事故中侵权人的过错。那么，根据现有的法律法规，在何种情况下自动驾驶汽车驾驶人需要承担侵权责任？开启自动驾驶模式是否可以免除驾驶人的注意义务？自动驾驶系统的开发单位是否需承担产品责任？

◎涉及法条

《中华人民共和国道路交通安全法》（2021年修正）第七十六条

《中华人民共和国民法典》（2021年施行）第一千二百零二条和第一千二百零三条

◎虚拟情境

驾驶员D驾驶一辆由P公司研发生产的自动驾驶汽车在高速公路上行驶，撞上一辆正在作业的道路清扫车后不幸身亡。事故发生时车辆处于自动驾驶模式。那么在我国现有法律框架下，自动驾驶汽车厂商P公司是否需要承担相应的法律责任？

典型案例

高某诉T汽车公司案

审理法院：北京市朝阳区人民法院

裁判时间：尚未裁判

关键词：自动驾驶/人工智能/交通事故/产品责任

案件摘要

原告高某之子驾驶一辆自动驾驶汽车在高速公路上撞上一辆正在作业的道路清扫车后，不幸身亡。原告高某主张，事故发生当时车辆属于自动驾驶模式，要求自动驾驶汽车厂家承担相应的法律责任。该案于2016年7月起诉，至今仍未判决。

争议焦点

使用自动驾驶系统的司机高某甲对事故是否具有过错责任？是否可以适用产品责任要求T汽车公司对事故承担责任。

基本案情[1]

2016年1月20日，司机高某甲驾驶一辆T汽车公司生产的轿车在京港澳高速河北邯郸段发生一起追尾事故，撞上了一辆正在作业的道路清扫车，轿车当场损坏，司机高某甲不幸身亡。事故发生后，道路清扫车的司机报了警。经交警认

---

[1] 该案尚未宣判，基本案情主要从网络上的公开资料获得。参见新华网．确认了！全球首例“自动驾驶”致死车祸发生在中国！[EB/OL]．(2018－03－05)[2021－08－23]．http：//www.xinhuanet.com/auto/2018－03/05/c_1122486792.htm.

定，在这起事故中驾驶轿车的高某甲负主要责任。据行车记录仪画面显示，事故发生当日，天气晴好，车辆速度也不快，并且在事故发生前的20多秒，清扫作业车的尾灯清晰可见，时间和行车条件足够驾驶员减速并线等处置。但根据警方对事故现场的勘查，高某甲驾驶的轿车没有采取过任何紧急制动或者避让的措施。其父高某认为，高某甲在行车过程中开启了“自动驾驶”模式，导致其并没有注意路况，而“自动驾驶”系统也没有识别出前方的道路清扫车，最终造成了交通事故。

2016年7月，高某将T汽车公司在中国的销售公司起诉至北京市朝阳区人民法院。

在历时一年后，经过对车中取出的记录有车辆行驶状态数据的存储卡的解读，存储数据显示当时为“自动驾驶”。但T汽车公司一方只承认汽车装有自动驾驶功能，并不认为自动驾驶功能与事故有直接联系。

诉讼请求❶

2016年7月，高某起诉T汽车公司在中国的销售公司至北京市朝阳区人民法院，要求赔偿损失1万元。高某还认为，T汽车公司在自动驾驶系统尚不完善的情况下，仍然通过宣传诱导用户去信任这套系统，应该承担相应的法律责任。

2016年9月20日，原告高某申请增加诉讼请求，增加的诉讼请求包括：①请求判令二被告（二被告分别为A汽车销售服务（北京）有限公司和B汽车销售（北京）有限公司）停止使用“自动驾驶”表述对产品功能进行宣传；②请求判令二被告针对因其虚假宣传行为对原告造成的侵害共同向原告公开赔礼道歉。

案件分析❷

根据我国《民法典》第一千一百六十五条和第一千一百六十六条的规定，承担侵权责任以过错责任为原则，过错推定责任与无过错责任必须由法律明确规定。而《民法典》及其他法律法规没有对自动驾驶交通事故责任作出专门规定，

---

❶ 该案尚未宣判，争议焦点系通过收集各种案件信息归纳整理而成。参见杨世明．拒绝提供驾驶数据中国首起特斯拉自动驾驶致死诉讼延迟开庭［EB/OL］.（2016－09－20）［2021－08－23］. http：//www.21cnev.com/html/201609/772748_1.html.

❷ 该案尚未宣判，故裁判经过与结果、裁判理由等部分由案件分析替代。

因此该案应适用过错责任归责。❶

根据《道路交通安全法》第七十六条的规定，交通事故发生时，当事故双方均为机动车时，适用过错归责原则，由有过错的一方承担赔偿责任，如果双方都有过错，则按照各自过错的比例分担责任；当事故发生在机动车与非机动车或行人之间时，对机动车一方适用过错推定责任，也就是如果机动车一方能够证明对方存在过错的，可以适度减轻责任。❷ 所以在交通事故责任分配的传统理论中，当事人的主观过错程度成为关键。但在人工智能驾驶汽车的情况下，汽车脱离了驾驶员的控制，由于驾驶员没有任何驾驶行为，判断自动驾驶的驾驶人的主观过错程度变得困难。

因此，在处理涉及自动驾驶汽车的责任问题时，有两个潜在的责任主体：①驾驶人；②自动驾驶系统开发单位。关于如何在两个主体之间进行责任分配，仍有待法律的进一步规定。而在相关的多种学说之中，机动车交通事故侵权责任说与《民法典》的精神最为契合。根据机动车交通事故侵权责任说，应当区分事故发生的原因，如果是驾驶人的过错，则直接适用现有的机动车交通事故责任；但如果事故的主要原因是自动驾驶系统，则适用产品责任。❸ 所以依据现有法律，高某诉T汽车公司案会根据法院认定的具体案件事实以及适用的标准不同，而产生以下两种可能的结果。❹

1. 高某甲可能基于过错承担责任

驾驶人承担过错责任的前提是行为人对他人的权益负有注意义务。因此，高某甲是否应承担过错责任的争议焦点在于，T汽车公司生产轿车的自动驾驶模式是否可以免除其注意义务。

想要认定驾驶人是否具有主观上的过错，则必须分析事故发生时驾驶系统所处的等级。2020年3月9日，工业和信息化部公示了《汽车驾驶自动化分级》推荐性国家标准。该标准采用了国际汽车工程师学会（Society of Automotive Engi-

---

❶ 宋宗宇，林传琳. 自动驾驶交通事故责任的民法教义学解释进路［J］. 政治与法律，2020（11）：150－160.

❷ 尤婷，刘健. 自动驾驶汽车的交通事故侵权责任研究［J］. 湘潭大学学报（哲学社会科学版），2021，45（2）：32－36.

❸ 郑志峰. 自动驾驶汽车交通事故责任的立法论与解释论：以民法典相关内容为视角［J］. 东方法学，2021（3）：156－170.

❹ 此处需要注意，该案件发生的时间为2016年，《民法典》尚未生效，而《道路交通安全法》也尚未进行第三次修正。本案例分析仅是借用现有法律规定进行分析，并不代表法院真正的裁判结果。

neers，SAE International）于2014 年发布的自动驾驶技术六级体系，将自动驾驶技术分为 L0 ~ L5 共 6 个级别，分别为应急辅助（Level - 0）、部分驾驶辅助（Level - 1）、组合驾驶辅助（Level - 2）、有条件自动驾驶（Level - 3）、高度自动驾驶（Level - 4）和完全自动驾驶（Level - 5）。其中，L0 ~ L2 实质都需要人类驾驶行为介入，并没有超出传统机动车驾驶人责任认定的范畴。L3 层级的自动驾驶已经在一定条件下能够完成多项自动驾驶任务，目前市面上以 T 汽车公司生产的汽车为代表的电动车的自动驾驶技术多处于这一层级。L4 层级是指在特定环境和条件下，能够完成所有驾驶任务的自动驾驶技术。L5 层级是最高级别的自动驾驶，是指在所有环境和条件下能完成所有的驾驶任务的完全自动驾驶技术。❶

其中，L0 ~ L2 层级仅为驾驶辅助，汽车仍然是由人类直接驾驶控制，应当继续适用传统的机动车交通事故责任。尽管 L3 层级在一定条件下人工智能已经可以接管汽车的驾驶，但一些学者认为此模式下仍然是人类与系统共同控制汽车，驾驶人不仅具有干预可能性，而且具有干预义务。只有在 L4 ~ L5 的高度自动驾驶情况下，驾驶人才不具有干预义务。❷ 根据这一理论，该案中高某甲所驾驶的 T 汽车公司生产的汽车属于 L3 层级，即使人工智能接手了驾驶任务，高某甲仍然具有注意义务。事故发生时，自动驾驶汽车并不是一项成熟的技术，一个理性的司机应该会预见到，在当前技术水平下自动驾驶的汽车有可能会出现运行故障而对他人及自身造成损害，进而可以认定司机在主观上具有过错。

因此，在引入干预义务的理论下，司机高某甲的注意义务不能被免除，需要承担过错责任。

2. T 汽车公司可能承担产品责任

有部分学者指出，L3 层级与 L4 ~ L5 层级皆属于采用“高度自动化车辆”（HAV）的自动驾驶系统。❸ 由于自动驾驶状态下的汽车已经脱离了人的实际控制，此时难以判断驾驶人在主观层面有过错。基于《民法典》第一千二百零二条和第一千二百零三条或者《最高人民法院关于审理道路交通事故损害赔偿案件

❶ 彭媛．自动驾驶汽车交通事故侵权责任主体研究［D］．北京：北京交通大学，2020.

❷ 宋宗宇，林传琳．自动驾驶交通事故责任的民法教义学解释进路［J］．政治与法律，2020（11）：150 - 160.

❸ 陈燕申，陈思凯．美国政府《联邦自动驾驶汽车政策》解读与探讨［J］．综合运输，2017（1）：38.

适用法律若干问题的解释》第9条，[1] 当机动车因为自身质量缺陷发生交通事故时，受害人可以向法院请求生产者和销售者的赔偿责任。该案中，高某即应向自动驾驶系统的开发单位T汽车公司寻求赔偿。

该案中，原告认为事故发生的主要原因在于自动驾驶汽车对障碍物的识别出现错误，系统错误的算法分析导致车辆认为障碍物是安全物体，从而发生追尾，而数据显示，事故当时车辆处于自动驾驶状态并且事故现场无刹车痕迹恰恰证明了这点。因此，如果以上主张被法院采纳，那么基于产品责任，高某可以向自动驾驶系统开发单位T汽车公司寻求赔偿。

不过，以产品责任诉赔的后续问题还包括自动驾驶的风险性是否属于“产品缺陷”，以及如何解释自动驾驶汽车中的产品缺陷等。

案例注释与解析

1. 对于选取案例的说明

随着人类步入人工智能时代，自动驾驶技术正在引发汽车产业的根本性革命。但因目前的技术水平限制，自动驾驶技术仍存在一定的安全隐患。

尽管自动驾驶已经进入我们的生活，但我国的相关法律规制尚不完备，尤其是在侵权责任的界分上还存在较多模糊地带。高某诉T汽车公司案作为国内乃至全球第一起自动驾驶交通事故致死案件，于2016年起诉，至今仍未进行裁判。该案所具有的前沿性与典型性特征使其成为值得分析的案例素材。

先前各界对于该案的分析多落脚于受害者的权益保护，而鲜少从自动驾驶技术研发单位的角度看待该案。本书便尝试从科研企业的视角审视该案。

2. 域外自动驾驶汽车立法比较研究

（1）美国的相关立法

美国自动驾驶汽车立法是从州立法开始的，后发展为联邦立法。2011年，美国内华达州颁布了世界上第一部有关于智能汽车的法案——AB511法案；2016年9月，美国交通运输部在联邦层面颁布了《联邦自动驾驶汽车政策》；2017年9月6日，美国联邦众议院在总结了各州立法的经验后，通过了美国联邦政府第一部《自动驾驶法案》(*Self Drive Act*)。该法案对自动驾驶汽车的相关概念、安

---

[1] 《最高人民法院关于审理道路交通事故损害赔偿案件适用法律若干问题的解释》第9条规定：“机动车存在产品缺陷导致交通事故造成损害，当事人请求生产者或者销售者依照民法典第七编第四章的规定承担赔偿责任的，人民法院应予支持。”

全标准、网络安全规定进行了解释说明，但是主要内容围绕自动驾驶汽车的行政监管，并没有界定侵权责任，但这也和美国的司法管辖制度有关。❶ 在美国的法律体系当中，侵权责任通常是属于州政府的管辖权而非联邦政府，所以交通事故责任的判定适用的是各州的州法而非联邦的统一规定。目前，美国已有多个州出台了关于自动驾驶的法案，但是在归责原则上，各州之间仍存在差异，比如：纽约州规定车主、驾驶员和制造商均需对事故造成的人身损害和财产损失承担责任，马萨诸塞州起草的相关法案规定制造商应该对自动驾驶造成的事故承担过错责任，田纳西州规定只有符合特定条件的汽车制造商才能参与新型汽车的测试，每一个汽车制造商都应该对其车辆上路行驶的安全负责，而加利福尼亚州、内华达州、佛罗里达州都有类似的法律保护汽车制造商免于非由它们自己的技术缺陷造成的任何损害。

（2）德国的相关立法

德国联邦参议院于 2017 年 5 月通过了修改的《德国道路交通法》的法律草案，这是世界上首部涉及智能汽车的道路交通法修正案。❷ 该法案明确允许了自动驾驶汽车可以在道路上行驶，规定了汽车驾驶人的行为在违背警觉和接管义务的情况下，需承担侵权责任；如果事故发生时车辆处于系统驾驶且发生系统故障，那么将由生产者承担产品责任。该法案在侵权责任的认定上采用了较为保守的观点，保留了原有的侵权责任的分配模式，对现有的法律作出适当的改变。新的法案规定，驾驶人可以选择自动驾驶的模式，但无论是汽车运行过程中是否亲自驾驶车辆，驾驶人仍有接管和警觉义务。❸ 不过，对于何时是在“合理时间”内接管汽车的界定并没有规定标准。❹ 另外，由于自动驾驶汽车技术的特殊性，该法案要求汽车生产商要承担更高的注意义务和责任，生产商必须对汽车的功能和性能作出具有法律效力的声明。除此之外，为了解决无法举证的问题，修正案对自动驾驶汽车行驶数据的记录、规定和利用作了详细的规定，比如要求每一辆自动驾驶汽车必须具有“黑匣子”来帮助还原现场情况。❺

---

❶ 陈姝含．自动驾驶汽车侵权责任问题研究［D］．北京：北方工业大学，2020.

❷ 张韬略，蒋瑶瑶．德国智能汽车立法及《道路交通法》修订之评介［J］，德国研究，2017（3）：68－80.

❸ 陈陆．我国自动驾驶汽车事故侵权研究［D］．上海：上海师范大学，2019.

❹❺ 陈姝含．自动驾驶汽车侵权责任问题研究［D］．北京：北方工业大学，2020.

（3）英国的相关立法

2018 年 7 月，英国下议院通过了《自动驾驶和电动汽车法案》（*Automated and Electric Vehicles Act*）。该法案将责任承担的重点放在了保险制度方向，规划了智能汽车责任保险的“单一承保模型”，使保险同时覆盖自然人驾驶员驾车行为和自动驾驶系统运行行为。[1] 该保险制度侧重于保护受害者的权益，当发生交通事故时，受害人可以直接向保险公司要求赔偿，保险公司在支付赔偿款后，可以依据侵权责任和产品责任向直接责任人进行追偿：当事故是由驾驶人全责造成的，保险公司可向驾驶人进行追偿，但追偿的金额不得超过驾驶人应承担的赔偿责任；当事故是由未经授权的更改系统或未及时更新系统造成的，且被保险人知悉该情况，保险公司支付赔偿后可向被保险人追偿。

3. 现实中的困惑与思考

（1）对驾驶模式的认定

相对于传统的机动车交通事故，自动驾驶汽车最具特殊性的一点在于要对汽车的驾驶模式进行取证认定。也即，通过取证认定在发生事故时汽车是否处于自动驾驶模式，进而确定造成事故的直接原因。由该案可知，这一取证过程并不简单，需要经过专业的鉴定人员以及工程师对于汽车内存储数据进行专业分析，才能得出相关结论。同时，取证结果的证据力往往存在争议，如该案中，高某认为事故发生时汽车处于自动驾驶状态可以作为向 T 汽车公司索赔的基础，而 T 汽车公司一方则认为这只能表明汽车具有自动驾驶功能，不能表明自动驾驶功能与事故有直接联系。

（2）对产品缺陷的认定

首先，自动驾驶的风险是否属于“产品缺陷”？在自动驾驶汽车侵权案件中，适用产品责任让生产者承担责任的前提是产品存在缺陷。但由于人工智能系统的计算运行存在容错率，即使通过了产品标准，但也可能因为运行出错而导致交通事故的出现。那么，此时是将责任承担的风险转嫁给驾驶人还是自动驾驶开发单位，将成为一个问题。

其次，自动驾驶汽车缺少明确的产品认定标准。我国《产品质量法》（2018 年修正）第四十六条对产品缺陷的定义为：“产品存在危及人身、他人财产安全的不合理的危险；产品有保障人体健康和人身、财产安全的国家标准、行业标准

---

[1] 张炜华．智能汽车交通致损侵权责任承担研究［D］．上海：华东交通大学，2020.

的，是指不符合该标准。”总的来说，此处以是否符合标准与是否存在不合理危险来认定缺陷的存在。国家或行业标准是司法实践中对产品责任认定的基本依据，但是自动驾驶汽车没有统一认可的国家标准与行业标准，所以只能暂时依照不合理危险来进行缺陷认定。然而，目前的法律条文中并没有对不合理危险作出具体解释，因此产品缺陷认定标准实则难以确定。

4. 其他启示与建议

尽管我国现有法律法规对自动驾驶汽车的规制仍存有较多不确定性（这或许也是该案起诉逾 5 年而仍未宣判的原因之一），但自动驾驶汽车产业的发展已经势不可挡。

对于自动驾驶汽车的研发企业来说，发展战略与研发策略的选择在很大程度上取决于国家法规政策如何分配自动驾驶的不同技术层级所应承担的责任。在 L3 自动驾驶法规难产的情况下，外国企业大多采取了务实的态度。例如，美国福特汽车、谷歌 Waymo、日本丰田等都认为，由于安全风险，研发 L3 的意义不大，因此选择直接研发 L4 级别全自动驾驶汽车。❶

值得注意的是，公安部最近起草的《道路交通安全法（修订建议稿）》第一百五十五条中，有对自动驾驶汽车责任承担与分配问题的专门规定。❷ 尽管这一草案仍不够细化，远远无法解决现实中可能遇到的繁多挑战，但这是我国针对自动驾驶汽车责任承担的一次有益尝试，其后效值得持续关注。我国的自动驾驶汽车研发单位应当注意跟进国内外相关法规政策的更新状况，并根据其指引灵活选择最适合自身情况的研发之路。

---

❶ 汽车商业评论．行业按下快进键，自动驾驶的安全如何保障？［EB/OL］．（2021－07－07）［2021－08－23］．https：//m. gasgoo. com/a/70262750. html.

❷ 《道路交通安全法（修订建议稿）》第一百五十五条规定：

具有自动驾驶功能的汽车开展道路测试应当在封闭道路、场地内测试合格，取得临时行驶车号牌，并按规定在指定的时间、区域、路线进行。经测试合格的，依照相关法律规定准予生产、进口、销售，需要上道路通行的，应当申领机动车号牌。

具有自动驾驶功能且具备人工直接操作模式的汽车开展道路测试或者上道路通行时，应当实时记录行驶数据；驾驶人应当处于车辆驾驶座位上，监控车辆运行状态及周围环境，随时准备接管车辆。发生道路交通安全违法行为或者交通事故的，应当依法确定驾驶人、自动驾驶系统开发单位的责任，并依照有关法律、法规确定损害赔偿责任。构成犯罪的，依法追究刑事责任。

具有自动驾驶功能但不具备人工直接操作模式的汽车上道路通行的，由国务院有关部门另行规定。

自动驾驶功能应当经具有相应资质的从事汽车相关业务的第三方检测机构检测合格。

四、破坏计算机信息系统

（一）规避性技术的特殊规定

实际问题：转码技术的使用在何种程度上可能构成侵犯著作权罪？

网页转码技术是随着移动阅读的逐渐普及所产生的一项技术。利用网页转码技术，网站页面可被转换为与手机屏幕兼容的模式，便于移动用户阅读。那么，法律层面上“转码”行为的必要限度是什么？其在何种程度上可能构成侵犯著作权罪？“转码”行为罪与非罪的界限在哪里？

◎涉及法条

《中华人民共和国刑法》（2015 年修正）第二百一十七条

该法条于 2017 年、2020 年两度修正。2020 年的第二次修正将侵犯著作权罪的最高刑期由七年提高至十年，并新增两类侵权情形，作为第四项与第六项。

《中华人民共和国刑法》（2020 年修正）第二百二十条

《最高人民法院、最高人民检察院关于办理侵犯知识产权刑事案件具体应用法律若干问题的解释》（法释〔2004〕19 号）第十一条

《最高人民法院，最高人民检察院关于办理侵犯知识产权刑事案件具体应用法律若干问题的解释（二）》（法释〔2007〕6 号）第四条和第六条

2020 年施行的《最高人民法院、最高人民检察院关于办理侵犯知识产权刑事案件具体应用法律若干问题的解释（三）》（法释〔2020〕10 号）第十条对该解释第四条有所改动。

《最高人民法院、最高人民检察院、公安部关于办理侵犯知识产权刑事案件适用法律若干问题的意见》（法发〔2011〕3 号）第十三点

◎虚拟情境

A 网站将 WEB 小说网页转码成 WAP 网页供移动用户阅读。A 网站在将其所谓“临时复制”的内容传输给触发“转码”的用户后，并未随即将相应内容从服务器硬盘中自动删除。A 网站借此在未经著作权人许可的情况下大量传播他人享有著作权的文字作品。A 网站的行为可能面临哪些法律风险？在何种条件下将会构成侵犯著作权罪？

C 公司、于某侵犯著作权案

（2015）浦刑（知）初字第 12 号

裁判法院：上海市浦东新区人民法院

裁判时间：2016 年 12 月 29 日

关键词：刑事/侵犯著作权罪/移动阅读/网页转码/信息网络传播

案件摘要

被告网站“C 网站”小说频道将 WEB 小说网页转码成 WAP 网页供移动用户阅读。被告网站在将其所谓“临时复制”的内容传输给触发“转码”的用户后，并未随即将相应内容从服务器硬盘中自动删除。“C 网站”小说频道借此在未经著作权人许可的情况下大量传播他人享有著作权的文字作品。法院认为，依据《刑法》（2015 年修正）第二百一十七条的规定，“C 网站”小说频道的经营单位与该网站负责人已触犯《刑法》第二百一十七条第（一）项，应当以侵犯著作权罪追究刑事责任。

裁判要点

网络服务商以转码为理由，实施了超越转码技术所必需的、踏入他人著作权专有权利保护范围的行为，应当承担侵权责任；在情节严重的情况下，构成侵犯著作权罪。

在网页转码技术中，HTML 格式的网页内容需存储在服务器内存或硬盘上才能进行处理转换，该过程必然涉及对网页中作品的“复制”。若搜索引擎在将转码后的网页传输给手机用户后，即自动删除了在内存或硬盘中临时存储的内容，则该过程所涉及的瞬间、短暂的“复制”行为属于转码技术的必要组成部分，且没有独立的经济价值，不属于侵犯他人复制权或信息网络传播权的行为。但若经营者在使用转码技术的过程中实施了超出上述必要过程的行为，则有可能因踏入他人著作权的禁止权范围而构成侵权。

争议焦点

“C 网站”小说频道提供的服务是内容服务，还是搜索、转码服务。

基本案情

被告单位 C 公司系“C 网站”的经营者。该网站设有小说、新闻、美图等多个频道，通过在网页植入广告获利。被告人于某系该公司的法定代表人及技术负责人，于 2012 年提出开发触屏版小说产品的方案，即将 WEB 小说网页转码成 WAP 网页供移动用户阅读，并提出了具体的开发要求。开发完毕后，用户可在该网站搜索并阅读小说。

2013 年底，Y 公司发现“C 网站”涉嫌传播其享有著作权的小说后，向其送达侵权通知函并报案。根据 Y 公司就该网站所作证据保全公证及公安机关所作的网络勘验，“C 网站”小说搜索结果的“来源”处会标明来源于第三方网站，但搜索及阅读网页的 URL 地址为“C 网站”地址。

2014 年 4 月 11 日，公安机关扣押 C 公司的服务器硬盘后委托鉴定，鉴定人员利用上述硬盘搭建出局域网环境下的“C 网站”，发现可以搜索、阅读到相应小说；将从该网站下载的 798 本小说与 Y 公司享有著作权的同名小说进行比对，相同字节数占总字节数 70% 以上的有 588 部。

同年 4 月 21 日，于某主动投案并如实供述，C 公司赔偿 Y 公司人民币 800 万元并获得谅解。

上海市浦东新区人民检察院以被告单位 C 公司及被告人于某犯侵犯著作权罪向上海市浦东新区人民法院提起公诉。

犯罪指控

公诉机关指控，被告单位 C 公司及其主管人员于某，以营利为目的，未经著作权人许可，复制发行其文字作品达 588 部，情节严重，其行为已触犯《刑法》第二百一十七条第（一）项，应当以侵犯著作权罪追究刑事责任。

与案例相关的其他重要内容

裁判经过与结果

案件经过上海市浦东新区人民法院于2016年12月29日一审审理结案，作出［（2015）浦刑（知）初字第12号］判决，判决如下：

一、被告单位C公司犯侵犯著作权罪，判处罚金人民币2万元（于该判决生效后一个月内缴纳）；

二、被告人于某犯侵犯著作权罪，判处拘役3个月，缓刑3个月，罚金人民币5000元；❶

三、违法所得予以追缴；

四、扣押的硬盘予以没收。

被告人于某回到社区后，应当遵守法律、法规，服从监督管理，接受教育，做有益社会的公民。

法院裁判理由

◎控方观点

被告单位C公司在未获Y公司许可的情况下，擅自使用软件，复制、下载Y公司发行于“Q中文网”网站上、作者为雾外江山的《仙傲》等文字作品，存储在C公司的服务器内，供移动电话用户在小说频道内免费阅读，再通过在“C网站”内植入广告，使用C公司的银行账户收取广告收益分成。经上海辰星电子数据司法鉴定中心鉴定，C公司的服务器内存储的文字作品中有588部与“Q中文网”的同名小说存在实质性相似。

❶ 缓刑考验期限，从判决确定之日起计算；罚金于该判决生效后一个月内缴纳。

◎**鉴定人观点**[1]

鉴定人经法院通知出庭接受质询，陈述：在送检的硬盘中并未发现被告人所说的自动删除机制；若连接到互联网环境进行鉴定，该网站的运行情况与局域网环境相同。

◎**被告人于某观点**

被告人对公诉机关指控的事实无异议，但提出根据于某对开发人员所提要求，“C 网站”经用户触发转码形成小说缓存，当用户离开阅读页面时会自动删除该缓存。

被告人提出，根据其就“C 网站”小说频道所提开发要求，该网站提供小说的搜索、转码服务，仅对涉案作品进行“缓存”或“临时复制”。该“临时复制”的内容仅提供给触发转码的用户，且在用户离开阅读页面或超过 5 分钟无操作时会自动删除。

“C 网站”的开发设想系提供搜索及转码服务，而非内容服务，即在用户搜索并点击阅读时，对来源网页进行转码后临时复制到硬盘上形成缓存并提供给用户阅读，当用户离开阅读页面时自动删除该缓存。

鉴定人系使用电脑才阅读到“缓存”内容，若使用手机操作则无法阅读，极少用户会使用电脑访问 C 网站。另外，C 网站作为转码网络服务提供者，已经尽到了合理的注意义务，具备“通知与移除”程序，因此适用“避风港”规则。

◎**法院对法条的援引、解释与适用**

1. 法条基础

依据《刑法》（2015 年修正）第二百一十七条的规定，未经著作权人许可，复制发行其文字作品、音乐、电影、电视、录像作品、计算机软件及其他作品的行为，属于以营利为目的，侵犯著作权的情形之一。根据《最高人民法院、最高人民检察院关于办理侵犯知识产权刑事案件具体应用法律若干问题的解释》第十一条的规定，以刊登收费广告等方式直接或

---

[1] 鉴定人受法庭委托，对专业问题出具的鉴定意见属于证据类型之一。若没有法定排除的情况，鉴定意见可被采纳为定案根据。参见《最高人民法院关于适用〈中华人民共和国刑事诉讼法〉的解释》（法释〔2021〕1 号）第九十八条、第九十九条。

者间接收取费用的情形，属于《刑法》第二百一十七条规定的“以营利为目的”。

2. 什么是转码技术

在手机阅读领域，转码技术是指将针对台式机、笔记本电脑等 PC 端设备设计的超文本标记语言格式（Hypertext Markup Language，HTML）的网页，转换成适用于手机阅读的网页（如 WML 格式网页，即 Wireless Markup Language，无线标记语言）的一种技术。该技术可以解决因手机屏幕小、多媒体处理能力弱而难以访问 HTML 格式网页或访问中用户体验不佳的问题。

3. 转码技术的著作权侵权问题

在网页转码技术中，HTML 格式的网页内容需存储在服务器内存或硬盘上才能进行处理转换，该过程必然涉及对网页中作品进行“复制”。

若搜索引擎在将转码后的网页传输给手机用户后，即自动删除了在内存或硬盘中临时存储的内容，则该过程所涉及的瞬间、短暂的“复制”行为属于转码技术的必要组成部分，且没有独立的经济价值，不属于侵犯他人复制权或信息网络传播权的行为。但若经营者在使用转码技术的过程中实施了超出上述必要过程的行为，则有可能因踏入他人著作权的禁止权范围而构成侵权。

4. “C 网站”对转码技术的应用

该案中，根据鉴定意见所反映的事实，鉴定人在使用“C 网站”服务器所搭建的网络环境中，可以在线阅读涉案小说，并从服务器硬盘中下载到涉案小说。可见，“C 网站”在将其所谓“临时复制”的内容传输给触发“转码”的用户后，并未立刻将相应内容从服务器硬盘中自动删除，使得被“复制”的小说内容仍可被其他用户再次利用。

根据被告人于某的自认，在用户阅读“C 网站”的小说过程中，对 HTML 格式网页的临时复制为转码技术所必需；但搜索引擎在将经转码后的网页传输给手机用户后，应立即自动删除其临时存储的内容，继续在服务器中存储该内容并非提供转码服务的必经程序。

5. 设置“删除机制”是否可以有效规避“转码”技术带来的风险

被告人提出，“C 网站”将转码后的网页“缓存”在服务器端而非浏览器端的原因在于手机浏览器的缓存空间太小，难以缓存一个章节的小说内容。然而，一个章节的小说网页经转码后所需的缓存空间极小，在现有技术条件下，显然在手机浏览器缓存空间的荷载范围内，被告人的上述解释不符合常理。

“C 网站”在提供小说阅读服务过程中，不仅进行了网页的格式转换，而且在其服务器中存储了经过格式转换的网页内容，使后来的用户可以直接从其服务器中获得。可见，上述行为已明显超出转码技术的必要过程，所谓“临时复制”的内容已具备独立的经济价值。因此，C 公司的小说服务模式构成对作品内容的直接提供，在此情形下，即便“C 网站”设置了所谓的删除机制，也不改变其行为的性质。

6. 设置“管理员权限”是否可以有效规避“转码”技术带来的风险

被告人又提出，鉴定人之所以能够在搭建的网络环境中阅读涉案小说，是因为被告单位在开发中专门给 PC 端用户设置了“管理员权限”，鉴定人系使用电脑操作，故可阅读到服务器中由其他用户搜索、阅读而形成的全部“缓存”内容，若使用手机操作，则无法阅读。

即便该抗辩内容属实，则当 PC 端用户搜索、阅读某一小说章节时，若该内容已被“临时复制”到“C 网站”服务器中，则直接从“C 网站”的服务器提供给 PC 端用户，因此，“C 网站”实施了直接向所有 PC 端用户提供作品的行为，构成直接侵权。辩护人提出极少用户会通过 PC 端访问“C 网站”，但现有证据证明确可通过 PC 端阅读“C 网站”上的相应小说内容，是否有 PC 端用户实际访问及访问人数的多少不影响其性质的认定。

综上，法院认定被告单位与个人未经许可，通过“C 网站”传播了 Y 公司享有信息网络传播权的涉案小说，数量达 588 部，情节严重，构成侵犯著作权罪。对被告人及辩护人提出的前述意见，法院不予采纳。

案例注释与解析

1. 对于选取案例的说明

该案是我国首例移动阅读网站不当使用转码技术构成侵犯著作权罪的案件。[1] 该判决对“转码”技术实施的特点以及必要限度进行了详细阐释，从信息网络传播行为的本质出发，厘清了“转码”行为罪与非罪的界限。

该案较好地展现了在技术飞速发展的时代背景下，知识产权司法保护在坚持技术中立的同时，如何结合技术事实真正厘清有关技术是否超越法律范围、侵犯他人合法权利的标准。对于以技术为挡箭牌、侵权情节严重、符合知识产权犯罪构成要件的行为，应依法给予刑事处罚。

该案的裁判结果充分体现了人民法院处理科技进步带来的新型犯罪行为的司法智慧和司法能力，彰显了依法打击侵犯知识产权犯罪行为的力度和决心。[2]

2. “转码”技术实施的特点以及必要限度是什么？

网页转码技术是一种将针对 PC 端设备设计的 HTML 格式的网页转换为适用于手机阅读的网页的技术。在网页转码过程中，HTML 格式的网页内容需存储在服务器内存或硬盘上才能进行处理转换，因此必然涉及对网页中作品的“复制”。不过，若搜索引擎在将转码后的网页传输给手机用户后自动删除了临时存储的内容，则该过程所涉及的临时性的“复制”行为属于转码技术的必要组成部分，且无独立经济价值，不属于侵犯他人复制权或信息网络传播权的行为。但若在使用转码技术的过程中实施了超出上述必要限度的行为，则有可能对他人著作权构成侵犯。

3. “转码”技术使用行为构成侵犯著作权罪的认定标准是什么？

参考该案法院的判决，转码行为构成侵犯著作权罪需要具备以下要件：第一，转码过程中的复制行为是非临时性的“永久复制”。[3] 第二，转码技术的实施者在行为时具有主观故意，即需要以营利为目的。第三，转码技术侵犯他人著作权的事实情节严重。司法实践中一般以犯罪数额、被侵权作品数量等作为犯罪

---

[1] 林蔚雯．我国首例移动阅读网站不当使用转码技术构成侵犯著作权罪案件［EB/OL］．（2019－09－25）［2021－07－12］．https：//www. sohu. com/a/343375383_99970761.

[2] 中华人民共和国最高人民法院．2017 年中国法院 10 大知识产权案件［EB/OL］．（2018－04－19）［2021－07－20］．http：//www. court. gov. cn/zixun－xiangqing－91312. html.

[3] 石燚．转码过程中“永久复制”构成直接侵权［EB/OL］．（2018－07－28）［2021－07－12］．http：//www. iprchn. com/cipnews/news_content. aspx？ newsId＝109627.

情节严重与否的判定依据。

关于第一点，“C 网站”在将其复制的内容传输给触发“转码”的用户后，并未即刻将该内容从服务器硬盘删除，因此其复制行为便属于“永久复制”。关于第二点，“C 网站”虽未直接向阅读小说的用户收取费用，但通过植入广告的形式间接获利，故属于以营利为目的。关于第三点，该案被侵权作品的数量超过 500 部，已达到该罪“情节严重”的认定标准。

4. 实施转码技术的单位中，个人的著作权侵权刑事责任

关于被告人于某是否应承担责任，该案也有讨论，应引起研发人员和相关管理人员的重视。

法院认为，“被告人于某在被告单位 C 公司中负责技术工作，其提议开发涉案触屏版小说产品，且由其直接提出该产品的技术需求，则在具体开发中，尤其是产品上线前，其应跟踪了解该产品的技术实现方式，以确保不侵犯他人合法权益”。而该案中，“于某自认其并未完全了解该技术的具体实现方式，也未就开发中的具体技术问题进行后续跟踪，其主观上至少存在放任的间接故意”。法院由此认定，“被告人于某作为 C 公司直接负责的主管人员，亦应以侵犯著作权罪追究其刑事责任”。

5. 美国 DMCA 法中的相关规定

《美国数字千年著作权法》（*The Digital Millennium Copyright Act*，DMCA）中亦对通过技术手段规避著作权保护措施的行为有所规制。例如，DMCA 第 1201 节禁止对于著作权人设置的作品访问限制采取技术手段予以规避，同时也禁止生产、进口、提供、贩卖此类用于技术规避的产品或服务。❶

但同时，DMCA 第 1201 节也规定了一些临时性的豁免事由。具体到该案所涉及的“文学作品”（literary works），如果该作品系被残疾人合法取得，那么在著作权人获得适当补偿的情形下可以产生责任豁免。另一种豁免情形则是针对戏剧以外的文学作品，即当该作品被法定豁免主体获取、使用时，相应责任得以豁免。❷

❶ U. S. Copyright Office. The Digital Millennium Copyright Act [EB/OL]. [2021-07-23]. https://www.copyright.gov/dmca/.

❷ U. S. Copyright Office. § 201.40 Exemptions to prohibition against circumvention [EB/OL]. [2021-07-23]. https://www.copyright.gov/title37/201/37cfr201-40.html.

6. 启示与建议

网页转码技术是应移动阅读时代的到来而诞生的一种新技术。该技术的普及有效提升了移动阅读用户的阅读体验，为日常工作与娱乐生活提供了方便。然而，不规范的转码行为也暗藏着法律风险，甚至存在着构成侵犯著作权罪的可能。

该案提醒科技公司、网络企业的科研工作者们，在实施转码时应将复制行为控制在必要限度内，应及时将临时存储的内容从服务器硬盘删除，而不应作为牟利的手段。与此同时，各科技公司、网络企业的相关技术人员与管理人员也应加强自我监管与自我约束，避免单位因犯侵犯著作权罪而遭受不必要的经济损失，并且个人遭受到相关刑事处罚。

（二）黑客行为

实际问题：“黑客行为”在何种情况下可能构成破坏计算机信息系统罪？

近年来，计算机技术的广泛应用与普及为我国经济社会发展注入了强大活力。然而，在此同时，向计算机安全系统发动攻击的“黑客行为”，特别是以组织形式发动攻击的行为，也日趋频繁。那么，这种“黑客行为”是否有触犯我国《刑法》的可能？在何种情况下可能构成破坏计算机信息系统罪？

◎涉及法条

《中华人民共和国刑法》（2011 年修正）第二百八十六条

《刑法修正案（九）》（2015 年）在原第二百八十六条中增加一款作为第四款。

《最高人民法院、最高人民检察院关于办理危害计算机信息系统安全刑事案件应用法律若干问题的解释》（法释〔2011〕19 号）第四条、第六条和第十一条

◎虚拟情境

W 公司利用木马软件操控控制端服务器实施 DDoS 网络攻击，导致三家游戏公司的 IP 被封堵，出现游戏无法登录、用户频繁掉线、游戏无法正常运行等问题。为恢复云服务器的正常运营，互联网公司组织人员对服务器进行了抢修并为此支出费用。W 公司的工作人员需要为其黑客行为承担什么法律责任？在什么情况下可能涉嫌破坏计算机信息系统罪？

典型案例

姚某等 11 人破坏计算机信息系统案

检例第 69 号

裁判法院：广东省深圳市南山区人民法院

裁判时间：2018 年 6 月 8 日

关键词：刑事/破坏计算机信息系统罪/黑客行为/黑客组织

案件摘要

被告人姚某等 11 人利用木马软件操控控制端服务器实施 DDoS 攻击，导致三家游戏公司的 IP 被封堵，出现游戏无法登录、用户频繁掉线、游戏无法正常运行等问题。为恢复云服务器的正常运营，互联网公司组织人员对服务器进行了抢修并为此支出费用。法院认为，依据《刑法》第二百八十六条以及《最高人民法院、最高人民检察院关于办理危害计算机信息系统安全刑事案件应用法律若干问题的解释》第四条、第六条、第十一条的规定，被告人的行为已触犯《刑法》第二百八十六条之规定，应以破坏计算机信息系统罪追究刑事责任。

裁判要点

利用计算机病毒等恶意软件对目标服务器进行 DDoS 高流量攻击，造成计算机系统不能正常运行等严重后果的，构成《刑法》第二百八十六条之“破坏计算机信息系统罪”。

争议焦点

利用木马软件操控控制端服务器实施 DDoS 攻击，是否属于我国《刑法》上“破坏计算机信息系统”的行为。

基本案情

2017 年初，被告人姚某等人接受王某某（另案处理）雇用，招募多名网络技术人员，在境外成立“暗夜小组”黑客组织。“暗夜小组”从被告人丁某等

3 人处购买大量服务器资源，再利用木马软件操控控制端服务器实施 DDoS 攻击。❶

2017 年 2～3 月，“暗夜小组”成员 3 次利用 14 台控制端服务器下的计算机，持续对某互联网公司云服务器上运营的 3 家游戏公司的客户端 IP 进行 DDoS 攻击。攻击导致 3 家游戏公司的 IP 被封堵，出现游戏无法登录、用户频繁掉线、游戏无法正常运行等问题。为恢复云服务器的正常运营，某互联网公司组织人员对服务器进行了抢修并为此支付 4 万余元。

2017 年 9 月 19 日，公安机关将案件移送广东省深圳市南山区人民检察院审查起诉。

2018 年 3 月 6 日，深圳市南山区人民检察院以被告人姚某等 11 人构成破坏计算机信息系统罪向深圳市南山区人民法院提起公诉。

犯罪指控

公诉机关指控，被告人姚某等 11 人触犯《刑法》第二百八十六条之规定，应当以破坏计算机信息系统罪追究刑事责任。

与案例相关的其他重要内容

裁判经过与结果

案件经过广东省深圳市南山区人民法院 2018 年 6 月 8 日一审审理结案，判决认定被告人姚某等 11 人犯破坏计算机信息系统罪；鉴于各被告人均表示认罪悔罪，部分被告人具有自首等法定从轻、减轻处罚情节，对 11 名被告人分别判处有期徒刑 1～2 年不等。

宣判后，11 名被告人均未提出上诉，判决已生效。

❶ DDoS（distributed denial－of－service）攻击，又名分布式拒绝服务攻击，是指黑客通过远程控制服务器或计算机等资源，对目标发动高频服务请求，使目标服务器因来不及处理海量请求而瘫痪。

法院裁判理由

◎控方观点

该案基本事实清楚，案件证据确实充分，应当认定姚某等 11 人的行为已涉嫌破坏计算机信息系统罪。

其一，黑客组织“暗夜小组”对某互联网公司云服务器实施了大流量攻击的行为。国家计算机网络应急技术处理协调中心广东分中心出具的报告证实，筛选出的大流量攻击源 IP 中有 198 个 IP 为僵尸网络中的被控主机，这些主机由 14 个控制端服务器控制。通过比对丁某等人电脑中的电子数据，证实丁某等人控制的服务器就是对 3 家游戏公司客户端实施网络攻击的服务器。分析报告还明确了云服务器受到的攻击类型和攻击采用的网络协议、波形特征，这些证据与“暗夜小组”成员供述的攻击资源特征一致。网络聊天内容和银行交易流水等证据证实“暗夜小组”向丁某等 3 人购买上述 14 个控制端服务器控制权的事实。电子邮件等证据进一步印证了“暗夜小组”实施攻击的事实。

其二，黑客组织“暗夜小组”内部组织结构清晰、分工明确。通过提取犯罪嫌疑人网络活动记录，犯罪嫌疑人之间的通信信息、资金往来等证据，结合对电子数据的分析，已查清“暗夜小组”成员虚拟身份与真实身份的对应关系，查明了小组成员在招募人员、日常管理、购买控制端服务器、实施攻击和后勤等各个环节中的分工负责情况。

◎被告人答辩

庭审中，11 名被告人对检察机关的指控均表示无异议。

部分辩护人提出以下辩护意见：一是网络攻击无处不在，现有证据不能认定 3 家网络游戏公司受到的攻击均是“暗夜小组”发动的，不能排除攻击来自其他方面。二是即便认定“暗夜小组”参与对 3 家网络游戏公司的攻击，也不能将某互联网公司支付给抢修系统数据的员工工资认定为该案的经济损失。

◎控方对被告人答辩的回应

第一，案发时并不存在其他大规模网络攻击，在案证据足以证实，只有“暗夜小组”针对云服务器进行了 DDoS 高流量攻击，每次的攻击时间和被攻击的时间完全吻合，攻击手法、流量波形、攻击源 IP 和攻击路径与被告人供述及其他证据相互印证，现有证据足以证明 3 家网络游戏公司客户端不能正常运行系受“暗夜小组”攻击导致。

第二，根据法律规定，“经济损失”包括危害计算机信息系统犯罪行为给用户直接造成的经济损失以及用户为恢复数据、功能而支出的必要费用。某互联网公司为修复系统数据、功能而支出的员工工资系因犯罪产生的必要费用，应当认定为该案的经济损失。

◎法院对法条的援引、解释与适用

法院认为，被告人姚某等 11 人利用木马软件操控控制端服务器实施 DDoS 攻击，造成目标服务器无法正常运行，后果严重，构成《刑法》第二百八十六条之“破坏计算机信息系统罪”。对被告人提出的前述意见，法院不予采纳。

案例注释与解析

1. 对于选取案例的说明

黑客行为是指计算机技术人员通过非常规手段侵入、破坏对方计算机安全系统的行为。最常被黑客使用的网络攻击手段包括恶意软件攻击（malware）、钓鱼式攻击[1]（phishing）、密码攻击（password attack）、拒绝服务（denial of service，DoS）攻击等。该案涉及的 DDoS 网络攻击，是 DoS 攻击的一种特殊形态。相比于 DoS 攻击单机对单机的攻击模式，DDoS 攻击则是由攻击者同时控制多台主机向目标发动大规模攻击，因此其攻击效率远超 DoS，危害也更大。

DDoS 作为一种新型犯罪，该案的处理具有代表性，被最高人民检察院选为了指导案例。该案揭示了 DDoS 攻击这一新型多发网络犯罪及其背后黑色产业链的组织、运行、获利模式，对于规范大家的上网行为、提高防范网络犯罪的意识，具有重要的引导意义。[2] 该案同样对于避免计算机研发与应用科研人员走上

[1] 钓鱼式攻击是指通过互联网或电子邮件骗取他人关键信息的一种网络诈骗手段。

[2] 中华人民共和国国家互联网信息办公室．严打网络诈骗筑牢防控屏障［EB/OL］．（2020－04－18）［2021－08－05］．http：//www.cac.gov.cn/2020－04/18/c_1588766936928927.htm.

违法犯罪道路，具有重要的教育意义。

2. 黑客行为构成破坏计算机信息系统罪的认定标准是什么？

依据《刑法》第二百八十六条的规定，黑客行为构成破坏计算机信息系统罪需要具备以下要件：第一，行为人实施了“对计算机信息系统功能进行删除、修改、增加、干扰”的行为。第二，行为人的上述行为造成了“计算机信息系统不能正常运行”的结果。第三，行为人行为所造成的后果需要达到一定的严重程度。司法实践中，法院一般以计算机无法正常运行的数量、违法所得数额或造成经济损失的数额等作为判断“后果严重”或“后果特别严重”的依据。

该案中，首先，被告人利用木马软件对目标服务器进行 DDoS 高流量攻击的行为构成了对于计算机信息系统功能的干扰。其次，被告人的攻击行为造成了目标服务器无法正常运行的不良后果。最后，黑客行为所造成的经济损失数额达 4 万余元，达到了法院认定“后果严重”的标准。因此，法院最终认为被告人姚某等 11 人的行为构成了《刑法》第二百八十六条的“破坏计算机信息系统罪”。

3. 法院对于同类案件的处理

被告人因实施黑客行为而构成破坏计算机信息系统罪的情形，还出现在李某破坏计算机信息系统案［（2015）徐刑初字第 245 号］中。该案中，被告人以修改大型互联网网站域名解析指向的方法，劫持互联网流量访问相关赌博网站，获取境外赌博网站广告推广流量提成，导致某知名网站不能正常运行，访问量锐减。法院认定该案被告人的行为构成破坏计算机信息系统罪。

尽管李某案与该案不乏相似之处，但两法院对于相关法条的援引、适用有所区别。其一，李某案中被告人的行为被认定为对计算机信息系统的“修改”，而该案被告人的行为则更类似于对计算机信息系统的“干扰”。其二，李某案中被告人的行为已达到了“后果特别严重”的认定标准，因此量刑重于该案。两案事实与裁判方面的异同以及由此可能对计算机技术研发与应用产生的影响，值得引起相关科技工作者的重视。

4. 启示与建议

我国计算机产业规模居世界首位，近年来培育了大量优秀的计算机人才。然而现实中，计算机行业从业人员往往对于其行为的法律边界不甚明晰，甚至存在着如该案中因从事黑客行为而构成犯罪的情况。对此，该案可为广大的计算机行业工作者提供以下三点启示：

首先，黑客行为构成破坏计算机信息系统罪的门槛并不高，尤其是在网络技术日新月异的今天，像该案中 DDoS 这样的大规模网络攻击行为，较易达到该罪“后果严重”的认定标准。

其次，计算机系统不能正常运行并非认定黑客行为是否构成破坏计算机信息系统罪的唯一标准，攻击行为造成经济损失等因素同样可能使行为人构成犯罪。

最后，该案是全国首例全链条打击黑客跨境攻击案。[1] 这一事实告诉我们，境外不是黑客犯罪活动的法外之地，团伙作案也不是逃避相关刑事责任的避风港。计算机行业的从业人员应当牢守法律底线，切勿从事黑客活动，以免因犯破坏计算机信息系统罪而受到法律的制裁。

五、利用技术手段辅助或构成诈骗或非法经营

实际问题：电信网络诈骗行为在何种情况下可能构成诈骗罪？

电信网络诈骗是指通过电话、网络、短信等方式对受害人实施的诈骗行为。与传统诈骗行为相比，电信网络诈骗往往利用技术手段加以辅助，呈现出了某些新的特点。那么，电信诈骗在何种情况下可能构成我国《刑法》上的诈骗罪？相关电信技术的开发使用者应如何避免陷入犯罪的囹圄？

◎涉及法条

《中华人民共和国刑法》（2011 年修正）第二百六十六条

《中华人民共和国刑法》（2020 年修正）第六十四条

◎虚拟情境

C 某等人通过虚构事实、隐瞒真相的方法，采用伪装微信身份添加投资人为好友，诱骗投资人向其线上交易平台投资，进行虚假期货交易，骗取投资人交易手续费及客损。C 某等人所实施的网络电信诈骗行为，在何种情境下可能构成诈骗罪？

---

[1] 中华人民共和国国家互联网信息办公室．严打网络诈骗筑牢防控屏障［EB/OL］．（2020－04－18）［2021－08－05］．http：//www.cac.gov.cn/2020－04/18/c_1588766936928927.htm.

典型案例

刘某与王某、张某等诈骗案

（2021）吉02刑终50号

裁判法院：吉林省吉林市丰满区人民法院

裁判时间：2020年12月30日

关键词：刑事/诈骗罪/电信诈骗/交易平台

案件摘要

被告人刘某通过虚构事实、隐瞒真相的方法，采用伪装微信身份添加投资人为好友，诱骗投资人向其线上交易平台投资，进行虚假期货交易，骗取投资人交易手续费及客损。法院认为，依据《刑法》（2011年修正）第二百六十六条之规定，被告人利用电信网络技术手段诈骗他人财物，数额特别巨大，其行为已构成诈骗罪，应当追究相应的刑事责任。

裁判要点

通过虚构事实、隐瞒真相的方法诱使投资人向线上交易平台投资，进行虚假期货交易，骗取投资人交易手续费及客损的行为，构成诈骗罪。

争议焦点

通过虚构事实、隐瞒真相的方法诱使投资人向线上交易平台投资，进行虚假期货交易，骗取投资人交易手续费及客损的行为是否构成诈骗罪。

基本案请

2016年9月5日，被告人刘某注册成立Z电子商务有限公司（以下简称“Z公司”）。2017年9月，刘某在未取得国家证券监管部门期货业务经营许可的情况下，以Z公司的名义，从上海市某公司违法代理MetaTrader4外汇期货交易平台（以下简称“MT4交易平台”）。刘某以非法占有为目的，通过虚构事实、隐瞒真相的方法，让公司业务人员采用伪装微信身份添加投资人为好友，向投资人推介其MT4交易平台，刻意夸大投资回报，帮助投资人下载MT4交易平台软件，指导投资人进行平台操作的方式，诱骗被害人林某等投资人到Z公司MT4交易平台投资，进行虚假期货交易，骗取投资人交易手续费及客损。

2017年10月，被害人林某通过微信结识微信名为“芸熙”的人（系Z公司业务员虚拟身份使用的微信账号），经其诱骗决定在Z公司的MT4交易平台进行投资，并经其远程控制进行了下载App、注册账号等操作。直至2019年5月，林某在吉林省吉林市丰满区中国建设银行天山路支行等地，通过该MT4交易平台入金通道、银行转账、微信转账等方式向该平台投资后，投资款项均进入Z公司账户或刘某个人账户，并未进入期货交易市场，刘某收到投资款后所得资金被用于Z公司运营、员工工资及其个人获利。经查，林某被骗人民币101.7580万元。

吉林省吉林市丰满区人民检察院以被告人刘某等犯诈骗罪，向吉林省吉林市丰满区人民法院提起公诉。

犯罪指控

公诉机关指控，被告人刘某等利用电信网络技术手段诈骗他人财物，其行为已触犯《刑法》第二百六十六条之规定，应当以诈骗罪追究刑事责任。

与案例相关的其他重要内容

裁判经过与结果

案件经过吉林省吉林市丰满区人民法院、吉林省吉林市中级人民法院两级法院终审结案。

吉林省吉林市丰满区人民法院于2020年12月30日作出一审［（2020）吉0211刑初121号］刑事判决：

一、被告人刘某犯诈骗罪，判处有期徒刑12年，并处罚金人民币20万元。

二、被告人王某犯诈骗罪，判处有期徒刑11年6个月，并处罚金人民币15万元。

三、被告人张某犯诈骗罪，判处有期徒刑7年6个月，并处罚金人民币10万元。

四、被告人苗某犯诈骗罪，判处有期徒刑7年，并处罚金人民币8万元。

五、对公安机关扣押的作案工具依法没收，上缴国库；依法追缴被告人刘某、王某、张某、苗某违法所得返还被害人。❶

证据清单

一审法院认定的证据有：被告人刘某、王某、张某、苗某的供述和辩解，被害人林某的陈述，扣押决定书、扣押清单、扣押物品照片，林某手机截图照片、林某适用外汇交易平台的部分交易详情（手机版截图）、手机版界面、电脑版界面、林某手机中转账扣款短信提醒记录截图，王某与李某微信聊天记录截图照片，林某在外汇交易平台的部分交易详情中文翻译（手机版截图）、中国证监会河北监管局关于对Z公司业务资格认定的函，林某名下中国建设交易明细清单，林某在智付－Z公司账户出入金流水详单，情况说明、公安部电信诈骗侦办案件平台截图照片，辨认笔录、辨认现场照片，搜查笔录，电子数据勘验检查笔录，林某手机微信回复光盘1张，刘某、王某、张某、苗某的银行卡流水电子版光盘1张、林某向"芸熙"转账1万元的微信流水详情光盘1张、Z公司在智付电子支付有限公司的开户信息及流水光盘2张，其他补充证据。❷

法院裁判理由

原审法院认为，被告人刘某、王某、张某、苗某利用电信网络技术手段诈骗他人财物，数额特别巨大，其行为均已构成《刑法》第二百六十六条之诈骗罪。公诉机关指控的罪名成立。

❶ 一审被告人刘某、王某、张某、苗某不服判决，提起上诉。吉林省吉林市中级人民法院于2021年4月19日作出［(2021）吉02刑终50号］二审判决，维持原判决第五项，同时减轻了四名被告人的量刑。

❷ 鉴于该案一审判决未公开，故从二审判决对于一审判决的援引中摘取可用信息。

案例注释与解析

1. 对于选取案例的说明

信息网络技术的发展为我国的经济社会建设带来了强大驱动力。但与此同时，各类利用技术手段实施的电信网络诈骗活动却也层出不穷、屡禁不止。当前，电信网络诈骗呈现出从电话诈骗向互联网诈骗转变的趋势。诈骗模式与引流推广方式也不断升级，诈骗过程开始呈现接触周期长、诈骗环节多、多手法叠加，跨平台实施等特点。❶ 该案便是一起典型的多环节、多手法叠加、同时利用社交平台与互联网平台实施的新型电信诈骗案件。

选取该案，是为了警示掌握相关技术手段的技术人员，切勿因为一时贪念而实施触碰我国《刑法》底线的行为，否则可能面临诈骗罪的刑事指控以及随后严厉的刑事处罚。

2. 电信网络诈骗行为构成诈骗罪的认定标准是什么？如何量刑？

（1）诈骗罪的构成要件

依据《刑法》第二百六十六条，诈骗罪的构成需同时满足以下四个构成要件：①行为人实施欺骗行为；②欺骗行为使他人陷入认识错误；③他人基于错误认识自愿处分财产；④行为人因此获得财产。❷

经该案法院的事实认定，被告人的行为同时满足了诈骗罪的全部构成要件。首先，被告人利用微信平台上的“芸熙”这一虚假身份联系林某，实施了诱骗其向虚假线上期货交易平台投资的欺骗行为。其次，被告人的欺骗行为确使林某产生了可以通过该平台获得经济收益的错误认知。再次，基于这一错误认识，受害者林某实施了对于个人财产的处分行为，将 100 余万元投资款汇至被告人账户。最后，依据法院所认定的证据，受害者林某的投资款并未进入交易平台而是进入了 Z 公司及刘某个人账户，被告人因此获得了财产利益。

（2）诈骗罪的量刑标准

《最高人民法院、最高人民检察院关于办理诈骗刑事案件具体应用法律若干问题的解释》第一条第一款规定：“诈骗公私财物价值三千元至一万元以上、三万元至十万元以上、五十万元以上的，应当分别认定为刑法第二百六十六条规定

---

❶ 新华网．电信网络诈骗为何屡禁不绝？［EB/OL］．（2021 - 04 - 11）［2021 - 08 - 23］．http：//www. xinhuanet. com/fortune/2021 - 04/11/c_1127317068. htm.

❷ 张明楷．刑法学［M］．北京：法律出版社，2016：1000.

的‘数额较大’、‘数额巨大’、‘数额特别巨大’。”《最高人民法院、最高人民检察院、公安部关于办理电信网络诈骗等刑事案件适用法律若干问题的意见》中也对于上述规定予以重申和强调。[1]

该案中，被告人诈骗公私财物的价值高达101.7580万元，属于“数额特别巨大”的情形，因此对于主犯刘某等人判处了10年以上有期徒刑。

3. 法院对于同类案件的处理

被告人因利用技术手段实施电信诈骗行为而构成诈骗罪的情形，还出现于张某等52人电信网络诈骗案中。该案中，各被告人分工合作，其中部分被告人负责利用电信网络技术手段对大陆居民的手机和座机电话进行语音群呼，群呼的主要内容为“有快递未签收，经查询还有护照签证即将过期，将被限制出境管制，身份信息可能遭泄露”等。当被害人按照语音内容操作后，电话会自动接通冒充快递公司客服人员的一线话务员。一线话务员以帮助被害人报案为由，在被害人不挂断电话时，将电话转接至冒充公安局办案人员的二线话务员。二线话务员向被害人谎称“因泄露的个人信息被用于犯罪活动，需对被害人资金流向进行调查”，欺骗被害人转账、汇款至指定账户。如果被害人对二线话务员的说法仍有怀疑，二线话务员会将电话转给冒充检察官的三线话务员继续实施诈骗。至案发，张某等被告人通过上述诈骗手段骗取75名被害人钱款共计人民币2300余万元。一审法院认定各被告人的行为均已构成诈骗罪，被判处1年9个月至15年不等有期徒刑，并处剥夺政治权利及罚金。部分被告人以量刑过重为由提出上诉，二审法院裁定驳回上诉，维持原判。[2]

张某案与该案在案件事实方面存在着一定差异：张某案系境外大规模团伙作案，而该案则是境内小范围有组织犯罪。两案被告人所运用的技术手段也有区别：张某案中犯罪分子主要通过电话这“一单一媒介”实施作案，而该案中则是采取了社交平台与互联网平台相结合的犯案模式。尽管如此，两案法院在援引、适用法律时所依据的标准基本一致，其定罪量刑结果也均与各自案情状况相符合。这表明，我国司法实践针对电信网络诈骗行为的诈骗罪认定与量刑，已形

---

[1] 中华人民共和国最高人民检察院．关于办理电信网络诈骗等刑事案件适用法律若干问题的意见（全文）[EB/OL].（2016-12-21）[2021-08-23]. https：//www.spp.gov.cn/zdgz/201612/t20161221_176278.shtml.

[2] 中华人民共和国最高人民检察院．张凯闽等52人电信网络诈骗案[EB/OL].（2021-05-18）[2021-08-23]. https：//www.spp.gov.cn/spp/dxwlzp2021/202105/t20210518_518480.shtml.

成一套较为成熟完备的体系。

4. 域外对于电信网络诈骗行为的法律规制

电信诈骗不仅常见于我国，也多发于世界各国。因此，全球主要国家广泛通过法律法规对电信网络诈骗加以规制。

在立法方面，美国政府先后发布了《电话消费者保护法案》《控制非自愿色情和推销侵扰法》《真实电话主叫身份法案》等多项法规政策。2019 年 8 月，美国联邦通信委员会批准了一项禁止欺诈性短信及国际自动语音电话的新规则，明确允许追踪、监控、惩处身处境外的、欺诈性短信及国际自动语音电话背后的操控者，弥补了《真实电话主叫身份法案》的有关漏洞。

在设置处罚方面，根据美国法律规定，未经用户同意向“拒绝电话名单”注册用户推送商业推销、产品推广、服务广告等垃圾短信的，将面临 500 ~ 1500 美元的处罚。尽管如此，美国电话诈骗受害者数量仍逐年上升，诈骗金额也呈逐渐增加态势。并且随着技术的演进，采用机器人语音的诈骗形式已成为美国电话诈骗的主流，是美国当前治理电话诈骗工作的重点。《日本刑法典》中则规定，“欺骗人而使其交付财物的，处十年以下徒刑”。近年来，日本电信网络诈骗发案数有所下降，诈骗损失金额也有所降低。[1]

5. 启示与建议

该案中，被告人实施了多重的诈骗行为。首先，其在未取得国家证券监管部门期货业务经营许可的情况下，仍违法代理了外汇期货交易平台。其次，微信名为“芸熙”的身份系被告人伪造。最后，被告人谎称交易平台为投资之用，而实际上所得投资额皆进入了被告人的公司与个人账户。

该案可为科研技术人员带来的启示主要有以下三点：

第一，技术企业应在其业务经营许可范围内从事企业活动，不应为了追求商业利益而从事超出其经营许可范围的业务。

第二，电信网络诈骗虽然具备一些传统诈骗所没有的新特点，但其犯罪的构成仍需以满足诈骗罪的传统构成要件为前提。从该案及类案可以看出，电信诈骗的新特征可能使得行为人的行为更易满足诈骗罪的构成要件，并适用更重的量刑。

---

[1] 中国信通院. 新形势下电信网络诈骗治理研究报告（2020 年）[EB/OL].［2021 - 08 - 23］. http://www.caict.ac.cn/kxyj/qwfb/ztbg/202012/P020201218393889946295.pdf.

第三，诈骗所得数额并非确定诈骗罪量刑的唯一参照，如果行为人的诈骗行为符合存在“其他严重情节”“其他特别严重情节”的认定标准，[1] 同样将适用更重的刑罚。

[1] 《最高人民法院、最高人民检察院、公安部关于办理电信网络诈骗等刑事案件适用法律若干问题的意见》中规定，实施电信网络诈骗犯罪，诈骗数额接近“数额巨大”“数额特别巨大”的标准，具有下述情形之一的，应被分别认定为“其他严重情节”，“其他特别严重情节”：(1) 造成被害人或其近亲属自杀、死亡或者精神失常等严重后果的；(2) 冒充司法机关等国家机关工作人员实施诈骗的；(3) 组织、指挥电信网络诈骗犯罪团伙的；(4) 在境外实施电信网络诈骗的；(5) 曾因电信网络诈骗犯罪受过刑事处罚或者二年内曾因电信网络诈骗受过行政处罚的；(6) 诈骗残疾人、老年人、未成年人、在校学生、丧失劳动能力人的财物，或者诈骗重病患者及其亲属财物的；(7) 诈骗救灾、抢险、防汛、优抚、扶贫、移民、救济、医疗等款物的；(8) 以赈灾、募捐等社会公益、慈善名义实施诈骗的；(9) 利用电话追呼系统等技术手段严重干扰公安机关等部门工作的；(10) 利用“钓鱼网站”链接，“木马”程序链接、网络渗透等隐蔽技术手段实施诈骗的。

专题七　科技伦理问题

一、基本概述

科技伦理（ethics of technology）是随着现代科技时代的来临而诞生的一项伦理概念，从道德层面上规定了科研工作者应恪守的价值观念与行为规范。科技伦理意涵丰富，主要包含生态伦理、生命（物）伦理、信息伦理、军事伦理等方面。

本专题所选取的科技伦理问题，既是与法律问题结合最为紧密，也是科研工作者在科研活动中最易涉及的问题，即生态伦理与生命伦理的有关问题。期待读者尤其是从事科研活动工作的读者通过研习本专题，理解科技伦理如何彰显于法律规范之中，以及如何才能避免自身的科研行为违背科技伦理的要求。

二、违背生态伦理的法律后果：环境侵权

实际问题：生产、销售环境污染产品的单位何时有承担环境侵权责任的风险？

环境侵权责任作为一种特殊的侵权责任，适用无过错责任原则。无论行为人有无过错，只要法律规定其应承担民事责任，行为人即应对其行为所造成的损害承担责任。那么，在环境公益诉讼的语境下，生产、销售危害环境之产品的单位在何种情况下需要承担环境侵权的法律责任？

◎**涉及法条**

《中华人民共和国民事诉讼法》（2021 年修正）第五十八条

《中华人民共和国大气污染防治法》（2018 年修正）第五十五条、第一百二十五条

《中华人民共和国环境保护法》（2014 年修订）第六十四条

《中华人民共和国侵权责任法》现已废止，其原先第八章“环境污染责任”的内容现为《中华人民共和国民法典》第七编“侵权责任”之第七章“环境污染和生态破坏责任”。

《最高人民法院关于审理环境民事公益诉讼案件适用法律若干问题的解释》（法释〔2020〕20 号）第十八条、第二十条和第二十三条

《最高人民法院关于审理环境侵权责任纠纷案件适用法律若干问题的解释》（法释〔2020〕17 号）第六条、第八条和第九条

◎**虚拟情境**

T 公司在某网络平台销售汽车用品，主要产品为其生产的使机动车尾气年检蒙混过关的所谓“年检神器”产品，包括各类所谓的“汽车尾气超标治理净化器”等，并因此获利。那么，T 公司生产、销售环境污染产品的行为需要承受怎样的法律风险？在何种情况下可能承担环境侵权责任？

典型案例

某环保基金会诉 M 环保有限公司大气污染责任纠纷案

（2019）浙民终 863 号

裁判法院：浙江省杭州市中级人民法院

裁判时间：2019 年 6 月 3 日

关键词：环境侵权/公益诉讼/过错责任

案件摘要

被告 M 环保有限公司销售使机动车尾气年检蒙混过关的所谓“年检神器”产品。原告社会公益组织对此提起环境民事公益诉讼。依据《侵权责任法》第九条、第十五条、第二十条、第六十五条等条款的规定，法院认为，被告宣传产品能通过弄虚作假方式规避机动车年检，教唆或协助部分机动车主实施侵权行

为，损害社会公共利益，应承担相应的侵权责任。

裁判要点

宣传产品能通过弄虚作假方式规避机动车年检，教唆或协助部分机动车主实施侵权的行为，需要承担相应的环境侵权责任。

争议焦点

M 环保有限公司是否应承担环境污染侵权责任。

基本案情

原告某环保基金会系由民政部批准登记成立，法定代表人为胡某平。根据该环保基金会的章程，其宗旨为：广泛动员全社会关心和支持生物多样性保护与绿色发展事业，保护国家战略资源，促进生态文明建设和人与自然和谐，构建人类美好家园。业务范围为：①建立示范基地，组织与支持开展生物多样性保护和绿色发展科研、科普活动，支持符合本基金会宗旨的技术开发；②开展国际交流与合作，组织与本基金会业务相关的国际、国内学术交流及论坛；③开展与支持本基金会业务范围的人员培训及业务咨询活动；④组织奖励为生物多样性保护及绿色发展事业作出贡献的团体和个人；⑤开展和资助符合本基金会宗旨的其他项目及活动。

被告 M 环保有限公司（以下简称“M 公司”）成立于 2014 年 7 月 10 日，经营范围为三元催化器、节能环保产品、环保设备、净化产品、汽车配件、汽车保洁用品、化工产品（不含危险化学品、易制毒化学品、成品油）、电子产品、数码产品、珠宝玉器、照明配件、化妆品、服装鞋帽、针纺品及皮革制品的销售，国内贸易，货物及技术进出口。

M 公司于 2015 年 9 月起在某电商平台销售汽车用品，主要销售产品为使机动车尾气年检蒙混过关的所谓“年检神器”产品。具体包括：三元催化器火莲花金属软载体汽车尾气超标治理净化器、年检包过通用改装小三元催化器金属软载体汽车尾气超标治理净化器、年检包过柴油车三元催化器汽年尾气净化器 DPF 颗粒捕集器等产品。

上述产品在 M 公司商铺产品宣传包括：“更换三元催化器成本高，金属软载体辅助或替代三元催化器治理尾气，可重复使用 3 次左右，单次过检成本低至 15

元，超高性价比。”“安装在三元催化器前面，热车 5 分钟即可上线检测，省时省力。”“欢迎各大汽修厂、年检代办机构、检测站加盟合作，量大价优。”“金属软载体工作原理与三元催化器原理一样，运用于汽油车，简单易用，有效公里数在 50 公里左右。”“检测站、修理厂、年检代办机构合作单位超过 1000 家。”“本品专门用于柴油车过年检的 DPF 催化器，修理厂或年检代办机构可将本品装在柴油车排气管上，过完年检再拆下用于下一辆车，反复使用。”

上述产品已售出 3 万余件，销售金额约为 300 余万元。

原告对此提起环境民事公益诉讼。

诉讼请求

原告提出诉讼请求：①被告在全国性媒体上向社会公众赔礼道歉；②M 公司停止生产三元催化器火莲花金属软载体汽车尾气超标治理净化器、年检包过通用改装小三元催化器金属软载体汽车尾气超标治理净化器、年检包过柴油车三元催化器汽车尾气净化器 DPF 颗粒捕集器等非法产品；③……；④被告……承担生态环境修复费用 1576.5 万元；⑤被告……承担该案诉讼费、原告工作人员的交通住宿费用 10 万元、律师费 325.93 万元及检测评估鉴定费用。

与案例相关的其他重要内容

裁判经过与结果

案件经过浙江省杭州市中级人民法院、浙江省高级人民法院两级法院终审结案。

浙江省杭州市中级人民法院于 2019 年 6 月 3 日作出一审［（2016）浙 01 民初 1269 号］判决：

一、被告 M 公司在该判决生效之日起 15 日内，在国家级媒体上向社会公众道歉（内容需经一审法院审核）。逾期不履行，一审法院将在国家级媒体上公布该判决书的主要内容，费用由 M 公司承担。

二、被告 M 公司在该判决生效之日起 15 日内，向原告支付律师费、差旅费、相关工作人员必要开支等 15 万元。

三、被告M公司在该判决生效之日起15日内赔偿大气污染环境修复费用350万元（款项专用于我国大气污染环境治理）。

四、驳回原告的其他诉讼请求。❶

法院裁判理由

◎原告观点

被告M公司实施了环境侵权行为，在淘宝网开办网上商铺销售使得机动车尾气年检得以蒙混过关的所谓“年检神器”系列产品，产品已售出30353件。M公司通过其产品宣传以弄虚作假的方式帮助尾气不合格的车辆规避汽车尾气年度检测，使得原本尾气超标的车辆得以蒙混过关继续上路，其行为存在着严重的违法性，对我国大气污染防控工作造成了极为严重的影响。在当前我国雾霾严峻的大环境下，M公司的上述违法行为对广大人民群众的身体健康及社会公共利益造成了极为严重的损害和持续的环境风险。

依据《大气污染防治法》第五十五条和第一百二十五条的规定，被告M公司应当承担相应的法律责任。该案中，M公司通过研发、生产、销售违法的临时性机动车污染控制装置，并且在有关网页上以低成本为诱饵招徕客户，以广泛散布临时更换污染控制装置的手法等方式，教唆意志薄弱的机动车所有人以弄虚作假方式应付机动车尾气年检。

◎被告（M公司）的辩解

原告系以被告产品为非法产品提起该案诉讼，但鉴定机构发函内容，证明案涉的产品不属于非法产品。且至目前，没有任何事实或行政处罚证实有相关单位使用我方产品受到行政处罚或有增加大气污染的事实。《最高人民法院关于审理环境侵权责任纠纷案件适用法律若干问题的解释》（法释〔2015〕12号）第六条规定：“被侵权人根据侵权责任法第六十五条请求赔偿的，应当提供证明以下事实的证据材料：（一）污染者排放了污染物；（二）被侵权人的损害；（三）污染者排放的污染物或其次生污

❶ 一审原告不服判决，提起上诉。浙江省高级人民法院于2019年10月14日作出［（2019）浙民终863号］二审判决，驳回上诉，维持原判。

染物与损害之间具有关联性。”原告至今没有提交被告存在大气污染的侵权事实，也没有任何侵权后果以及侵权行为和后果之间存在因果关系的证据，对此的举证责任在于原告。因此，法院应驳回原告的诉讼请求。

◎法院对法条的援引、解释与适用

关于M公司是否应承担环境污染侵权责任。《最高人民法院关于审理环境民事公益诉讼案件适用法律若干问题的解释》第十八条规定：“对污染环境、破坏生态，已经损害社会公共利益或者具有损害社会公共利益重大风险的行为，原告可以请求被告承担停止侵害、排除妨碍、消除危险、恢复原状、赔偿损失、赔礼道歉等民事责任。”如前所述，该案被告M公司行为构成损害社会公共利益，应承担相应的侵权责任。

对于原告要求被告M公司在全国性媒体上向社会公众赔礼道歉的诉请，因M公司的行为导致社会公众对于生活环境的满足感、获得感降低，造成社会公众精神利益上的损失，故M公司应向社会公众赔礼道歉。

关于原告要求M公司停止生产案涉三款产品的诉请，虽然M公司辩称其并不生产案涉产品，系其委托他人生产，现已无法联系生产者，但该说法不符常理且无任何证据支持，案涉产品在其店铺内销售时均冠以M公司名称字样，法院对其抗辩不予采纳，认定上述产品均系由M公司生产，故对于原告要求M公司停止生产案涉三款产品的诉请予以支持。

案例注释与解析

1. 对于选取案例的说明

该案是社会组织提起的涉大气污染环境民事公益诉讼案件，曾入选2019年度中国十大影响性诉讼。M公司销售使机动车尾气年检蒙混过关的所谓“年检神器”，造成不特定地区大气污染物的增加，导致环境污染，应承担环境侵权责任。人民法院在鉴定困难的情况下，结合污染破坏环境的范围和程度、生态环境的稀缺性、生态环境恢复的难易程度、防治污染设备的运行成本、被告因侵害行为所获得的利益及其过程与程度等因素，合理确定了生态环境的修复费用。该案的审理，有利于在网络时代督促销售企业确立应有的生态环境保护责任意识。

2. 如何理解环境侵权责任的构成要件?

与一般侵权相比，环境侵权责任的承担不以当事人存在过错为前提。不过，环境侵权责任的其他构成要件与一般侵权基本一致。根据《最高人民法院关于审理环境侵权责任纠纷案件适用法律若干问题的解释》第六条的规定，环境侵权责任的构成要件为：第一，存在污染者污染环境的侵权行为；第二，被侵权人受到损害；第三，污染行为与损害结果之间具有因果关系。

以该案为例，首先，被告 M 公司通过生产、销售其所谓的“年检神器”产品而实施了污染环境的行为。其次，该案存在着不特定地区大气污染物增加的损害结果。最后，M 公司的侵权行为与环境污染的损害结果之间具有因果关系。因此，被告 M 公司需要承担相应的环境侵权责任。

需要指出的是，《侵权责任法》中对于环境污染责任的规定已被《民法典》第七编“侵权责任”之第七章“环境污染和生态破坏责任”所取代。尽管如此，环境侵权责任的基本构成要件并无实质变动。

3. 如何确定环境污染的危害结果、污染程度以及修复费用?

在现实中，鉴定机构在确定环境污染的危害结果、污染程度以及环境修复费用等问题时往往面临着较大困难。该案也是如此。其中，法院在鉴定成果参考性有限的情况下，讨论了相关赔偿的环境修复费用。依据《最高人民法院关于审理环境民事公益诉讼案件适用法律若干问题的解释》的规定，人民法院可以结合污染环境、破坏生态环境的范围和程度、生态环境的稀缺性、生态环境恢复的难易程度、防治污染设备的运行成本、被告因侵害行为所获得的利益及其过程与程度等因素，并可以参考环境保护监督管理职责部门的意见、专家意见等，予以合理确定。

4. 启示与建议

在我国法律上，对生态环境进行破坏的行为有可能构成环境侵权，从而需要承担相应的侵权责任。根据目前司法实践中遇到的问题，提醒生产、销售技术产品的研发人员注意以下方面：

（1）在进行产品研发前应作充分调研，尽量避免将研发资金投入违反国家法律禁止性规定、与国家政策相抵触的领域；

（2）在进行产品宣传时，应避免采用弄虚作假的方式教唆、协助他人实施侵权行为；

（3）切勿因为侵权结果的不确定性而心怀侥幸，否则可能付出巨大的经济成本和代价。

三、违背生命伦理的法律后果

实际问题：将基因编辑技术应用于科研，是否有承担法律责任的风险？人类辅助生殖医疗的行为，可能承担怎样的法律责任？

新兴生物技术的发展促进了人类社会的进步，而其滥用也催生了生物科技犯罪的刑法规制问题。生物技术固然与科研自由有关，但同时涉及公共利益。有损国家利益、公共安全、人体健康以及生命伦理的生物技术应被禁止。那么，我国现行法律是如何规制生物技术滥用行为的？将基因编辑技术应用于人类辅助生殖医疗的行为，需要承担怎样的法律责任？

◎涉及法条

《中华人民共和国刑法》（2017 年修正）第三百三十六条第一款

《中华人民共和国刑法》（2020 年修正）增加了第三百三十六条之一“非法植入基因编辑、克隆胚胎罪”。

《最高人民法院关于审理非法行医刑事案件具体应用法律若干问题的解释》（法释〔2016〕27 号）第二条和第六条

《医疗机构管理条例实施细则》（2017 年修正）第八十八条

◎虚拟情境

S 为获取商业利益，与他人共谋，以通过编辑人类胚胎 CCR5 基因可以生育免疫艾滋病的婴儿为名，招募男方为艾滋病病毒感染者的多对夫妇实施基因编辑及辅助生殖，以冒名顶替、隐瞒真相的方式，由不知情的医生将基因编辑过的胚胎通过辅助生殖技术移植入人体内，致使两人怀孕，先后生下三名基因编辑婴儿。那么，S 等人将基因编辑技术应用于人类辅助生殖医疗的行为，可能承担怎样的法律责任？

典型案例

贺某、张某、覃某非法行医案

裁判法院：广东省深圳市南山区人民法院

裁判时间：2019 年 12 月 30 日

关键词：刑事/非法行医罪/基因编辑婴儿/科技伦理/人类胚胎

案件摘要

被告人贺某得知人类胚胎基因编辑技术可获得商业利益，即与其他被告人张某、覃某共谋，以通过编辑人类胚胎 CCR5 基因可以生育免疫艾滋病的婴儿为名，在明知违反国家有关规定和医学伦理的情况下，伪造伦理审查材料，招募男方为艾滋病病毒感染者的多对夫妇实施基因编辑及辅助生殖，以冒名顶替、隐瞒真相的方式，由不知情的医生将基因编辑过的胚胎通过辅助生殖技术移植入人体内，致使两人怀孕，先后生下三名基因编辑婴儿。法院认为，三名被告人未取得医生执业资格，贸然将基因编辑技术应用于人类辅助生殖医疗，扰乱医疗管理秩序，情节严重，其行为已触犯《刑法》第三百三十六条第一款之规定，应当以非法行医罪追究刑事责任。

裁判要点

未取得医生执业资格，故意违反国家有关科研和医疗管理规定将基因编辑技术应用于人类辅助生殖医疗的行为，情节严重的，可能构成非法行医罪。

争议焦点

（1）被告人的基因编辑行为是否构成“非法行医”行为。

（2）被告人的犯罪情节是否达到“情节严重”的认定标准。

基本案情[1]

被告人贺某是 N 科技大学生物系副教授。被告人覃某是贺某的研究助手，同时身兼某人民医院生殖医学科的胚胎培养师暨细胞研究员；被告人张某是广东省某医疗机构人员。

2016 年 6 月，被告人贺某得知人类胚胎基因编辑技术可获得商业利益，即与被告人张某、覃某共谋，在明知违反国家有关规定和医学伦理的情况下，以通过编辑人类胚胎 CCR5 基因可以生育免疫艾滋病的婴儿为名，将安全性、有效性未经严格验证的人类胚胎基因编辑技术应用于辅助生殖医疗。为此，贺某制定了基

[1] 由于该案未公开审理，无法获得完整的判决，故案件事实部分系对多份新闻报道综合整理而成。

因编辑婴儿的商业计划，并筹集了资金。

2017 年 3 月，经贺某授意，覃某等人物色男方为艾滋病病毒感染者的 8 对夫妇，并安排他人冒名顶替其中 6 名男性，伪装成接受辅助生殖的正常候诊者，通过医院的艾滋病病毒抗体检查。后贺某指使张某等人伪造医学伦理审查材料，并安排他人从境外购买仅允许用于内部研究、严禁用于人体诊疗的试剂原料，调配基因编辑试剂。

2017 年 8 月起，经贺某授意，张某违规对 6 对夫妇的受精卵注射基因编辑试剂，之后对培养成功的囊胚取样送检。贺某根据检测结果选定囊胚，由张某隐瞒真相，通过不知情的医生将囊胚移植入母体，使得 A 某、B 某先后受孕。2018 年，A 某生下双胞胎女婴“露露”和“娜娜”。2019 年，B 某生下 1 名女婴。2018 年 5 ~6 月，贺某、覃某还安排另 2 对夫妇前往泰国，覃某对其中 1 对夫妇的受精卵注射基因编辑试剂，由泰国当地医院实施胚胎移植手术，后失败而未孕。

2018 年 11 月 25 日，贺某团队通过视频形式向公众公布了“露露”和“娜娜”这对基因编辑婴儿的诞生。此事引起中国医学与科研界的普遍震惊与强烈谴责。

2018 年 11 月 26 日，广东省立即成立“基因编辑婴儿事件”调查组展开调查。2019 年 1 月 21 日，该调查组公布初步调查结果，认定三被告行为违反中国相关禁令，并将其涉嫌犯罪行为移交公安机关侦办。

2019 年 7 月 31 日，广东省深圳市南山区人民检察院以被告人贺某、覃某和张某犯非法行医罪向南山区人民法院提起公诉。

犯罪指控

公诉机关指控，被告人贺某、覃某以及张某未取得医生执业资格，追名逐利，故意违反国家有关科研和医疗管理规定，擅自从事医疗活动，情节严重，其行为已触犯《刑法》第三百三十六条第一款的规定，应当以非法行医罪追究刑事责任。

与案例相关的其他重要内容

裁判经过与结果

案件经过广东省深圳市南山区人民法院于 2019 年 12 月 30 日一审审理结案。

鉴于该案件涉及个人隐私，2019 年 12 月 27 日，广东省深圳市南山区法院依法不公开开庭审理了此案。2019 年 12 月 30 日，广东省深圳市南山区人民法院一审公开宣判，贺某、张某、覃某等 3 名被告人的行为构成非法行医罪。贺某被判处有期徒刑 3 年，并处罚金人民币 300 万元；张某被判处有期徒刑 2 年，并处罚金人民币 100 万元；覃某被判处有期徒刑 1 年 6 个月，缓刑 2 年，并处罚金人民币 50 万元。

法院裁判理由[1]

◎法院对法条的援引、解释与适用

根据《刑法》（2017 年修正）第三百三十六条的规定，非法行医罪是指未取得医生执业资格的人擅自从事医疗活动，情节严重的行为。所以非法行医罪的构成需要符合三个要件：一是犯罪主体是“未取得医生执业资格”之人，二是客观上实施了“非法行医”行为，三是犯罪危害结果达到了“情节严重”的程度。三者缺一不可。[2] 该案中，3 名被告人均未获得医生执业资格是事实，故犯罪主体要件已满足，该案的重点主要是对第二和第三要件的分析。

---

[1] 由于该案未公开审理，无法获得完整的判决，故裁判理由部分系参见了部分学者就该案判决的分析推断得出。参见余秋莉．论人体生殖系基因编辑行为的刑法应对［J］．法律适用，2020（4）：22－33；王康．“基因编辑婴儿”人体试验中的法律责任：基于中国现行法律框架的解释学分析［J］．重庆大学学报（社会科学版），2019，25（5）：134－144.

[2] 余秋莉．论人体生殖系基因编辑行为的刑法应对［J］．法律适用，2020（4）：22－33.

1. 被告客观上实施了“非法行医”行为

（1）应用基因编辑技术属于“行医”行为

按照《最高人民法院关于审理非法行医刑事案件具体应用法律若干问题的解释》（法释〔2016〕27 号）第六条的规定，“行医”属于“医疗活动”和“医疗行为”，参照《医疗机构管理条例实施细则》有关“诊疗活动”的定义。根据《医疗机构管理条例实施细则》第八十八条，所谓“诊疗活动”，是指“通过各种检查，使用药物、器械及手术等方法，对疾病作出判断和消除疾病、缓解病情、减轻痛苦、改善功能、延长生命、帮助患者恢复健康的活动”。在“特殊检查、特殊治疗”中，包括“有一定危险性，可能产生不良后果的检查和治疗”“临床试验性检查和治疗”的该断治疗活动。据此，“基因编辑婴儿”临床试验可被认定为特殊的诊疗活动，属于“行医”。

（2）指使他人进行诊疗活动，可被认定为被告人的行医行为

3 名被告虽然没有亲自将经过基因编辑的受精卵植入人体子宫，但是通过隐瞒的方式让不知情的医生实施了人工辅助生殖行为，帮助其达到了生殖系基因编辑的临床应用目的。也就是说，贺某等人因利用他人不知情的行为作为实现自己目的的工具而构成了具有支配地位的间接正犯，所以能够将医生所实施的人工辅助生殖行为归属到被告人身上。

2. 犯罪危害结果达到了“情节严重”的程度

根据《最高人民法院关于审理非法行医刑事案件具体应用法律若干问题的解释》（法释〔2016〕27 号）第二条的规定，非法行医行为构成“情节严重”的有五种情形：一是“造成就诊人轻度残疾、器官组织损伤导致一般功能障碍的”；二是“造成甲类传染病传播、流行或者有传播、流行危险的”；三是“使用假药、劣药或不符合国家规定标准的卫生材料、医疗器械，足以严重危害人体健康的”；四是“非法行医被卫生行政部门行政处罚两次以后，再次非法行医的”；五是“其他情节严重的情形”。

贺某等人以生殖为目的的人体生殖系基因编辑虽然不属于前四种“情节严重”的规定，但是由于该行为不仅“故意违反国家有关科研和医疗管理规定，逾越科研和医学伦理道德底线”，而且由于该基因编辑技术的

安全性、可行性都还未得到充分的科学验证，既有可能危害到基因编辑婴儿的身体健康，也有可能因为发生基因变异而危害到人类基因安全。比起该条规定的前四种“情节严重”情形，贺某等人实施的基因编辑婴儿的危害性可谓有过之而无不及，所以可以解释为属于第五项的“其他情节严重的情形”。

综上，法院认为，3 名被告人未取得医生执业资格，追名逐利，故意违反国家有关科研和医疗管理规定，逾越科研和医学伦理道德底线，贸然将基因编辑技术应用于人类辅助生殖医疗，扰乱医疗管理秩序，情节严重，其行为已构成非法行医罪。

案例注释与解析

1. 对于选取案例的说明

2018 年末，贺某团队“基因编辑婴儿”事件的发生，让人类生殖系基因编辑试验的伦理、社会和法律问题成为舆论以及学术讨论的热点。[1] 选取该案进行评析，是因为其系国内首起因非法使用基因编辑技术而构成犯罪的案例，具有一定的指标性与借鉴意义。同时，该案的最终处理也反映出现行法律对于生命科技犯罪规制的局限性。例如，就现有证据是否能够认定贺某等人的行为能否达到非法行医罪下的“情节严重”标准，较难进行准确判断。

在一般社会认识下，“基因编辑婴儿”试验对于受试者家庭来说其实完全没有必要，因为以现有条件已有成熟可靠的方法去规避艾滋病的母婴传染，而不必令人类胚胎冒着巨大风险实验基因编辑效果。[2] 在此情形下，涉案科研人员为了从人类胚胎基因编辑技术中获得商业利益仍执意对人类胚胎实施了基因编辑技术，属于一种纯粹的技术滥用。该案的发生为工作在生物科技领域的广大科研人员敲响了警钟：人类难题的攻克固然离不开生物技术的发展以及科学研究的自由，但同时也需谨防对于科学技术的滥用。生物科技研究工作的开展必须符合国家法律的规定，遵循科学伦理的指引。

---

[1] 王康．“基因编辑婴儿”人体试验中的法律责任：基于中国现行法律框架的解释学分析［J］．重庆大学学报（社会科学版），2019，25（5）：134－144.

[2] 徐放．人类胚胎基因编辑行为的刑法学规制［J］．江西警察学院学报，2020（2）：5－10.

2. 我国法律如何规制基因编辑行为？

（1）行政法规、行业规范对于基因编辑行为的规制

目前，我国对于基因编辑的规制主要体现在相关行业规范、行政规范。[1] 这类规范对生物医学研究的申报、监管有一定的指导作用，但由于法律层级不够高且违反后没有严重的法律后果，在实践中执行的力度并不强。尤其是对于以虚假申报通过伦理审查的、类似于贺某基因编辑的行为，这些行政规范、行业规范的作用难以体现。[2] 因此，为了保障我国基因编辑研究工作正常开展，刑事强制手段的介入必不可少。

（2）基因编辑行为的刑事责任

该案中，法院最终以非法行医罪对贺某等三人进行论处。然而，非法行医罪更侧重于对医生执业准入秩序的维护。该案适用该罪名，实则掩盖了将人类生殖系基因编辑应用于临床这一行为本身的危害性。[3] 实际上，三被告人被追究刑事责任的主要原因并不在于他们不具有医生执业资格。换言之，若具有医生执业资格的人实施该行为，则不构成该罪。这个结论显得有些以偏概全。

故在 2020 年我国《刑法》修改之际，《刑法修正案（十一）》对此问题进行了回应和规制。《刑法修正案（十一）》在刑法第三百三十六条后增加一条，作为第三百三十六条之一，新增“非法植入基因编辑、克隆胚胎罪”，罪状为“将基因编辑的胚胎、克隆的胚胎植入人类或者动物体内，情节严重的，处三年以下有期徒刑或者拘役，并处罚金；情节特别严重的，处三年以上七年以下有期徒刑，并处罚金”。尽管部分学者对此次修改仍不够满意，[4] 但至少目前《刑法》上已经存在关于基因编辑的针对性罪名。以后针对类似该案的案件，便可对涉案人员以犯

---

[1] 例如，《基因工程安全管理办法》《人的体细胞治疗及基因治疗临床研究质控要点》《人基因治疗研究和制剂质量控制技术指导原则》《人胚胎干细胞研究伦理指导原则》《涉及人的生物医学研究伦理审查办法》等。《人胚胎干细胞研究伦理指导原则》第六条规定：“进行人胚胎干细胞研究，必须遵守以下行为规范：（一）利用体外受精、体细胞核移植、单性复制技术或遗传修饰获得的囊胚，其体外培养期限自受精或核移植开始不得超过 14 天。（二）不得将前款中获得的已用于研究的人囊胚植入人或任何其他动物的生殖系统。（三）不得将人的生殖细胞与其他物种的生殖细胞结合。”该案贺某的研究明显超过了 14 天的期限，违反了这个规定。

[2] 徐放．人类胚胎基因编辑行为的刑法学规制［J］．江西警察学院学报，2020（2）：5－10.

[3] 杨丹．生命科技时代的刑法规制：以基因编辑婴儿事件为中心［J］．法学杂志，2020，41（12）：71－80.

[4] 参见姚万勤．基因编辑技术应用的刑事风险与刑法应对：兼及《刑法修正案（十一）》第 39 条的规定［J］．大连理工大学学报（社会科学版），2021，42（2）：71－78.

非法植入基因编辑、克隆胚胎罪论处，不必再将生物科技犯罪行为归入其他罪名之下。

此外，《刑法修正案（十一）》还在第三百三十四条之一新增了“非法采集人类遗传资源、走私人类遗传资源材料罪”，罪状为“违反国家有关规定，非法采集我国人类遗传资源或者非法运送、邮寄、携带我国人类遗传资源材料出境，危害公众健康或者社会公共利益，情节严重”。我国相关科研人员也需注意其科研行为触犯该罪的风险。

（3）基因编辑行为的民事责任

与此同时，《民法典》也从民事基本法的高度对基因编辑问题进行了规制。《民法典》于“人格权编”首次对人体基因、人体胚胎等有关的医学和科研活动作出了原则性规定，为未来相关规则的制定和完善提供了一般性指导和上位法依据。[❶] 其中，《民法典》第一千零八条的临床试验条款和第一千零九条的人体基因规范条款是对人体基因编辑活动的直接法律规制。我国民法学家王利明解释，这两条规则的重要意义在于“将基因编辑研究活动合法化，并为其确立新的底线规则，且进一步强化了对人格尊严、生命尊严的保护”。[❷]

3. 域外有关基因编辑技术滥用的刑法规制

基于基因编辑滥用的巨大风险以及对伦理道德的挑战，很多域外国家或地区都对其进行了刑事立法。就立法模式来看，主要包括三种：刑法典模式、单行法模式以及刑法典与附属刑法相结合模式。[❸] 具体到非法进行人体基因编辑研究与应用的刑事责任，各国态度和立场各不相同。

美国依旧维持底线监管的立法原则，只禁止联邦公共资金用于人类胚胎基因编辑的研究。美国国家卫生研究院曾明确将此类研究设置为禁区。但是就各州政府或者私人领域出资开展的科研活动并没有直接禁止。美国刑事普通法和各州刑法典都没有直接规定滥用基因编辑行为的刑事责任。

---

❶ 石佳友，刘忠炫．人体基因编辑的多维度治理：以《民法典》第1009条的解释为出发点［J］．中国应用法学，2021（1）：171－188.

❷ 王利明．彰显时代性：中国民法典的鲜明特色［J］．东方法学，2020（4）：5－17.

❸ 参见于慧玲．人类辅助生殖基因医疗技术滥用的风险与刑法规制：以“基因编辑婴儿事件”为例［J］．东岳论丛，2019，40（12）：165－172. 目前，在刑法典中直接规定基因犯罪及其刑事责任的国家有西班牙、芬兰、蒙古等；美国、英国、俄罗斯、澳大利亚、加拿大、新加坡等二十多个国家或地区针对基因技术犯罪制定了专门的单行法。法国、德国、日本以及中国的刑法典，仅规定了个别涉及辅助基因医疗犯罪的医疗犯罪，更多的基因犯罪附属规定在其他法律法规中。

英国采取的是较为宽松的立法态度。整体来看，英国允许研究人员基于医疗目的实施人类胚胎基因编辑行为。比如，可将基因编辑用于因基因缺陷诱导的先天性疾病的预防或治疗。不过研究项目的开展需要经过事前审批。英国的《人类受精、胚胎研究法》所禁止的是仅基于生育目的而实施的基因编辑行为，违反者处 10 年以下有期徒刑或科处罚金。换句话说，英国的法律允许研究人员就存在缺陷的基因进行编辑治疗，但不允许就正常的人类基因进行编辑修改。

法国、德国是保守主义的立法代表。虽然法国同英国一样，仅将基于优育目的而进行的人类胚胎基因编辑行为规定为犯罪行为，但是就该行为实施了非常严厉的刑事制裁。《法国刑法典》规定，“实行、组织旨在对人体进行选择安排之优生学实际操作的，处 20 年以下徒刑”。[1] 德国对人类胚胎基因编辑的态度最为保守。德国的《胚胎保护法》全面禁止对人类个体、胚胎实施基因改良、混合技术，并对体外受精、人类胚胎的干扰予以限制，违反者处 5 年以下有期徒刑或科以罚金。

4. 现实中的困惑与思考

综上，就我国目前的立法新动向而言，我国对基因编辑行为的规制更贴近英国的做法。首先，在《民法典》上肯定了基因编辑研究行为的合法地位，以保障科研工作者对基因编辑的研究自由，顺应目前生物科技发展的大潮流；其次，在《刑法》中新增“非法植入基因编辑、克隆胚胎罪”，以精准打击基因编辑滥用的行为。但即使存在上述规定，仍有一些科研行为处于灰色地带，比如不涉及植入行为的基因编辑行为该如何规制，罪与非罪的界限似乎仍不够明朗。这就给科研工作者的研究项目开展带来一些不稳定的因素。

5. 启示与建议

对新兴生物科技的研究拓展了人类发展的前景，但同时也存在巨大的风险。或许该案三被告人曾有帮助人类攻克艾滋病之预防难题的初衷，但受到商业利益的驱使，伪造了相关伦理材料，故意违反国家有关科研和医疗管理规定。这就与科研工作者的初心渐行渐远，遗忘了科研的道德义务。

该案提醒医疗机构、生物科技研究单位的工作者，在进行生物技术研究时，应当依法经相关主管部门批准并经伦理委员会审查同意。如果需要进行临床试

---

[1] 杨建军，李姝卉．CRISPR/Cas9 人体基因编辑技术运用的法律规制：以基因编辑婴儿事件为例［J］．河北法学，2019，37（9）：44－57．

验，应当向受试者或者受试者的监护人告知试验目的、用途和可能产生的风险等详细情况，并经其书面同意。切勿急功近利，越过国家的监管规则从事科研活动，从而遭受不必要的经济损失甚至刑事处罚。

尽管我国目前对于生物技术应用的法律规范不尽完善，但整体的趋势是渐趋完备的。该案判决虽然依据了并不是最适合的非法行医罪，但就法律还无法直接涵盖的问题，基于公序良俗、追求秩序与人权等法律原则，我国的刑事处罚力度相对较强。该案后，为了防止此类行为，国家进一步在《刑法修正案（十一）》中，除了“非法植入基因编辑、克隆胚胎罪”，还添加有“非法采集人类遗传资源、走私人类遗传资源材料罪”这些新罪名，相关的民事责任和行政责任也可被一并适用。